ZHENGMIANZHANCHAN

YUANGUOMINDANGJIANGLINGKANGRIZHANZHENGQINL

正面战场

武汉会战

原国民党将领抗日战争亲历记

薛　岳　赵子立等著

中国文史出版社

图书在版编目（CIP）数据

武汉会战/ 薛岳，赵子立等著. —北京：中国文史
出版社，2013.1

（正面战场：原国民党将领抗日战争亲历记）

ISBN 978 - 7 - 5034 - 3712 - 0

Ⅰ．①武… Ⅱ．①薛… ②赵… Ⅲ．①武汉会战 - 史
料 Ⅳ．①E297.3

中国版本图书馆 CIP 数据核字（2012）第 288053 号

责任编辑：马合省　卢祥秋

出版发行：**中国文史出版社**

社　　址：北京市海淀区西八里庄 69 号院　邮编：100142

电　　话：010 - 81136606　81136602　81136603（发行部）

传　　真：010 - 81136655

印　　装：北京新华印刷有限公司

经　　销：全国新华书店

开　　本：720 × 1020　1/16

印　　张：25.5　　　　字数：400 千字

版　　次：2013 年 1 月第 1 版

印　　次：2020 年 9 月第 4 次印刷

定　　价：83.00 元

目　　录

前　　言

　　抗日战争是中国人民一百年来第一次彻底打败帝国主义侵略的民族解放战争，是反法西斯第二次世界大战的重要组成部分，在中国和世界的历史进程中都占有重要地位。为取得抗日战争的胜利，全国军民浴血战斗，英勇牺牲，为国家、为民族立下了不朽的功勋。为了全面反映抗日战争的概貌，为史学工作者提供研究资料，特将全国政协和各地政协征集的原国民党将领回忆抗日战争的文章，经过审慎的选择和核实，汇编成《正面战场·原国民党将领抗日战争亲历记》丛书。本书是丛书中之一部。

　　武汉会战，是继徐州会战之后发生在武汉外围的一次中日大战，它是中国抗日战争中一次具有重大意义的战役。

　　武汉地处江汉平原东缘，踞长江与汉水之间，扼平汉、粤汉两铁路的衔接点，是我国的心脏腹地，又是东西南北水陆交通的枢纽，战略地位十分重要。在上海沦陷、南京弃守之后，国民政府虽宣布迁都重庆，但政府机关大部及军事统帅部仍在武汉，这里实际上是当时全国政治、经济、军事的中心。日军大本营陆军部认为，只要攻占武汉，控制中原，就可以支配中国。于是，日本御前会议决定，迅速攻取武汉，迫使中国政府屈服，尽快结束战争。这时，国共两党为了抵御民族大敌，进一步加强合作，在武汉召开了国民参政会第一届会议，大会庄严宣告："中国民族必以坚强不屈之意志，动员其一切物力、人力，为自卫，为人道，与此穷凶极恶之侵略者长期抗战，以达到最后胜利之日为止。"要求全国军民"一切的奋斗，要巩固武汉为中心，以达成中部会战胜利为目标"。中国人民要保卫武汉，坚持抗战，日本侵略者要夺取武汉，结束战争，这就构成了当时中日双方在战略上的一场决战。

这场"保卫大武汉"的会战，从一九三八年六月十一日日军进攻安徽省的安庆起，直至十月二十五日日军进占武汉止，历时四个半月。中日双方在长江沿线分五路展开激战，战线扩及皖、豫、赣、鄂四省数千里。日军集结了十四个师团、三个独立旅团、一个机械化兵团和三个航空兵团，加上海军舰艇一百四十余艘，约三十五万兵力。我军相对列阵，动员部署了十四个集团军、十个军团和战区直属部队以及海空军一部，约一百万兵力。这一战役，中日双方投入兵力之多，战线之长，时间之久，规模之大，是抗日战争中任何战役所不能比拟的。会战结束后，日军由于战线延长，兵力与资源不足，加上共产党领导创建的敌后抗日根据地和八路军、新四军日益壮大，不得不放弃"速战速决"的企图，侵略者脚步日益深陷"泥潭"，抗日战争以后便逐渐进入了相持阶段。

湖北省地处战时首都重庆前卫，战略地位特别重要。局部战斗仍连续不断。其间先后发生了随（县）枣（阳）、枣（阳）宜（昌）和鄂西三次较大规模的会战。

日本侵略者为巩固武汉外围，从一九三九年四月三十日至五月二十日，在随县、枣阳一线向我发动战略攻势。我军与之周旋于襄河以东的鄂北和豫南地区。经过反复争夺，以克复枣阳、恢复原态势而结束。一九四〇年五月一日，日军又以四个师团和一个骑兵旅团的兵力发动以攻略枣阳、襄阳、宜昌为目的的枣宜战役，战斗沿襄河至长江以及豫南广大地区进行，战斗十分激烈，历时一个半月，襄阳失而复得，六月四日宜昌弃守。

鄂西会战，是一九四三年发生在湖北境内的一场重大战役。是年，日军以湖北战时省会——恩施为攻略目标，企图从正面威胁重庆。当时德、意帝国主义者在西方连连失败，日本侵略者在东南亚处处碰壁，轴心国败局已定。这次进攻，也是日军在中国的一次困兽之斗。日军集中六个师团的兵力，调动百余架飞机，于五月五日首先由华容等地南向洞庭湖北岸进攻，再以主力自宜昌、枝江南渡长江西向长阳、五峰窜犯，一度攻占渔洋关，又一路沿长江南岸进攻我江防石牌要塞。我军迎敌于湖泊沼泽和崇山峻岭之中，凭险拼夺，迂回反击，战斗至六月十七日，终于驱敌返回原地，完成了捍卫重庆大门的任务。

这里收入的资料，均为参加上述各次战役的原国民党将领的亲身经历，反映了我军将士基于爱国热情，同仇敌忾、前赴后继、奋勇抗敌的英雄业绩。成千上万的中华优秀儿女为之壮烈殉国，他们可歌可泣的事例，是不胜枚举的；也反映了战地人民不怕牺牲，探敌情，送粮秣，救伤员，捐钱物，出生入死，配合作战的抗敌热情。这种高度的爱国主义精神和坚决的抗战行动，不啻向全世界宣告：中华民族不可侮，炎黄子孙宁死不当亡国奴！

在这几次会战中，也应看到中国军事当局的不足之处。如有些方面判断失误，或指挥不当，或战斗部队互不协调，因而造成伤亡过大、战略要地丢失过早的重大错误，但所有这些都无损于战地军民战斗到底的坚强决心，无损于中华民族的光辉形象。

由于时间仓促，水平有限，疏漏之处，在所难免，望读者不吝指正。

编　者

第一章

武汉会战

武汉保卫战

李宗仁[※]

一

……我长官部一行，脱离了敌人包围圈[①]，随行的中央机关人员和新闻记者无不喜气洋洋，向我申谢保护之劳，随即分头赶路，向武汉而去。长官部则经阜阳、三河尖，入河南的固始，至潢川暂驻。潢川遂暂时成为第五战区司令长官部所在地。

当长官部停留潢川期间，我原先撤往苏北的孙连仲、冯治安、张自忠、孙震、于学忠、李仙洲、庞炳勋等部，均已陆续越过津浦路，通过安徽，至豫东布防。敌军既陷徐州，即乘势大举西侵，因此也无暇顾及我撤往苏北的部队。因敌人的战略计划在于速战速决，企图西向席卷皖、豫产粮地区，同时掌握津浦、平汉两交通线，进而扫荡西南，逼我国作城下之盟。因此，敌人于六月五日[②]陷开封后，便继续前进。六月九日因黄河花园口的河堤被炸，黄河东南泛区顿成一片泽国，敌方辎重弹药损失甚大，敌军沿陇海线两侧西进的计划遂被我统帅部完全粉碎。于是，敌军改变进攻方向，将其主力南调，配合海军，溯长江西进。六月下旬占我安庆[③]，再陷潜山、太湖。敌人利用强大海军，旋又突破我马垱要塞。再攻占我湖口、九江两据点后，乃分兵两路，一循南浔铁路攻马迴

※　作者当时系第五战区司令长官。
①　此处系指一九三八年五月自徐州撤退。
②　此系一九三八年六月五日。
③　据查安庆失陷是一九三八年六月十五日。

岭，一在北岸小池口登陆，与太湖西进宿松之敌会合，陷黄梅，进攻广济。但鄂东地势南滨长江，北连大别山，无数河道由北向南，汇入长江。兼以其间遍地皆为稻田，地形又起伏纵横，形成天然的障碍防线，易守难攻。又兼廖磊的第二十一集团军以大别山为根据地，时向皖西和鄂东猛烈出击，截断敌军交通线，威胁敌军后方，逼使敌人屡进屡退，一筹莫展。敌我双方遂成胶着的状态。敌军为排除其战术上的困难，以达成其迅速占领武汉的目的，乃改变战略，另出奇兵两路，由大别山的北麓平原西进。一路自正阳关向河南的固始、潢川、罗山、信阳攻击，企图于截断平汉铁路后，再南下攻击武胜关及平靖关，另一路则由合肥攻入六安，然后直捣商城，再南向威胁麻城，与鄂东之敌相呼应，对武汉构成大包围的态势。

二

正当敌军溯长江西上陷落安庆之时，我右颊上于讨伐龙济光战役所受的枪伤突然发作。这一创伤自民国五年①以来，并未完全治愈。时有轻性发炎，旋又消肿，并无大碍。而此次发作则为最厉害的一次，右脸红肿，右目失明，不得已乃请假赴武汉就医。并将指挥职责交请白崇禧暂代。我由友人介绍，住于武昌有名的东湖疗养院内。此医院的资产，大半为张学良所捐赠，规模宏大，设备新颖。院长兼外科主任为一美国人，医道甚好。我即由他施手术，自口腔上腭内取出一撮黑色碎骨，肿痛遂霍然而愈。

东湖为武昌风景区之一，我出去散步时，常在路上碰到周恩来和郭沫若，大家握手寒暄而已，听说他们的住宅就在附近。此疗养院环境清静，风景宜人。时值夏季，湖中荷花盛开，清香扑鼻。武汉三镇，热气蒸人，东湖疗养院实为唯一避暑胜地。因此李济深、黄绍竑、方振武也来院居住。这三人都和我有莫逆的友谊，朝夕聚首，或谈论国事，或下围棋，或雇扁舟遨游于荷花丛中，戏水钓鱼，真有世外桃源之乐。而亲朋故旧前来慰问的，更不绝于途，以至引起中统和军统特务的注意，派了一王姓女士来暗中监视。某次，陈诚来院访问，见我等数人正围坐聊天，彼半开玩笑地说："诸公是否开秘密会议，可得与闻否？"大家相顾愕然，苦笑了之。由此可见中央当局"庸人自扰"的一斑。

---

① 民国五年即公元一九一六年，以下凡民国年号不另注。

我在东湖住了二十多天，鄂东、豫东战事已至最紧张阶段。第五战区长官部早已自潢川迁往浠水，此时再由浠水迁至宋埠。宋埠为麻城县属一小镇，长官部即设于镇外一小庙中。我回到宋埠不及一旬，委员长（蒋介石）曾亲来视察，为表示与前线将士共甘苦，并在小庙中住宿一宵。

武汉外围保卫战发展至十月初旬，北线敌军已迫近信阳，另一部敌军已占领麻城，威胁宋埠。江北敌军正进逼黄陂，江南敌军也已迫近湘、鄂边境。我五战区长官部乃自宋埠北迁至黄安①属的夏店。

十月十二日信阳失守。我原先已电令胡宗南自信阳南撤，据守桐柏山平靖关，以掩护鄂东大军向西撤退。然胡氏不听命令，竟将其全军七个师向西移动，退保南阳，以致平汉路正面门户洞开。胡宗南部为蒋先生的"嫡系"部队，在此战局紧要关头，竟敢不遵命令，实在不成体统。先是，胡宗南部在上海作战后，自江北撤往蚌埠。蒋先生曾亲自告我说："将来拨胡宗南部归五战区指挥。"但是这批"嫡系"中央军至蚌埠后，也不向我报告。同时他们彼此之间为争取溃退的士兵，竟至互相动武，闹得乌烟瘴气。徐州失守后，长官部驻扎鄂东，军令部更有明令拨胡宗南部隶属于我，但胡氏从不向我报告敌我两方情况。信阳危急时，竟又擅自撤往南阳。此事如系其他任何非"嫡系"将官所为，必被重惩无疑。但是此次我据情报告军委会，要求严办胡宗南，军委会竟不了了之。

平汉路正面既让开，武胜关瞬亦弃守，战局至此，我预料平汉路以东的正规战已告结束。中央旋即明令，除大别山据点保留为游击基地外，所有五战区部队应悉数向鄂北撤退。为商讨据守大别山问题，我乃在夏店召集第二十一集团军总司令廖磊和第十一集团军总司令李品仙开紧急军事会议。我告诉廖、李二人说："中央有令要保留大别山为游击基地，你们两位中谁愿意留在敌后打游击呢？"李品仙默不作声，似乎不大愿意。我本人也觉得廖磊为人笃实持重，比较适宜于这项艰苦工作。我便问廖磊说："燕农，你有没有兴趣留在大别山内打游击呢？"廖磊说："好得很呀！我愿意在大别山打游击！"

我遂派廖磊率第二十一集团军在大别山内打游击。最初在我们想象中，在敌后打游击是件极艰苦的事，孰知事实证明大谬不然，大别山根据地后来竟变成敌后的世外桃源，比大后方还要安定繁荣。不久，中央又发表廖磊兼安徽省政府主席。当我任皖主席时，早已罗致了抗战前所

① 黄安县今改称红安县。

5

谓"七君子"之一的章乃器任财政厅长，整顿税务，颇见成效。廖磊在大别山苦心孤诣经营的结果，竟形成令人羡慕的小康之局。可惜廖磊原有心脏病，且曾一度患轻微的脑溢血。医生嘱咐，须安心静养；但是值此抗战最紧张的阶段，军书旁午，戎马倥偬，一位责任心极强、勇于任事、能征善战的将官，哪有机会静养呢？廖君终于积劳成疾，旧病复发，于民国二十八年十月不治而逝。廖君死时，大别山根据地内的军政设施已粗具规模。我乃呈请中央调第十一集团军总司令李品仙继任第二十一集团军总司令，并兼安徽省主席，驻节立煌①。至于第十一集团军总司令遗缺，则呈请调黄琪翔充任。

十月中旬，我长官部复自夏店西撤至平汉线上花园站以西约十里的陈村。当我尚在夏店时，平汉路正面之胡宗南已不知去向，乃檄调西进至应城附近的覃连芳第八十四军和刘汝明第六十八军赶赴武胜关、平靖关一带择要固守。不料我甫抵陈村，长官部的九线电台与刘汝明已失去联络。第八十四军也被敌压迫，退守应城。该军与刘（汝明）部虽相去不远，然亦不知其确切所在地。我绕室彷徨，焦灼万状，辗转反侧，至午夜犹不能入睡。忽然心血来潮，惊觉战况不好，在陈村可能有危险，遂披衣而起，将随从叫醒，命通知长官部同人速即整装，向西移动。

这时徐参谋长祖诒等都在梦中，忽然被叫醒，都很感到突兀。祖诒问我道："长官一向都很镇静，今晚何以忽然心神不安了？"我说："陈村可能不安全，我觉得应该从速离开！"众人也未多问，遂整队西撤。黎明后，行抵安陆县境，众人就地休息，忽发现陈村附近居民竟尾随我长官部之后，如潮涌而至。问明原委，始知在我们离开陈村后约两小时，敌骑兵千余人便窜入陈村。这批敌军的快速部队是否因为得到情报，知我长官部驻在陈村，特来抄袭，不得而知。但是当晚我如果不是因为心血来潮，临时决定离开陈村，则不堪设想了。当时我长官部同人得到陈村难民的报告后，无不鼓掌大叫，徐参谋长也把手一拍说："昨晚要不是长官心血来潮，就糟了！"

我们退到安陆后，武汉于十月二十六日为敌人窜入，武汉既失，抗战形势又进入另一阶段了。

---

① 县名，后改称金寨县。

以全力保卫大武汉

陈　诚[※]

以全力保卫大武汉

中华民族斗争史上最光荣的日子，是抗战建国发轫的双七纪念节。从去年卢沟桥事变爆发之后，经过整整一年的苦斗血战，我们民族的伟大精神，是得到了空前的发扬光大，从世界上一切爱护和平正义的人民，博得无限的同情与赞美。当今天纪念这伟大节日的时候，我们应当从总结一年来宝贵经验教训中，来展开今后更伟大的斗争，尤其是要以全力来保卫大武汉。

大家必须认清，一年来的抗战我们虽然遭遇了不少的军事挫折，丧失许多城镇，但是正如领袖①所说："全国军队之后退，绝不能谓为日本之胜利。"而且实际上，我是愈战愈强，敌人却愈战愈弱了，因为我们采取的是持久战略，就是以空间换取时间，以时间达到消耗敌人的目的，从长期的消耗战中来争取最后的胜利；而敌采取的始终是"速战速决"的战略，也就是企图以最短时间，取得决定的胜利，避免它"久战必败"的危机。一年来我们顽强持久的抗战，换得敌人无限量的消耗，已经击破了敌人速战速决企图，获得了战略上极大的战果。这就是我们愈战愈强的根本出发点。

敌人虽然表面上侵占了许多重要的据点，但是他们的矛盾与困难，

※　作者当时系第九战区司令长官，兼武汉卫戍总司令。

①　指蒋介石。

却与日俱增，铁的事实证明敌人愈战愈弱的破绽，已经一一暴露出来。第一，敌人兵员的绝大牺牲、军火的巨量耗损，与军费的巨额增加，都使人力财力与资源十分贫乏的日军无法弥补。第二，敌人战斗力的削弱。第三，敌人愈深入则兵力愈不敷分配，补给运输亦愈感困难，同时战区愈扩大，则敌人顾此失彼的困难愈益增加，现在敌人的许多后方，已经成了我们的游击区域，敌人军事交通的命脉，到处都有被我们截断的危险。正因为这样，敌乃更显其急躁凶残，色厉内荏。反之，我们愈战愈强，也有很显著的事实可以证明。第一，在兵员数量上我们由一百多师已达二百多师，而源源不绝的补充，生力军是在不断地大量地增加。第二，在军用资源上我们有无穷的财富可以开发。第三，在军器补充上我们不仅有大量的接济而且正在加紧地制造。第四，在火力上我们现有的新式武器的质量和性能，甚至超过敌人，至于战斗精神旺盛，战略战术上的进步，与夫今后的优势地形，一定能够使敌人陷于更不利地位，而逐渐地予以歼灭和驱除。

在政治经济上，我敌强弱对比，也表现得很清楚。就国内关系上说，我们是日益坚固着团结与统一的基础，而敌人则内在的矛盾与分裂日益加深；就国际关系上说，我们取得了国际极盛大的同情与援助，而敌人则日益陷于孤立无援困境。至于经济上，敌人资源的缺乏，财经的困难，整个经济的危机，早已是丑态毕露，而我们自抗战以来，对外贸易反而达到了平衡，财政金融甚至比战前还稳定，今年又有良好丰收，所以在物资上，我们完全具有最后战胜日寇的优越条件。

总之，一年来抗战的教训，证明我们坚持到底，必能确实达到抗战必胜、建国必成的目的。但是检讨了这些重要教训之后，我们就应当更坚强胜利的信心，以更大的勇气去进行第三期的抗战，尤其要用全力来保卫大武汉。

现在敌人向武汉的进攻，更加紧迫了，无论在消耗敌人，或是打击与消灭敌人的意义上，这次大会战对于整个的战局，都有重大的决定作用，所以我们每个人都有固守大武汉见危受命的责任，每个人都要以空前的努力、无比的忠勇来准备奋斗牺牲。首先我们要坚信在最高领袖的领导之下，只要大家一心一德，绝对服从命令，胜利是绝无问题的；其次，大家必须以抗战建国纲领，为我们行动的准绳，保卫大武汉，为当前最迫切的任务，有钱出钱，有力出力，为每个人民的具体贡献，任何妨碍抗战的行为与组织，都必须绝对禁止，这样就能够使人人站在各自的岗位上，去进行英勇的光荣的战斗。

保卫武汉，是一件极艰巨的任务，大的部署方面，中央自有整个计划，我们所应该做的具体工作，就是怎样加紧动员壮丁入伍，怎样统一民众组训，怎样提高行政效率，促进征募及物资动员，巩固后方治安及改善慰劳与救护工作。这些工作，在这次抗战周年纪念节中，应当进行普遍的宣传，使民众了解当前的任务，加强抗战的决心。

今日武汉已成为第三期抗战中最重要的据点，这里是我们雪耻复仇的根据地，也是中华民族复兴的基石。今日全国民众，尤其是在武汉的每个军民，应当激发最大的同仇敌忾心，人人都下定与武汉共存亡的决心，来守住这个重要的国防堡垒，必能给予敌人以致命的打击，造成将来决战中极为有利的形势。

保卫大武汉之阵容

中国的每一尺每一寸的土地，都是须得保卫的，但在军事上，或者因为某种战略已经相当地达到了目的，或者因为须得诱敌深入，以敌人的后方为前方，或者因为避免无益的过大的牺牲，便往往有由某一个据点撤退的事实。但撤退并不是失败，撤退后的地点也并不是说把它抛弃了，这些土地倒正是我们安在敌人后方的地雷，等待时机来了，是要次第爆发，把敌人炸成粉碎的。

目前的大武汉，政府要用绝对的力量来加以保卫，上自我们的蒋委员长，下至我们的一般民众，都是具有最大的决心的，已经屡次声明过，目前保卫大武汉之战，将成为我们对敌决战的开始，我们在这次大会战中，要愈加消耗敌人的力量，要击破敌人的主力。

敌人因为军事上和财政上的损失过大，早已在作最后的挣扎了，因此，我们保卫大武汉的阵容愈见巩固，他就不免愈见发慌，自然要放出种种的流言来，以离间我们的内部，以淆惑国际的视听。故如我们前月有疏散武汉人口的计划，这正表现着我们要保卫大武汉的决心，因为减少了无谓的牺牲与消耗，更便于作战，然而敌人却曲解着，以为我们是准备逃难。敌外相宇垣上台不久的时候，曾经公开地声明过，以为战事不久会结束了，如第三国有出面调停之举，日本也有接受的用意；但前几天由敌陆相坂垣所发表的谈话，又全然把宇垣的话推翻了，他说，日本要长期作战，无论何种提议，均不得接受，日本兵非把中国打得不能再起而止。同列于一个内阁的阁员，作两种相反的谈话，是值得我们注意的，这所表现的不用说是日本内部对立的尖锐化，但同时也说明他们屡次所放出的和平空气，不外是无诚意的一种政略的表现而已。保卫大武汉的阵容，原来是有准备的，目前是更加严肃了。

从军事方面来说

一、我们在武汉四周配置有大量的精锐的部队，并不断地派遣空军轰炸长江敌舰，给予严重的打击。

二、我们加强了沿江防务，添修了各处的要塞与封锁线。

三、我们把水陆上的军事交通，都整调完毕了。

四、我们把防空的设备更加充实了。

五、我们的保安团队，由鄂省府保安处组织已积极地加以了改进。

从民众动员方面来说

一、我们成立了商会、工会、农会、学生会、文化团体联合会、自由职业团体联合会、妇女团体联合会。

二、我们依照着居住地、工作场所和工作性质，组织了1. 宣传，2. 慰劳，3. 征募，4. 工程，5. 运输，6. 侦察，7. 技术，8. 救护，9. 消防，10. 向导，十数种工作队。

三、我们已经在进行着武装武汉民众，组织工人商民的各种自卫队伍，就这样，我们是在军民合作的严密阵容之下，准备着给予敌人以彻底的歼灭。

第三期抗战中敌兵的重大损失

日寇侵略战开始的最初十个月中，动员的人力，计一百六十七万五千人，在我国各战场配置的兵力，计三十个师团。最初十个月，敌军死伤总数为四十余万人，占其全国动员人数四分之一。这些数字，证明日寇在第一、第二期抗战中已遭受了重大的兵员消耗。但是根据历次作战的经验，日寇最初调来我国作战的，以后备兵占其大部分，虽然伤亡众多，敌军主力还没有受到不可补救的打击。因此在第三期抗战开始以后，敌我兵力对比，我军虽然已比第一、二期抗战时优越得多，但是我军作战的主要任务，却依然是疲困敌人，消耗敌人，以造成未来决战中，我军的绝对优势条件。因为战争愈是旷日持久，我方的战斗力愈是增强，结果敌方主力削弱，补充困难，饷械告竭，财政破产，必然有总崩溃的一天。我国持久抗战必胜的根据在此，而我国军民，必须忍受一切困难，以全力争取时间，其原因亦在此。

本年六月间第三期抗战开始的时候，我们就预料到敌军要从国内增兵，集中大江南北，以向武汉进攻，同时因为赣鄂皖的山地形势，不利于敌人进军，日寇必然遭受比第一、二期抗战更大的消耗，以便利于我决战胜利的条件。现在，这四个月的战斗结果，证明我们以前的推测没有错，至少在兵员方面，我军已尽了消耗敌人的最大努力。这可以分作三方面来说：

第一，在第三期抗战中，因战线的延长和战区的扩大，使敌人不得不调遣更多的兵力，消耗在中国战场上。在第二期抗战中，敌军配置在战场上的还不过三十个师团，到了目前已增加到四十师团以上，其中在长江两岸作战的敌军，据已经调查到的番号，就有近卫师团、第二、第三、第五、第六、第九、第十、第十一、第十三、第十六、第十八、第二十二、第一〇一、第一〇三、第一〇四、第一〇六、第一〇七、第一一六各师团，以及波田旅团、山下师团，与海军陆战队十个团，共计兵力在二十二个师团以上，约计战斗人数在六十万以上。要是连北战场、东战场以及东北合计，日军在我国境内作战的部队，总在百万以上。查敌全国动员的最高额，不过三百余万人，能够立刻调动作战的部队，却不过其中的半数。所以目前的战局，已经牵制了敌人几乎全部的兵力。不但以后无法大量增援，连伤亡的补充，都要感觉困难。当八月间张鼓峰事件发生时①，敌因无兵可调，仓皇失措，不得不向苏联屈服。从这里也就可以想见，在第三期抗战中，敌兵力受牵制的严重情形了。

第二，在第三期抗战中，因为主要战场多在山地，敌重炮及机械化部队失其效用，有许多次都是进行肉搏，所以敌军伤亡的比例，大见增加，在上海战争中，敌我伤亡，为一对三之比，现在已逐渐成为一对一之比。就最近四个月来，长江北岸黄梅、宿松、广济、富当、金山、叶家集、商城、沙窝、潢川、光山、罗山各战场，以及江南九江、湖口、香山、瑞昌西南与东南、沙河、东西孤岭、南浔路各战场所调查敌军阵亡人数，为九万六千人，伤病人数约为二十五万人，总计伤病死亡当在三十五万左右。在华北以及东战场，敌军伤亡人数，还不算在内。依照这比例计算，敌人现在保留的全部兵员，只够半年的消耗而已。

第三，在第三期抗战中，战场移向内地，敌军因给养困难，气候不适合，疾病死亡额大增。上述长江两岸敌军伤病二十五万人，其中病兵大约当在半数以上。据俘虏口述，敌若干部队中，病兵有时占百分之六十。以后敌军深入内地，气候转寒，敌军受疠疫疾病的打击，更将十分

---

① 据查，张鼓峰事件发生的时间是在一九三八年七月。

惨重。

在第三期抗战中间，敌人财力物力都受了极大消耗，贸易减少，现金流出一空，下年度预算无法编制，且不问这一切，单就作战最必需的兵员而论，我国抗战已收消耗敌军主力的最大效果，全国军民务须再接再厉，一心一德，渡过一切难关，胜利是有绝对把握的。

马垱要塞长山阵地保卫战

杜隆基※

　　一九三八年五月间，军政部派我到江防要塞守备司令部陆战队支队第二大队任少校大队附，负责训练这个大队官兵的要塞作战技术。这个部队，原系海军第三舰队，驻在青岛，在抗日战争期间，将舰只上的武器拆下，将舰船沉在青岛的海湾堵塞通道。当时沈鸿烈任山东省主席兼第三舰队司令，海军官兵和海军陆战队的一部分人员随沈鸿烈在山东打游击，另一部分人员，由副司令谢刚哲率领到武汉附近地区整顿，命名为江防要塞守备司令部，下辖三个总队和一个陆战队支队第二大队（这个大队是炮兵，不便于打游击，随到武汉）。第一总队所属海圻、海琛、肇和三只兵舰，将炮火拆下，舰船沉在南京附近封锁长江，官兵携轻重武器组成这个总队，戍守武汉外围的江防；第二、第三总队和陆战队支队第二大队，担任马垱要塞和湖口要塞的江防任务。我于同年五月七日到达马垱要塞前线阵地。第二大队有日造三八式七五野炮八门，一个基数的弹药，以四轮汽车载运，火炮进入了长山南面洼地的遮蔽阵地。第二总队有三个步兵大队，防守长山已构成的要塞防御地带，连接有八个钢骨水泥的重机枪掩体；另有第三总队的第一大队，部署在香口江边一带，以四七海炮控制这一带的江面。第三总队的大队和陆战第二大队，统归第二总队长鲍长义指挥。当时的要塞司令王锡焘来到阵地讲话，简单地介绍了炮台火力，司令部下辖有一个守备营（步兵）。马垱要塞司令部之上，还有一个马湖区要塞指挥部，指挥官由第十六军军长李韫珩兼

　　※　作者当时系武汉江防要塞守备司令部陆战队支队第二大队大队附。

任，指挥马垱、湖口两个要塞地区的作战。他的部队第三一三团部署在香口到东流以南的江边阵地，防止敌人在这一带登陆，该团团部设在太白湖东北端的黄寄树。其他部队，有的在马垱西南地区，有的在太白湖南面，有的在彭泽地区。

我到队以后，就在前线阵地上训练干部士兵，他们原是兵舰上的炮手，直接瞄准射击是熟悉的，间接瞄准射击，只听说过，没行实践。在阵地上见不到目标，正好以这个机会，使他们练习赋予射向和标定射向等间接瞄准的技术。

一九三八年六月十日左右，李韫珩召集马垱、彭泽两地的乡长、保长以及第十六军的副职军官和排长进行训练，取名为"抗日军政大学"，为期两周结业。我江防要塞守备第二总队和陆战第二大队、第三总队的第一大队的排长，都在前线阵地上，要求不参加他的这一训练，已得到李韫珩的同意。我自到马垱后，敌机常以三架或六架为一组来马垱空袭，轰炸阵地和码头。曾在江阴要塞工程处的傅方衡、沈鸣荣，也在马垱修建要塞工程，他们对我说：掩体刚脱模，希望短期不发生战事才好。六月中旬，白崇禧曾来马垱要塞视察，对官兵勉励了一番，指出要注视敌情，互相配合。

六月十七、十八日，我在长山指挥部观测所里，用变倍数（大倍数）望远镜看到在东流一带江面（在封锁线和布雷区以外）有三艘敌舰游弋，紧接着连日发现敌以小艇上装配小口径火炮（机关枪），向江面普遍发射，企图以火力探索我雷区位置。有时被敌击中水雷，爆发的浓烟柱冲上二三十丈高，以音测断定，敌艇在我三万米以外，在五六天的时间里，被敌击中爆发的水雷有十几个，敌人消耗的弹药，总有数万发以上。

六月二十三日，我们接到马湖区要塞指挥部的通知，抗日军政大学定于六月二十四日上午八时举行结业典礼，各部队的主官届时前来参加，会后即在司令部聚餐。凡上尉以上的主官都有请帖，我也收到一份，我们既没有派人受训，而当前的敌情又严重，所以没有去参加。这天下午只见第三一三团的连长以上的主官，结伴经过我们驻地前的公路，去马垱镇参加抗日军政大学的结业典礼。我们则密切注意敌情，入暮趋于沉寂。

六月二十四日拂晓，我们照例以电话与第三总队防守香口江面的第一大队联系，电话不通；我们又以电话与第十六军第三一三团联系，仍然联系不上。只好派联络兵，一面查线，一面再去取得联系。这时我在观测所观察，在薄雾之下，隐约看到有部队行动，引起我们的怀疑。这时联络兵回来报告说："香口街上已发现很多日军。"这样，判断第三总队第一大队已全部被敌消灭了！敌人从哪里登的陆？是什么时候登陆的？我们在指挥所一面研究，一面通知各队准备战斗。薄雾已散，见香口街上日军正在整队，似有行动。约上午八时，敌炮弹落在长山后洼地的我炮兵阵地附近，香山约比长山高，香山顶端能看到我炮兵阵地，判断敌炮兵阵地设在香山反斜面，敌我展开炮战。这时，敌步兵组成三个突击组，抬着重机枪，从太白湖的水荡里向我长山阵地突击。太白湖口至江边约有八百米宽，纵深约六百米，原是一片水稻田，水稻开始放穗。由于长江水涨，漫上江边圩堤，灌进水田，使这片水田变成湖荡，是我长山阵地的屏障。敌突击组一进入湖荡，就有半截身子陷在水里，轻重机枪的火力也就减弱了，我长山阵地的轻重机枪一齐射击，火力异常猛烈，只见敌突击组的士兵和机枪手纷纷倒在湖荡里，未见到有人回去。二十四日上午，敌人组织两次突击，下午又组织两次突击，均被我长山阵地守军全部消灭。

二十四日上午，敌海军舰只闯进我布雷区，在封锁线外向我长山步兵阵地轰击，仅以舰头有限火力轰击。每只军舰，舰首不过两三门火炮。军舰全赖横侧火力，它一横过来，舰首、舰尾的火炮就可以同时发射，舰侧的边炮也都可同时射击，这是军舰火力最强的射击势态，转回头来又可以用那一侧面边炮射击；但横着的军舰目标太大，也就存在容易被击中的不利势态。我们观察敌舰以"〰"形游弋着向我阵地轰击，敌十九艘军舰，每一次回旋射击，就有一百多发炮弹落在我长山步兵阵地上。二十四日我步兵阵地被敌海军火力摧毁了一部分，人员也有伤亡。这天敌人的山炮兵在香山斜面占领阵地后，火力逐渐猛烈，估计火炮在十门以上。由于敌能看到我炮兵阵地，我不能看到敌炮兵阵地，我有两门野炮被敌炮兵击坏。

自二十四日拂晓发现日军后，我们即向马垱要塞司令部报告，要塞司令部的电话总机说，王司令去参加抗日军政大学结业典礼去了，司令部没有负责的人；马湖区要塞指挥部的电话还是打不通。好在我们有与汉口江防要塞司令部联系的无线电，当即向谢刚哲司令报告了敌人登陆的情况。

战斗开始不久，有两名第三一三团逃散的士兵，通过我长山阵地前的太白湖公路，阵地守兵怕是敌探，把他们送到指挥部。一问，才知道确是第三一三团被打散的士兵。问敌人是何时和怎样登陆的？他们说："日本人是在今早四点左右从我连阵地登陆的，敌人以小艇靠岸，偷偷上来，上岸后用轻机枪向我阵地射击；班长被敌人打死，我们连长去参加结业典礼去了，有的排长去受训，这时连里只有一个排长和一个司务长。敌人猛烈射击后，我连阵地被敌人占领，敌人不断地登陆，向南沿江岸扩张，我连向黄寄树团部退去，边打边走，敌人就向香山推进。"这时我们才知道敌人登陆的实况。

敌陆海空军向我要塞阵地进攻时，只有我江防要塞守备部队在阵地与敌人作战，第十六军和马垱要塞司令部的各级指挥官都去参加抗日军政大学结业典礼去了，直到下午三时左右才会餐完毕。我们的鲍总队长再次以电话向第十六军军长李韫珩报告敌情，李军长说："我没有接到我的部队的报告。"鲍长义说："香山、香口早被敌人占领了。"李军长又说："香山、香口是我的部队，你太不沉着了，你看见敌人没有？"鲍长义气极了，才说："我们阵地被敌人打乱了，人死了一半，还说我没有看见敌人。你说香口是你的部队，你们为什么把炮搬到香山上向我炮兵射击，你们有炮兵没有（我们明知他没有炮兵）？"李韫珩这才无言答对。

二十四日下午，敌我海陆军作战正激烈时，忽然敌海军炮火停止向我射击；香口之敌仍在组织突击组，以轻重机枪向我长山陆地突击。我正以火力消灭湖荡里的敌人，只见我飞机几架由宿松方向飞临敌舰上空，敌舰的高射炮火力都向我飞机射击，我机在高空向敌舰投弹后，转向宿松方向飞去。我机去后，敌舰炮火又向我长山阵地射击，战斗十分激烈。

六月二十五日，敌军舰有所增加，以海军火力向我长山阵地轰击，香口之敌陆军依然组织突击组，经长山阵地前的湖荡向我长山阵地突击，全部被我消灭在湖荡之中；我空军又由宿松方向飞临敌舰上空向敌舰袭击。所怪的是，如昨日一样，我机未临空以前，敌炮火已停止向我长山阵地射击，我机一到，就全力射击我空军，我空军只有急忙投弹后向望江、宿松方向飞去。我机飞去后，敌海军火力仍继续向我长山阵地轰击。这时，由东流方向飞来我机九架，当其飞临敌舰上空，敌舰无所察觉，舰上炮火仍在向我阵地射击，我机却向敌舰投下大量炸弹，炸起的水柱飞溅，遮住敌舰，我们只听得炸声隆隆，震撼江面，飞机则向望江、宿松方面飞去。溅起的浪花消失后，我们在阵地上遥望敌舰，有的中弹起火，有的中弹下沉，我阵地上的欢呼声响彻云霄，大大鼓舞了我军士气。这证明轰炸敌机的我空军，是由另一基地飞来的，而被敌舰误认为是自己的飞机。战斗沉寂了个把钟头，敌又以残余海军炮火向我长山阵地射击，但火力已大为减弱了。

与此同时，敌在香口的陆军愈聚愈多，多次企图从湖荡里向我长山阵地突击，但均未得逞。敌人的飞机低空飞掠长山山头，反复轰炸扫射。正巧在我炮兵射击敌舰时，炮弹飞越长山顶巅，碰着敌机，顿即在长山上空爆炸，人机俱毁。人们误认为这架敌机是被我炮兵击中的，阵地上的我军步兵鼓掌欢腾。这一讹传，又一次鼓舞了我军士气。

我步兵、炮兵扼守长山一带阵地，与敌人海陆空军鏖战数日，颇多伤亡。我们屡次向马湖区指挥官李韫珩请求派部队增援，他一概置之不理。直到下午六时许，接到蒋委员长从武汉来电，对江防守备司令部第二总队和陆战队支队第二大队抗敌有功，传令嘉奖；武汉卫戍总司令陈诚也来电传令嘉奖。江防要塞守备司令谢刚哲除传达蒋、陈的电报外，亦来电嘉奖。当时的嘉奖电报，对我们以及在堑壕中的士兵都有很大的鼓舞作用。然而战斗人员伤亡太多，战斗力减弱，亟待补充，就又向马湖区指挥官李韫珩请求派部队增援。回答是："已派一六七师增援。"当时我们在想，为何驻马垱附近的部队不派，却派远驻在彭泽的第一六七师呢？反正已派出部队，比"无兵可派"好。但又认为远水难救近火，就向马垱要塞司令王锡涛请求增援，王司令回答中叙述了无兵的困难。本来马垱要塞司令部编制只有一个守备营（步兵），除担任警卫哨所外，实无兵可派。我们当时希望，即使能有一个连的兵力来增援也好，也可鼓鼓士气。

二十五日下午七时以后，敌炮兵和海军炮火增强了火力，加上敌空军轰炸扫射，我军牺牲惨重，控制太白湖口公路的两个重机枪掩体已被敌海陆炮火轰坏，长山要塞防御工事也已被摧毁，敌步兵从公路上向我长山阵地突击。这时，我长山阵地的步兵和炮兵的轻重武器已控制不住太白湖口公路，敌军在海陆空军的配合下，突进我阵地。我炮弹已尽，又无法补充，炮兵也只好以步枪应战。不过炮兵的步枪是极其有限的，乃掩护着把三门炮装上汽车，准备变换阵地；总队部见敌已突入阵地，也只得转移；长山阵地被敌切为数段，残余官兵也退了下来。我们就在六月二十六日中午退出长山阵地。

我们且战且走，下午四时左右抵马垱附近，见第十六军的一个团，由马垱分两路向长山堵击日军；我们很希望他们能堵住敌人，恢复我们失去了的阵地。但结果未能如愿，不仅长山阵地未能恢复，连炮台也失守了。要塞司令王锡涛在马垱镇南头坐着叹气说："我们的责任已完了。"当时我曾想过，我们自六月二十四日上午七八点钟与日军接触，即向马湖区要塞指挥部请求派部前来长山阵地增援，一直没有派部队来；最后虽允许派第一六七师来增援，但直到我们退出阵地，第一六七师还未来到。我们的残余部队只得向彭泽方向撤退。待我们六月二十七日抵彭泽县附近的流泗桥时，得知第一六七师奉李韫珩之命，由彭泽经太白湖东边的小道向方口方向来增援。一个师的兵力，不去走从彭泽到马垱的公路，而去走崎岖的羊肠小道，这要用多少时间才能达到香口呢？常言救兵如救火，李韫珩下这一错误的命令，不仅失去了马垱要塞的战略枢纽，而且牺牲了第一六七师师长薛蔚英的生命。

当时，白崇禧正在田家镇要塞视察，当得知日军已在马垱要塞登陆，即用电话指挥驻彭泽的第一六七师薛蔚英，命他率部立即从彭泽到马垱的公路兼程驰赴香山增援。孰料薛蔚英当时没有遵照白崇禧的命令从事，却执行李韫珩的命令，去走崎岖小路，以致贻误戎机，获罪枪决。

六月二十七日，我们残部到达彭泽县流泗桥附近，将近中午，敌机三架前来袭击彭泽县。当时发现有一人身穿白色衣服，在岗上喊叫。很快一幢军用仓库被敌机炸毁，我们很奇怪，鲍长义总队长即派一名排长带一班人去查看。原来高岗附近有一个防空掩体，内藏有三名汉奸，并备有收发报机一部。这位排长气极，当即将这三个汉奸打死。我听了排长向鲍长义总队长报告这个情况后，不禁想起李韫珩办的抗日军政大学，参加受训人员复杂，难免夹杂有些汉奸在内，向敌人提供情况。有两件事可以证实：一是抗日军政大学的结业典礼定在六月二十四日，事前已发出通知，要各部队的主官（团、营、连长）于六月二十三日下午到达马垱第十六军军部，好参加次日的结业典礼。恰好日军在六月二十四日拂晓前在东流江边第十六军第三一三团防守地带登陆，该部因无主官指挥，敌登陆轻易成功。难道敌人选定的登陆时机与结业典礼是巧合吗？二是六月二十五日，我空军多次由汉口方向飞来袭击敌舰，敌舰总是早有准备，在我机尚未飞临上空时，即将射击我阵地的炮火转向空中，只有我由东流方向飞来的九架飞机，把几艘敌舰炸沉，这不正是又一个例证吗？

我们在彭泽流泗桥地区并未久停，乃向湖口方向移动。行至湖口县太平关附近，遇第七十三军彭位仁部正在那里布防，想要我们分担一点儿任务，又见我们武器不全，弹药缺乏，只向我们了解了马垱作战的情况就作罢了。我们正向湖口三里街行走时，第三总队总队长康肇祥率队赶来，要和我们一同去武汉司令部。到了湖口三里街时，第二十六军郭汝栋的部队正在湖口布防，不让我们通过。这时第二总队长鲍长义和陆战队第二大队长金宝山两人去了武汉。第二、三总队和陆战队支队第二大队都由康肇祥指挥。康肇祥曾派人与第二十六军联系，第二十六军亦派人来了解我们的力量和赋予我们的战斗任务。他们对我们的三门日造三八式野炮很感兴趣，可是没有炮弹，也只好作罢。

到了七月初，战况日趋紧张。第二十六军通知：凡无战斗力的部队，速离开战场。我们的部队在这种情况下，离开湖口三里街，沿鄱阳湖边从鞋山过湖，到了庐山脚下海会地区。这时第七十四军俞济时的部队驻在德安一带，派部队把我们拦住，并对我们说：蒋委员长有命令，抗日战争的部队，不准过湖来；凡过湖来的，一律缴械，官兵收编。康肇祥集合校级军官商议武器交与不交。第二总队和陆战队第二大队没有什么武器，仅有三门没有弹药的野炮，第三总队却带有武器。商量的结果，以交出武器为好，士兵留部队使用，校、尉级军官一同送到南昌。当时第一兵团总司令薛岳坐镇南昌，他把我们转送到武昌。这时在列车上挂了几节车厢，并无人看守，仅有两位军官与康肇祥坐在一起谈笑自若。

七月十三日中午，列车到了武昌宾阳门，下车后陪同康肇祥的两位军官，率领我们步行到武昌阅马场，走进西场口附近的一个巷子。进屋一看，才知道是看守所。这样，我们这一批人被收进看守所，当犯人看待。当时有人后悔，在途中走了就走了，可能只留康肇祥几个人。天气炎热，十几个人住在一间小房子里，实在难受。

七月十六日开始审问，夜间八时左右才把我叫去。到楼上一看，上面写着"军法执行总监部审判厅"，我这才知道是来接受审判的。他们问了我的姓名、年龄、籍贯后，我提问是什么案由。法官对我说："作战不力，擅自溃退。"我听到这八个字，心想，重则杀头，轻则坐监。开始审问后，我说："我们的部队，不是作战不力的部队。"他问："有何为证?"我说："六月二十五日傍晚接到蒋委员长传令嘉奖的电报，怎能说我们作战不力呢?"法官又问："可记得电报字号?"我说："我们正在紧张战斗，只知道有这两份电报，没有记它的字号，你们一查就知道了。"他又问："溃退呢?"我答："这是事实，我们从六月二十四日早晨与日军作战，直到二十六日上午，上级指挥官没有派一兵一卒前来支援，弹尽力竭，阵地被敌切成数段，伤亡惨重，不得已而退出阵地。"他才说："这样说来你没有什么责任了?"我答："有责任也推脱不掉。"他们又问："我们问了一天，没有人像你这样讲的。"我说："他们是海军，不知道陆军作战的情况。"他们又问："他们是海军，你呢?"我答："我是陆军，是学要塞的，派到这个部队来训练要塞作战技术，遇上战争，义不容辞地要参加战斗。"法官们问到此处，离开了法官席位，下来攀谈马垱作战的细节，我也无拘无束地和他们交谈起来。后来，他们对我说：上面交下顾祝同的电报说："康肇祥率部先行，以致影响全局。"我说："康肇祥防守的地区是湖口要塞。第三总队的二、三两个大队是没有参加战斗就离开阵地，但不能以他来影响全局。影响全局的是第十六军，他坐视马垱要塞和长山要塞防御地带的危急，不派部队增援，使其丢失，这才是真正的责任之所在！"这次的军法会审，就此结束。

七月十八日下午，除将康肇祥等十二位校官留下外，全部官佐都送到江汉师管区军官队收容。到江汉师管区军官队后三四天的时间，江防要塞守备司令部将这一批官佐要回司令部，另行分配，大部分在第一总队继续工作。

马垱阻塞工程始末

刘 嘉※

马垱位于江西省彭泽县境内，距彭泽县城三十里，离九江八十里，太白湖横亘其东南，地处长江中游，当皖赣两省接壤。马垱山横踞江滨，与小孤山互为掎角。江中流沙甚多，冲积成沙洲，中分江流为二，其左水道为别江，早已淤塞不通，右水道临马垱山下，为长江航运孔道，江面狭窄，不及一里，水流湍急，形势险要，诚长江天堑，军事要地。马垱要塞司令部在这里筑有江防工事。

七七抗日战争爆发后，京沪沦陷，我军为了加强马垱的江防力量，阻止日军西进，确保武汉安全，认为有在江心加建阻塞线的必要，乃于一九三七年冬成立长江阻塞委员会，专门负责此项阻塞工程的设计和施工任务。另在江西省政府的直接领导下，成立江防委员会，协助办理阻塞工程的后勤工作。

那时候，我任江西省财政厅会计专员，奉调兼江防委员会财务组总干事职务，直接参与了该会的部分工作。现仅就这个工程的有关组织与工作概况，略述如下。

长江阻塞委员会与马垱阻塞线的设计和施工

长江阻塞委员会设在汉口。为了马垱阻塞线的工程施工，在马垱工地设临时工程处，由黄河水利委员会工程处处长刘秉忠主持，设工程师

※ 作者当时系江西省财政厅会计专员兼江防委员会财务组总干事。

三人，技术员二十人，其他官佐七十余人，技工二百余人和民工六百余人，负工程的设计和施工责任。

施工中为了避免敌机轰炸扫射，操作一般都在夜间进行。每当红日西沉，暮色来临的时候，江上灯火齐明，映照周围十余里。工程任务紧急，工人投入战斗，紧张繁忙，倍感辛劳。

此工程是在江心里横贯两岸构筑一拦河坝式的阻塞线。为了水上交通不致中断，在南岸留下一仅可通过一只船的缺口，使船在航标的指引下，能照常航行。到了战况紧急时，再加以堵塞。阻塞线两岸山峰险要处设有碉堡和炮台，水陆两相配合，形成了一个巩固的防御阵地。

阻塞线的工程经过两次施工才告完成。第一次的工程设计，由上中底三层构成：

底层——用铅丝构成大网，内铺柳枝和乱石，拌水泥凝固，逐段投沉江底，然后绕以铅丝缆和苎麻辫，使之紧密连接，并在上游处用铁锚拉住，在下游处加用大木桩打入江底，以期固定地不为水流冲击所撼动。

上层——用大型铁锚和大块乱石，放置在大帆船和铁驳里，以水泥凝固，沉列在中层之上，借铁锚齿和大石块锋尖作为暗礁，上面并布有水雷，这样坝面约低于水面二米许。如敌舰溯江直闯而上，则一方面将被水雷所轰击，另一方面也必触撞在礁上，而遭到致命打击。

第二次施工，是在一九三八年夏季开始。由于春汛江水暴涨，长江水位上升，第一次工程原设计的高度不够，势必要加高，因而有第二次加高工程的施工。工程设计是在原第一次施工的基础上，加筑乱石层，其方法与底层工程大致相同，并在最上层将面抬高。于是向三北等公司征购大铁驳轮几艘，内装乱石拌水泥凝固，然后凿穿，沉在底层上，船面同样装设暗礁，并布设水雷。

这一工程设计前后两次施工，历时约一年，大抵告成。

江防委员会的设置和它的任务

委员会设主任委员一人，由江西省政府主席熊式辉兼任；副主任委员二人，由省建设厅厅长龚学遂（龚他调后，由继任建设厅厅长杨绰庵兼）和九江警备司令陈雷兼任。日常事务由副主委全权处理；遇有重要问题，则由省府秘书长刘体乾代主委决定。

委员会下分设总务、财务、材料、工务和警卫五组办事，每组设总干事一人、干事若干人，所有人员都由省属各单位调充。

委员会还在彭泽、湖口、星子、九江四地设有办事处和马垱开石工程处，办理各项施工用材料的采购、调运和征集、采掘乱石等事宜。每处设主任一人、干事若干人。

在船舶的征调与征购方面，当时长江通行的船舶，除几家大公司的商轮照常行驶不加统制（以后也曾征用了招商、三北等公司的几艘大轮船和铁驳）外，所有内河航行的帆船及小火轮，全部由江防委员会统制征调，归各办事处分别就地管理，听候差遣。江防会成立初期，由于有大量乱石、木材、铅丝、苎麻等材料，均须由各地运到工地备用，轮运繁忙，所有大小船只，均须担负运输任务。这时船上的船主和船工，都由江防会按在船的人数，不问大小，一律发给伙食费。后来施工开始，所有应用各项材料都准备得差不多了，运输任务逐渐结束，就把这些船只陆续集中在彭泽，由江防会办理征购，供工程上装载乱石或铁锚，沉入江底做阻塞的障碍物。

在乱石的采掘与征集方面，由于乱石是阻塞工程上需要的主要材料之一，而且需要的数量很大，加以时间紧迫，在马垱专设开石工程处，就地采掘，以应急需。但每日采掘数量有限，不敷供应，特由省政府通令沿江湖各县政府发动民工义务劳动，大量收集，船运彭泽工地。后来战事日趋紧张，工程进度加速，石方需用更加迫切。为了应急，连彭泽县境内的街道路面石头也均被搬走。

另外，木材、铅丝、铁链、苎麻等材料，需用量也不在少数，而当时市场存货不多，为了供应工程所需，凡交通比较便利而存有此项材料的地方都被征购。其中木材一项需用尤多，为了采购方便，当时南昌市木材业同业公会负责人，还被任为江防会材料组干事。江西是出木材的地方，为保证马垱工地的需要，特由江防会派人运往。当时前方战事吃紧，上有敌机轰炸扫射，地面炮火连天，所运木材，损失颇大。

马垱要塞工程的完成，历时经年，投入大量人力物力，但在抗日的江防阻塞工作上，由于指挥人员的失职，并未发挥钳制和延缓敌军进攻的应有作用。六月二十四日敌舰开始向马垱要塞进攻，六月二十六日马垱即沦于敌手。

贵池、青阳阻击日军航运战斗经过

邱行湘※

一九三八年十月，第三战区为了截断长江水上交通，策应武汉会战，调集了三个炮兵群，部分海军、炮兵、布雷队及工兵两个营，以第二十三集团军为主力，沿长江东流、贵池、青阳、铜陵占领有利阵地。

其正面自东流、殷家汇、贵池、河口、铜陵之线，其左翼为第二十九军之第二十六师，右翼为第三十二集团军第一〇八师、第六十三师。

当时，第六十七师属第十八军，留在第三战区尚未归建，由第三战区司令长官顾祝同直接指挥。九月，配属第二十三集团军作战，由第二十三军军长陈万仞指挥，后归第五十军军长郭勋祺指挥，参加贵池至青阳沿江一带之作战。

第六十七师师长原为黄维，黄升任第十八军军长后调到江西作战，第六十七师师长由莫与硕升任。

九月下旬，第六十七师由安徽、绩溪经徽州、石埭、太平、青阳进到贵池附近之马牙桥地区，奉命占领贵池、青阳一带沿江阵地。

当时的战斗序列是：第三战区司令长官顾祝同，辖第二十三集团军总司令唐式遵。第二十三集团军辖第二十三军军长陈万仞。第二十三军辖第六十七师（师长莫与硕）两个旅。第一九九旅旅长胡琏，辖第三九七团，团长覃道善；第三九八团，团长戴振球、陆静澄。第二〇一旅旅长杨勃，辖第四〇一团团长曹振铎，第四〇二团团长是我。

一九三八年七月一日第二十三集团军总司令唐式遵命令：第六十七

※ 作者当时系第十八军第六十七师第二〇一旅第四〇二团团长。

师迅速接防，击攘毛冲及江家附近之敌，确实占领 61.0 及 72.5 高地，以掩护重炮射击。

我第六十七师决定第一九九旅十月一日拂晓前到达灵芝塔及马牙桥一带，第二〇一旅十月一日抵五溪桥及灵芝塔附近。三日四〇二团接替馒头山范子英部防务。

我第六十七师附炮兵第三群一五〇榴弹炮、76.2 野炮各一连，一〇五榴弹炮、卜福斯山炮各两连，接替馒头山附近及上下江口、清溪间之守备，掩护江岸游动炮兵。

我六十七师第一次攻击任务是：

一、师决于十月五日，以第一九九旅主力攻击 72.5 高地、亘 67.0 诸高地。以一部固守叶家山、流波矶、清溪之线，并固守上下江口，阻敌登陆。

二、第二〇一旅四〇二团主力占领馒头山，其前进阵地推进到煤炭厂、前江口之线，以掩护我馒头山炮兵之射击及施放漂雷。

三、第二〇一旅第四〇一团为师预备队，位置于马牙桥以北地区。

六日，敌百余名向我洪家冲阵地攻击，被我击退，毙敌数十名，获步枪三支。贵池上游第一四六师正面各点，敌不断登陆。

同日，第二十三集团军部署如下：

一、右翼兵团由第五十军军长郭勋祺担任兵团长。

（一）右地区队第一四五师（欠第四三三旅）附新四军第二支队守备清弋江、夫子阙、奎潭、峨桥、山桥之线。

（二）中央地区队第一四四师（欠第四三〇旅）守备横山桥西端、旧县、坝埂头一带地区。

（三）新七师（欠第二旅）守备坝埂头、铜陵、大通镇、林坂洲一带地区。

（四）炮兵第一群在铜陵、大通间占领阵地，腰击敌舰。

（五）预备队第四三〇旅位置于黄浒镇、孙村附近。新七师第二旅位置于丁家桥文庙附近。各队防务限十月八日接替完毕。

二、左翼兵团由第二十三军军长陈万仞担任兵团长。

（一）右地区队第四三九旅附小炮第五十一团第十六连守备童埠、毛坦、观前一带，小炮任射击湖内活动之敌舰。

（二）中央地区队第六十七师炮兵第三群守备梅埂至清溪间一带地区，掩护炮兵射击敌舰。

（三）左地区队第一四六师附炮兵第二群守备池口、乌沙夹、李阳河、前江口至张溪镇地区。

（四）预备队第一四七师（欠第四三九旅）位置于马牙桥、童婆铺附近地区。

敌自贵池上游第一四六师正面登陆后，第二十三集团军预备队第四三三旅（欠两营）受左翼兵团长陈万仞指挥，担任童埠、观前之守备，使该兵团第一四七师全部策应左翼，并责成左翼兵团，迅速以主力肃清登陆之敌。

贵池附近战斗

第六十七师我团占领馒头山、煤炭厂及沿江阵地，掩护炮兵腰击敌舰及施放漂雷。

我团以馒头山为主阵地，煤炭厂为前进阵地，我便衣侦察队担任清溪至梅埂沿江正面之侦察及警戒。我团以第一、二两营赶筑馒头山坚固阵地，并在馒头山设置能抗二十四公分以上炮击的掩体，作为团指挥所。第三营营长张楚南率该营进占煤炭厂抢筑坚固阵地。师属侦察部队推进到江边，协助工兵及海军部队利用黄昏或拂晓施放漂雷。

马牙桥是江边要冲，布雷队、运输队往往以此为塞。我军防空力量极为薄弱，附近只有一个苏鲁通（两公分）高射炮连。我第一九九旅旅部在马牙桥后山沟，第四〇二团归第一九九旅旅长胡琏指挥。十月六日，我江岸炮兵共击伤敌舰十艘，其中一艘重伤。

贵池至梅埂沿江各处，敌不断以铁舟登陆，多次被我击退，毙敌三十余人，缴获步枪十二支、防毒面具数个。

六日下午二时我第一九九旅以第三九七团为主力，协同炮兵向72.5高地攻击，下午六时我军一部突入阵地。敌即施放催泪性及窒息性毒气，我突入敌阵之全部官兵均牺牲。我军被毒气阻于阵地外，师令曹团进到石灰嘴亘华严庵、地藏庵之线加筑工事。是役我炮兵毙敌不下三百余人，我三九七团伤亡、中毒官兵约一百一十五名。

次日，我胡琏旅覃团继攻72.5高地阵地。敌因得增援部队及兵舰协助，并借坚固工事顽抗，激战至晚，我军仍无进展，我伤亡营附以下官兵二百余名，暂固守现阵地，掩护炮兵向敌舰轰击。敌伤亡在三百人以上。

八日，敌第一一六师团青山联队的一个大队，在二十余艘兵舰及敌机十余架掩护下，猛攻我煤炭厂阵地。激战至晚，敌不支退回敌舰。是役，我第三营营长张楚南率部拼死冲杀，迭挫凶锋，我机枪三连连长王

26

少章英勇牺牲，伤亡官兵五十余人。

为了策应武汉会战，陈万仞兵团长十月八日以第六十七师（附炮兵第三群）担任梅埂、馒头山至清溪之防务，相机攻击当面之敌外，并傍江面选择炮兵阵地，努力攻击敌舰。

我奉命指挥第四〇二团推五一战防炮到江边攻击敌舰，五一炮破甲弹威力大，进出方便，战果显著。十日晨，敌六七十名乘汽艇借海空军掩护由宝兴圩向麻埠潦强行登陆，经我守军血战一小时，将敌击退，毙敌二十余名，缴获步枪两支。我伤十余人。下午敌百余人，再度登陆。我军击毙敌三四十名，残敌多溺于水中，我伤十余名。次日拂晓敌增援二三百人，仍猛犯我麻埠潦、下江口阵地。我麻埠潦守军大部牺牲，我派兵增援，午后麻埠潦东端敌增至四百余人，强筑工事，我派有力部队驱逐。

十二日第三战区炮兵指挥官娄绍铠来电告："海军炮五门，使用于贵池方面。迄今为止，我沿江已敷设水雷八十枚。"午前，在池口被我击伤焚烧之巨舰为三个烟囱之大型运输舰，满载弹药，至十一时五十分完全沉没。十三日，我炮兵于叶家山、煤炭厂附近与馒头山西南等地，共击伤敌舰七艘，其中四艘重伤。

十五日，第二十三军周师第四三八旅失守前江口。

十六日，我横港、煤炭山等地炮兵共击伤敌运输舰五艘。近日敌畏惧我煤炭山炮兵封锁，所有敌舰利用夜暗时机经过该地。

十八日以后，敌清水重喜师团及海军舰队，每天以二十余架敌机向我第四〇二团阵地攻击。我军坚守煤炭山前进阵地及沿江前沿阵地，激战七昼夜，阵亡连长刘秉之、王国华、董祺平三员，阵亡及受伤排长以下官兵一百十余名，我馒头山阵地，屹立未动。

当面之敌又增志摩部队、坂口雅夫第一二〇联队向我攻击。经我团坚强抗击，我馒头山阵地，迄未动摇。后友军弃守贵池，我师于十月二十八日奉命转移至太白山、灵芝塔之线。

我团转移至灵芝塔附近，休整数日，继续担任对东西斗龙山之攻击。

斗龙山战斗

十一月一日，敌机二十余架先后在白洋、齐山、馒头山、观前、马牙桥、青阳附近及广教寺一带投弹百余枚，并以机枪扫射，我伤亡官兵三十余名，高射炮亦被炸毁二门。敌第十七师团宏兴联队、秃和联队在贵池、前江口等地集中兵力企图攻占我沿江各重要据点。

我第六十七师防守茶叶山、独龙山、童婆铺之线。十一月七日，我团奉命向东西斗龙山、五指山攻击，我团第一、三营先后攻占东西斗龙山。敌不断由梅埂登陆，向我斗龙山阵地反攻。八日敌千余人，炮五六门，分三路向斗龙山、五指山我团阵地猛攻，均被击退。九日晚，坝埂头泊敌舰二十余艘向我炮击，敌机二十余架先后在斗龙山、太白山一带侦炸。我师第三九八团团长戴振球在我左翼太白山阵地负伤。

连日来敌千余人三度猛犯斗龙山，均被我击退，我团伤亡甚大，第一营营长汪忠民、连长邵志远阵亡，我师伤亡官兵五百余人。

青阳附近战斗

一九三八年十二月初，我第六十七师调驻青阳地区稍事整补，即投入战斗。

第二十三集团军唐式遵总司令指示："川军作战经年，未能补充完善，战斗力未免减退，贵师两月来屡挫敌锋，巩固阵线，颇著功绩。刻沿江登陆之敌，势尚猖獗，故以贵师集结青阳，以备策应江岸防御，部署调整，希统筹决定。"

十二月十一日，第六十七师归第五十军军长郭勋祺指挥，先令第一九九旅第三九七团覃道善部，恢复大成山，曹振锋第三九八团推到田里村附近，并扼守茶山亘牌坊山之线，派一营驻店门口附近。我团集结于青阳附近，为总预备队。

敌攻占大成山、大脚山后，窜至何家湾、了山镇、锅冲附近。我师覃团及范师一部、田师残部正向大成山、锅冲方面攻击。田师一部扼守五峰山、天坪山。

第三十二集团军通报：一、由荻港、顺安侵入之敌不足两联队，一部进占何家湾，主力占木镇。二、郭勋祺军现退守清弋江镇、南陵、娥岭镇、三里店至狮子山之线。第六十七师现在狮子山、茶山至童婆埠之线，与敌激战中。第五十军田师极度混乱。第一四四师扼守繁昌附近阵地，绵亘百余里，无法抽出部队转移攻势，且敌大举深入，无法牵阻，诚恐影响全局，现以清弋江、管家店、葛林桥、安山头、港桥，沿河经三里店、骡马店、陈家垄、合村、钱家桥、高家岭、木镇之线为新阵地线，限十二日部署完毕，并以第五十军一团以上兵力及谭支队全部留置南繁要点，担任游击。第六十七师（欠一旅）占领合村、木镇、曾形山之线，掩护右翼兵团之转移，再图抽聚兵力，力图反攻。

十一日，敌进至丁家桥附近与我田师一部及莫师覃团于狮子山、雷公山等地发生激战。何家湾、了山镇附近之敌也与我混战激烈，入暮木镇也窜入敌一小部。敌约千人，炮数门，攻我第一四五师（师长佟毅）曾团奎潭阵地，我伤亡甚大，退守河南。小钢窑附近之敌三四百人攻我老鼠石184高地，正激战中。

十一日十三时，木镇被陷，敌与我对峙于木镇以南约一公里之倪家冲一带，我师之第三九七团向其反攻，敌竟使用毒气，我军中毒三百余人。木镇附近发现敌尸符号证明，该方面之敌为清水师团之石谷联队，顺安方面敌为松岛联队。

同日黄昏，木镇到敌三四百人，我团占领全村、钱家桥亘木镇之线，当派队驱逐木镇之敌，未克。

十二日午，敌石谷联队获增援，猛攻我曹家塝、倪家冲阵地，被敌突破。我师曹团、覃团反攻，激战两小时，敌不支，即使用大量毒气，我官兵中毒二百余名，仍在激战中。

十二月十四日，第五十军军长郭勋祺改变部署：敌五六千人，将我大成山、亮山、挂岭、鸦山岭、锅冲、殷家嘴、杨街等阵地攻占，并以一部绕袭木镇。情况紧急，决转移新阵地，部署如次：田师右接野猪冲亘高岭、木镇之线，占领阵地；莫师胡旅（陆团在内）应占领木镇（含）亘茶山、牌坊山之线。

十四日晨，敌五百余人攻我汪祠、肥子垅（木镇西南四公里）一带阵地，在激战中。我师曹、覃两团主力续攻曹家塝仉家冲之敌，将敌击溃，正乘胜追击。敌放大量毒瓦斯，我中毒三四百人，致使攻击顿挫。但我也毙敌百余名，并获步枪五支。午后，敌一部窜至匡北桥以北地区，入暮仍对峙中。

我师十四日拂晓在木镇公路两侧，敌我均取攻势，战斗激烈，肉搏多时，敌以飞机五架助战，覃团因伤亡过重，左右发生空隙，遂被敌侵入，经我曹、邱两团由敌两侧夹击，毙敌甚众，敌我成相持中。本日敌伤亡有七八百人，我也伤亡官兵五六百名。

十六日，唐总司令查敌约一个旅团以上兵力，向我第六十七师青阳阵地猛犯，似有略取青阳之企图，为巩固青阳，击破敌军，决定以第五十军一部扼守原阵地，主力由该军长亲自率领立即向木镇、肥子龙、南冲一带之敌攻击。第六十七师附第四三三旅、第四四一旅、炮三团第二营及第五十一团之一个连，固守青阳，并以有力之一部协同第五十军向当面之敌攻击。郭军长亲自率领第一四四师第四三二旅于十五日拂晓向木镇、肥子龙、南冲之敌攻击。

十五日，我师以覃团固守公路两侧现阵，曹团占领水坞、尖山一带高地，侧击敌之侧背。陆团占领青山。邱团占领金鸡岭亘何家山之线。石旅守备燕窝山亘东蓉桥、孙家之线，戴旅任务如旧。

十五日拂晓，敌向我青山、尖山攻击，被我军击退。晨，敌八九百人向我东蓉桥进犯，经我师及第四四一旅击退，我军乘势反攻，将田里村之敌百余人包围歼灭。敌三四百人两度攻我程家大山，均被击退。九时敌二百余人攻我老牛圈，激战至十五时，也被击退。

战至十二月十七日，我沿江参战各军，因伤亡日增，战力锐减，唐总司令对青阳附近之作战，作如下之指示：各兵团须避免与敌决战。郭、莫两兵团应以主力在现阵地抢筑工事，迟滞敌之前进，并不时以小部队袭击敌之侧背，以牵制其攻击，以一部在青阳东南一带山地抢筑第二线阵地。不得已时，可适机转进于第一线阵地，唯青阳城附近应以一部占领前进阵地。

十八日唐总司令为稳固青阳阵线，重行调整部署如下：一、第五十军郭军长率所部并新四军之谭支队为右翼兵团，俟第一〇八师将清弋江、三里店防务接替后，以主力占领三里店（不含）合村、钱家桥、高家岭、小路口、南冲、观音洞之线，并以谭支队进入繁昌地区担任游击。二、第六十七师莫师长率所部并指挥第一四五师及第一四七师之第四四一旅、炮三团第二营之两个连、第五十一团之第十六连为中央兵团，应占领观音洞（不含）新田坂、杨美桥、东蓉桥、孙家、许家、焦家埠、老虎尖、底岭庵、河口、石门埠之线，青阳附近应构筑据点，油榨拐、百万江、乌龟山一带地区应构筑阵地。三、第二十三军陈军长率所部指挥第一四六师为左翼兵团，应占领河口（不含）灵芝塔、雷鸣山、太白山、白洋、灌口、吴田铺、张溪镇、东流之线。四、作战地境：右翼兵团与中央兵团为查村、花园吴、观音洞、官埠苏、陆家潭、五峰山相连之线；中央兵团与左翼兵团为南洋湾、牛角山、童家嘴、石门埠、老鸦尖、观前、梅埂相连之线线上属右。五、各兵团限十九日以前部署完毕。

唐总司令作出上述新的部署以后，已是十二月下旬，一九三八年第三战区的冬季攻势已接近尾声。十二月底，我六十七师奉命调绩溪附近整训。三个月的浴血抗战，我总计伤亡官兵三千四百余人。一九八二年秋，我由安庆经贵池到青阳，愧未上山，一吊烈士的忠魂。特写此文，作为我对已死的英雄的祭奠。

武汉会战时期的军事船舶运输

陈良屏※

船舶运输司令部

一九三七年十一月一日，军委会下令：十一月十日在南京下关江边成立军事委员会船舶运输司令部，承担水上军事运输任务。其编制是：少将司令一人，中校秘书二人，上尉办事员一人，中尉译电员一人，通信员一至二人。司令庄达与我有亲戚关系。当我应他电催到部任秘书时，已是十一月二十一日，而这时南京政府正准备迁都重庆。南京形势已十分紧张，除军事物资仍由庄达直接交由原船舶管理所运输外，其他各机关报运物资，在十天内，登记数字已达一万一千三百余吨。工作人员既少，又只能在江边日夜冒着敌机轰炸进行工作。对于征集租用或调配运输工具，不但没有权力，连"关防"（公章）亦尚未发下来。这时，我们一些工作人员只好每天受各机关的咒骂，甚至有人挨过打。

每天半夜，司令部与船舶管理所的工作人员，总要集会向庄达作汇报。这时，大家建议：本兼各职人员，应该由庄达先行合并指挥，以增强运输力量，以后呈报核示。但庄达总是面有难色地说："宁可贻误运输，不敢擅自做主。"不久收到军政部转下的军委会训令："该部除遵照前领编制组成外，并将本部原有船舶管理所并入，充实机构，造具预算，呈报备核。"另拨调卫士一班，以维护军运。又附发一颗"军事委员会船舶运输司令部"关防。当庄达朗读训令后，接着宣布："本部设秘书、译

※ 作者当时系船舶运输司令部秘书。

电、会计三室和征调、运输两股，增添少尉押运员若干人。除对原汉口、宜昌两管理所加强外，新添设万县、重庆两管理所。关于南京各机关报运物资抢运，责成征调股星夜征租三十吨到五百吨铁木驳船一百五十只、拖轮五十只，不分昼夜抢运至汉口，并在卫戍司令部通告限期内扫数运出。"

在南京失去制空权以后，有些赶时间的运输物资，白天冒着敌机轰炸与扫射进行抢运。为了物资在运行中减少损失，有些船主同司令部押运人员，做一些非交战国的国旗，插在船头或船尾，拖驳与木船上也掩盖其他国的国旗，借以避免日机轰炸。但敌人是十分狡猾和惨无人道的，即用水上飞机进行察看，再进行扫射或轰炸。因此在十一月下旬到十二月初，军运船只，在由南京上行到汉口途中，被日机扫射炸毁的就有中型火轮二只，沉没的铁驳三只，失踪的火轮一只、木船九只，烧毁汽油九百余桶。船上水手死伤的有九人，木船上的船夫死伤约有二十六人。

迁到武汉

南京沦陷后，船舶运输司令部于一九三七年十二月十九日在汉口招商局大厅恢复了正式办公。司令部的运输任务特别紧张而又复杂。因为武汉是水陆交通枢纽，各部门的运输都可以与船舶运输发生联系。顾此失彼，挂一漏万，很难照顾全面，满足各方面的要求。加以长江水位正值低落时期，新堤以上，江轮行驶只有白天才可勉强通过。而司令部原来控制的招商局的江轮，多数均被马垱要塞司令部征调去了。这样更增加了汉口到宜昌的水运困难。另外，由宜昌再上运到重庆，又非特别制造的川江轮船。当时，司令部虽控制有招商局和三北轮船公司的两只行驶川江的轮船，但运输量是十分有限的。其他只有依靠四川民生轮船公司承担，而民生公司的船只征用，在当时是有很多政治与经济阻力的。司令部为适应急需，就采分段办法，先转到宜昌与三斗坪，再由宜昌船舶管理分处承接转运。中央既决定后方机关先迁移重庆，各机关天天强索船只，其他湖南、江西、汉江等地的军运，亦极端繁重，时常强逼征用船只，司令部不胜其扰。于是，司令部有针对性地拟定了一个临时运输规则，即关于从一九三八年一月到四月水位低落时期的船舶运输规则，呈请批准执行，其全文大致是：

一、优先承运军事人员与军事物资，及与军事有关的器材和设备，等等。

二、中央机关交运的物资、器材、档案，与公务人员及其眷属，等等。

三、迁移后方的企业单位及其工厂设备和职工、家属，等等。

四、上述三类运输，在船只起运前，如尚有空余船位，得搭具有机关或团体证明迁移后方的难民。

五、特殊军事机关如军委侍从室，除每日有一只轮船听候使用外，其他专设军事机关，如马垱要塞司令部、武汉与宜昌城防司令部，以及经常军事机关（各战区与各路军驻汉办事处），如需用船只，得向司令部洽商，由司令部代为征租交用，按期交还。

六、零星军官、士兵及公务人员与家属等，具有本机关证明的，得向司令部进行登记，以便按次配搭便船。

这样一来，从一九三八年的一月到三月，不但运输秩序渐渐纳入了常轨，即运输任务也超过了预定的计划。同时，武汉形势的暂时稳定也是重要原因。

俞飞鹏兼船舶运输总司令

从一九三八年三月到五月，司令部的运输，突然发生了倒流现象：原先是长江、湘江、汉江的运输，总是向上游转进，下行船只，除载运粮秣或间有工事器材与燃料外，有时竟是空放；但在这一时期，下放船只，竟载有许多重返武汉的市民和公务人员的家属与难民。原因是苏联的志愿空军在武汉上空，有一次击落日机二十七架，整整一个月中，日机没有空袭武汉。与此同时，平型关、台儿庄捷报传来，给武汉临时首都吃了定心丸，大家认为敌人再无进攻力量，从此就要挫败下去，胜利马上就要到来。于是各机关都进行扩建，准备迎接胜利的复员任务。因此既经转进的人们，在后方无法安排生活，一听到那种"速胜论"的宣传，都争先恐后地又向武汉倒流，致使司令部的运输任务，呈现了一种畸形而复杂的现象。

约在四月下旬，司令部接到行政院交通部与军事委员会后方勤务部长俞飞鹏的一道训令："为了加强水上船舶运输，本部长奉军事委员会命令，兼任船舶运输总司令。"五月四日，俞飞鹏部长亲临主持就职典礼，他坐着一辆崭新的流线型汽车，后面跟着一辆卫生篷车，招商局大门开处，鼓乐齐鸣。只见三个夹皮包的随员，八个持盒子枪的卫士，拥着一个西装革履、大腹便便的人走了进来。庄达率领全体人员向他行了军礼。

他旁若无人地走向会议桌的主席座位坐下，不待司仪人员介绍，他就开口说："本部长的职务实在太忙，但委员长的命令又要奉行，迎接胜利的船舶运输要办好，所以不得不兼任本总司令的职务。原来庄达司令，改为副司令，专管船舶征调运输。今天同本部长前来到职的吴禹副司令，兼经理处长，专管经费与人事，并代行本部长兼任总司令的职务。"又宣布要在岳阳、长沙、桃源、常德增设办事处，汉江的沙洋、襄阳等地也要增设转运机构，至于长江、汉口上下要冲，亦须酌量加强转运处所，提高运输力量。此次就职典礼后，俞飞鹏在船舶运输总司令部就不再出现。

船舶运输总司令部的两个副司令，都是保定军官学校毕业生，是搞军事交通运输行道的。不过庄达属于军政部交通管理系统，吴禹属于后方勤务部运输系统。军政部长何应钦与后方勤务部长俞飞鹏平日既有权利之争的矛盾，自然要影响到庄达与吴禹两人的协调。正在这时，徐州大溃退，保定、正定相继后撤，马垱要塞失守，武汉在战略上受到严重的威胁。中央决定西迁重庆，船舶运输又十分紧张起来。吴禹、庄达虽在严重客观形势下勉强合作，支撑了武汉沦陷前的军事船舶运输，却让民生公司总经理卢作孚做了一笔好生意。

武汉水陆联运处的设立

前面已经说过，当时川江运输，只有征调民生公司的十六艘船只，才能勉强应付。但征调民生公司的船只，每次都发生意外的困难。原来司令部曾有一个征租船舶规定：除对官商合营的招商局船只征租，半付款半记账，一俟抗日胜利后，由国家偿付本息外，其他征租的船只，都依照其营业最高额与最低额折中地按日或按月计算付租。民生公司的船只多，营业也好。民生公司总经理卢作孚看准了机会，挺身而出，组成武汉水陆联运办事处，自兼主任。承担国家机关与其他公私企业的运输任务，并与司令部划分了运输范围，除供应司令部军事运输船只外，其他运输都由水陆联运处承担。至于船租付款，除采用付现办法外，其余记账部分，则径由民生公司向国家机关统一办理记账手续。卢作孚的个人打算得手，同时对武汉的疏散运输也起了一定的调剂作用。所以到湖口要塞继马垱要塞失守后，武汉各机关西迁十分紧迫时，在运输上还没有什么贻误。

卢作孚是重庆北碚人，中学毕业后凑集资本买了一只旧轮船，修理后改名"民生"，在重庆、涪陵间运输客货。卢作孚勤俭自持，以船为家，能说会干，在数年内盈余日增，颇有声誉。同时又由于四川军阀的投资与支持，卢氏不断增加船只，发展业务，不到十年工夫，不但控制了整个川江运输，而且直下三峡，延伸到了上海。抗日战争爆发后，政府迁移武汉，转进重庆时，卢作孚在水运上就成了天之骄子，一跃而登上了交通部次长的宝座。抗战胜利后，日本赔偿给中国的各种船只，政府差不多都拨交给民生公司了。

武汉会战时的运输和江防工程

蒋介石认为海军宿将沈九渊建筑的长江下游马垱要塞，可阻止日军溯江进攻武汉。可是日军很快于六月二十六日攻陷马垱，七月五日攻陷湖口。同时，日军在长江北岸集结大批兵力，由皖西直向鄂东推进；在长江南岸相应地入侵南浔路，接连攻占了九江，重复三路包围南京的办法，用以进攻武汉。于是，国民政府决定西迁，长江军运顿时加倍紧张起来。不过武汉是交通枢纽，运输路线比较多，加之船舶运输总司令部吸取南京撤退时的教训，对市民与商业机构，只要请求后撤或疏散，都给以方便，以期做到坚壁清野，使敌人占领的只是一座空城，无所掠夺。这个运输计划是船舶运输总司令部与行政院战地服务团按照上级指示实施的，取得了一定成效。

陈诚当上武汉卫戍总司令后，宣称要寸土必争，焦土抗战，用百万雄师保卫大武汉，要把武汉外围变成日军的坟墓。他首先一眼看中了船舶运输总司令部，命增设武汉渡河指挥部与江防工程部，两部的主要负责人，均须由船舶运输总司令部派人兼任，按期完成任务。汉水的硚口与赫山之间，相隔二百米距离，建造部队渡河码头两处，长江北岸六码头及刘家庙江岸，与南岸徐家棚及震寰纱厂江岸，设立部队渡江码头两处。以上渡河、渡江各码头须经常控制渡河江轮各十只，共四十只听候使用。至于江防工程，在长江北岸由汉口龙王庙到刘家庙约十五华里，建造地下隧道，离地面约三尺，高三尺三，宽一丈二尺。每隔一百五十步设一瞭望枪口，安置重炮处所，由工兵自行建造。长江南岸，由黄鹤楼麓到徐家棚江岸工程，其建筑样式与北岸相同。关于渡江、渡河准备，限在三周内布置妥当；江防工程则须在一个月内完成。并限在文到三日内动工，倘借故拖延，定按贻误军机论处。船舶运输总司令部接到这个命令，已是九月中旬，武汉形势已十分紧张，运输也很繁忙。船舶运输总司令庄达是专负运输与对外责任的，十分着急，马上召集了一次紧急会议，专门讨论这个问题。

第二天下午，船舶运输总司令部发布一个命令：一、武汉渡江指挥部由本部派参谋主任一人，征调员三人，按照规定与部署地点，专司渡江渡河任务；二、武汉江防工程部由本部派参谋二人，征调员六人，专司运输鹦鹉洲木料与蔡甸上下窑厂的红青砖，以供应江防工程部所需为限；三、本部对于湘江、汉水运输暂停，长江运输，每日以保持开出一只江轮与一只川江轮为限，其余船只一概调集渡江和运输工程材料之用。

前方传来的军情，一天紧张一天，这些部署是否能在敌人进攻武汉时起阻止或反击的作用，毫无把握。还是武汉各部门的工人与市民的爱国热情高，力量大。在他们的支援下，渡江、渡河的布置竟在五天内完成了。当江防工程号召一发出，武汉工人、市民与远离市区数十里甚至百里外的农民均赶来参加。只是木料与砖石运输，因船只太少，感到供应不济，船舶运输总司令部根据当时情况从渡江、渡河两处控制的四十艘轮船中，先调了二十只轮船，十六只运输工程材料，四只给沙洋船舶管理所作为增强汉水运输力量。

江防工程在十月十九日前修建完成。船舶运输总司令部举行一次总的工作汇报。据统计，渡河处在一个月内只南渡了两次部队，不到五百人；渡江处南北互渡的部队只有十三次，总计约九千七八百人，骡马五百余匹。会上，两位副司令说了些安慰的话，并指出一方面呈报长官司令部，并撤回参加江防工程运输的全体人员；一方面增强渡江、渡河的工作，重新部署长江的船舶运输。

武汉撤退与江兴轮遇难

十月二十三日夜间，船舶运输总司令部召集紧急会议，两位副司令首先宣布：江防工程部征调未用的钢铁材料两千八百余吨，上级命令转运汉水上游，作宜昌城防工事之用，否则，沉没江中，以免资敌；现在宜昌警备司令部有人在武汉采购材料，本部拟定钢材转交与协运出去，以利后方防守；此事仍由本部前参加江防运输的人员和船只担任，限于二十六日前运毕；关于长江上游船只与开往湘江的船只，也一律准于最迟在二十六日下午十时开出，二十七日以后的报运机关与请运人员概行谢绝，请其自行设法。司令部这一布置，使大家意识到二十六日就是撤退武汉的最后一天。

十月二十四日，传闻日军在江北已占领黄冈，敌先头部队进入黄陂，江南樊口、鄂城陷落。二十五日，武昌方面已全部撤退，而渡江、渡河处竟在这几天内，没有渡运一兵一卒。武汉南北两岸江防工事里的瞭望枪口，寂静无声，武汉是没有作战。船舶运输总司令部召回所有船只，均于二十五日前开出去。只控制招商局的江兴轮一艘，定于二十四日装载一批人员最后撤退。二十四日下午二时，这只最后撤退的江兴轮开出。此外，船舶运输总司令部还控制了一只轻快的小火轮建兴号，准备晚间九时出发。

当江兴轮开出三小时后，船舶运输总司令部接到副参谋总长白崇禧的密电：在汉口日本租界设置的六门高射炮，与所存五百箱弹药，须在该部撤退时抢运后移，倘有贻误以军法追究。司令部再没有船只可以载负，于是急电江兴轮转舵回汉。当江兴轮转回汉口时，已是深夜十时半了。江兴轮虽没有装载重要物资，乘客却有一万多人，高射炮无法下舱，只得安置在船面。启碇时已是二十五日清晨三时许，从武昌珞珈山东面，传来稀疏的枪声，这时，司令部的建兴轮领先，江兴轮随后，离开了武汉。建兴轮小而快，可以不择水线直航前进，而江兴轮是江轮，必须按照曲线水槽进发。行驶至新堤江面时，建兴轮已将江兴轮抛到后面四十多华里了。在建兴轮领先前进中，曾遇到几次敌机，由于船面掩蔽工事好，舵工也很有经验，都闪避过去了。大家只为江兴轮担心。建兴轮驶到小新镇，追上了先一天军委会侍从室开出的建武轮。建武轮在开出的当天，遭敌机扫射，死伤了十余人，连陈布雷秘书长站在锅炉旁，身穿的猪皮袍子也被子弹打穿了几个洞，幸而没有受伤。

据船舶运输总司令部一年中与敌人在水上运输的斗争经验，长江上下船只一离开武汉四五十里，随时都可遇到敌人的水上飞机，总是两架一队。敌机一遇到船只就猛烈扫射，接着是一架凌空监视，一架降低或落在水面与船只平行，打着手势，表示要察看。并且喊出结结巴巴的中国话："你的国军？你的武器？你的老百姓？"飞行员不一定每人都会说这几句话，但总的不出这几句话的范围。我们的船只总是用篷布围盖得很严密，人员物品都落舱，上面放些不重要的物品作掩护。一听到飞行员喊话时，押运人员即便衣出来，揭开篷布一角，或做手势，或答话。在船的篷布上张贴老百姓回乡的标志，也算是种掩护。再就是由船工放三声汽笛，以表示敬意，但当时的船工一般都拒绝使用汽笛。这三种对敌方法被当时的管理员们叫作"文昭关"；敌机如果发现船上有穿军服的人，就疯狂地扫射，管理员们叫作"武昭关"。

当时江兴轮篷顶上都是杂色军民乘客。我们在建武轮上的人都很担心，正在议论的时候，引水员很紧张地走进底舱来说："江兴轮离我们水程六十余里，旱道不过二十里。前一小时，敌机两架飞过去后，我们听到过枪声。后来看到敌机向梁子湖方向窜去，一架好像受伤落下，一架直接向东飞去。约三十分钟后，又来了六架飞机，顿时水上传来了沉重的轰鸣声，可能是江兴轮遇险了。"副司令庄达即嘱咐三个船舶管理员与一个水手，携带款项，雇上轻快小木船，限于当日抵达肇事地点查勘，办理善后，并须在三日内由陆路赶到沙市会合。

二十九日晚，建兴轮转进宜昌时，那四位去侦察江兴轮出事的人员回来了。报告的情况与引水员所预料的并无不同。只不过证明：遇险地点，江面很宽，江滩极阔，南岸村庄离江心最近处有十二三里，当地老百姓听到轮船遇险的轰鸣声，赶到江边时，江中业已平静，看不到船只了。船舶运输总司令部根据事前事后经过情况，以及二十六日在新堤江面遇险情况呈报参谋总部备核。

呈报一个月后，原乘江兴轮遇难脱险的船舶管理所书记李世芳回来说："当日机两架发现江兴轮上有军人时就开始射击，死伤很重。飞行员随即打手势，强迫折转汉口。船上的高射炮手抑制不住怒火，就开炮射击，一架敌机受伤，逃到武昌西南面落下了，一架向东逃跑了。这时，我们司令部还有三个管理员也是随船撤退的，主张将船开足马力，搁在浅滩上，大家涉水登陆，以防敌机再来报复。但人员太多，命令传不下去，尤其是高射炮队的官兵，认为敌人水上飞机数量不多，也没有战斗力，不敢再来。倘若再来，可用高射炮与步枪反击，定能击退敌机，比涉水登陆损失小。他们一面说一面架设高射炮。可是船上人多，船面地位也有限，仓促之间，一架高射炮的位置还没有摆好，敌机六架，已凌上空，投下了许多大大小小炸弹与燃烧弹。顿时船尾、中舱中弹燃烧，船尾开始下沉。船上秩序大乱，号哭声、救命声、爆炸声混为一团，高射炮手受了伤，无法抵抗，高射炮队的官兵都在血水中沉没了。我住在三楼边舱，先用绷带连着我的妻子与最小的孩子，让他们跳下去，我左右两手抱着两个大孩子也跟着跳下江中。一浪卷来，我的妻子沉没了，我喝了水，两手一松，两个孩子不知去向。我因穿着棉袄就漂在水上，直到漂离遇险地点约六十里才被渔民救起，到第二天中午我才苏醒。后来我在那里休养了五天，得悉那里叫新泽口，是回水地带。船只出事后，漂流的人，过此没有办法搭救。在那些天里，我也了解到江兴轮出事后，一共救了八十四人，其余连我们的三个管理员在内一共一万多人都死了。"李管理员的血泪控诉变成了愤怒的呜咽，引起了大家同仇敌忾的决心！

船舶运输总司令部自十月二十四日撤离汉口后，对保卫武汉的运输任务即告一段落。我们转进到宜昌已是十一月一日了。

长江下游布雷战

骆周能※

一九三八年六月，日军派遣大批兵舰突破马垱要塞，直趋湖口、九江、瑞昌、武穴等地，从水路直逼武汉；另一路陆军攻占横川、罗山，进逼信阳，从平汉路进窥武汉。是年八月，我第二十二集团军配属各轻重炮兵十余个连，担任腰击敌舰任务，阻敌长江航运，以策应武汉之作战。

日军自攻占九江，侵占长江南岸后，我军各炮兵部队，对敌上下航行的舰艇，不分昼夜进行攻击，致使敌遭受重大损失。从一九三八年八月至十一月，仅三个月的攻击中，共击沉敌大中型运输舰六艘、汽艇四艘，被击敌舰重伤的一〇六艘，轻伤三三七艘。因此敌人多次集结兵力沿江扫荡，设立坚固据点，加强守备，这给我军炮兵攻击敌舰带来很大困难。一九三八年十一月武汉撤退后，配属集团军的炮兵也先后奉令撤走。

一九三九年底，由海军部先后调来两个布雷大队，大队长林尊、郑天祥，在安徽徽州设立海军布雷办事处，处长刘国平，布雷队军官多数是从英国学习海军专业回国的，爱国心强，工作认真负责。布雷队在沿江守备区，东自铜陵，西迄湖口七百余里的长江沿岸，展开了布雷战。先后担任掩护布雷队的部队有：第一四五师第四三四团（团长罗心量）、第四三五团（团长曾植林），第一四六师第四三八团（团长马国荣），第一四七师第四三九团（团长骆周能）。布雷地区是：鲁港铜陵间、贵池前

※ 作者当时系第二十一军第一四七师第四三九团团长。

江口间、马垱湖口间，这些地区江岸地形复杂，敌军守备薄弱，便于我军布雷。

我军为了达到打击敌人、阻碍敌人长江航运的目的，发扬了冒险犯难的大无畏精神，以诡秘敏捷的勇敢行动，乘隙突入敌区布雷。必要时，加强掩护兵力，挺进江岸，强行布雷。在此犬牙交错的敌我战线执行布雷任务，其艰巨性非局外人所能想象，执行布雷任务的官兵，均把生死置之度外。自一九三八年八月至一九四一年底，我军共击沉击伤敌军各类舰艇一千余艘，一九四〇年至一九四一年上半年，在长江下游布放漂雷四百六十余具（每具重一百公斤），先后炸沉敌人兵舰、运输舰、汽艇达五十余艘，炸伤敌运输舰二十余艘。当时敌军正在湘北、赣西向我军进攻，而长江航运是敌人作战主要运输线，故敌人多次调集兵力扫荡我沿江布雷队。先后发动了贵池青阳登陆战、狄港木镇攻守战、东流扫荡战、殷家汇九华山等战斗，现举东流扫荡战为例：

一九四〇年十一月中旬，敌在东流一带集结第一一六师团、高玄旅团所属一〇二、一三八和一三九三个联队及志摩支队共六千余人，大炮二十余门，在飞机掩护下，于十一月二十日分两路向东流一带第一四六师阵地进犯，企图以优势兵力扫荡我沿江布雷队及游动炮兵。我军节节抵抗，利用夜间袭击敌人，十一月二十三日，敌一路攻破马田，旋入洋湖陂、雷公岭，主力攻陷尧度街，向石门街进犯。我第一四八师由赣东奉命昼夜兼程于二十五日拂晓到达指定地区，会同我第一四六师予敌以两面夹击，激战一昼夜，敌人伤亡惨重。至二十七日黄昏，敌人全线崩溃。是役敌伤亡官兵一千七百余人，俘敌太田荒山等三人，缴获山炮二门、重机枪四挺、步枪二百余支。我军伤亡官兵八百余人。

关于长江下游布雷腰击敌人的作战情况，第二十一军军长陈万仞在一九四一年的一次集会上曾说过这样一段话："现在很多人热衷于打大会战，敌人伤亡惨重，便成为轰动全国的特号新闻。其实打大会战，我军的伤亡并不比敌人小，打仗就是要保存自己，消耗敌人。如果两败俱伤，或者我方损失大于敌方，那还谈什么大捷，完全是自欺欺人。我们对敌人要像蚕吃桑叶一样，一口一口地吃，积小胜为大胜，即是我们用很小的代价，换得敌人几倍甚至几十倍的损失，才是真正的胜利。我们炸沉击伤敌舰，我们用一发炮弹，一个水雷，只花几十元或几百元的代价，就炸沉敌人价值几十万元或几百万元的兵舰，这是一本万利的买卖，却被许多军事指挥官忽略了。"他的这段话，就是指沿江布雷击沉击伤敌人军舰达五百余艘，这是我军的光辉战果，但是被人们忽视了，而且得不到上级的支持。武汉失守后，敌人在长江的航运更加频繁，但上级反而把原来配属的炮兵团调走了，经多次请求仅拨来两个卜福斯山炮连，另外经常有炮无弹，有人无雷，迟迟得不到补充，难以扩大我军布雷和炮击敌人的战果。

一九四〇年底，我在第一四七师第四三九团当团长时，担任马垱至湖口一带的布雷腰击任务，我就深有体会，感到掩护布雷任务，要比打仗困难得多。当时，我接到的命令是"挺进江岸，布放漂雷"。如若领会要带着部队打到长江中去布雷，这样就完全错了，那必然人和雷均被消灭。第一四五师第四三五团团长曾植林因为这样干了，引咎自杀。

我每次担任布放二十至五十个漂雷，事先选定好暗道、湖汊、港湾、灌木密林，选择最坏的气候，大雨、大风、大雪、大雾，黑夜偷布，这样容易成功。每个雷重二百斤，要四至八人抬，五十个雷要多少人抬？还要有掩护部队，潜行到江边不是把雷放下江去就完事，而是要装上船运到江中心航道布放。船从哪里来？要掩护部队把船抬到江边，从敌人据点的眼皮底下到敌人后方去，把雷一颗颗地布放到江中心，这不是一夜两夜，而是要有十夜八夜才能完成的。有时木船抬不到江边，布雷队的官兵就更辛苦了，往往是在水下作业，在冬季大雪天，冻死在江中的也不乏其人，我是亲自潜行到江边看到的。我们为了避免敌人沿江巡逻艇的监视，不得不在水下作业。如果敌人发现我们在那里布雷，他们就像疯狗一样，不惜一切代价来消灭你，你就是把雷布放下去了，也无用，几只扫雷艇很快就会把雷扫光。水雷布放下江后，还要细心地消灭所留下的一切痕迹。有一次大雪天布雷之后，我们官兵用树枝做成一条长长的尾巴，用来扫除雪地上留下的脚印。时隔数十年，我对布雷队官兵那种不畏艰险、勇于牺牲的精神，永表敬意。

南浔会战^①

薛 岳[※]

中华民国二十七年七月,九江既陷,寇酋畑俊六率三十余万,溯江窥武汉;而以第一〇一、第一〇六、第九、第二十七师团、近卫师团一部,配合波田支队,兵舰八十余艘,飞机数十架,水陆呼应,自湖口、九江南下,图先略德安、南昌,再西趋长沙,歼灭长江南岸我野战军,截断粤汉路,对武汉形成大包围,以利全盘之作战。时余以武汉卫戍区第一兵团总司令指挥南浔线作战,所属之第二十五军、第七十军、第八军、第四军、第六十四军、第七十四军、第六十六军,任星子一带湖防亘南浔正面金官桥、德安等地之守备。

踞九江之敌第一〇六师团,自八月三日开始,向南浔正面金官桥一带攻击,被我第七十军、第八军、第四军痛击,歼其市川联队长以下甚众,至十五日攻势萎退。敌沿铁道正面进犯企图既挫,乃以第一〇一师团配合海空军,图由星子方面,沿德星公路略德安,包围我之右侧背,切断南浔路。八月十九日开始犯星子,被我第二十五军、第六十六军痛击于东西孤岭、鼓子寨、七贤峰一带,至二十五日激战未已。敌第九师团之第六旅团,此时已由九江连陷我第三十集团军瑞昌、鲤鱼山、杨坪山、北极峰诸阵地。迄九月一日,星子及金官桥方面之敌,向我继续猛犯。第九师团之第六旅团,被我第四军、第七十四军、第三十集团军一部,夹击于小阳铺、和尚洼。至五日,敌全面续犯不已。是时我军占领

※ 作者当时系第九战区第一兵团总司令。
① 南浔会战指南昌至九江铁道沿线的战斗,又称赣北战役。

东西孤岭亘德安东北及乌石门与德安西北之线袋形阵地，如张袋捕鼠，如飞钳剪物，激战兼旬，敌伤亡甚众，未能进展。

敌第一〇一师团既受挫于东西孤岭，第一〇六师团又被阻于马回岭，师老无功，敌酋焦急，乃以九月六日由九江登陆之第二十七师团发动瑞武路攻击，企图略箬溪、武宁，截断修水北岸上下游我军联络，以利全盘作战。十八日占领茶园陵、白石崖。我第十八军陷于苦战。至二十四日，令第九十一师、第一四二师、第六十师、预备第六师、第十六师，进占坐牌山、乌沙岭、马塞山、火炎坳、风雨岭，及白水街、麒麟峰、九石磡、昆仑山、覆血山之线，与原踞阳扶山、甑盖山、老鼠山线瑞武路正面之第一四一师围歼之；并令第八军进占罗盘山、棺材山、张林公、丰良之线，拒敌西进。二十五日以来，敌向麒麟峰、覆血山猛攻，我奋勇争夺，得失往复，敌铃木联队全被歼灭。敌虽攻陷麒麟峰、覆血山、马鞍山，但终被拘束于杨访街以西、西崇山以东、昆仑山以北地区，未能进展。

麒麟峰、覆血山剧战之日，南浔、瑞武间形成甚大之空隙，我有力一部转用于瑞武路，已为敌机侦知，敌意由此空隙侵入，可以避开正面攻击之不利，且可解救第二十七师团之危，故其第一〇六师团裹六日粮，向西轻装急进，其钻隙冒险之精神固甚可嘉，而其肆无忌惮之气焰尤甚可恶，初不料竟为我全歼于万家岭也。

第一〇六师团经闵家铺于二十七日先头窜至面前山、竹坊桂，第四军首挫其锋，迄十月二日全部窜至万家岭、哔唭街、老虎尖、石堡山地区，我为包围聚歼之于万家岭地区计，决抽德星、南浔、瑞武三方面兵力之第六十六军、第四军、第七十四军、第一八七师、第一三九师之一旅、第九十一师、新编第十三师、新编第十五师之一旅、第一四二师、第六十师、预备第六师、第十九师，断行围击。激战至七日，敌犹作困兽斗，我军愈发扬蹈厉，逐渐缩小包围圈，至十月十日国庆，将此敌完全歼灭，敌酋松浦仅以身免，遗尸塞谷，山林溪涧间，房血几洒遍矣。

第六十六军转用于万家岭时，将德星阵线缩短，敌乘时猛犯，十月九日陷隘口街，继猛犯德安，至二十八日，我移守郑家埠、小竹山、金鸡山、九仙岭、春山之线，拒敌南犯；瑞武永武路之敌第二十七师团、近卫师团第三联队已到达鲫鱼山之线。此时有利时机已过，且后方修水纵贯，为避免背水作战之不利，三十日，向修水南岸吴城武宁间占领阵地拒敌。

十二月，余奉调任九战区代司令长官兼湖南省政府主席，移驻长沙。

战区辖境，东起鄱阳，经鄂南，亘岳阳洞庭，以达长江南滨，其他人物富庶，守之亦所以屏障陪都也。自修水转进之后，在赣北方面，与敌夹修水对战者四阅月。迄二十八年三月中，敌再以第一一六师团一部、第一〇一师团、第一〇六师团、第六师团，于十七日开始向我修水南岸守军预备第五师、第三十二军、第七十九军、第四十九军、第七十军、第七十八军、第七十三军、第八军，自吴城迄武宁间进犯，二十一日，敌自永修渡修水后，以战车向安义、奉新、万家埠、大城、牛行突进，在滩溪、万家埠潦水两岸，演成剧烈争夺战，奉靖方面，演成混战；二十七日，敌第一〇六师团由生米街东渡赣江，我举全力反攻，激战甚烈，惜因死伤过多，而守南昌之第三十二军，又未全力渡赣江，遂于二十八日放弃南昌。武宁方面，第七十八军拒敌于津口一带修水南岸，第七十三军、第八军，与敌争夺罗盘山、棺材山，激战后，同时放弃武宁。

本会战自二十七年八月初，敌开始犯我南浔正面，至十月三十日转守修水南岸为第一期；自二十八年三月中，敌开始犯我修水至放弃南昌、武宁为第二期。

第一期作战时，敌第一〇六师团被挫于金官桥后，其第一〇一师团始向星子方面进犯，迨受挫于东西孤岭攻势顿挫后，又以第一〇六师团、第二十七师团沿瑞武路南犯，似此逐次攻击，实犯逐次使用兵力之大忌，作战指导拙劣如是，宜其第一〇六师团被我歼灭。当敌第一〇六师团窜抵万家岭时，此处已形成作战焦点，时间空间，较任何方面为重要，我大胆抽调南浔瑞武三方面兵力使用于万家岭，实合"把握战机""争取主动""出敌意表"之原则，故万家岭歼灭战，首在作战指导之适切。又我在德星公路方面，原已筑成多线预备阵地，自星子至德安，长约三十公里，与敌第一〇一师团苦战两月，节节抵抗，未尝不战而弃寸土，实得力于多线预备阵地，及守备部队之坚忍沉着，保有转移阵地之自由，此在持久战之指导，似尚得要领。

第二期作战时，因交通破坏不彻底，故敌由永修渡过修江后，得以战车向安义、奉新、大城、万家埠、牛行一带突进，威胁我军侧背，且因防御战车武器缺乏，致演成奉靖方面之混战，可知交通破坏，乃制敌机械化死命之唯一要招也。

武汉会战及赣北之役

赵子立※

会战前的情况判断和作战意见

我于一九三八年六月，由陆军大学第十四期毕业，分配到第一兵团工作，八月中旬到南昌报到，担任第一兵团少将高级参谋兼作战科长。就职伊始，受命研究武汉和赣北方面的敌情及我军的作战方针。当时了解到的敌情如下：

日军第三、第十、第十三、第十六师团已在合肥、桃溪集中；第六师团已在黄梅地区集中；波田支队在九江集中；第一〇六师团从八月开始正向我第一兵团金官桥、庐山北麓阵地进攻中；第一〇一师团和窜入鄱阳湖海军正向我星子进攻中；九江不断有日军登陆。而我军亦云集于皖西、豫南、鄂北、鄂南、赣北，共有一百多个师，其前锋与日军交战中。

基于以上情况，判断日军进攻武汉，可能北路在皖西、豫南方面，将使用有力一部，由合肥、桃溪经大别山北麓地区，进攻信阳地区，然后分途南下河口镇、花园、安陆、沔阳，包围武汉的北面和西面。中路在长江两岸地区将使用一部兵力，由黄梅、九江地区进攻浠水、大冶，包围武汉的东面和南面。南路在赣北、鄂南方面，将使用主力由赣北直趋湘北，封锁新墙、汨罗二水，对武汉实行大围攻。如兵力不足时，则由赣北进军鄂南，封锁陆水及威宁地区沼泽地带，对武汉实行小围攻。

※ 作者当时系第九战区第一兵团司令部高级参谋兼作战科长。

我们为什么要判断日军的主力要使用于南路呢？一是因为鄂南、湘北是武汉我军主要退路之一，只要日军能迫近临（湘）岳（阳）或咸（宁）蒲（圻），我军就不得不由武汉撤退。而鄂北则不然，虽有溳、陨诸水，妨害东西交通，但障碍力不如长江洞庭大。故估计日军可能在南路使用主力，但事实上日军没这样做。

基于对敌情判断，为保卫武汉，我军确定在武汉外围——豫南、赣北打硬仗，作殊死战，以消耗日军，而不在武汉内围和核心区打硬仗，以造成自己而后作战的困难。后来我军基本上也这样做的。

第一兵团在赣北的防御计划是"北守西攻"。在南浔线上，背南面北，采取守势，以保卫南昌；对沿瑞（昌）武（宁）路、瑞（昌）通（山）路西进的日军，背东面西，采取攻势，以牵制日军对武汉的进攻。换言之，就是对北采取"关门战术"，对西采取"拉腿战术"。后来基本上是这样做的。

武汉会战的概略经过

我对武汉会战，特别是北路方面的情况，了解不全面，仅能略陈梗概。我是八月参加会战的，故从八月说起。

北路方面

在北路合（肥）信（阳）线方面，日军第二军的第三师团、第十师团、第十六师团一部于八月初，由合肥地区，经六安—固始—潢川—罗山向信阳进攻。我第五战区的第五十一军在六安、第七十一军在固始、第五十九军在潢川予以阻击。我第一军在罗山以西向日军反攻，迫其一度退守罗山。嗣日军增援反攻，经过激战，我于十月十二日放弃信阳。此股日军除留一部于信阳地区外，主力折而南下，十月二十四日进入应山（此时我军放弃武汉），二十七日、二十八日、三十日占安陆、花园、应山，十一月一日、四日占长江埠、皂市，终止了行动。

在北路霍山麻（城）线方面，日军第十三师团、第十六师团主力于八月初，由桃溪地区经霍山—富金山—商城—麻城向花园—黄陂进攻。我第五战区的第七十七军在霍山予以有力的阻击。第七十一军固守富金山，与日军激战十余日，日军伤亡重大，迫其数次增援，始得通过富金山。九月十六日日军占商城，嗣由商城穿越大别山向麻城进攻。我第二集团军和第七十一军在麻城、商城间的大别山北斜面占领阵地，居高临下，予以痛击。鏖战累月，日军毫无进展。而沿长江左岸西进的日军第六师团超越它的作战区域，于十月二十七日进占了宋埠、河口镇，此股日军斯时尚未到达宋埠、河口镇之线。

中路方面

在中路长江方面，八月初，日海军第二舰队开始突破九江以西的长江封锁线，炮轰两岸要塞和坚固阵地，支援右岸波田支队、左岸第六师团沿长江两岸地区向武汉进攻。八月下旬，以一部支援第一〇一师团在星子登陆。

在中路长江北岸方面，八月初，日军第六师团由黄梅地区分经武穴—田家镇—蕲春—黄冈—阳逻线、广济—浠水—上巴河线向武汉东面进攻。我军第五战区以第四兵团和第二十六军在广济东西地区占领纵深阵地阻击日军。并以我第二十一、第二十六、第二十七集团军由广集、太湖、潜山以北山地向广济、太湖、潜山的日军进攻，太湖、潜山曾一度得而复失。八月三十日，日军攻势再兴，连陷我广济、武穴。九月中旬开始围攻我田家镇要塞。守田家镇要塞的我第二军和要塞炮兵与日军展开激战。我军的要塞工事是钢筋水泥的，我们的守军——第二军的斗志也是"钢筋水泥"的。日军屡攻屡挫，屡起屡踣，陷于苦战。同时我以第二十六、第四十八、第八十六三个军在田家镇东北山地向日军后方联络线侧击，使进攻要塞的日军后方联络线多次中断，补给困难，全靠空投。这样，激战兼旬，日军在海、空军火力和毒气的支援下，九月初，始陷田家镇。由于日军第六师团在田家镇伤亡太大，疲惫不堪，日华中派遣军不得不将志摩支队（由第一一六师团一部组成）、石原支队（由何部组成不详）配给第六师团。第六师团及志摩、石原两支队连破蕲春、浠水、黄冈、上巴河、黄陂，至十月二十四日迫近汉口。二十五日进占汉口。其一部于十月二十六日、二十七日进占宋埠、何口镇，支援第十三、第十六师团的作战。

在中路长江南岸方面，日军波田支队于七月二十三日在姑塘登陆，二十六日攻占九江。八月二十日，由九江沿长江右岸地区向武昌进攻。八月下旬，波田支队同第九师团攻破我第二兵团城门湖阵地，占领瑞昌。八月半攻占我马头镇。十六日开始进逼富池口。守富池口的我第五十四军，据险固守，激战十余日，波田支队在海、空军支援下，才占领了富池口。但由于波田支队伤亡过大，无力完成西进的任务，华中派遣军不得不将高品支队（由第十五师团一部编成）投入长江右岸作战。高品支队在海军支援下,从沣源口登陆。而后,波田支队、高品支队连陷黄石港、大冶、鄂城、葛店,十月二十六日进占武昌。高品支队在武昌渡江后,归日本第二军指挥,二十七日占汉川、汉阳、黄陵矶。我已撤退一空矣。

南路方面

在德(安)星(子)线方面,日军第一〇一师团继第一〇六师团之后,于七月二十六日在姑塘登陆。八月十二日开始,在海军协同下,进攻星子。激战至八月二十一日,日军始陷星子。接着沿德星路进攻德安。至九月中旬,日军第一〇一师团的一部,组成佐枝支队,配属第二十七师团西调瑞(昌)武(宁)路作战。德星公路,仅长三十余公里,日军第一〇一师团主力,打了两个多月,以东西孤岭隘口街的争夺最为激烈。至十月二十八日始达德安。

在南浔线方面,日军第一〇六师团,继波田支队之后,于七月二十四日在姑塘登陆,协同波田支队,攻占九江。继由九江南进,八月一日开始进攻我第一兵团金官桥阵地,激战累月,不能越雷池一步。嗣因日军第九师团丸山支队扰我金官桥阵地左翼,我始转战撤至德安以北乌石门反八字形阵地,如张机捕鼠,如开剪裁物,日军第一〇六师团不敢入彀,乃于九月二十五日由南浔线正面绕道万家岭,企图进攻我德安以北乌石门反八字形阵地的左侧背。我及时发觉后,迅速抽调瑞武、南浔、德星三线兵力,将日军第一〇六师团包围于万家岭,激战一周,基本上将其歼灭,脱钩漏网者不及三分之一,向南逃至武永路,与山箬溪东进的日军合流。

在瑞昌、小坳、辛潭铺方面,日军第二十七师团继第九师团之后,于八月三十日在九江登陆。九月上旬,在庐山东麓集结,似有使用于德星路协同第一〇一师团,向西进攻德安的模样。但九月中旬,第二十七师团突然西调瑞昌,并且带走了第一〇一师团的佐枝支队。第二十七师团于九月十四日到瑞昌,沿瑞武路向西进攻,九月二十六日,进至小坳西南地区。此时,我第一兵团为迟滞敌人西进,集结德星、南浔线上所有部队,由德安方面向小坳地区的东面进攻,以截断其后方联络线,使之不能西进。同时让瑞武路上的部队,一由瑞武路的西侧向东进攻,一由瑞武路的正面抵抗日军。这样,打了两天,我们就以瑞武路的兵力去围攻万家岭第一〇六师团的西面。日军第二十七师团为了执行西进的任务,也不在小坳地区恋战,经箬溪、大桥河向辛潭铺前进。等到我军猛歼万家岭第一〇六师团时，华中派遣军第十一军第二十七师团都慌了手脚，各处抽兵去救第一〇六师团，连第二十七师团新创的补充兵都使用上了。这样，我军迟滞了第二十七师团的前进。十月二十四日，当日军波田支队已迫近武汉时，第二十七师团尚局促于辛潭铺地区。第二十七师团为了在中路日军进占武汉时，能截断粤汉路，使其不敢进攻我辛潭铺以西纵深阵地，以一部占领辛潭铺阵地，主力轻装北进，经三溪口以南，于十月二十七日在贺胜桥、咸宁间截断了粤汉路，但距我放弃武汉的时间（十月二十五日）已晚两日夜矣。日军第二十七师团在粤汉路上，没有截获我什么东西，折而向南，经咸宁—汀泗桥—楠林桥向南攻击，十一月九日到通城，遂停止攻击。在瑞昌、阳新、三溪口方面，日军第九师团，于八月十六日在九江登陆，八月二十日同波田支队进攻瑞昌，至二十六日占瑞昌。此时，我南浔线部队，尚未向其攻击。日军第一〇六师团已对我金官桥阵地攻击，但久攻不下。第九师团后方空虚（此时第二十七师团尚未到瑞昌），我金官桥阵地左翼的部队威胁第九师团的侧背。第九师团以半个师团的兵力，组织了一个丸山支队，绕经岷山从左侧背攻击我金官桥阵地。当日军进到岷山时，与我第七十四军、第四军打了一仗。丸山支队打完这一仗，回到瑞昌时，已是九月上旬。当第九师团穿透我第三集团军、第五十二军在瑞昌以西的纵深阵地，渡过富水，进至三溪口地区时，日军第六师团、波田支队已迫近武汉。第九师团和第二十七师团一样，为了日军在进占武汉时切断粤汉路，除留一部于三溪口地区与我军对战外，主力经金牛向贺胜桥前进，但是，第九师团也未能在中路日军进占武汉时，截断粤汉路，它的主力也是于十月二十七日才到贺胜桥，十一月三日才派一部至嘉鱼，但为时已晚，没有截到我军什么东西。其主力继由贺胜桥沿粤汉路南下，十一月十二日到岳阳。同日，第六师团与海军的各一部也由武汉溯江到岳阳。第九师团由岳阳进入新墙河北岸与我军对峙。

武汉会战的赣北之役

赣北之役是武汉会战的一部分，是第一兵团的作战任务。这个战役，变化迅速复杂，作战方式也多种多样。兹分述如下。

其一，金官桥线的持久防御

在开战之初，兵团意识到第一兵团的作战地域，略似一个等腰三角形，顶点是九江，底边是修水河。我军守的北线，即城门湖—磨盘山

（此地以西属第二兵团）—金官桥—庐山北麓之线（简称金官桥线），接近顶点，是最短的线。这条线守不住，愈向后退，正面就愈大，就愈不易守。所以现阵地必须坚守，不管付出多大代价，都在所不惜。谁丢了阵地，谁就得恢复，决不准后退。

守金官桥线阵地的第四、第七十、第六十四军，打得十分坚强。日军第一〇六师团于八月一日到我阵地前，开始炮战，三日起日军步兵、炮兵、战车、空军联合进攻，并施放毒气，战斗异常激烈，日军屡踣屡起，锲而不舍。我军阵地，屡失屡得常达数次。像这样来回拉锯，打了一月，大小数十战，日军伤亡惨重，其第一一二联队长田中大佐、第一四五联队长川大佐均于此役阵亡。我军伤亡亦不次于日军。当时有人说："死守庐山"，就是"庐山守死"。但第一兵团不听这种声音，坚持非死守不可。

其二，东西孤岭线的持久防御

日军第一〇六师团由九江南下，进攻我金官桥线阵地，因屡受挫折，不能得逞。又以第一〇一师团协同进入鄱阳湖的海军舰队，在空军支援下企图西进。沿德星路一举打到德安去，抄到我北线的后方，使我北线不战自退。这是日军一箭双雕的举动。

日军对我东线的攻势，于八月十九日开始，在日军陆、海、空联合进攻下，激战至八月二十一日，占领星子。日军继续进攻，在东西孤岭展开激战。

东西孤岭，在庐山东南麓，居高临下，瞰制着德星公路，是日军必攻、我军必守的要地。日军连续进攻十余天，九月三日，占领东孤岭。我军七日退守西孤岭。日军又一连猛攻四天，十二日又占领西孤岭。

守德星公路的我第二十五军、第六十六军等部，他们浴血奋战，将日军第一〇一联队长饭塚大佐击毙。

其三，岷山遭遇战

八月十六日，日军第九师团在九江登陆，接着陷我城门至磨盘山第二兵团的阵地，八月二十三日占领了瑞昌。星子失守后，我金官桥线阵地的翼侧就倚托在庐山北麓。磨盘山以西阵地失守后，我金官桥线阵地左侧背，就暴露出了。只好把两翼都向后缩，形成两翼钩形阵地。兵团顾虑日军由瑞昌迂回我金官桥线阵地的后方。八月二十八日，命令驻德安附近的第七十四军派一部至岷山，一面搜索瑞昌方向的情况，一面掩护我金官桥线阵地的左侧背。八月二十九日，该部到岷山，就与前来迂回金官桥的日军第九师团的丸山支队遭遇，该部被击溃。八月三十日兵团命令第七十四军再派一部前往岷山增援，又被打垮。到八月三十一日，兵团才一面让金官桥线守军向岷山—黄老门—庐山西麓线（简称黄老门线）转移，一面让第七十四军全部开往岷山作战。此时，第一兵团总司令薛岳在电话上向第七十四军军长俞济时说："你要再向后退，使前方部队撤下来，就军法从事。"这样，在第七十四军的力战下，在金官桥线左翼守军第四军的掩护下，金官桥全线守军，安全撤下来了。

九月三日，第七十四军、第四军、第七十军、第六十四军占领了岷山—黄老门—庐山东麓线（简称黄老门线阵地）。

日军第一〇六师团也到了黄老门线阵地的前沿，向我猛攻不止。此时兵团认为黄老门线不够巩固，决定退守德安以北乌石门线阵地。

其四，乌石门线反八字形阵地的对峙

在南浔线上德安以北的马回岭地区是一个不大的盆地。它的西面是白云山高地，东面是庐山的西麓，南面是博阳河以北的山地。故马回岭是一个三面环山的小盆地，只沙河镇至马回岭铁道沿线地势比较平坦。九月五日第一兵团在马回岭盆地的盆沿上，以第四、第七十四、第二十七军占领了左起白云山，中经乌石门、戴家山，东至庐山西麓的反八字形阵地（简称乌石门线），以御日军第一〇六师团的进攻。将第六十四军控置于德安西南地区，将第七十军调至靖安补训。

重机枪设置在乌石门线反八字形阵地的盆沿上，其最大射程四千米，能打到马回岭。炮兵能打到全阵地的前沿。以步、炮兵的火力在马回岭盆地组成了严密的火网。

日军第一〇六师团到了乌石门线阵地之前，老是伸头探脑，徘徊观望，不敢大胆进攻。它虽占领了马回岭，但怕我狙击，白天总是躲在工事内不大出来。就连马回岭至黄老门之间的交通也是利用装甲车辆来往。

在九月里，南浔线战况沉寂。我军利用这个时间，得到了休整和补充。各军多减少了第一线的守备部队，增加了第二线的控制部队。这对截断日军瑞武路上的后方联络和万家岭的包围战是大有裨益的。

此时，蒋委员长来电要调第七十四军俞济时部至长沙休整，薛岳总司令复电说："调不下来。"蒋委员长再来电说："第七十四军在岷山伤亡甚大，应予调下整补。"薛再复电话："赣北各军作战时间都比七十四军长，伤亡都比七十四军大，各军都未调下整补，对七十四军也请缓予调下整补。"接着军委会又来电调六十四军赴粤作战，兵团又未让全部调走，强留下了它的第一八七师。这两个部队的留下，关系赣北战局甚大。不然，对瑞武路和万家岭的作战，就很难打了。

其五，截断瑞武路日军后方联络线的攻击战

九月中旬，日军第七十二师团由瑞昌向武宁进攻，二十三日至小坳地区与我第二兵团的部队激战。

九月二十四日，第一兵团接到军委会急电，将瑞武路的作战由第二兵团改归第一兵团指挥，并让第一兵团速至武宁指挥，确保武宁。

第一兵团接到这个电令，认为是一个棘手的任务。当时考虑到：一、赣北的交通已彻底破坏，当时第一兵团总部在南昌，如由南昌徒步至武宁，就距离说，我们到不了武宁，日军就早到武宁了；二、我们就是到了武宁，没有生力军增加，也无法挽回战局；三、为使整个战局有利，对日军第二十七师团的西进，与其去迎头拒止，不如从背后攻击。兵团决定抽调南浔线上前后方所能抽调的兵力，再加上瑞武路上原有的兵力，向日军的后方小坳地区进攻，遮断了日军的后方联络线，日军是在我国作战，没有补给，就无法继续作战。

将上述决定，一面电告军委会，一面令第九十一师、第一四二师、第六十师、预备第六师向小坳地区进攻；令第一四一师、第十六师在小坳西南瑞武路西侧向东进攻；令新十三师、新十五师沿瑞武路向西南进行持久抵抗，以迟滞日军对武宁的进攻；令新十四师、新十六师在潭埠至柏林对岸沿修水南岸占领阵地，并策应修水北岸的作战。

兵团总部在德安西南设立指挥所。薛岳总司令带必要幕僚，进驻指挥所指挥。

我进攻瑞武路的左翼部队至麒麟峰遇到日军的反攻，九月二十七日，麒麟峰失守，我六十师、预六师断然反攻，发生了肉搏战，卒复麒麟峰，双方伤亡均大，日军铃木联队大部被歼。我进攻瑞武路右翼部队，于十月初打到了小坳附近地区。

正当瑞武路剧战之际，瑞武路和南浔线间发生了严重的情况，日军第一〇六师团进兵万家岭，企图进攻乌石门线阵地的左侧背，在万家岭地区形成迂回与反迂回的包围战。

其六，万家岭地区的包围战

日军第一〇六师团，在马回岭地区，静待了二十多天，不敢向南浔线正面进攻。从九月二十五日开始它以小部队留在现阵地，以主力轻装由马回岭地区绕过乌石门线阵地的左翼白云山地区，偷偷摸摸，窜到万家岭附近。

我们在白云山地区的第四军侧背感觉是很灵敏的。上次丸山支队经岷山迂回金官桥左翼时，第四军就是该线的左翼，它在第七十四军的掩护下，几经战斗，才撤下来。殷鉴不远，记忆犹新，所以对日军的包围，提高了警惕性，对近距离派掩护部队，远距离派搜索部队，一发现日军第一〇六师摸上来了，便急转身由面向东变成面向西，朝着第一〇六师团拦腰一击，将第一〇六师团抑留住了。

兵团据报后，认为日军第一〇六师团主力孤军轻装冒险钻入我军南浔线与瑞武线两大主力之间，是将其歼灭的极好机会。于是，兵团决心抽调德星、南浔、瑞武三线的兵力，围歼窜到万家岭的日军。十月二日，命令南浔、德星两线上的第四军、第七十四军、第一八七师、第一三九师（一旅在德星线）包围万家岭地区日军第一〇六师团东半面。命瑞武线的新十三师、新十五师、第九十一师、第一四二师、第六十师、预六师包围万家岭地区日军第一〇六师团的西半面。由于我军兵力大，攻击精神旺盛，逐渐缩小包围圈，激战至十月六日，日军一〇六师团被歼将半。日军粮弹两缺，全靠空投，有被全部歼灭的可能。此种情况，经过我方广播之后，日本朝野震惊。其华中派遣军畑俊六亲自插手组织和派出了三个支队来救援万家岭被围日军。这三个支队是：一、宁贺支队——由第一〇六师团新到前方的补充兵二千七百人为基干组成；二、佐枝支队——见前文，并由第二十七师团抽出三个大队加强了它；三、铃木支队——以步兵第五十四联队、第五十三联队组成。并由铃木春松少将统一指挥，由箬溪地区经武永大道及其北侧向东进攻，至十月六日到达柘林以北地区。此时，兵团不得不由包围万家岭的部队抽出新十三、新十五、第六十、第九十一、预六各师南下武永路阻止日军东进。并调第七十军至柘林地区修水南岸占领既设阵地，策应修水北岸的作战。其余第四军、第七十四军、第一八七师、第一三九师（一旅）、第一四二师继续围攻万家岭地区日军第一〇六师团。

此时，兵团考虑武永路的日军将东进，德星路的日军将西进，围攻日军第一〇六师团的时间，不会太长。为了迅速歼灭第一〇六师团，想调在庐山南部的第六十六军参加万家岭的作战。但第六十六军是蒋委员长亲自指定在放弃赣北时留在庐山打游击的，如请求调下庐山使用于万家岭，恐难邀准。于是就一面报告，一面使用。这个第六十六军是广东叶肇的部队，由于语言不通，深怕留在庐山打游击，现在得到这个下山的机会，十分高兴，踊跃地参加了对万家岭日军第一〇六师团的作战。

参加万家岭地区围攻第一〇六师团的各部队，都认为这是一个良好的战机，都有灭此朝食的决心。十月十日，日军第一〇六师团基本被消灭，漏网者（不足三分之一）向南潜逃，与武（宁）永（修）路的日军合流了。

兵团前进指挥所于十月半撤回南昌。

我武永路上的部队一面坚决抵抗东进日军，一面逐次向东转移，我围攻万家岭部队清扫万家岭战场后，亦向东转移，我南浔路正面乌石门线上的残留部队，于万家岭包围战结束后，亦向南转移。我军武永路、万家岭、南浔路三方面的部队至十月十八日占领了三泌河—墨赤山—永丰桥—德安之线，右与德星路线上的部队协力作战。

其七，隘口街的持久防御

第一兵团在赣北八月至十月的作战中，如果没有德星路上的持久抵抗，日军第一○一师团很快打到德安附近，搞垮我乌石门线的反八字形阵地，就没有对瑞武路日军后方联络线的遮断攻击，也就没有万家岭地区的包围战。南路日军就可能迅速进军鄂南，包围武汉。故德星路的防御战是关系到赣北战局、武汉战局的得失的。

第一兵团在德星路全线采取持久抵抗，以空间换取时间。但在要害之处，我们就采取坚决持久防御，并用火力与白刃来保持我们的阵地，以赢得时间。如前面所说的东西孤岭战斗和隘口街战斗，就是这样的战斗。

日军于九月十四日，拿下西孤岭之后，就到了隘口街以东我第六十六军、第二十五军的阵地前沿。隘口街，是由星子通德安的孔道。我军就在这个孔道占领了一个凹形阵地。日军于九月中旬开始进攻，经过将近一个月的激战，十月九日日军才占领隘口街。这一战，击伤日军伊东师团长，把他的布施联队也几乎歼灭。

自九月二日我一三九师（一旅）、六日我第六十六军由德星路调万家岭地区作战后，我德星路上只有第二十九军、第二十五军、第一三九师（一旅），兵力薄弱。隘口街至德安约二十公里中进行节节设防，步步为营，不经过战斗，不轻易放弃一寸土地。连打了二十多天，到十月二十八日，也就是武汉二十五日失守以后的第四天，才转移到德安以东地区。

此时，我军在修水河以北所有的部队，在修水河以北占领了一条以德安为最高点的半圆的弧形阵地。这个阵地，西起三泌桥河，中经墨赤山—永丰桥—德安—博阳河右岸，东至鄱阳湖西岸。在这条线上打了两天。

十月三十日蒋介石亲莅南昌。因武汉会战已告一段落，面允将修水河以北的弧形阵地撤至修水河以南。十月三十一日兵团占领丰良—潭埠—修水南岸—吴城之线，与日军对峙。

会战得失之我见

　　武汉会战，我军处于内线作战，日军处于外线作战。内外两军作战的利害变换线，根据日我两军使用的兵力和战地形势来看，大概当在安陆—麻城—罗田—浠水—大冶—咸宁这条线上。在此线之外作战，日军兵力分散，我军行动自由，利于我军而不利于日军；反之，在此线之内作战，日军兵力密集，我军行动局促，利于日军而不利于我军。综观武汉会战，我军不在武汉内围，弹丸之地作困兽之斗，而在武汉外围——豫南、鄂东、赣北广阔的天地与日军进行坚强、灵活的作战，如在富金山、大别山（商麻路上）、罗山、田家镇、富池口、金官桥、东西孤岭、隘口街、万家岭、麒麟峰等役，都予日军以重创，而获得一定的战果，都是由于统帅部正确的战略决策而来的。

　　赣北三月，情况变化迅速复杂。我第一兵团所采取的作战方式，也是多样的，如金官桥、东西孤岭、隘口街的持久防御，乌石门线反八字形阵地，瑞武路上日军后方联络线的遮断攻击，麒麟峰的争夺战，万家岭的包围战，永武路的阻击战等，都尚能利用地形，适应情况捕捉战机，活用兵力。唯岷山之战逐次使用兵力，不无遗憾耳。

　　武汉会战我军即决定在外围打硬仗，不在内围和核心打硬仗，则外围的兵力似应尽量加多，内围的兵力似应尽量减少。可是事实上在武汉内围和核心使用的兵力也就是武汉卫戍总部指挥的兵力却有五个军。这五个军没有放在刀刃上。

　　武汉是十月二十五日放弃的，日军没有捕捉住我们的大部队，但武汉的军民在撤退时拥挤混乱，争先恐后。江北我不大清楚，仅江南从武汉到岳阳间徒步、乘车、乘船南逃的军民，被日本飞机炸死炸伤的达万人之多。武汉的撤退能够有计划地提前一两天就更好。

　　日军进攻武汉北、中、南三路作战不协调，而华中派遣军又不能予以统制，中路快了，北、南路慢了。十月二十四日中路迫近武汉，北路始达应山，没有遮断陨汉两水的交通，南路尚滞留于三溪口、辛潭铺以北地区，没有能遮断粤汉路和长江的交通，所以不能消灭我军有生力量。如果能协调有制，使北路、南路到达花园、安陆和咸宁、嘉鱼的时间，能先于或同于中路到达武汉的时间，我们的有生力量一定受到严重损失。综观会战经过，我一百多个师，日军没有歼灭我们任何一个整师，相反，我们对日军第一〇六师团却给予了歼灭性的打击。

前面说过，日军进攻武汉，鄂南重于鄂北，使用的兵力南路应大于北路。事实上南路却小于北路，北路是第三、第十、第十三、第十六共四个师团，虽然南路也是第九、第二十七、第一〇一、第一〇六共四个师团，但第二十七师团是三联队的师团，第一〇一、第一〇六师团是后备役兵编成的师团，没有北路的四个师团兵员多、战力强。并且北路的日军只需对西面作战，而南路的日军要对西（我二兵团方面）、对南（我一兵团方面）两方在作战。日军在使用兵力上轻重不分，本末倒置了。

日军第二十七师团于八月三十日在九江登陆，于九月上旬集结在庐山东麓，如果它同这方面第一〇一师团一起，以绝对优势的兵力背东面西迅速攻下德安，然后以三个师团西进咸宁，以一个师团扼守修水北岸，以防我第一兵团进攻，这样，我们乌石门线反八字形阵地也无用了，也不会有瑞武路的进攻和万家岭的包围，岂不甚善！不知畑俊六和冈村宁次当时是怎样想的，将第二十七师团调到瑞武去了。还把第一〇一师团的有力一部——佐枝支队带走了（佐枝是第一〇一师团第一〇二旅团长，以他为首组织的支队，兵力不会太小）。这是一个兵力使用不当的错误。

日军第一〇六师团绕道万家岭，去进攻我乌石门线反八字形阵地的左侧背，它没预察到孤军深入我瑞昌、南浔两线部队之间，我两线部队，只要一个转身，就可将它包围起来。日军只见其利，未见其害，冒险深入，是受挫的重要原因。

大别山脉、幕阜山脉是武汉外围的两扇大门。武汉会战，南路日军和北路日军主力躲开这两扇大门。北路日军一部——第十三师团、第十六师团主力由商城向麻城，要劈关而过，为我第二十军、第七十一军所阻。十月二十七日，北路主力已到安陆，中路一部已到宋埠、河口镇。而第十三师团、第十六师团主力尚未到宋埠河口镇，可见其翻越大别山是错了，不如绕道光山以南，进出广水，这样，不仅迅速，还可少受损失。

日军南路，兵力不足，不趋临岳，而趋咸蒲是正确的。尤其是日军第九、第二十七师团，不从正面攻咸蒲，而绕经金牛及其以南，进出贺胜桥和贺胜桥咸宁之间，以迂为直，机警灵活，是无可非议的。

当日军第一〇六师团在万家岭地区被围歼之际，日军宁贺、佐枝、铃木三支队的主要任务是解万家岭之围。但铃木春松指挥这三个支队不去万家岭直接解围，而沿武永路及其北侧，以全力向东进攻，迫使我们不得不撤包围万家岭地区第一〇六师团的一部兵力南下武永路，去阻击东进日军。其行在此，而其志在彼，一举两得，此亦伐魏救赵之遗法也。

武汉会战中，日军在富金山、商麻间的大别山、田家镇、富池、东西孤岭、隘口街、麒麟峰伤亡都很大，尤其是万家岭多数伤亡，但日军的征兵制办得好，能够及时地不断得到补充，战力恢复得快，能够继续作战。我军则不然，一个部队伤亡大了，不能继续作战，调到后方，长时间才能补充好。这是我们不如日本。至于我军装备差，训练差，一个战斗力强的师，在战略战术都没有错误的状况下，才能与日军一个联队打成平手。战斗力差的部队，两三个团尚打不过敌军一个联队。武汉会战，我们一百零九个师，而日军使用的九个师团、五个支队（波田、铃木、志摩、石原、高品），可以看出我军战斗力差的程度。

庐山是战略、战术的要地，没有庐山，就没有金官桥、东西孤岭、隘口街的持久防御，没有庐山，也就不能形成乌石门的反八字形阵地，也就没有日军的迂回万家岭，也就没有万家岭包围战的胜利。地障就是兵力，险要就是武器。

在万家岭作战，我军取得胜利时，我兴奋之余，赋了一支曲子《双调·得胜令　万牯岭大捷》，不揣简陋，写在这里，作为本文的结束。

> 万牯一声鸣，
> 千岳伏尸盈。
> 战骨雨淋白，
> 素花血溅红。
> 马陵，
> 庞子难逃命。
> 华容，
> 阿瞒幸得生！

德安马回岭激战经过

王启明※

　　一九三八年夏，我在陆军第三十二军第一四一师第七二三团任团长，奉命到德安作战。

　　当时，第三十二军军长是商震兼，商震是第二十集团军总司令，又是第九战区副司令长官。该军辖第一三九、一四一、一四二师。第一三九师辖第一、二旅，第七一五团、第七一六团、第七一七团、第一补充团。第一四一师辖第三、四旅，第七二一团、第七二二团、第七二三团、第二补充团。第一四二师辖第五、六旅，第七二四团、第七二五团、第七二六团、第三补充团。第三十二军属第九战区战斗序列，归薛岳指挥。第九战区部队主力布置在德安东西一线，沿博阳河南北广大地区。我团是一九三八年十月一日自南昌牛行乘汽车开到德安城东北地区的，即在铭山、大坡堖、孤山一带山地占领防御阵地构筑工事。并向龙王岭、聂家岭（马回岭南约五公里）方向派出警戒和搜索小部队。我团右翼是梁华盛第一九〇师，左翼是李兆瑛第一三九师。我受李兆瑛师长指挥，李兆瑛师长受薛岳指挥。第九战区司令长官是陈诚，以后是薛岳。

　　我军当面之敌是日军第一〇一师团和第一〇六师团。这两个师团隶属于日军第十一军，军司令官是冈村宁次中将，他后来升为陆军大将任日军中国派遣军司令官，一九四五年在南京向中国呈递投降书的即是此人。日军第十一军属于华中派遣军战斗序列，派遣司令官是畑俊六大将。

　　※　作者当时系第九战区第一兵团第二十集团军第三十二军第一四一师第七二三团团长。

日军企图攻占武汉迫蒋介石讲和投降。为进攻武汉，先攻占了九江等地。日军主力继向武汉进攻，并派第一〇一和一〇六师团向德安方向进攻。一九三八年九月三日，敌第一〇六师团进至马回岭车站、清塘坂、曹家坂（马回岭车站西北约七公里）地区。九月二十五日，该敌留骑兵大队和一个步兵大队为左翼支队，在马回岭曹家坂地区防御警戒。其主力即向西和德安西南地区攻击前进，企图从侧背迂回包围德安。十月三日，敌第一〇六师团在南田铺刘鞭鼓地区，被我友军围困激战。此地区东距德安城二十公里，南距柘林七公里。十月十七日，敌增援部队自九江瑞昌箸溪到达柘林。敌第一〇一师团于十月十日进到隘口街。该师团辖步兵旅团二，炮、工辎联队各一，骑兵大队一。另有配属野战重炮兵第十三联队，第五联队第三中队，迫击炮第一大队第一中队。

奇袭马回岭

十月九日，根据侦察搜索的结果，得知马回岭车站之敌约三百人。其中有骑兵约五十人在马回岭车站东边约一公里之张家山、方家嘴占领防御阵地进行警戒，另有步兵约六十人在马回岭车站南端东西之线占领防御阵地，并构筑了工事，其余大部在马回岭街里和火车站内。我决心对马回岭之敌进行奇袭。十月十日一时，我率领步兵第四、五、九连和迫击炮连（连长郭蕴章）由防御阵地出发，于三时到达黄家铺，即令第九连经大屋周、龙王岭攻击张家山敌骑兵，并占领马回岭东侧高地待命。我率其余部队经聂家岭、马家村、饶家村到马回岭西侧，于六时命令第四连官兵上刺刀首先冲进马回岭。敌人惊慌失措即向西北溃逃。我率迫击炮连紧跟四连之后进占了马回岭，即命令迫击炮连在村西北侧以火力追击逃跑之敌。此时在马回岭南端的敌人，却跑到我左翼用轻机枪向我迫击炮连射击，子弹打高了，我无伤亡。我第五连即从该敌背后攻击，敌人立即随其先逃之敌向西北窜去。我第四、五连紧追敌人至西北高地。此时我第九连攻占张家山，敌人向北逃去。我军收复了马回岭，当即调整部署，以第九连防守马回岭。其余部队随我在马回岭西边熊家高地一带实行机动防御，以支援和掩护占领马回岭的第九连。从清理马回岭战场得知该地区之敌是敌第一〇六师团骑兵大队和一个步兵大队组成的左翼支队，在马回岭曹家坂地区防御警戒，以掩护其师团主力向德安西南进攻，企图迂回包围我德安地区守军。

十月十一日，敌骑步兵约五百人向我马回岭第九连进攻，被我击退。

在马回岭两天战斗中，毙敌三十余人，缴获步、骑枪二十余支，轻机枪一挺。我团伤十五人，无阵亡。同时我接到通报得知敌第一〇一师团已进占隘口街，我即率部队撤回防御阵地加强工事，准备抗击敌人的进攻。并派第二连谢排长率领该排在聂家岭一带机动搜索警戒。

十月十二日，马回岭之敌约一个中队向我警戒部队进攻，一个排向我实施正面攻击，其余兵力向我警戒部队后方迂回。谢排长令士兵隐蔽好，待敌进至十米左右时，即投手榴弹开始抗击。将敌少尉小队长击毙，还打死了十多名日本兵，其余向后溃逃。此时谢排长发现敌人的迂回部队，即率领该排利用树林隐蔽撤了下来。缴获了敌小队长战刀、军大衣和百元日币，全部上交了。我对该排进行了奖励，并给谢排长记了大功。

德安城东北山地战斗

十月十四日，敌第一〇一师团从隘口向我团第一营第二连阵地攻击，当即被我击退。十五日敌以优势兵力，在步、炮、空协同下，向我第一营阵地猛攻。第二连刘连长阵亡，铃山阵地被敌攻占。十六至十八日敌人屡向我团阵地攻击，均被击退。是日夜间，我团奉命转移到博阳河右岸和德安城内防御，阻止敌人进攻。我团右翼仍是梁华盛第一九〇师，左翼仍是李兆瑛第一三九师。我团仍归李兆瑛师长指挥。

德安城防战

德安城墙高三米，厚二米，没有既设工事，城门有南门、北门、西门和西南门，只有三至五米长的城门洞，上边有个小城门楼。博阳河自城北孤山西侧经邹家垄西侧（距德安城约四公里）乌石门东侧流向德安城北边、东边和南关火车站的东边（距河两三百米），而后流向东南。博阳河东北岸是山地。河的西南岸除德安城至河边是平地外，都是一百米左右的小山地。南浔铁路经德安城西南侧，火车站在南门外，过博阳河的铁路桥在城北约六百米处。南昌经德安至九江的公路桥，在北门外二百米处博阳河上，两座桥在我军转移到博阳河右岸时都破坏了。

一九三八年十月二十至二十三日，敌军数次在博阳河企图渡河和架桥，均被我沿河守军击退。敌人炮兵和步兵火力不断向我阵地射击。二十四日，敌人以空军、炮兵轰击我德安守军，并施放烟幕和毒气，实行强渡博阳河猛攻我军，均被我击退。而敌人却在我左翼友军第一三九师补充一团阵地前强渡成功，攻占了乌石门南侧高地，继续沿高地向南攻击。二十五日，敌军攻占了德安城西北的狮子山、痴狮崖山头。我友军虽数度反击，但高地仍被敌人占领，并继续向德安城西侧攻击。

二十六日，敌人在空军炮兵支援下，并施放烟幕，在铁路桥东侧强架了一座浮桥。敌步兵在其炮兵火力支援下向德安城猛攻，数次冲击均被我击退。我重机枪第二连连长贾文魁在西城墙上，指挥战斗。敌弹将其腹部穿透，他仍不下火线。由于德安城地势低，在东、西、北三面高地敌人炮火制压下，我团官兵伤亡惨重。两个营长受伤，连、排长伤亡过半。二十六日拂晓时，敌人炮兵密集射击，将东北城墙击毁数处。第一连的一个副班长周显在城墙上随着城墙砖土倒下，他从砖土中挣扎出来后，又从倒塌处爬上城墙继续战斗。士兵们从此都喊他"危险"，不叫他周显了，"危险"就成了他英勇的外号。他是德安城东北城角守兵的幸存者。当时西北城墙上的守兵伤亡殆尽，敌人步兵在其炮兵支援下，从城西北攻进了城内，同我团展开了激烈的巷战。手榴弹和白刃格斗成了主要战斗手段。战至夜晚，我进行夜袭，敌逃出城外。杀伤敌人五百余人，遗尸百余具。是日夜，我调整了部署，准备白日激战。

二十七日，敌人步炮空协同猛攻义峰山。防守义峰山的友军是第一三九师七一六团。团长柴敬忠在山上指挥作战时壮烈牺牲。同时敌人步兵又攻进城内，同我团继续进行激烈的巷战。我的团指挥所在西南门城门洞里，当时已成了第一线的火力支持点，机枪第二连即近靠我右侧，城门楼上布置轻机枪和手榴弹手，敌步兵已数次攻到城门前，均被手榴弹和轻机枪击退。我团坚守城内东南大半个城区，阻敌于西北半个城区。战至夜晚，李兆瑛师长派第七二二团第二营营长魏宝昌率领该营前来增援。我即率该营进行夜袭，将城内之敌完全驱逐城外，杀伤敌人六百余名，遗尸百余具。

二十八日，战斗更趋激烈，敌人炮兵将西南门外的一个大掩蔽部击塌，我团部牺牲了十余名电话兵和传令兵，幸我在城门洞里未遭殃。敌人由城西高地继续攻击城南侧的义峰山，战斗非常激烈。战至夜晚，右翼友军梁华盛第一九〇师派来一个步兵连前来支援。我即率该连进行夜袭，又将敌逐出城外。江西《民国日报》报道战况如下：

一九三八年十月二十八日中央社电讯：敌福田部队，连日猛犯德安，屡次突入城内，都经我忠勇守军沉着击退，予以重创，敌军畏缩异常。必至白昼借飞机大炮掩护，始敢活动。二十八日晨，敌复以步、炮、空联合，向我德安北门、西门、东门三面进犯，因城垣塌倒，无险可守。我王团长启明，鼓励部属，誓以死守。扼断壁颓垣中，勇猛歼敌，激战终日，至黄昏时，复将敌击溃，东、西、北三门均已恢复。截至发电之时，仅城东北一角，尚有少数残敌，夜间定可扫灭尽净。按自二十四日起，苦战五日，德安城屹然未动，实为抗战以来少有之守城战。现我军士气旺盛，敌难得逞。

二十九日，敌人攻进城内，继续同我团进行激烈巷战，真是一墙一屋寸土必争。敌人向我团守区猛烈轰炸。我将梁师派来支援的步兵连的六挺轻机枪全布置在小城门楼上。这种俄造轻机枪威力很大，一面阻击向我指挥所进攻之敌，一面支援反攻义峰山的李师第七一六团。敌人侧背只距我指挥所三四百米，小城门楼上的六挺俄造轻机枪发挥很大威力，给了敌人巨大的杀伤。因之敌人集中火力向小西南门射击，子弹打进了城门洞里，幸好我靠的城门洞的一边墙壁是个死角，子弹打不着，子弹从义峰山方向打过来，碰在我对面的墙上斜飞出去。下午五时许，第九战区司令长官部一位传令军官，持嘉奖令到我指挥所，同时也是来检查我所在的位置和战斗的情况。当时，我三天三夜没睡觉。在和李兆瑛师长通电话时还打瞌睡，待李师长大声喊时才醒来继续通话。该传令军官走后，梁师长派来的步兵连即接到命令撤回。该步兵连撤走后，于下午六时许，我团的一个年轻小兵徒手持着一封信跑到我指挥所。信是李兆瑛师长写的命令，叫我将部队撤出德安城到城南八里铺附近集合待命。师指挥所在八里铺。据这小兵说：师部的传令人员找不到团指挥所，他自告奋勇，将枪交给班长，徒手跑来将撤退命令送到我手中。我非常敬爱他的勇敢和天真，我衷心地对他感谢。黄昏时我到南门外将部队集合起来，检点人数不到四百人。我奉命到德安作战时全团官兵两千人，至此只剩下了五分之一了。而敌人比我伤亡更大，累计两千余人。我团完成任务后，随即将队伍撤出南关、火车站。晚上九时到达师指挥所，向李师长报告了部队撤出的情况。李师长很高兴，还叫伙夫给我煮了两碗面条，笑着对我说赶快吃了这两碗长寿面，表示庆贺你命大，在德安城苦战六昼夜能安然活着出来，真是"幸死不死"啊！

德安作战后，国民政府授予我一等"华胄勋章"一枚，表扬我团在德安作战的英勇。军事委员会副委员长冯玉祥一级上将为我作了一首诗："王启明好团长，守德安打硬仗，苦战三昼夜，无数敌人被杀伤……"下边半部我不记得了。这首诗曾刊登在报刊上。

万家岭战役

胡 翔※

一九三七年八一三战争打响后，在上海抗战三月有余，由于杭州湾登陆之敌与由宝山登陆之敌配合，向我在上海地区守军进行两翼包围，我军后方联络线受到威胁，遂沿京沪铁路撤退，接着南京保卫战无良好防卫计划，不久国民党首都南京沦于敌手。第四军原在上海罗店、大场与敌激战，双方伤亡惨重。第四军原为张发奎率领，叶挺即该军团长。北伐时，汀泗桥一战，大胜吴佩孚军，名闻全国，有"铁军"之称。第四军辖第五十九师（师长张德能），第九十师（师长欧震）。第四军官兵，北伐时多为粤人。八一三淞沪战争时，士兵由各方补充而来，军官仍多半是广东人，战斗力在国民党军队中，素称劲旅。第四军从淞沪撤退，未进入南京城，从其侧后退至安徽宣城、宁国之线，阻敌西进，军部驻于宁国河沥溪镇。一九三八年春，我由成都军校重兵器助教调该部任连长，旋调到第四军军部任少校作战参谋。不久部队奉调湖北麻城，我与上尉参谋周荣洛随吴奇伟军长经南昌株洲转汉口。在汉停留约十天，即赴湖北麻城，部队则由南昌经九江渡长江蕲春、浠水、新洲向麻城集结，企图在大别山脉阻止敌向西突进，围攻武汉。当时军部驻于麻城宋埠，在麻城只驻扎了两个月，一九三八年六月，吴奇伟调升第九集团军总司令，军长一职由欧震接替，突然又奉令调江西。记得部队还未全部到达麻城又折回渡江到赣北。这样忽而由安徽经江西到湖北，又从湖北调江西，这样劳师往返，我当时心想不知统帅部是如何打算的。后来我才知

※ 作者当时系第九战区第一兵团第九集团军第四军军部作战参谋。

道，国民党的部队，最讲派系山头，谁指挥惯了的部队，在谁担任一方面战争任务时，都希望指挥原来自己领导过的军队。那时薛岳驻南昌，他也是从第四军起家的，大概由于这个缘故。同时，在江西的还有第六十四军李汉魂、第六十六军叶肇，都是广东部队，把第四军又调回江西，可能是考虑广东军队在一起，由广东将领薛岳指挥比较有利的缘故吧！

大概在七月初，我随吴奇伟总司令深夜到达南昌，欧震也在南昌，我同吴奇伟、欧震两人同乘一辆敞篷汽车深夜从南昌出发，经德安马回岭到达离九江不远的庐山脚下。欧震回第四军去了。我和吴奇伟在一茅屋内住着，不久朱副官与译电员吴道香带电台一部及少数卫士乘车赶来，我们就在茅屋内设了战斗指挥所。这时隆隆重炮声，从九江方向传来。我们与部队联系，才知日军第一〇六松浦师团附战车一个联队重炮多门，在兵舰炮火掩护下，在九江强行登陆。

当日深夜，张发奎率领参谋长及卫士二十余人，突然来到我们的战斗指挥所，他一进门，就说"丢那妈好家伙，几十艘军舰大炮齐向我岸上阵地开火，头也抬不起，只好后撤，脱离敌炮射程，我已命令各军撤至沙河铺东西之线，右翼依托庐山在沙河铺黄老门新塌铺、范家铺之线阻击敌人向西南突进。梧生（吴奇伟字梧生）这里交给你，我回南昌去了"。谈完之后，即连夜赶赴南昌。后来他调到曲江负责第四战区，南浔线最高指挥权交给薛岳，归第九战区节制，前线则由我第九集团军吴奇伟负责。电台架好之后，频繁地和军、师联系。记得列入第九集团军战斗序列的，有俞济时军团的第七十四军，李觉的第七十军，欧震的第四军，李汉魂军团的第六十四军，叶肇的第六十六军。我集团军右翼以庐山为依托，左翼接第三十集团军（王陵基的川军）在沙河一线与敌展开了战斗。总司令部处置如下：一、令总部各处人员及警卫部队附野战宪兵一连，迅速到达德安马回岭附近成立总司令部，记得总司令部是设在鸭嘴垅江西省政府主席熊式辉的别墅内。二、通报各军向总部联系，并严令在沙河铺一线阻击敌人南下，特别是左翼的第六十六军要顽强阻击敌人西进。三、将情况通报第三十集团军。四、令兵站分监将弹药粮食补给向德安输送。我们在战斗指挥所待了几天，情况逐渐明朗，沙河铺战线已基本稳定，友邻部队和受指挥的各军师也已联系上，在汉口的统帅部和薛岳司令部都联系上了，吴奇伟带着我们战斗指挥部人员，就回到鸭嘴垅总司令部。

当时抗战形势是，敌人占领南京、徐州后，战略目标明显是指向武汉，其部署是分江北、江南两兵团从长江两岸齐头并进，采取对武汉实

65

行南北大包围的钳形攻势，企图消灭我军主力，占领武汉，迫使国民党政府求和。从九江登陆之敌，陆续增加到三个多师团，并附特种部队，它是敌军南岸纵队的主力，准备从瑞昌经阳新、大冶、咸宁、崇阳、通城，直扑武汉之背。我军意图则是消灭西进敌军主力，尽量延迟敌军西进企图，使武汉有时间做一切保卫的准备工作，并在沙河铺一线，不时出击威胁敌军侧面，使其不敢放胆西进。因此敌军对我沙河一线不时攻击，以掩护其侧翼安全而倾其全力，向西突进。

武汉周围皆为沼泽地区，湖港甚多，山岭甚少，保卫武汉，必须在其外围阻止敌军进攻。在武汉东北面有大别山脉，在东南面则为幕阜山脉，幕阜山南则又有九岭山。修水则从两大山脉之间经武宁、拓林、永修，流入鄱阳湖。敌军向西突进，必须经过幕阜山，幕阜山山高地险，乱草丛林，由西向东北延绵，沿途险要之地甚多，如鲤鱼山、笔架山、万家岭、棺材山，都是阻击敌人的良好阵地。当时在这一线布防的是李汉魂军团的第六十四、六十六两个军。

一九三八年七月，敌主力第一〇六松浦师团，附重炮一个联队，战车一个联队，在空军掩护下突进至万家岭附近，我第六十六军进行顽强阻击，战斗在崇山峻岭中展开。武汉军令部来电要我们将该敌消灭于万家岭地区。我和少校参谋石金格随同吴奇伟到箬溪附近第六十六军司令部指挥所，就近指挥万家岭战斗。敌军被阻于万家岭地区，继续增加兵力。我军亦将第六十四军投入战斗，形成对敌军包围态势。战斗越打越激烈，每个山头，每个村庄，反复争夺，一日而数易其手，敌空军每日均来轰炸助战，但有时双方相距甚近，敌机也不敢投弹。我们战斗指挥所，每日均被敌机袭击，总司令吴奇伟、军长叶肇和我们参谋人员，几乎罹难其中。当时前线无防空设备，听到飞机声，才由防空监视哨吹哨子报警。每每哨音一落，人还未跑出房门，敌机已飞临头上。敌机因我缺乏高射火器，飞得很低，擦树梢而过，而其飞行员竟伸出头来，将机侧飞，以观察地面目标。有一次，我和石金格跑不出去，只得卧于床板之下，敌机扫射，房屋中弹，满屋硝烟呛人，所幸我们均未受伤。被困于万家岭之敌，抱困兽犹斗之心，对我军围歼，顽强抵抗。有几次我军已攻至其师团部附近，但是夜间攻击，也不明了何处是敌首脑部，天一亮敌机就来助战，我军又退回原来攻击阵地。后来据敌俘说："几次攻至师团部附近，司令部勤务人员，都全部出动参加战斗，师团长手中也持枪了，如你们坚决前进一百米，松浦就被俘了或者切腹了。"万家岭之战，由于每个山头，每个家屋、村庄，都反复争夺，因此双方伤亡惨重。

记得七月的一天，敌机十余架，在万家岭上空投下二百余人，我们以为是敌以伞兵增援。后来据俘房供称投下的都是排连级干部。至八月底，万家岭被我完全控制，残余敌人退到万家岭以东山地掘壕固守，以待援军。我军未能追击，暂成对峙胶着状态。

我军攻击万家岭时，曾通报友邻部队第三十集团军，他们派了联络参谋来，我参谋处告以我军企图，要求他们协助，派有力部门，防御麒麟峰敌人向西窜逃。在马回岭正面，从庐山经黄老门、王家铺之敌，是敌的左侧掩护部队，为了掩护其主力侧翼，并保证后续部队，从九江登陆继续西进，经常向我发动攻击，使用部队都不大，最多以联队为单位，但飞机则天天向南浔线进行轰炸，炮兵亦经常向我阵地轰击。我军当时是以确保德安以北防线不使敌进窥南昌，在这条线上，每天都有战斗，值得记述的是我军右翼，依托庐山，监视鄱阳湖湖面敌人动态，守军为第七十四军、第七十军，俞济时任军团长。第七十四军是国民党的中央军，辖王耀武的第五十一师、冯圣法的第五十八师。

八月初，敌人以一个加强营从鄱阳湖登陆，沿庐山东面向上攀登，妄图袭我之侧背，当他们爬至三角尖张鼓峰、香炉峰半腰一块平地时，竟敢架枪造饭。这一企图，被我军发觉，我军驻守庐山的一个团，把全团火力集中，布成火网，待敌军造饭时，一声令下，炮弹枪弹倾盆而下，将退路封锁，敌军措手不及，战斗几小时，全大队五百余人，无一漏网，悉数就歼。这一仗打得干净利落。

在黄老门前线的为第四军的第五十九、九十、一〇二等三个师。左翼为第三师，连接第六十五、六十六两个军，在丘陵地带与敌周旋。再向左就是打万家岭的第六十四、六十六军了。记得第三师有一个连长叫陈德垦（四川人，军校十期学生），善于打逆袭战，敌人攻击时，他把部队撤至反斜面，待敌攻上来立足未稳，他就进行逆袭，又把敌人打下去，这样避免了在敌人炮击时在山头挨打，减少伤亡。在逆袭前先组织好火力，把敌人打下去又居高临下射击，杀伤许多敌人，这个打法要指挥员沉着和机智，大胆勇敢，特别是要抓住逆袭时机，士兵也要斗志旺盛，我们总司令部表扬了陈德垦。

赣江河流，多半是自西而东沿幕阜山脉流入鄱阳湖。七八月间，天气炎热，残暴的敌人把腐烂人尸、猪尸，抛于河中，敌人在上游，我军要吃下游的水，一股尸臭实难饮用。敌军在我第七十军正面施放毒气，我军又无防毒面具，只有用毛巾打湿后捂住嘴鼻，顽强战斗。当时江西省主席熊式辉不顾前方十几万将士在拼命击敌，竟下令南昌以北各县破坏南浔公路（南浔铁路已不通车了）。致使运输发生问题，军粮运不上来，一个短时期内，我们靠吃庐山脚下老百姓种的南瓜度日。我军将士就是在这样艰苦环境下奋勇杀敌的。

南浔路上空曾发生一次较大规模空战，当时苏联志愿空军，常常出击敌人，有一次在德安附近上空，与日机遭遇，发生空战，我方有几架飞机负伤，飞行员跳伞，而人民群众辨不出谁是敌机，谁是我机，见着跳伞的就认为是敌人，开枪射击，等伞落下，才看见不是日本人，打了自己人和朋友。后来，志愿空军飞行员身上穿一个背心，前后用大字写"洋人来华助战，军民一体保护"，避免误会。

著名记者刘尊棋率领一个慰问团到第九集团军总部慰问，专门到参谋处采访。当时第九集团军参谋处，全是年轻人，处长刘之泽，三十来岁。作战科，我和石金格、张世勋、杨一鸣；情报科，丛立中、周荣洛；补给科，梁伯生等都是二十多岁。他们看见我们满屋都是作战地图，上面标志着敌我态势部队番号，电话不停地在响，一片紧张气氛。他们称我们是第九集团首脑部，给我们照相，合影留念，可惜这些珍贵纪念，都荡然无存了。

万家岭战役历时约一月，是一九三八年七八月间的事，歼敌约三万人。松浦师团及附属特种部队全被歼灭。胜利消息传出后，军民振奋，武汉游行庆祝继台儿庄会战胜利之后的又一次大胜利。

可惜我军采取单纯防守战略，没有积极进攻，只是守着阵地，致使敌人从容增兵。敌第九师团在富池口附近登陆，八月下旬，敌人从九江派出大量骑兵，向第九集团军与第三十集团军接合部突进。一天敌突至我总司令部附近，威胁到我整个后方联络线，警卫营长王坦（四川人）来报告，子弹已落到总部门口，警卫营已投入战斗，建议迅速撤退。我们先向前线各军、师发出撤退命令，叫他们自行选择路线，撤至修水之线进行防守，参谋处于夜间十二时撤退，翌日下午我们到达了涂家埠。各军、师也逐渐撤至预定地区，沿修水建立了一条防线。突进之敌骑兵部队，转向第三十集团军右翼，迫使第三十集团军后撤。

一九三八年九月初，第九集团奉命增援广东，张发奎司令长官将广东部队（第四军、六十四军、六十六军）全部调回广东。赣北前线由俞济时等军负责。吴奇伟即命令部队向南开拔，总部经南昌、吉安、赣州，过梅岭到达南雄。十一月我奉令到重庆参加陆军大学第十七期复试，即经桂林、贵阳到重庆进学校学习，学习完后，我调远征军第八军到滇南战场去了，仍归第九集团军指挥，总司令是黄埔一期的关麟征。吴奇伟改任长江上游江防总司令，我到重庆后，才知广东部队调回广东原因，是英军要求我国以两个军驻于香港附近，必要时增援香港。国民党统帅部考虑第四、六十四、六十六等军，都是广东部队人地两宜，所以南调。

万家岭战役，已经过去将近半个世纪，我是总部主管作战的参谋，整个经过都是亲身经历，现写出来以作纪念。文中对时间、地点、部队番号，记错的不少，希望参加过南浔战役的袍泽，补充指正。

写完这篇回忆录，感想很多：

引起我对共同战斗中的朋友、上级的怀念。参加抗日战争时，我才二十几岁，第九集团军总部参谋处同事，都是军校同学，少校参谋杨一鸣、张汝勤、周荣洛等，有的为国捐躯，有的积劳成疾，缺医少药，死在工作岗位上。总司令吴奇伟是北伐军第四军老将，与张发奎、薛岳、叶挺、李汉魂都是四军中同事，我两次和他到第一线设战斗指挥所。第一次在庐山脚下一草棚内，正是敌从九江登陆，敌机终日扫射轰炸，我时而在树林中躺下隐蔽，时而进屋问吴总司令有何指示。他一直在茅屋里守着电话机，我去叫他出来避一下，他笑着说："不要紧，'爆'死算了（爆是广东话炸的意思），你快去隐蔽。"后来轰炸扫射更厉害了，我怀疑敌人已知道我们这里是指挥所，或者有汉奸指示目标，又跑进屋内去叫他，他却伏在桌上睡着了，鼾声还不小。他的沉着勇敢，镇定精神，我很佩服。还有他的夫人龙文娱，是黄埔军校武汉分校女生队学生，她放着后方无危险的生活不过，到前线任总部战地服务团团长，带着从沦陷区来的一百多名男女青年，做救死扶伤工作，在湖北麻城宋埠，总部办了一个干部训练班，她任主任，我任教育长（刚筹备就绪，总部就奉命开赴南浔线），她穿军装打裹腿，腰插手枪，十足的一位女指挥员，她不愿人家称她吴夫人，要叫她龙团长或龙先生。吴奇伟后来当了广东省政府副主席，逝世后，龙文娱在北京当一个托儿所所长，孩子们称她龙奶奶。当年这些并肩战斗在抗日前线的人们，都是为着抗日救国一个目标而牺牲流血，艰苦奋斗，今天中华民族扬眉吐气了，为抗日而流血捐躯的人们，地下有知，也当含笑于九泉。

赣北南浔线战役片段

叶方华[※]

一九三八年六七月间，江西南浔线的局势紧张。日军第二军第一〇六、第一〇一师团，配合其海军陆战队一部，沿长江溯流而上，在侵占芜湖、安庆、马垱等地之后，向江西南浔线进犯。七月下旬，日军从姑塘登陆，并侵占九江，跟着沿南浔线向南进犯，原防守于九江之川军，退往瑞昌，而守于沿江的第六十四军和第六十六军以腹背受敌，退守沙河、牯岭之线。日军仍步步进逼。这时第七十四军之第五十八师（师长冯圣法）驻在德安近郊，奉命开黄老门附近，以增强第六十四军防线，堵敌南下。

我当时担任第五十八师第一七二旅旅部上尉参谋，师部为了明确敌我情况，派我先到九江南之沙河与第六十四军联系。我漏夜步行。将到沙河，即闻断断续续之日海军炮声，并看见第一五五师士兵零零星星向后移动。我到第一五五师师部，该师参谋主任对我说："部队准备向牯岭转移，军部现驻杨柳坪。"我找到第六十四军军长李汉魂，他正与参谋长查看地图。我将公文递给他看后，他说："我们打了几天，部队士兵伤亡很重，你们部队来得正好。"接着令其参谋绘图和复信交我带回，我拿着复信，即往回跑。

当我回到乌石门附近，遇到我们师部正由德安出发至此。同时知道我们旅部亦沿铁路北进。我将此任务交代后，即向前追赶。刚到马回岭，于路侧遇见我旅的第三四四团团长蔡仁杰。他正指挥该团官兵隐蔽防空，

※　作者当时系第九战区第一兵团第七十四军第五十八师第一七二旅参谋。

不一会儿，敌机凌空，即向地面扫射，并在西面俯冲投弹，忽而闻西南方四五里处枪响声甚密，蔡团长对我说："这可能是敌从西南窜来，与我第一七四旅遭遇，你赶快回去，并将情况向师长报告，我们在这里等旅部。"我于是不顾敌机扫射，即往回跑，但未找到旅部；又到师部，将这情况向师长冯圣法报告后，再去找旅部。原来第一七二旅旅长邱维达在出发前，没有和第一七四旅取得联系，就划分部队行进道路，同时过分注重防空掩蔽，因此引起行进序列混乱。

据后来了解，当时师部的命令，也未注意到两旅驻地，行进时会相互交叉。其命令要旨大概是："敌第一〇一师团和第一〇六师团，侵占我九江后，继续沿南浔线南窜，本师奉命即时由现地出发，经马回岭前进到达黄老门后，立即占领阵地，并注意敌情。兵力部署，第一七二旅占领黄老门以西高地，第一七四旅占领黄老门以东高地等。"但是在德安驻地的第一七二旅防地在德安之东，第一七四旅则在德安之西，行进后两旅势必交插，由于铁路破坏，路东是庐山，无路可走，因此两旅共走路西的一条小道，当第一七二旅通过乌石门后，已经跨过铁路以西，沿小道前进，第三四四团为前卫，第三四三团为后卫，正行进间，忽然发现敌机三架，低空盘旋不去。这样第三四四团就脱离了旅部，前进了很远。第一七二旅旅部正想等敌机过后前进时，从后面山沟小道发现第一七四旅部队横腰插过，把第一七二旅旅部及第三四三团堵截，不能通过。待第一七四旅过完，仅剩下后卫未到之时，第一七二旅旅部正想前进，忽发现左前方山沟里窜来一股敌骑，旅长邱维达用望远镜一看，立即令旅部特务排散开，占领左前方高地，阻击该敌；同时令第三四三团赶上，但该团尚未赶到，旅部特务排已展开激战。不一会儿，该排排长阵亡，旅部参谋主任凌卓受伤，而头上敌机不断盘旋扫射及轰炸。正当万分危急时，第一七四旅后卫第三四八团第三营急急忙忙想冲过去，邱旅长一手抓住该营营长黄剑峰，叫他不要前进，就地加入战斗。但黄营长认为邱维达不是他的旅长，同时他团队伍已向黄老门前进，他如跟不上去，将受到军法制裁。邱旅长怎样说他都不肯从命。这时我刚赶到，我与黄有素交，也上前相劝，并写下简单命令给他。黄营长迫不得已，才令其各连散开，加入战斗。不久第三四三团陆续赶到，才堵住这股敌人的进犯。但另从正面来的一股敌主力，攻占沙河后，即沿铁路南下，第三四四团未及散开，就遭到敌人猛冲，因此伤亡甚重。它脱离旅部和师部联系，单独作战。为了坚守阵地，整个下午坚持战斗，该团营长一伤一亡，连长阵亡三人，排长阵亡四人，战斗极其激烈。战至黄昏，接到师部命令，将防务交给第四军防守，我第五十八师全部开回德安整理补充。

事后追查这次混战的责任，师长冯圣法将全部责任都推在邱维达身上，说邱指挥不力，拦截别旅兵员，同时本旅部队脱离掌握，致遭受很大损失。这一情况上报后，撤除了邱维达第一七二旅旅长之职，另派廖龄奇接任。邱维达被撤后，我即到第五十一师（师长王耀武）任师部少校作战参谋。

日军自从在南浔铁路受挫后，不敢急进，只得暂时停止，借以补充兵力。大约相隔两个月时间，在九月底，敌第一〇一师团和第一〇六师团，经过整补，又继续开始蠢动。按其这次进犯计划，一面佯攻南浔铁路及瑞昌；一面以主力从岷山沿瑞昌通南昌之大道直下永修，以截断南浔线以北我军后路，并伺机直犯南昌，配合进犯长沙的攻势，以断武汉的退路。因此驻在德安之第七十四军，奉命调往岷山脚下堵歼该敌。

我第五十一师于十月二日从德安乌石门附近出发，当我先头部队第一五一旅第三〇一团第一营刚到张古山（岷山脚下万家岭附近）时，与敌第一〇六师团先头部队遭遇，展开战斗。张古山并不很高，均在岷山瞰制之下，山峦重叠，地形复杂，阵地极难固守。当时该师兵力配备是：第一五一旅占领张古山制高点及通南昌之要路口，第一五三旅在张古山东侧策应，并与第五十八师衔接。当天第一五一旅正面仅有小部队接触，次日（三日）自拂晓直至黄昏，敌曾集中主力向第一五一旅正面猛冲十余次，相互争夺道旁山头，双方白刃相接，肉搏数次，战斗之烈为以前各战场所未有。该旅旅长周志道亲身至最前线之山头指挥。战至午后，因伤亡过重，连勤务兵都参加了战斗。第三〇一团团长常孝德负重伤，营长胡雄亦负伤，连长、排长负伤较多，有的连里排长均已伤亡，只剩几个班长，仍在坚持作战。如第三〇一团第二营连长胡润生，他的连里三个排长都负伤，只剩下三个班长，四十多个兵。他本人左手亦负伤，但敌人仍不断向该连正面冲来，他仍坚持沉着应战，一面指挥，一面自己拿着机枪向敌扫射，击退几次冲来之敌，守住了阵地。这天战斗，敌我伤亡均重，山上山下，横尸遍野。但敌仍不甘心，企图再从侧面迂回来包围第一五一旅，殊不知在第一五一旅东侧，是第一五三旅的阵地。

四日拂晓，敌人又集中大约一个联队的兵力，向第一五三旅第三〇六团阵地猛攻，经几次争夺，奋战至午，我军两个营长负伤，三个连长阵亡，其他排长士兵伤亡过半，仅剩下该团残缺的第三营，仍在坚持战斗。由于正面战线过宽，地形又复杂，到处都需防守，敌人不断冲来，情况非常紧急。该营营长李石见似有招架不住之势，师部已经准备后撤，这时该旅旅长张灵甫亲上前线督战，将各营残兵及杂役兵等都集中起来，由营附王鸿范率领加入李石见营之战斗，这样才堵住敌人几次进攻，战局得以稳定。敌人在这两处连日猛冲猛打，均不得逞，并且伤亡过重，不敢再攻，只得暂停。

　　那时第五十一师的武器是较差的，除有少数巩县造的"中正式"步枪外，绝大部分是汉阳兵工厂造的又重又笨的双筒步枪。轻重机枪也很少，每团仅二三挺重机枪和迫击炮一排（在这次山地作战中，迫击炮发挥极大作用，当时师长王耀武将全师迫击炮集中使用）。师属炮兵连有很老的克鲁柯山炮三门，炮兵连长王建基是军校十期毕业的，由于他战场经验较差，胆子又小，白天躲在树林里，总要到黄昏前后才敢出来放几炮，因此步炮根本不能协同，但其射击命中率却很高。如有一次黄昏前发现岷山南麓茅屋村前有几十个敌人集结，我得到报告，立即电话通知他，并要他用烧夷弹向该茅屋村密集炮击。他照我的通知炮轰后，卒将这几十间茅屋全部烧毁了，敌狼狈逃命。

　　这次战役从表面上看，是打了一次硬仗，挡住了优势装备之敌几十次的猛冲，堵住了敌人南窜。但这仅是局部的战果，而瑞昌却被敌人占领了，顾此失彼，有得有失。隔不上三天，长沙又告急。日军攻占武汉后，继续向南进犯，逼近长沙外围。陈诚、薛岳等急忙从各方面调兵遣将，调第七十四军赶赴长沙增援，于是万家岭一带阵地另由王敬久部接替。

庐山阻击战

李　觉※

　　一九三八年六七月间，日军华中派遣军以海空优势，溯长江西进，攻陷马垱、湖口，武汉外围会战序幕遂在皖南、赣北长江两岸地区展开。当时我军在赣北的最高指挥官是张发奎，指挥第四军、第十军、第七十军、第七十三军、第七十四军及李汉魂的粤军等几个军。在日军陷湖口侵入赣北后，与敌在鄱阳湖两岸、庐山两侧展开激战。第七十军第十九师就是参加庐山战役的一支部队。

　　第七十军第十九师原是湘军何键的基本部队，辖两旅四个团，属乙种师的编制，武器陈旧。在上海会战中，由于官兵奋勇战斗，不怕牺牲，被评为成绩最优的十个师之一。上海会战后，蒋介石将第一二八师拨归第七十军建制，驻浙江东阳一带补训。一九三八年五月末，蒋介石令第七十军两个师集结金华；六月初先后到达武汉，随即开赴麻城、英山、罗田一带，赶筑工事，担任武汉外围守备任务。七月初湖口告急，又急调该军分由广济及小池口渡过长江，以第十九师进驻九江赶筑防御工事，第一二八师在九江以东赶筑防御工事。旋湖口失陷，日军第一〇六师团从姑塘登陆，七月二十六日九江失守后，与敌开始在庐山战斗。至九月四日换防撤离战场，战斗四十一天，坚守阵地未被突破。

　　当时，我是第七十军军长兼第十九师师长，坚守庐山阵地，亲身经历了庐山战役，了解全盘战况，现就回忆所及，予以概述。

　　※　作者当时系第九战区第一兵团第九集团军第二十九军团第七十军军长兼第十九师师长。

马祖山阻击战

一九三八年七月，日军华中派遣军畑俊六大将指挥第一〇六师团，以陆海空军的绝对优势攻陷湖口，然后疯狂轰炸九江及鄱阳湖沿岸地区，掩护其炮艇及步兵登陆艇侵入鄱阳湖。七月二十三日敌先头部队从姑塘登陆成功，向纵深扩展。我湖防各友军部队纷纷后撤，张发奎急令第七十军之第十九师撤出九江，在庐山以北的马祖山之线占领阵地，阻击入侵之敌，掩护主力转移。第十九师先头之第一〇九团于二十五日夜赶到马祖山，星夜赶筑工事，二十六日晨师主力亦陆续到达。午后，第十九师前哨阵地已与日军先头部队发生接触，敌经我猛烈阻击后停止前进，以飞机大炮疯狂轰炸我马祖山阵地。此时，前线友军不遵守张发奎所指定的时间、路线撤退，争先恐后，极其混乱。第十九师一面阻击敌人，一面还要阻止友军溃入我阵地，妨碍我师阻击敌人。入夜各友军争相夺路，大部队拥挤在公路上行动迟滞，人声、车马声、枪炮声震耳欲聋。天明后敌机十余架轮番跟踪轰炸，所幸南浔公路这一地段山多，丛林茂密，便于掩蔽。

第十九师为坚决完成阻击敌人和掩护友军后撤的任务，二十六日整天与敌激战，午后敌百余人企图夺路追击我友军后卫部队，第一〇九团第一营奉令出击，将敌截住，营长易佐良负伤，死伤官兵百余人，敌受挫退回。

第七十军第一二八师原系湘军陈渠珍的土著部队，素质弱，武器差（旧汉阳造的步机枪），过去未离开过湘西，初次参加抗日战争，缺乏作战经验，经过几天的湖防战斗，伤亡很重，溃散后退。该师后卫唐名标团被敌围攻，我命令第一〇九团第三营推进至唐名标团侧面突袭敌人，使该师残部得以突围后撤。敌一部百余人企图跟追唐团，亦被第一〇九团三营八连截击，入夜敌我对峙。此时，敌主力尚未集结完毕，炮兵在稻田中行动困难，未敢冒进追击。二十七日敌九次攻击我第五十七旅第一一三团阵地，均被击退，又成相持状态。二十八日，第十九师命令第五十七旅、第五十五旅逐步交替掩护，撤至马回岭以北地区集结待命。第一〇九团第三营为最后掩护部队，利用暗夜以一部分机枪火力虚张声势佯攻，迅速脱离敌人。黎明到达南浔公路，被总司令部督战队挡住，赋予掩护炮兵营后撤的任务，至七月三十一日才归还建制。

金官桥主阵地的战斗

这次江防、湖防战斗之所以失败，在于没有纵深配备，一点被突破就全线溃退。这时张发奎不得不将部队撤至庐山以西，利用南浔铁路两侧的丘陵地带占领防御阵地。防线右翼指挥官是军团长李汉魂，最初第一线的守备部队是李汉魂的粤军两个师及第十军等部队。第七十军为预备队，其左翼为第四军、第七十三军、第七十四军等部队。第七十军之第一二八师由于湖防溃退，师长顾家齐被蒋介石撤职查办，第一二八师番号亦被撤销，第七十军只剩下第十九师了。

七月三十一日，敌第一〇六师团主力在空军掩护下，分两路沿南浔铁路、公路南下，攻势猛烈，企图中央突破。粤军首当其冲，激战两日，颇有伤亡。军团长李汉魂下令第十九师接替金官桥—沙洲之线阵地守备任务，将第一五五师换下为军团预备队。我考虑到粤军阵地部署欠妥，主阵地兵力过于集中，徒招伤亡，不能持久，乃改变部署，以第五十七旅第一一四团团长周崑源、第一一三团团长王道纯及第五十五旅第一一〇团团长鄢乐知之一部接替第一五五师阵地，并将原来的主阵地的一部分改为前进阵地，使主阵地的地形更为有利；并以第一一〇团二营（营长刘咸宜）推至庐山西麓的土地庵高地，向西占领侧面阵地，以火力封锁右翼主阵地前沿。我第一〇九团三营奉调进驻牯岭，防敌绕袭侧背。

黎明后，敌飞机大炮不断袭击我阵地，我官兵根据过去对敌作战的经验，阵地上仅留警备部队，其余进入待备所，准备迎击敌步兵。十时以后，敌步兵认定我前进阵地为主阵地，连续几次进攻，都遭到几处交叉火网的制压，伤亡很大，前进不得。午后三时许，我第一一〇团、第一一三团各以一连，乘敌机大炮延伸的间隙，突然反击敌前进中的步兵，敌受挫后撤，锐气大减。

次日，敌飞机大炮集中火力轰击我前进阵地，仅以步兵小部队多次扰袭佯攻，试探阵地的火力点。我判断敌在侦探我阵地配备情况，必将发起猛烈攻击，令各部星夜加强阵地工事，特别是交通壕与待备所的掩盖；并令牯岭我军立即移至牯岭西南之鸡窝岭占领侧面阵地，以火力居高俯瞰敌人。第三日，敌飞机大炮继续猛烈轰击，我阵地工事多被摧毁，山上烟火弥漫，第五十七旅旅长庄文枢被炸伤，以第一一四团团长周崑源升代，副团长刘阳生升团长。我官兵向前进阵地隐蔽前进，即以迫击炮、重机枪进行反击，突然压制敌人。九时以后，我前进阵地发生了激烈战斗，敌多次冲锋肉搏，我官兵英勇反击，阵地失而复得者再，形成拉锯，双方死伤均重。我第一营营长阵亡，午后第五十七旅两个团各以一部增援反击，敌受挫退回，阵地得以稳定。敌飞机大炮继续轰击，两个小高地已成焦土。黄昏后我补充兵力，修复工事。守在阵地的官兵因白天送不上伙食，只能吃晚上送来的馒饭和生水，有时只得饿着肚子战斗。如此四天，山上山下及稻田中，敌我遗尸及武器很多，咫尺之距，双方都为争夺遗尸和武器而增加伤亡。时值盛夏酷暑，阵地上臭气刺鼻，令人呕吐。

第五日拂晓，敌再度发起猛攻，第一一四团团长刘阳生率敢死队增援反击时阵亡，前进阵地终于失守。第一一四团官兵伤亡很大，师主阵地兵力作了局部调整。此后，敌连续几天向我主阵地进行全面攻击，我官兵英勇战斗，均予击退。在敌步兵攻击中，我第一一〇团二营在土地庵的侧击火力发生很大威力，给敌以重大杀伤。敌为排除此侧面威胁，企图夺取土地庵高地，我鸡窝岭阵地的迫击炮、重机枪居高俯瞰，突然倾泻，配合第一一〇团进行反击，敌仓皇溃退。旬日之内敌未敢大举进攻，只是小部队的袭扰和飞机轰炸。敌由于中央突破的企图未能得逞，即将其主攻力量转向铁路以西地区，我阵地正面呈对峙状态，阵地工事得以日益加固。从所获得敌遗尸的日记中看到："几次进攻中，庐山上的迫击炮弹如雨点般从天而降，皇军大受威胁，死伤可怕。"我军为更好地发扬这个威力，遂将第一〇九团一、二营的迫击炮排都调上鸡窝岭，归第三营指挥。

鸡窝岭侧面阵地争夺战

鸡窝岭阵地的特点是山高坡陡，攀登不易，早夜多雾，晴朗时对铁路以西地区的敌人行动都可以用望远镜看清楚，对我主阵地前敌炮兵阵地及陆空联络布置都能一目了然，既是一个良好的观察所，又是居高临下对敌侧击的重要制高点。

八月中旬，铁路以西战斗最激烈，在庐山鸡窝岭可以看到敌用骡马每日拂晓向前线运送粮弹补给，午后返回，至九江的公路亦有汽车通行。我指示第一〇九团第三营，利用夜暗派小部队下山袭击敌运输部队驻地。营长陆承裕第一次派了个排长带两个班下山，以一个班掩护，一个班摸进敌驻地内奇袭。敌人并无岗哨警戒，都在酣睡，我士兵以手榴弹、轻机枪突然袭击，敌被炸死很多，残敌仓皇乱窜，田野及公路上都是骡马奔驰，还炸毁了一些枪支、粮弹、医药等，并发现许多敌尸及麻袋装的手掌（编者按：日军官兵作战死亡，尸体不能当场抢回的，砍下手掌以代全尸），才知道这是敌人的粮弹补给站和伤兵转运所。由于袭击部队兵力小，士兵只夺些饼干、香烟、饭盒之类。数日后又对敌进行第二次袭击，敌已加强了护卫部队，戒备较严，袭击部队发现大群骡马在田中吃稻谷，即过早袭击，除了杀伤一些马匹之外，未取得如第一次袭击之战果，在战斗中还死伤士兵四人。

八月中旬以后，敌为排除我鸡窝岭阵地的严重威胁，连日集中炮火轰击我阵地，并不断派出小部队佯攻土地庵第一一〇团第二营阵地。某日拂晓，我鸡窝岭山腰的警戒哨突然发现敌分三路爬上山来，遂一面阻击一面后撤，我阵地官兵待敌爬至有效射程内，手榴弹、机枪、迫击炮一齐泻下，使敌伤亡很大，残敌滚下山去。两三日中，敌不断进行报复性的炮击，我工事多被摧毁。第四日，敌趁庐山黎明浓雾，用四个敢死队，在一炮不发的情况下，悄悄上爬，持枪密集冲锋。手榴弹爆炸声和拼刺刀的喊杀声响成一片。敌一部二十余人冒死突入我右翼第八连阵地，经多次肉搏，敌大部被击退，唯突入之敌凭借石岩作困兽斗，敌后退部队得以再次上冲。此时天气转晴，浓雾渐散，我机枪、迫击炮得以发挥火力，激战至午后四时，敌伤亡惨重，终于溃败。残敌九人被我火力压缩在一岩洞中，入夜敌三次企图突围未逞，天明后静寂无声，我第八连一班长自告奋勇，率战士三人冲入搜查，发现敌已毁枪集体自杀，其中一人重伤未死，瞪眼不语，踢打亦不发声，战士在愤怒之下，不顾不杀俘虏的禁令（上交一个俘虏，奖二百元），补上一刺刀结果了性命。在整天战斗中，我第三营第八连田连长以下官兵伤亡一百六十余人，山下土地庵第一一〇团二营营长刘咸宜，也在策应鸡窝岭战斗中阵亡。

由于战斗日久，各团伤亡重大，兵员锐减，我决定利用对峙状态进行阵地整编，缩编部分连队，各团将编余的班、排、连长成立官佐队，并将各团输送连等非战斗兵编入步兵连，充实第一线战斗力。根据当面敌情判断，敌对鸡窝岭势在必得，为加强守备，将第五十五旅旅长唐伯寅调上庐山指挥，第一〇九团团长刘湘辅率第二营（二百余人）及两个团所属的干部连加强鸡窝岭守备。

八月二十七日，敌军四五百人分五股袭击我鸡窝岭阵地，拂晓后敌乘浓雾逐次接近我阵地，集中掷弹筒火力猛轰，顽强仰攻，几次冲锋肉搏，我战士体力不支，死伤很大，两处阵地被敌突破。幸我军拥有重机枪，而且九连地势高，工事坚固，利于发挥火力，才控制了敌突破口。

十时以后雾散日出，我军加强火力，阵地得以稳定。午后，团长刘湘辅乘敌炮延伸之际，亲率第二营及另一个连，先敌发起冲锋，奋力反击，敌纷纷溃退，阵地得以确保。敌我伤亡均重，团长刘湘辅负重伤，营长以下官兵死伤二百余人。

敌受此次重挫后，不敢再冒险仰攻。从所获战利品中证明，当面之敌为第一〇六师团渡边旅团之滕田联队。有个专科学校毕业的敌兵在日记中写道："庐山是支那名胜之地，'难见庐山真面目'，名不虚传，皇军在此遭到支那军精锐部队第十九师的坚强抵抗，前所未有的激战，中队、小队长的死亡很多，战斗仍在艰苦进行，与家人团聚的希望是困难的。"可见日军的伤亡是惨重的。

换防撤离战场

庐山战役是第十九师苦战最久，伤亡最大的一次战役。当时归李汉魂指挥的第八军军长李玉堂部伤亡也很大。蒋介石命令李汉魂：第十、第七十两军苦战已久，伤亡很大，应即换防休整。李汉魂这才以第一五五师接替第十九师的防御阵地，并指示我将交防后的残余部队仍留给第一五五师为警戒部队。庐山侧面阵地暂不接防。

九月四日夜，第十九师将主阵地交防后，全部撤离了战场，经德安、靖安开赴奉新休整补充。

在这一战役中，官兵伤亡数千人，在战场上及战后的病亡数字也很惊人。其原因是庐山丛林茂密，夏季气候特殊，时雨时晴，早晚云雾似海，寒风刺骨，真是"晚穿棉袄午穿纱，风雨来时伞难遮"。官兵只有夏服棉毯，附近又无民房，只能挖地洞折树枝以避风雨。丛林中既潮湿又多疟蚊，所以病员日增。加以军政当局不关注官兵生活，兵站补给除大米及食盐之外，食油、蔬菜、肉食等副食品概不过问，全由连队自行采购。当时庐山附近居民早已逃亡一空，遍野金黄稻谷尚无人收割，哪有副食可供采购，所以战场上生活艰苦，官兵体力日见衰弱，疲惫不堪，死亡、疾病与日俱增，兵员大减。第十九师在战后休整、补充兵员时，进行过一次点验，仅剩较健壮的战斗士兵七百八十余人（上海会战后，还存战斗兵一千五百余人，战后也无如此多的病员死亡）。

武汉会战是在国共合作、全民一致抗日的时期进行的，对官兵的政治教育和宣传鼓励工作，激发了广大士兵爱国热情和作战勇气。我当时曾聘请进步人士马子谷、共产党员陈希周、朱江赋为政治教官，并由陈、朱率文工团到各旅、团进行讲演宣传。所以官兵在上述生活艰苦、战斗激烈、时间持久的情况下，能同仇敌忾，英勇战斗，不怕牺牲，发扬了民族正义精神，涌现了许多可歌可泣的无名英雄。例如在几次反击战中，有些老班长或战斗兵在班长、排长伤亡后能自告奋勇地指挥战斗，以后得到迁升为班、排、连长的颇不乏人。英勇奋战的事例很多，如一个身高有力的湖南战士（可惜已忘其名），在肉搏中被两个敌人围刺倒下，他迅即拉开胸前手榴弹与两个敌人同归于尽，极为壮烈。还有在金官桥前进阵地失守时，有个班长负伤后仍将两个伤兵救回，在敌后稻田中爬行一昼夜，忍饥受饿，将步、机枪两支都带回来了。这样的事例很多，不胜枚举。

我亲眼看到的万家岭战场残景

唐永良[※]

　　万家岭战役，是我军在保卫武汉的外围战中，打得比较不错的战役。我并非该战役的参加者，但是，我在该战役结束后的一年，一九三九年十二月到该战场附近打游击时，亲眼目睹了战场残景。

　　万家岭战役后，我军队和日本军队都撤离该地，当地老百姓都已逃亡，战场一片凄凉景象。战场上到处都是枯骨和破烂军需物品，战场气氛仍是十分浓厚。一九三九年十二月，正值日军第一〇六师团有部分人员要回国，该师团派了三百多名官兵到万家岭战场祭吊在万家岭阵亡的官兵，并在日军坟墓上安插灵牌，装饰葬地。这更增加故战场凄惨的场面。

　　当时，我听说：在万家岭战役事前，我军截获了日军一个骑摩托车的传令军官，缴获到日军的作战计划，知道日军派第一〇六师刚从万家岭地区向南浔路的德安迂回。我军为此布置了一个大包围圈，以几乎十倍以上的兵力，对深入迂回的第一〇六师团以歼灭性的打击。这次战役，我军歼灭了敌第一〇六师团百分之七十以上的兵力。

　　我在战后一年所见的情况是：万家岭战场周围约十平方公里，都是矮山丛林，只有几个小村。在这十平方公里的土地上，布满了日军和我军的墓葬。日军的辎重兵的尸骨、钢盔、马鞍、弹药箱、毒气筒、防毒面具等杂物，俯拾可得。许多尸骨足上穿着大足趾与其他四趾分开的胶鞋，显然是日军尸骨。有的尸骨被大堆蛆虫腐烂之后，蛆虫变成了蛹，

　　※　作者当时系第九战区第一兵团第二十集团军第三十二军第一四一师师长。

蛹变成了蝇，但是蛹壳堆在骷髅上高达盈尺。

万家岭西北一村，叫雷鸣鼓刘村，周围日军坟墓最多。村东稻田中，日军辎重兵马骨不下五六百具，铁制驮鞍亦多。一九三九年十二月，日军第一〇六师团将要复员回国的三百多人，在该村住了三天，向阵亡的日军祭吊。日军砍伐附近树木、竹片在墓上安插灵牌，并沿坟墓四周镶上三四层砖台，墓碑上用墨笔题字，诸如"皇军陈殁将兵之碑""故福见步兵中尉五名之灵""皇军爱马之碑"等等。坟前用竹削成短筒，每坟一对，内插松枝野花，还留有燃烧过的香烛残迹。

雷鸣鼓刘村边一棵大树，日军用刀削光，上写"雷鸣鼓刘激战之地"，旁署"昭和十三年十月竹内队宿此树下"，许多马头骨仍然系着皮制缰勒，口内仍含有铁衔。万家岭西南哗哄街村，日军遗骨最多，据当地人谈，一个村民曾从骷髅堆中，捡获金牙三十余枚。这当然是日本兵的，因为中国士兵镶不起金牙。

哗哄街村正南的张古山，仅有三十多米高的小山，山上灌木丛生，山顶上军用物品、日制弹药箱、防毒面具、毒气筒、刺刀、皮带等极多。山坡上有日军尸骨，也有中国士兵的尸骨。张古山是一个制高点，双方在此争夺肉搏，从尸骨可见当时战斗激烈程度。

万家岭在雷鸣鼓刘和哗哄街两村正东，为一连绵的岗丘地带，最高峰不过四五十米高，山顶墓碑林立，中间用一丈五尺长的厚木制成的一碑，上写"濑川部队北川队奋战之地"，下写"昭和十三年十月九日"，旁边是"忠烈故陆军辎重兵中尉东鸥哲雄之墓""故陆军辎重兵军曹松木吉人之墓"以及上里好盛、岩下嘉藏、桥口武雄、梅田茂德、鲛岛富夫等之墓。墓边草丛中我捡拾"濑川部队"破烂军旗一面。辎重部队属于后勤部队，在作战时，一般应该由步兵部队作掩护，辎重部队被歼如此之惨，其他兵种伤亡之大可想而知了。

出敌不意巧袭制敌

廖运周[※]

一九三七年十一月南京被围时，国民政府迁都重庆，军事委员会迁至武汉。武汉当时实际上成为中国的军事、政治、经济中心，是中国政府继续抗战的指挥核心所在。日本政府在徐州会战中，已制订了一九三八年秋以攻占武汉三镇为目标的作战计划，企图以霹雳之势，尽速结束战局。因此，徐州会战结束不久，自一九三八年六月十二日，日军在安庆登陆起，武汉会战就拉开了序幕。

我所在的第一一〇师从徐州会战下来后，几经调转，开到永修，参加了瑞（昌）武（昌）公路保卫战。第一一〇师没有固定的防守阵地，任务是沿公路打运动仗。

瑞昌到龙港这一段公路正处江西、湖北交界处，两侧全是高山。我军在山上布置了兵力，以图层层截击，阻敌沿公路前进。日军也把攻击重点放在抢占山头阵地。开始，双方争斗激烈，死伤均重。后来，敌依仗强大炮火，屡有得手，日军一占山头便停止轰炸，其后续部队就前进一段。中国军队不得不后退一步继续阻截。

我当时任第一一〇师第三二八旅第六五六团团长。起初两天，我们团在公路两侧抓机会打埋伏。敌人攻下山头，沿公路前进，我们就拣能够对付的一段打。由于敌人未料到山头阵地被攻下后，仍会在两侧碰到中国军队，因此几次都让我们捡了便宜。

在小寨贤，第三二八旅第六五五团一个营扼守在小山包的寨子里。

※ 作者当时系第九战区第二兵团第三十一集团军第十三军第一一〇师第三二八旅第六五六团团长。

日军一个全部由马队组成的辎重营要通过这里，不得不弃下马队去攻寨子，第六五五团居高临下，日军始终未能攻上去。就在他们攻寨的时候，我团和第六五五团另一个营从公路两侧包抄过来，袭击了兵力空虚的马队。上下夹攻，日军辎重营死伤惨重，马驮的大米、罐头、军毯也都成了我们的战利品。

茨芭山附近树丛茂密。我团正自北向南运动时，与另一日军辎重营相遇。这个辎重营有一百多匹马，押运的日军约两个连，正沿着公路从东向西前进。我们借着树林的掩护，拦腰截击。战斗十分激烈，我们的士兵与敌人在公路上拼开了刺刀，我团一个副营长、一个连长都在战斗中光荣捐躯。这一仗我们又歼灭了几十个日军，缴获了许多枪支和弹药。

这两次战斗都大大鼓舞了士兵，并编了歌子歌唱这两次胜利。

第三天下午，我军忽然纷纷后撤。眼瞅着我团即将处在敌后，我带着第六五六团也只得尾随西撤，急行军二三十里后，约莫当晚六点钟，来到了小坳。

小坳位于箬溪以西，是两山之间的一个坳口，再西进三十里便是幕阜山，正处鄂赣交界处。公路在小坳这里形成一个"S"形的弯路，里侧是山，外侧为河，"S"形的中间是个十几米高的小高地。在这次战斗中，小坳属于预备阵地，我们赶到时，这里的守军早已逃得无影无踪，连小高地后面的一座弹药库也忘了上锁。我们打开库门，里面装的全是迫击炮弹，弹箱一摞一摞，足有上万发。

带着旅部人员先一步撤到小坳的第三二八旅旅长辛少亭，看见我团到了十分高兴，他第一句话就说："廖团长，想不想在这里打一仗？"

小坳的有利地形和充足的炮弹储备已经让我心动，辛旅长的建议一下子使我的作战意图明确起来。我毫不犹豫地回答："干，这么多炮弹留给敌人不是太可惜了吗！只要把道路堵死，迫击炮照样打坦克。"连日被作战和退却弄得精疲力竭的士兵，一听说要打一仗，立刻来了情绪，腰也挺起来了，劲头也有了，忙着搬运炮弹。

在这次瑞武公路之战开始之前，我曾随第一一〇师师长吴绍周到德安西边的一个小镇，面见第十八军军长黄维。黄维在知晓我是黄埔军校五期炮科毕业生后，又当面考问过用炮原则，郑重地将他的一个反坦克炮连（四门炮、七八十人）临时配属给我团，并反复叮嘱了打坦克的要领。

在即将开始的小坳阻击战中，为了充分发挥反坦克炮连的作用，我把这个连安排在小坳的山下，公路的正面。这里正好是坦克准备转第一个弯的地方。坦克前部钢板厚，火力强，侧面没有火力，反坦克炮连安排在这里，正面不受敌，打侧面最有效。只要反坦克炮连一战奏效，成功地将坦克打趴在这里，我们的迫击炮才能发挥出威力。在"S"形的第二个弯路处，小坳的山后面，架起了十二门迫击炮。我团原有八门，辛旅长为了加强火力，又下令将撤退到我团前方左近的第六五五团的四门迫击炮调过来。十二门火炮，炮口正对公路，由团附常海亭指挥。团指挥所就设在了中间的小高地上，以利两面的指挥。

黄昏以前，公路上开来了七八辆敌坦克。反坦克炮连一阵炮火打坏了两三辆，由于这里一侧靠山，一侧邻水，前面的堵住了道路，后面的也无法前进。天黑以后，日军的车辆陆续开来了。本来，日本人不在夜间行军，这次中国军队一撤，他们自以为一路太平，夜间也敢行车了，没想到复仇的炮口正在小坳等着他们。

这天晚上，月光明亮，公路上的情景看得一清二楚。日军的车辆越聚越多，由于不能通行，喇叭声、喧嚷声响成一片。就在这时，我下令开火，迫击炮把密集的炮弹泼向敌车队。这次阻击十分痛快，迫击炮只要对准公路方向，不用瞄准，几乎弹弹不空，炮弹也有的是，没有后"顾"之忧。我们的炮火在纵深二里多长公路上，到处可见敌兵车中弹后升起的火光，这一段公路上成了一片火海，火光把周围照得亮如白昼。

在约莫打出五千发炮弹后，我们停止了炮击，公路上死一般沉寂。下半夜，全团士兵放心地睡了一觉。

第二天天一亮，我们看到被打坏的二十多辆坦克，无数日军的尸体趴在公路上，打坏敌运输车辆未加以细致统计。这时，小坳的上空出现了敌侦察机，附近的山头上也插上了膏药旗。我团当即从公路两侧的小路隐蔽地撤离。

这次阻击，我方无一伤亡，迫使日军停止前进一天，这是一次计划外的战斗，在当时引起了不小的震动。后来，我团受到了何应钦、徐庭瑶的电报嘉奖，电称这次战斗"战果辉煌"。

小坳阻击战后的第三天，我们赶到路口，接受了汤恩伯让我团掩护撤退的任务。任务完成后，我们与上级失掉了联系，便自己开路，拉上了幕阜山。

这一带，北侧的山很陡，南侧树林茂密，我们便隐蔽在公路南侧打埋伏。为了避免吃亏，我们专截日军的辎重车。日军的运输车辆，除了司机，一般只有两三个人押车，每次我们都大胜而归。前后五天，我们截击了日军二三十辆汽车。

　　小坳战斗后的第九天，我们来到九岭。九岭是幕阜山的制高点了。在这里，我们既不知道我军的一点儿消息，也没有碰到一个敌人，直到督战团来幕阜山找队伍，我们才知道中国军队已经退到湖南平江一带。嗣后，我团便奉命开到南江桥整顿。

麒麟峰战斗

周　错[※]

一九三八年秋，保卫大武汉开始，南浔线是保卫大武汉的外围战，以第九、三十两集团军部署南浔战场，从江西九江、瑞昌、德安、星子、永修、武宁、修水到湖北阳新、大冶、通山等皆为作战区域。当时我在第三十集团军总司令王陵基部任上尉参谋。司令部住翁家塝，派我到前方与友军联络，借以了解友军对日军作战情况。我从箬溪翻过青山到达樟树下，过第六十师师部（属第十八军），师长陈沛，所部广东人多，语言不通，联络不便。再到第九集团军吴奇伟司令部，喜出望外，在参谋处会着胡翔老师，同时又见到刘之泽老师（是参谋处长），我说明来意，刘老师嘱胡老师绘详细地图指示："你集团现在瑞昌，以沿瑞（昌）武（宁）公路鲤鱼山、笔架山、岷山地区，我集团于黄老门、乌石门、德安沿南浔铁路布防。依据敌情，日寇企图侵占我国心脏——武汉。我军决心保卫武汉，先展开南浔战斗，打击日敌侵略武汉之野心。九江前线有受日寇海军炮击威胁，而万家岭山势雄厚，实为控制南浔铁路及瑞武公路之天然堡垒。"我聆胡老师指示后，绘制简要草图，星夜返队汇报。

瑞昌鲤鱼山一带阵地，为第三十集团军第七十八军新十六师第二旅作战地域。旅长吴守权在安徽贵池抗击日军登陆战役中，是我军第八八一团团长，以战功升任旅长。贵池抗登陆战斗，是官兵初次出川抗日，武器亦差，但斗志坚强，战斗到将转移阵地时吴守权亲率警卫打击日军，掩护主力撤退有功。

[※]　作者当时系第九战区第二兵团第三十集团军司令部参谋。

87

当时，我军主力占领万家岭，万家岭西南有麒麟峰，是控制张公渡一带的主阵地，南浔公路至修水没有桥梁，必须船渡。敌人渡河时正是我军打击机会。我新十三师占领麒麟峰不遗余力打击日军，为日军交通致命伤，因此日军利用其交通工具牵引火炮多门，集其大部兵力向麒麟峰疯狂进攻，企图驱逐我部保其交通安全。

麒麟峰山势险峻，但仅能部署一个营，师长刘若弼即以一个营进入阵地与敌战斗。敌人作战惯技是先以炮兵猛烈轰击，继以步兵进犯，每天进攻三四次，均被我军击退。敌退后又是炮轰，我军伤亡甚重。我军遂以一个营战斗一天，逐营替换，经四十多天，全师伤亡过半。伤员须于夜间潜过公路通过敌人封锁转运后方。至万家岭大捷后，新十三师才奉命转移至修水南岸柘林一带，仍继续对公路上活动敌人进行打击。

庐山孤军抗战记

胡家位[※]

一九三七年七七事变后，我担任江西省保安第十一团上校团长，驻防九江市，归九江警备司令陈雷指挥。不久南京陷落，日军乘胜溯江进犯。当时国民政府已退至武汉，急令陈诚组织第九战区长官司令部，进驻九江市。陈诚率领第一兵团总司令薛岳、第二兵团总司令张发奎，调集四十多万大军布置于长江、鄱阳湖之间三角地带，企图阻止日军西犯。这时我团亦改归张发奎兵团所属李汉魂集团军司令指挥，布防于九江市沿江突出部美孚公司煤油池地区。

马垱要塞沦陷后，日军水陆并进。陆路沿长江北岸进犯安徽望江县至湖北黄梅县之线，水路海军舰队经湖口进至星子县，一部舰只沿长江进至九江上游溜顺渡口。

九江三角洲地形三面环水，东面是鄱阳湖，北面是长江，西面是赛湖城门湖，南面是南浔铁路和自九江市经星子至德安的公路，东南面是庐山，环山三百华里。如果敌人把南浔铁路及德星公路截断，或派飞机昼夜轰炸，四十万大军将面临很大威胁。陈诚派司令部参谋处长刘云瀚携带庐山地图一张，由陈诚亲笔在图上画了一道防线，令江西省保安第十一团及保安第三团星夜布防，在庐山游击，掩护薛（岳）、张（发奎）两大兵团安全撤退，不得疏忽。

我奉令后，当即召集两团营长以上军官传达上述命令，并要求星夜布防就绪，以全力掩护薛、张两大兵团安全撤退，不得疏忽。为避免敌

机白天空袭，我们彻夜行动。

但是我两团则陷敌重围，被困在庐山，又不让撤退。孤军奋战经年（自一九三八年九月下旬至一九三九年四月下旬止，实共七个整月），敌人派队扫荡几十次，都由于我军利用有利地形和火力配备，或派小部队在敌后潜伏骚扰牵制，把敌人的进攻一一打退了。同时，我也经常派小部队出击；或派便衣队下山发动群众协助，利用夜间偷袭敌人过路驻军；或利用地形截击敌人辎重运输队（包括车队及骡马队），每有斩获。有时也派便衣下山采买生活用品或侦察敌情。敌人侦知我是日本士官生，曾派星子县维持会长上山，以高官重赏诱我降敌。我一看到这个无耻汉奸、民族败类，气愤极了，又怕他回去走漏我山上虚实情况。当时敌人长期攻不下庐山，不知山上有多少部队，外面都说有十四个团，也正符合第三团加第十一团的番号数字。经考虑再三，我断然将汉奸枪毙示众。

我团在庐山期间，江西省保安处少将副处长蒋经国，于十月间曾奉命潜赴庐山视察慰问我两团，在山上住了约一个星期。我和邓子超团长每天都陪他在山上视察。当时在山上用望远镜可以看到山下日军进攻德安方面王敬久军团作战情况。当时我团团部驻在庐山图书馆内，三团团部驻在一个旅馆内。蒋经国与我住在图书馆一间房内，每晚共筹补给和联络之策。蒋经国临回去的头一天，还在五老峰上集合两团营长以上军官升起国旗，勉励我们要与庐山共存亡。

随后我和三团邓子超团长（邓是黄埔三期生）都在庐山仙人洞石壁上雇石工刻了字，誓与庐山共存亡，以留纪念。我还曾在图书馆前石坎上雇石工刻了四个大字"必恭敬止"。每个字约有二市尺大。另刻有几十个小字，每字约五市寸大。顾此青山绿水，油然生敬。所题四字，取自《诗经》"唯桑与梓，必恭敬止"的诗句，表示誓与锦绣河山、家乡故土共存，死而后已。

一九三九年三月，南昌沦陷，日军为了拔除庐山这个障碍，一面从南昌派兵到我老家（离城仅三十华里）烧掉我的房子，一面抽调攻陷南昌的精锐部队两个旅团，改换装备，强攻庐山。经过三天三夜狂轰滥炸，又经激战之后，我军伤亡惨重，粮弹已尽，后援断绝。这时保安第三团不通知我就先向西撤退，首先到了岷山（因第三团原是防守庐山西面，我团防守庐山东面），致使我团孤立被困。苦战至深夜，眼看敌人已缩小了包围圈，我团将要全部被擒之时，忽然天空乌云密布，雷电交加，大雨倾盆，顿时山洪暴发，瀑布倾泻，我军泡在山洪之中，水深没膝齐腰，乘此水势，断然突出重围。当我军冲到大山下一座小山上，天已亮了。

敌人骑兵出动巡逻，我们只好埋伏在小山丛林中。当时正是四月下旬天气，大雨之后，烈日似火。我们忍饥耐渴，有时摘些杜鹃花（当时正是盛开之时）充饥解渴。天黑之后，我们继续突过南浔铁路，到达岷山。在九宫山脉与江西省保安第八团会师，同时与第三团联络上了。

之后，我奉调第六战区陈诚所部第十八军任暂编第三十四师少将副师长，部队布防在石牌要塞及黄陵庙、三斗坪之间。

阳新、崇阳阻击战

余建勋※

阳新作战经过

日军进犯武汉，第六十军奉命阻击

日军于一九三八年上半年，打通津浦线，侵占华北及徐州、南京以东地区后，企图消灭中国抗战力量，迫使蒋介石政府投降，纠集了近十个师团，大举西犯武汉。六月十五日敌第六师团侵占安庆，继陷潜山、太湖。六月二十六日，敌海军陆战队攻陷马垱要塞。七月上旬陷湖口，下旬陷九江，开始了武汉会战。

进攻武汉之敌，分三路水陆并进，沿长江及其南北两岸西犯武汉。其北路为敌第十、第十六及第三师团一部，沿大别山北麓进犯安徽六安、霍山，继犯河南潢川、商城、罗山，遭到张自忠、胡宗南等部抗击，几经激战，于十月十二日敌攻占信阳，继陷花园、孝感，进逼汉口。中路江北为第六、第三师团，敌第六师团先侵占潜山、太湖，受到宋希濂等部抗击，行动迟滞。敌第三师团主力在波田支队海空军掩护下，在富池口登陆，协同第六师团于八月初陷宿松、黄梅。九月二十九日陷田家镇要塞，继下蕲春、兰溪、巴河、黄冈，继进至黄陂，威胁汉口侧背。海军陆战队波田支队溯江西上时，遭到苏联助华空军猛烈攻击，敌机敌舰被毁甚多，敌锋大挫，不敢单独行动，只能策应南北两岸敌军作战。南路长江南岸为第一、第九、第一〇七、第一〇六等师团。一部往南浔路

※ 作者当时系第九战区第三十军团第六十军第一八四师第五四三旅第一〇八七团团长。

犯南昌,被薛岳部阻于马回岭。敌主力陷江西瑞昌后,沿瑞武公路西犯,企图切断粤汉铁路拊武昌之背。敌到达木石港后,一路指向阳新、大冶、鄂城、金牛,一路经阳新排市、通山、崇阳,切断粤汉线,包围武昌。

第六十军奉令在阳新排市地区迎击敌人。自九月二十三日至十月七日的十五天时间,日军第九师团被我阻止于排市富水北岸地区,受到重大打击,迫使其江北部队进入武汉前,不能完成切断粤汉路计划。第六十军对掩护武汉机关部队安全撤退,作出了一定贡献。

江南地区防御概况及第六十军的部署

武汉会战是陈诚指挥的。江南方面的指挥是张发奎,其守备地区左起长江南岸富池口、赛桥、阳新、港口、辛潭铺、排市、石梯寺,东南延伸到木石港一带。

左地区为第二十六集团军之第五十三军万福麟部第一一六师(师长周福成)和第一三〇师(师长朱鸿勋),附炮兵一团,守备富池口、赛桥、阳新、港口之线。

中央地区为第六十军(军长卢汉)之第一八二师(师长安恩溥)和第一八四师(师长张冲),附炮兵一个团,守卫迹潭寺、张斗岳、排市、石梯寺、汤公泉之线。

右地区为第九十八军张刚部,辖第一九三师、第八十二师,附炮兵一个团,守卫汤公泉至木石港之线。

总预备队:机动兵团,汤恩伯各军。

第六十军自鲁南战役后,将各师老官兵归并第一八四师为战斗师,其余两师率基干到湖南岳阳接收新兵。九月中旬,全军调阳新作战时,第一八二师已补充完毕,第一八三师还未补充。军部令第一八三师继续接收新兵,第一八二师就地稍加训练,待命赴阳新参战。军部率第一八四师经通山到达阳新排市附近,以一部对富水北岸港口警戒,主力在富水南岸排市东南地区构筑阵地,准备迎击敌人。第一八四师第五四三旅肖本元部第一〇八七团(我任团长)主力守备沙子坳、牛头山一带。第五四四旅万保邦部曾泽生团主力守备白门楼、上下大郁、黄连洞、石梯寺一带。杨鸿元团一部在富水北岸警戒,主力守备石梯寺、汤公泉、老虎洞等重要据点。邱秉常团为总预备队,布置在木鱼墩附近构筑第二线阵地。

战斗经过

一、汤公泉之战

九月二十五日,第一八四师正面为敌第九师团七八千人。敌主要攻击点在杨团汤公泉及其附近地区。一部分攻曾团龙口头、下桥袁、明贞发东边高地及白门楼阵地。二十六日晨，敌机十余架及山野炮、重迫击炮集中轰击汤公泉。敌骑兵沿汤公泉北侧山谷窜扰我前沿阵地，被我击退后，敌步兵千余人分由东北两面轮番猛攻，迭被我军击退。十一时敌人一部潜到汤公泉山腹，我军以迫击炮、掷弹筒猛击，敌遗尸数十具，向土地庙方向溃退。十三时后，敌改攻汤公泉南侧，激战三小时，敌伤亡颇重，攻势顿挫，与我对峙。同时，敌攻占龙口头。二十七日敌增援再攻汤公泉南侧阵地，整日激战，被敌突入。杨团即时反攻，乘夜逆袭突入之敌，敌伤亡重大。我军于二十八日凌晨，将残敌全部逐出阵地。同日杨团奉命将汤公泉阵地交友军第十四师第一三四团张营守备。曾、杨两团主力仍坚守黄连洞、石梯寺、福林脑、明贞发、下桥袁、白门楼一带阵地。

二、排市、石梯寺、汤公泉之战

二十八日至十月四日一周内，敌第九师团配属空军、炮兵、化学部队、骑兵及伪军一部，全力向第一八四师阵地发起全面进攻。企图一举击破第一八四师抵抗，以保障其北渡富水。我军在富水南北两岸河谷地区，构成坚固的反八字纵深阵地，以积极防御手段，消耗敌人有生力量，阻滞其行动。我军全体官兵斗志激昂，与敌人展开了一场英勇壮烈的战斗。二十八日晨，敌侦察机首先在我阵地上空转了一圈返航，继之来了十四架重轰炸机，轰炸富水北岸我炮兵团阵地及第一八二师阵地。我山炮二门被炸，富水桥被毁。而后敌机多批，配合炮队，集中轰击汤公泉，敌步兵十余人反复猛攻汤公泉阵地。十四时，汤公泉陷于敌手。敌乘胜由汤公泉经太平闸、东坑攻我杨团福林脑、足仙老阵地。激战至十七时，敌不得逞。汤公泉战斗时，敌三千多人分攻牛角垄、太平山、西园一带阵地。另一股四五百人攻白门楼，与杨团、曾团、邱团守军发生激战，敌屡攻屡败，伤亡甚重。十四时，敌竟使用窒息及催泪毒气炮弹突袭白门楼。曾团守兵一连，猝不及防，全部壮烈牺牲，白门楼失守。十七时，敌又用毒气炮弹攻余团石井明、马鞍山阵地。守兵戴上防毒面具应战，敌不得逞。敌百余人攻牛角垄侧翼，借深草隐蔽，沿山谷潜入曾团指挥所附近，情况紧张。曾团长断然率预备队与敌展开近战，全歼入侵之敌，牛角垄转危为安。二十一时，第一八四师接到右翼友军第二十三师第六九旅第一三九团第一营通报，得知右翼友军受到敌强大压力，汤恩伯部全线西移到第一八四师右后方之下马、石街、麦梁、小港一线。

由于上述情况变化，第一八四师右翼阵地福林脑、石梯寺突出。一方面它威胁到由排市北进敌人侧背安全；另一方面也易受敌人由东北两面的包围攻击。即夜，第一八四师以杨团主力加强福林脑、足仙老守备，邱团一部守和现、袁邹西边阵地；余团除留两个连守备排市东面牛头山据点外，主力全部进入桥头、碳石、木鱼墩阵地；曾团主力固守石梯寺、黄连洞及老屋南侧高地。

二十九日八时许，敌空军、炮兵，多次集中轰炸马鞍山、足仙老、福林脑及石梯寺阵地，敌步兵千余人迭次进攻，都被我军打退，入夜形成对峙。另一股敌伪军混合部队七八百人，于二十一时围攻牛头山守军，发生激战。二十三时电话联络中断，守军情况危急。余团何立信营驰援，内外夹攻，将敌击溃后，当夜撤回木鱼墩阵地。两日激战，我军官兵斗志昂扬，屡挫敌锋，予敌重大伤亡，并巩固了第一线阵地。第一八四师曾、杨两团亦付出一定代价，伤亡官兵不少。这时，第六十军阵地左起富水北岸迹潭寺、渗洲、张斗岳（杨炳麟、戴永康团守备），延至富水南岸排市、木鱼墩、碳石、桥头、观音堂（邱、余两团守备）、黄连洞、石梯寺、福林脑、足仙老之线（曾、杨两团守备）。

三十日拂晓，敌千余人在大炮飞机掩护下，续犯曾团石梯寺、福林脑、足仙老阵地。激战终日，连续击退敌人进犯。杨团王绍尧营伤亡三个连长，其余官兵牺牲过半。

同日八时三十分，敌千余人在猛烈炮火协助下，大量使用毒气罐、毒气弹及烟幕罐，猛攻曾团和现、袁邹阵地。黄、绿、黑色浓烟弥漫，我军部分官兵中毒伤亡，视线不明，阵地被敌突破。敌一部利用山谷雨雾，潜至邱团老屋下阵地侧翼，碳石三面受敌，苦战至夜，我主动放弃碳石。

十五时敌六七百攻邱团排头垄东边高地，被我击退。敌一股侵入汪宫张，向排市方向活动，入夜排市弃守。

十月一日八时许，敌续攻福林脑、足仙老。战斗进入高潮，我军工事全毁。敌继用毒气炮弹猛轰，杨鸿元团长与守兵一起，艰苦奋战，牺牲极大，但仍坚守阵地。同时，敌千余人由东北南三面围攻石梯寺及其附近据点，曾泽生团长临阵指挥，在预备队早已用尽的情况下，组织团营连部非战斗兵员，拿起武器参战，多次击退敌人进攻。十九时，军部同意张师长意见，以杨团掩护石梯寺曾团剩余官兵撤退。

五天激战，敌第九师团以绝对优势兵力，使尽一切手段，向我第一八四师正面，展开全面进攻，重点指向石梯寺、福林脑、足仙老核心阵地，妄图一举攻占后，居高临下，北扫第一八四师阵地。殊不知事与愿违，竟在第一八四师前面，敌人付出巨大的代价。

一日晚，第一八四师放弃石梯寺、和现、碳石，奉命转移第二线阵地，继续阻击敌人。

三、栗树尖、仰天堂之战

汤恩伯部各军连日受敌压迫继续西移,在中山寺、龙港之线与敌激战。

二日,第一八四师先后转移到仰天堂、栗树尖阵地。敌步兵在炮兵协同下,攻杨团仰天堂北侧高地,阵地被敌侵入。三日晨,敌四五百人猛攻仰天堂,守军奋勇抗击,敌攻势顿挫,暂据仰天堂北斜面待援。十三时敌援兵到达,从三面围攻仰天堂。激战后,仰天堂陷于敌手。杨团以东山为支点,两次组织反攻未克。入夜,杨团主力据东山及其附近高地,与敌对峙。入夜战况沉寂。四日晨,敌二千余人向第一八四师全面进攻,重点指向余团栗树尖,小部攻东山、栗树尖鞍部。栗树尖比较高,斜面峭直。守军两次击退敌人进犯后,敌改用排炮掩护步兵逐次前进,敌兵背负太阳旗给炮兵指示到达线符号。我军俟其步兵进至阵地前沿,以手榴弹、掷弹筒、迫击炮集中攻击,悉将犯敌打得滚下山,死伤甚多。敌正面进攻失败后,主力转攻东山、栗树尖鞍部,并大量使用毒气炮弹。鞍部失守。敌由东北两面猛攻栗树尖,第七连长赵治平率部两面作战,英勇顽强,屡次击退犯敌。最后,敌一部由南面突入栗树尖南侧一个小高地,赵连长亲率五个战士,冲入敌阵逆袭,与敌肉搏,敌人混乱。不幸在众寡悬殊之下,赵治平连长及五位勇士,先后壮烈成仁。至晚,栗树尖制高点及东山阵地,仍在我固守中。

四、箕心脑之战

四日夜,第一八四师变更阵地,到达箕心脑、木盖头、大五尖、关五尖之线,继续抗击敌人。是夜张发奎电令:龙港已到我精锐部队两军,五日晨,配合汤兵团反击木石港至汤公泉敌人,第一八四师相机恢复石梯寺、黄连洞阵地,歼敌一部,牵制其向武汉急进。五日晨,敌机飞临我军阵地上空侦察,不时炮击我阵地要点。栗树尖、仰天堂、东山之敌,似有向我警戒模样。我闻龙港方面友军开始反攻,自晨至暮,没有见到友军攻到汤公泉,第一八四师也没有反击石梯寺、黄连洞之敌。

六日凌晨二时,敌夜袭木头盖,被杨团击溃。七日敌集中炮火攻木头盖及箕心脑附近村庄,以一部攻木头盖,主力攻箕心脑。另敌一部窜进康家垄我伏击圈内,伏兵出其不意,予以奇袭。枪、炮、手榴弹声和喊杀声震撼山谷,敌伤亡殆尽,残兵溃逃,我伏击部队胜利返还阵地。敌遭我奇袭后,攻势顿挫。敌二三百人从杨、余两团接合部揳入,由东北两面侵占箕心脑南部高地,我亲自率领护旗排及师警卫连一排反攻,未克,箕心脑主峰受到严重威胁。张师长令杨团派队北下,配合我团再度反击,亦未奏效。我令上尉副官钱良骥率士兵四人,带一挺机枪,控制一个小高地,我率卫士三人,控制一个小土包,以火力截断敌人继续北犯进路,有效地保障箕心脑制高点安全。整日激战，我守军伤亡虽大，仍英勇作战，使箕心脑阵地屹立未动。入夜，奉令等待友军第五十师前来接防。

五、第六十军奉令撤出战场

十五天来，滇军发挥了山地作战特长，在正面约二十公里、纵深八里地区内，抗击绝对优势的敌人，予敌以重创，迫使其不敢越过富水北进。我与右翼友军一起，粉碎了敌人切断粤汉路企图，保障武汉政府机关和物资的安全撤退。当时行政院长孔祥熙致卢军长贺电说："据日本电台广播，'皇军在长江南岸阳新排市地区，遇到滇军顽强抵抗，致使皇军行动迟滞，不能如期切断粤汉铁路，没有全歼武汉敌人'，云云。"第六十军胜利完成了作战任务，但第一八四师总计伤亡中下级军官六十七员，士兵二千二百三十六人。十月七日夜，第二集团军接替了第一八四师和第一八二师防线。第六十军八日到达白土塘，九、十两日清理人员武器，十一日移驻寺下镇。十五日，第一八二师编入第一八四、一八三两师，准备再战。第一八二师师长安恩溥奉令率该师基干回滇补训新兵，以充实战斗力。

附第六十军参战部队番号姓名表

第六十军 军长卢汉

- 第一八二师 安恩溥
  - 第五三九旅（缺）
  - 第五四〇旅
    - 第一〇八八团戴永康
    - 第一〇七九团杨炳麟
    - 第一〇八〇团钟光汉（在通山被炸缺）
  - 师直属荣誉团邱庭皋
- 第一八四师 张冲
  - 第五四三旅 肖本元
    - 第一〇八七团余建勋
    - 第一〇八八团邱秉常
  - 第五四四旅 万保邦
    - 第一〇八五团曾泽生
    - 第一〇八六团杨洪元
- 第一八三师杨宏光（缺）
- 军直属部队：警卫营、山炮营、通信营、卫生大队
- 军配属队：炮兵第十一团团长彭孟缉

附第一八四师官兵伤亡统计表

师直属部队死官一兵八，伤官〇兵十四
第一〇八五团死官七兵三三七，伤官八兵二六七
第一〇八六团死官三兵三六八，伤官十兵一七〇

第一〇八七团死官十二兵四〇五，伤官十七兵五二九

第一〇八八团死官五兵一四三，伤官五兵一〇九

崇阳作战经过

敌我一般情况

日军于一九三八年十月二十五日进占武汉后，为了巩固武汉外围，长江南岸敌人先后向岳阳、崇阳推进，以图继续南犯。第一集团军奉令在崇阳城东北郊高地崇武公路东西之线，构筑防御阵地，拒止日军南侵。

十月尾，第六十军刚刚从阳新作战下来，奉令与第五十八军合编为第三十军团，旋改编为第一集团军。总司令最初是龙云兼任，副总司令是卢汉（实际指挥者）。集团军辖第五十八军、第六十军及新编第三军，每师两个旅，每旅两个团（第一八二师回滇补充新兵，缺）。奉到崇阳作战命令前，副总司令卢汉患急性盲肠炎准假到长沙治疗，原第三十军团副司令高荫槐在新编的集团军中未有新的职务，留在后方。龙、卢因有私见，当部队即将与强敌作战之际，龙不肯选员负责暂时指挥。当时前方司令部指挥所负责人是参谋长赵锦雯，副参谋长马瑛。这两个人，对上对下，不敢负责，也不可能指挥这支部队。卢汉临走时对司令部人员交代说："外事问赵锦雯，内事问马瑛。"孙渡、张冲两位军长，又不协作。部队除第一八四师外，全都是新兵。一部分中下级官佐，也没有作战经验。加上上级指挥系统更迭，最初是陈诚直接指挥，继由张发奎指挥，后归汤恩伯指挥，造成不少混乱。第一集团军就是在这种乱糟糟的情况下参战的。

第一集团军作战部署与弱点

第一集团军各部，于一九三八年十一月二日，进入崇阳东北郊阵地。第五十八军在左，新编第三军在右。第五十八军的新编第十师左与第十一集团军第九师直接占领蛇山、孙家山、巴礁之线；新编第十一师左接新编第十师，占领白杨林、冲天鹤之线；新编第三军的新编第十二师左接新编第十一师，占领赵家冲、大树林、九爬岭、镜面山、祖居寺之线；第一八四师左接新编第十二师，向右横越崇武公路路口，占领洋港岩、马鞍山、得意岩之线，构筑工事，准备迎击敌人。第六十军的第一八三师由阳新作战下来，暂归新编第二军指挥，为总预备队。据总部马副参

谋长说，总部曾令调第一八三师归总部直接掌握，张冲不准该师调动，因而总预备队位置在新编第三军军部附近。两军作战地境为九爬岭、大树尖、赵家冲及崇通公路以西之线。命令还要求部队于三日凌晨前完成战斗准备。

两军进入阵地后，暴露出不少缺点和错误。如新编第三军新编第十二师根本没有到达指定位置，使第一八四师路口到新编第十一师冲天鹤间，出现很大空隙。路口守军及时向新编第三军军部反映，竟未得到军部的重视，这就给敌人大开方便之门，新编第三军的指挥关系是军长直接指挥团长，师旅长不起什么作用的。第五十八军新编第十师师长刘正富对这次战役没有信心，武汉、广州失陷后，他感到很恐惧。旅长和吉光看不起师长，与师长闹别扭。新编第十一师师长鲁道源因故离职，由副师长马崟代行，他与部队无历史渊源，根本不能指挥冯云、梁得奎两个旅长。个别团长如张子佐临阵称病，不敢上阵。也还有少数营连长不懂纵深配备和火力网编成。综上所述，我军存在很多弱点，给敌可乘之机。

崇阳、通城失守经过

十一月四日午后，敌观测气球在阵地前方升起，敌炮兵开始向我军阵地试射。第五十八军正面，由左至右有敌武力搜索活动。十五时，敌小型战车二辆，沿崇武公路搜索南下。驶抵路口前方，被我第一八四师第一〇八七团特重机枪击中一辆，向北急转逃去。此后第一八四师阵地附近除有敌机侦察活动外，地面上并无敌人活动。入暮以后，敌一部由第五十八军与新编第三军间隙赵家冲潜入我军右后方柳林进行扰乱活动，到处放枪。第五十八军孙渡军长打电话询问新编第三军张冲军长："据第十一师报告，柳林附近发现敌踪，右后方崇武公路方面，也发现枪声，你们前方是不是没有部队？"张坚决说："哪里会有这样的事？这是他们在造谣，请不要听他们的话。"孙说："这关系很大，不管有没有，查一下没有害处。"隔数小时后，张军长回答孙说："张华清、杨时彦（新编第十二师的两个团长）这两个东西，昏头昏脑，不会看地图，他们没有找到阵地位置，没有上去。"孙感到形势严重，急令新编第十一师派兵到东面占领阵地，严加戒备。

五日拂晓，新编第十师的左翼发现有敌骑兵数百名渡过陆水，该师奉令到崇阳城郊占领第二线阵地。不久，敌在空军炮兵掩护下，向新编第十一师阵地开始进攻，阵地右翼冲天鹤、赵家冲、柳林一带较为吃紧。白杨岭前后受敌，冯云旅长奉令率队驰援。团长张子佐称病不敢应命。冯率队抵达前线之际，就见第一线守军已经撤退下来。据说上级发现新编第十一师处于孤立地位，有被敌围歼之危，命令其从敌前逐次转向崇阳附近既设阵地。冯云并未接到这个命令，在中途遇见新编第十师刘正富师长，冯问刘："我们怎么办？"刘答："不知道，你问军部去。"刘师长不遵照军部命令，没有把部队带到崇阳附近进入第二线阵地，擅自率队向石城湾方向撤退。马崟放弃职责，听任部队自由行动，师部旅部各自为政，散漫无纪。敌人也紧追不舍，时机紧迫，不可能在崇阳城郊占领阵地。同时崇武公路白霓桥附近，已发现敌踪，全军向石城湾方向溃退。

当日新编第三军正面无敌情，第一八四师左翼第一〇八七团于十时许在路口发现第五十八军新编第十一师阵地被敌占领，许多高地上竖起小太阳旗。新编第三军军部据报后，乘夜主动向九宫山方向柳林畈转进。七日行抵港下吴，八日全军及第一八三师到达九宫山麓白沙岭附近，改编队伍，停止各方面电报联络，宣布将在九宫山区"打游击"。待了三天，十一日由白沙移平江长寿街。十五日又开浏阳集训。不久新编第十二师恢复建制。

十一月六日，第五十八军指挥所尚在娄家岭，刘正富曾到军指挥所报告，说新编第十师黑夜移动，迷失方向，没有找到第二线阵地。孙渡怒责道："你们在崇阳筑工事多日，为什么会迷失方向？你不知道军法吗？"继因情况不许可，令其在石城湾占领阵地，彻底破坏崇通公路。七日，新编第十师与敌战于石城湾，旅长侯镇邦负伤。敌夜袭桂口市刘伯海团，刘团长阵亡，新编第十师伤亡重大，已难继续战斗。八日，孙渡军长到大沙坪，令新编第十一师梁旅占领公路两侧高地为掩护阵地，收容前线下来的部队。适右翼友军的一个师退到大沙坪，遭到敌机轰炸扫射，顿时混乱，与第五十八军部队混在一起，受到由公路南来的敌炮兵轰击，敌便由东南方向抄袭，部队乱纷纷地向南溃退。孙见势不可为，乘车夺路南驶。九日抵通城北港，又被敌袭击，通城又陷于敌手。孙南走瓮江，始脱离敌人，部队陆续收容完毕。全军伤亡官兵近两千人，失去武器千余件，器材装备丢失较多。旋奉总部命令，调醴陵整补训练。

这一仗打得很糟，有的甚至避战不打，失地百里，丢了两座名城。各方面对第一集团军舆论很坏，蒋介石为之震怒，给孙渡以督率不严，记大过处分；张冲指挥失当，撤职留任；马崟撤职查办；新编第十一师的番号撤销，拨第一三八师归第五十八军建制。关于崇阳战役的军事判决，是在南岳军事会议之后，蒋介石接受了龙云、卢汉替张冲说情后发表的。接着龙云就将张调回云南查办，最后不了了之。事后孙渡也照样代马崟求情，并请保留新编第十一师番号，不必调拨第一八三师，获得了蒋的默许。一九三九年春，新编第十一师在南昌会战奉高战役后，正式恢复了番号。

阳新作战概况

王光纶[※]

战前形势与我军部署

一九三八年五月上旬,第六十军由台儿庄附近撤退到湖北麻城县的宋埠、歧亭等地整编。当时由军长卢汉亲自整编成为一个作战师,即第一八四师,下辖四个团,任命师长张冲,副师长万保邦,参谋长李文彬。人员武器都先让这一个师补充,其余才编归其他两师。该师师部有警卫连、通信连、工兵连、卫生队等直属部队编制。四个团是:第一〇八五团,团长曾泽生;第一〇八六团,团长杨洪元;第一〇八七团,团长余建勋;第一〇八八团,团长邱秉常。每团约计两千人,每一步兵连一百七十余人。团有一个迫击炮连,配法制八一迫击炮四门;重机关枪连三个,每连配法造哈其开斯重机关枪六挺;步兵连九个,每连配轻机关枪九挺,法造七九步枪七十支;高射机关枪排一个,配法造带轮式高射机枪两挺(是高射、平射两用机枪)。

其余两个师,即第一八二师(师长安德化)和第一八三师(师长高荫槐),编为整补师。人员统由云南补充。武器弹药由中央补充一部分,部队就在武汉附近整训。

到一九三八年八月,军长卢汉奉武汉卫戍总司令陈诚的命令,把第一八四师全部开赴湖北阳新,归当时守备江防的第二兵团司令张发奎指

※ 作者当时系第九战区第三十军团第六十军第一八四师第五四三旅第一〇八八团第二营副营长。

102

挥。该师立即出发。时值夏末秋初，在开赴阳新途中，官兵有患恶性疟疾者，由于医药缺乏，无法治疗，行军有限期而不得休息。因此，士兵在沿途感到痛苦难当，自杀的事也有发生。

第一八四师约于八月下旬到达指定地点阳新附近时，第二兵团部命令该师迅速占领阳新排市东南一带牛头山、箕心脑、木鱼墩等高地，构筑野战工事，阻止由瑞昌经界首向木石港西进的日军。

随后，军长卢汉又把在武汉附近整补的第一八二师和第一八三师一齐开到阳新的排市至辛潭铺之间的西北地区（富水以北），占领第二道防线。一面使新补充的士兵得到训练，一面又可警戒后方的安全。

第一八四师的防御部署如下：

第一〇八五团占领排市富水以南的木鱼墩和石梯寺一带高地，构筑纵深横广的野战据点工事，阻止由瑞昌经木石港向我进攻的敌人。

第一〇八七团占领排市富水以南至木石港、箕心脑一带高地，构筑纵深阵地，阻击日军向排市方向前进。

第一〇八八团先在排市东富水南面牛头山高地占领阵地，构筑工事，纵深配置兵力，阻击敌人的前进，掩护师主阵地的构筑和部署。

第一〇八六团位于排市附近，为师的预备队，并于排市西南（富水南）构筑预备阵地。

师部和各直属部队，位置于排市附近。军部配属的山炮营在排市附近构筑掩体工事，适时支援各团作战。师与各团的通信以有线电为主，徒步传达为辅。师的后方交通线，以通山至崇阳的公路为后方主要线路。

当时第六十军军部前方指挥所，在崇通公路上的西坑潭和楠林桥（通山县属）附近。到九月中旬，在作战紧急的时候，军长卢汉因突然患盲肠炎离去就医，全军部队就由第一八三师师长高荫槐负责率领，仍归第二兵团总司令张发奎指挥。当时武汉卫戍总司令陈诚，也不断地来命令直接指挥第一八四师作战。

战斗经过

九月初，日军第九师团的大部兵力，由江西瑞昌经界首，先头部队到达木石港附近，继续向阳新的排市前进。第一〇八八团团长邱秉常以第二营（营长杨兆春）占领排市东的牛头山高地，以第一营（营长张原豪）占领牛头山右翼山脚阵地，两营相互支援以掩护营的正面。团长邱秉常率领第三营和团指挥所，位置于牛头山东北面山脚与浲洲之间地区。

当日军向牛头山开始攻击时，其攻击点逐步指向牛头山与箕心脑（第一
〇八七团的阵地）之间。

九月三、四日，日军飞机不断对我阵地进行侦察，并用机枪扫射。
五日拂晓，日军在飞机掩护下，以步炮协同，开始向我牛头山阵地猛攻，
当天阵地已被日军突破一部分，入夜后即重新调整阵地。当时团部就将
第一营部队移动到右后方，形成纵深配置。第二营仍守原阵地，继续加
强工事阻敌前进。六日，第一〇八五团和第一〇八八团的正面，都展开
激战，两团均用逐步抵抗的方法阻止日军前进，战争相持约一星期时间。

十一日夜间，日军利用暗夜插入第一〇八五团（木鱼墩）和第一〇
八八团（牛头山）两团阵地的空隙处，于十二日拂晓猛攻第一〇八七团
守备的第二线箕心脑制高点。因当时插入的日军只有几百人，天亮后，
没有后续部队增援，我第一〇八七团便集中兵力在师部山炮火力的掩护
下，把这几百敌人全部歼灭在箕心脑高地的山腹部。

后几天，日军除不断向我正面攻击外，又用一部兵力向第一〇八八
团的右翼（东面）包围进攻排市。当时团长邱秉常奉师部命令派兵阻击
该敌。他即命第一营火速占领排市附近的阵地，向东阻击敌人前进。当
第一营占领阵地后，立即受到敌人的步炮协同进攻。经顽强抵抗，支持
了三天后，奉令调整阵地。

第一〇八五团仍守备木鱼墩、石梯寺之线，向南、向东阻敌前进。

第一〇八七团仍守备排市东南的箕心脑一带高地，阻击敌人前进。

第一〇八六团占领木鱼墩以东的红石岩一带阵地，从南向北形成纵
深配备，阻敌前进。

第一〇八八团除第三营为师预备队外，其余该团仍守备排市富水以
南附近的阵地，对东警戒，阻敌前进。当时团长邱秉常派我率领一个步
兵连，到第一营援助守备排市附近的第一线阵地，阻止敌人西进。其余
随团指挥所。

师部指挥所及直属各部队和张仲强的第三营，位于辛潭铺富水东南
地区。

我军阵地调整后，继续又与日军对战，日军对主攻重点，每天拂晓
开始就炮火不停，总要攻下一个或两个阵地，才肯停止进攻。否则，就
会由拂晓一直到夜晚，枪炮很少间断。在这样严重情况下，第一八四师
利用纵深配置的方法与日军激战达三十余日。

约在十月七日，由汉口开来了一个师，接替了第一八四师所守备的
排市、辛潭铺富水以南阵地。第一八四师就连夜渡过了辛潭铺富水，沿

崇通公路向西行进。

第一八二师、第一八三师及第六十军军部和各直属部队等，沿崇通公路两侧，分途向西撤退。八日，第一八四师行抵崇阳时，又奉命在崇阳东南面山地占据要点，阻止日军的西进。约十一月中旬才到达湖南的浏阳县城，该师即随第六十军军部和第一八二师在浏阳整补。第一八三师到醴陵附近整补。这时的第六十军已直接归第九战区代司令长官薛岳指挥了。

作战的得失

一、这次作战指挥系统不够协调，致使每个作战方面，形成各自为战。如第一八四师初到阳新排市时，先是归瑞昌、阳新方面的第二兵团总司令张发奎指挥，但到了与日军接触战斗时，又常受武汉卫戍总司令陈诚的直接指挥。因此，日军第九师团大部由瑞昌向阳新排市进攻时，第二兵团张发奎所指挥的其他部队，始终没有与第一八四师互相支援过，故该师当时的作战，形成了一种"独立"的局势。由于军以上的指挥没有统一，所以不能在战场上把握战机，发挥各个部队紧密配合的作用，不能有效地阻止日军的前进。

二、当时的第一八四师，是第六十军在台儿庄战役后，经过整编，将能够继续作战的人员武器集中于一个师的精锐部队。故在阳新附近作战中，名义上虽是一个师，实际上负担着一个军的任务。在台儿庄战役后，这个师了解到日军作战的一些惯用战法，因此，这次在辛潭铺以南山地的防御作战配备，各团都按当时的地形，采用横广纵深的配备兵力，并力求人员武器隐蔽，以免过早暴露目标，徒遭损失。各种自动火器，均利用自然地形的侧面或斜面来构筑掩体，在敌人炮火猛烈射击时，力戒暴露目标，俟敌人步兵接近我有效射程（四百米至六百米）时，才以炽盛火力消灭敌人于预定的火网之内。并且注意到自动武器的射击方法——特别着重使用移动点射。所以，在这次作战中，各团伤亡的人数不很大，才能在辛潭铺的富水以南山地，用逐步抵抗的方法，阻止了日军前进达三十余日。

三、当时的师长张冲，指挥较为沉着。他常对官兵说："打仗只要你不怕敌人，敌人就会怕你的。"这次他能指挥第一八四师近万人，在湖北阳新的辛潭铺以南山地，利用地形逐步抵抗的战法，与优势敌人长时间相对抗，这与他的沉着指挥是分不开的。有一次，敌人拂晓打到排市师指挥所前时，他能泰然应付，一面指挥警卫连阻击敌人，一面亲自调部队阻击和侧击来攻的敌人后方，其他各团仍继续战斗。不久将进攻师指挥所的敌人击退，他才重新调整阵地。从这一处置中，可以看到他沉着应战的指挥才能。

半壁山守备战

马　骥※

一个加强旅的组成

抗日战争爆发时，我任第九十八军第一九三师第三八五旅旅长，辖王博丞、徐佛观两个团，集中在江西修水整训。一九三八年夏，日军沿长江西岸向武汉进攻，武汉卫戍总司令部命令第九十八军派部开赴湖北阳新境内的半壁山担任守备。军长张刚令我旅执行守备任务，并由军部增拨补充兵一个营，第三八六旅调拨杨昆源团，另配属高射机枪两个连，机械化炮兵第十团第二营（该营有克虏伯一五榴弹炮六门，七五口径的高射炮四门），总兵力七千二百人，超过了当时的一个师，所以称为"加强旅"。

在部队开拔之前，由于经过近一年的整训，士兵的体质强壮，操作武器熟练，善于领会上级的命令和意图，善于选择地形和进行各种攻守战。各级军官对各种战争实例、图解、野外演习、战术作业等作过深入的学习和研究，特别对防守有着更多的体会。（作者曾任北洋军守信阳的蒋世杰和守武昌的刘玉春两人的参谋长。）在政治方面，各部队长经常对士兵宣讲历代亡国痛史，强调不当亡国奴，鼓励马革裹尸，以岳飞、文天祥、史可法为榜样，政工人员同士兵朝夕谈天，讲述爱国英雄故事，痛斥日军侵华暴行，教唱抗战歌曲。当官兵们得知被调赴抗日前线时，

※　作者当时系第九战区第二兵团第三十一集团军第九十八军第一九三师第三八五旅旅长。

热情激荡，士气高昂。行前，旅部集中随军眷属，派人护送至湖南宁乡后方，减除了官兵的后顾之忧。

开赴半壁山接防

南京沦陷后，不但安徽境内长江北岸大片土地被日军占领，而且安徽、江西两省长江南岸各地，亦呈现紧张状态。在日军尚未接近九江、英山、宿松以前，武汉卫戍总司令陈诚就注意到广济、阳新境内的田家镇、半壁山两处要塞的守备，同时也加强了对武穴以南、网湖以东一线山地的防务。田家镇、半壁山两处要塞，隔江对峙，形同锁钥，且江面狭窄，是鄂东长江入口的咽喉，也是武汉的东大门。但是田家镇、半壁山两要塞的结构均嫌陈旧，不够坚固，除利用当地石块筑成的各个石垒外，连一座水泥堡垒也没有，目标又嫌显露。直到南京政府迁移武汉以后，才注意加固整备，在两要塞江面敷设了几道水雷封锁线。要想改建要塞为现代化设施，因战争全面爆发而不及实现。不过，要塞江面的窄狭与悬崖陡壁的形势，可用以纵射来犯之敌舰。要塞对阻滞和打击入侵之敌，仍具有重大的价值。

一九三八年夏季，第二军两个师，配以榴弹重炮和高射机枪担任田家镇的守备，另派第十八师附山炮及小口径高射机枪守备半壁山。鄂东黄梅、广济各县相继沦陷后，日军以陆、海、空三军的火力，集中猛攻田家镇—半壁山要塞，又向武穴山地进犯。

这时，我加强旅奉命从江西修水出发，经过瑞昌以西网湖、间桥之线，兼程奔赴半壁山接替守备任务，守备范围东起富池河，西至半壁山以西五公里一带网湖地区。第九十八军军部及第一九三师率第三八六旅一团即日开赴大冶所属的石灰窑，另指令第八十二师沿半壁山西长江南岸之线布防。

要塞阵地的兵力部署

半壁山北临长江，东距富池河六七里，南面有一道堤与网湖相接（网湖南北长二十余里，南临富池河）而达间桥。因为守备半壁山是"挨打战"，就不能不对阵地部署作出周密的计划。以王博丞团一个营专门监视富池河东岸之敌，阻止其偷渡富池河。由富池口到半壁山，堤长不到七里，堤宽不到一百米，以步兵两个连构成散兵式的班（或半班）防御阵地。因江堤平坦，地面与工事等齐，免不了受炮弹与炸弹的轰击。因而被派遣的部队白天只好栖息于网湖之中，遇敌舰艇强迫登陆时，则出而歼灭之。半壁山对面，派步兵两个连，阻止敌舰破坏水雷线及敌兵登陆。王团第三营作为预备队，使他有应付缓急的余地。重炮布置于沿半壁山以西的长江南岸，以四门火炮利用半壁山的峭壁纵射敌舰，以两门火炮向田家镇直射。高射机枪两个连散置于重炮阵地，对付敌机低空攻击。并由徐佛观团派步兵一个营布防江边，掩护重炮阵地的安全。距江岸约六百米处有大小熊山，由徐团派两个营构筑第三道防御阵地，作为纵深配备，万一敌人强行登陆，可聚歼之。高射炮则布置于大小熊山后。杨昆源团以步兵第五连分布于网湖西岸至间桥之线，以步兵第七连作预备队，以备日夜轮班值勤。旅的预备队，只剩补充兵一个营。后来，富池河东岸之敌，在其海空军配合下，多次强攻，战斗激烈，我军伤亡惨重，为适应战斗需要，阵地部署不断加以变动。

第九十八军的第八十二师（师长罗启疆），由三个步兵团组成，师以下没有设旅。从湖南长沙附近移防石灰窑以东、半壁山以西，负担沿江守备任务，是同我旅先后到达接防的。第八十二师对阵地部署的要点，在于严密监视长江北岸敌之强渡，尤其在月光之夜更须注意监视，提高警惕，至于遭受敌舰轰击的顾虑则较少，临时也配备山炮四门，高射机枪四挺。当江北敌人渡江时，进行炮击，阻止其渡江。

战斗经过

九月中旬以前，每当天明，江中敌舰连成一线，最多时达十三艘之多，敌机也临空助战，舰上炮弹与敌机炸弹密如雨注，终日不停。我重炮为隐蔽目标，不加还击，高射炮对敌重磅炸弹无法抵御，也只好暂时不发射。无论多粗的条石和石柱，全被敌人的五百磅以上炸弹炸得粉碎，步兵的地下堡垒经常被炸毁，人员不是活埋在壕内，便是血肉横飞。日暮敌舰和敌机的攻击停止，我军才能将被活埋的人员清出，工事才能整理。白昼身体不敢暴露，连午饭也吃不到口，在这种情况下，人人为之心悸。经过政工人员不断宣传鼓动，讲述抗日战争赋予每个士兵的神圣使命，士气为之大振。王博丞团的第六连全体士兵发起"与半壁山要塞共存亡"的宣誓签字，其他各团营的士兵们同声响应，都举行了与半壁山共存亡的宣誓签字仪式，以前的惧怕心理一扫而空。

我作为一个加强旅的指挥官，既敢于承担守备半壁山要塞的重任，就有信心来对付日军，任敌如何强暴，依仗我全旅官兵决心不做亡国奴的高昂斗志，固守半壁山要塞就有了把握。

守备要塞的主要兵器是机械化重炮与七五高射炮，当炮兵掩体遇到破坏时，即不分昼夜与晴雨，不顾敌炮火力的危害，立即予以修复，确保掩体的完整和安全。在阵地上，掘了许多交通壕，形成蛛网式工事。对富池河与江中之敌只派必要的监视兵力，部队则尽量分散掩护，当监视哨发现敌乘汽艇来袭或企图破坏水雷线时，部队即利用交通网纷纷奔赴前沿阵地，集中火力予以歼灭。战事进入僵持局面。

一个棘手的任务

九月中，日军加紧了对武穴南面山地的进攻，企图突破一点进攻咸宁、通山，威胁武长铁路交通，进而包围武汉。守备部队经过长时间的苦战，渐渐抵挡不住。一个深夜，守备部队沿长江南岸富池口通半壁山的堤防溃退，我驻守富池口的部队也无法加以制止。军委会和武汉卫戍总司令电令第九十八军对溃兵堵截缴械。军部令我旅执行这一任务。我思想矛盾，无所适从，如违命不从，将受军法处分；如奉命执行，则会引起内讧，尤恐田家镇之敌乘夜偷渡，乱我阵容。况且溃退部队是中央军嫡系，对其动手，会对我的前程带来诸多不便。反复考虑后，决定任其溃退。事后，我并未受任何处分。

烈火的考验

在这次守备战中，全旅上下一心，从我和团长一直到炊事兵、饲养兵，无论是在抵御敌人进攻、清理战场（掩埋死者、救护伤员、护理病号）方面，或者修复工事方面，都是分工合作，竭尽全力。有时军需到连上去做宣传鼓动工作，军医待在战壕内救护伤员，炊事兵就帮助搬动伤兵到后方医院，饲养兵帮助连上修复工事，填补破坏后必走的通路。不用说这些人都乐于多做分外的工作。每天把战场上的工作处理完毕后，深夜十二点钟必须开一次会（时间半小时），判断翌日的敌情，预测我军将出现的新的情况。旅、团、营各部门都是这样办，如有意见，大家研究，如有疑问，随时解决。

重炮和高射炮掩体被敌弹命中，炮件遭到损毁，官兵伤亡很重。各个指挥所也时被炸塌，电话线被炸断，官兵被炸死炸伤者时有所闻，我的左膀下节亦被弹片炸伤。但为了确保半壁山要塞，大家信心十足，毫不气馁。徐佛观团长胆量太小，每当敌炮与飞机交织轰炸时，他就潜赴团部后方，找不着人。因此，我报请张军长予以惩处，军长下令撤职查办，改派胡庸继任团长。后来报请汤恩伯总部查办徐佛观时，总部副参谋长荀吉堂与徐系日本士官同期同学，经其徇情，免予追究。

我旅全体官兵固守半壁山颇有战绩，第二兵团总部特传令嘉奖，并予物质奖励达十余次。一次，不分官兵一律奖洋十元，其余各次都奖给牛羊猪肉等以资犒劳，不分官兵，每次每人一斤。并许诺在部队停位整补时，为伤者增加营养费，为阵亡官兵开隆重的追悼大会。

固守要塞期间，我军官兵阵亡八百二十六人，负伤二百七十八人。

撤到梁子湖西岸

九月下旬，接到张刚军长转武汉卫戍总部的电话，令我旅准备转移阵地，转移前，先为重炮营及高射炮连仔细准备向鄂城转移道路。全体官兵闻悉后一致表示，我旅虽伤亡官兵千余名，但战斗力依然坚强，士气旺盛，不必另派其他部队接防，我旅可以确保半壁山的安全，请张刚军长转报武汉。随后因统帅部准备放弃武汉，命令我旅转移到梁子湖西岸，掩护武汉撤退。

一个深夜，我旅遵令撤离半壁山，次日清晨上午八时到达梁子湖西岸指定地点，利用前守备部队的既成工事，稍加修理后即布防完毕。驻防不久，又奉令开往湖南宁乡、益阳之线，开始补充兵员。十月初的一天，胡团的迫击炮连还派了一排兵力，回到大、小熊山去搬运遗留在那里的弹药。据当地居民说："你们的部队开走了几天，日军还未占领半壁山，可能是日军不知道你们开走，怕中埋伏，不敢轻进，仅不时向大、小熊山阵地发射几枪，试探试探罢了。"后来听说日军一直到十月四日以后，才进入半壁山要塞。

阳新阻击战

夏 时[※]

九一八以前，第五十三军是原东北军的陆军第二十九师。万福麟是这个军的军长。他是行伍出身，从清末追随吴俊陞由路防军的士兵升"哨官"，一直升到师长。西安事变之前，他原有四个师，以后改为二二制，辖两个师，即第一一六师（师长周福成）、第一三〇师（师长朱鸿勋），师下各辖两旅，旅辖两团。

卢沟桥事变后，第五十三军曾参加永定河战役，以后在津浦路、上海等战场上冲锋陷阵，为保卫祖国的抗日战争作出了很大贡献。

一九三八年六月，第五十三军归第二兵团总司令张发奎指挥，担任保卫武汉右翼的山地。

当时，第五十三军在黄河南岸担任郑州、汜水、中牟一带防务，受命开到湖北麻城、黄陂附近；继而布防在长江南岸阳新县迤西地区，位于长江右翼，担任保卫武汉外围任务。

武汉在抗战时，地处全国政治、军事、交通中心。武汉外围战局影响全面抗战，为世人所瞩目。但武汉当局对抗战的准备是不足的，把当时由上海、南京、华北平原与津浦铁路等方面退下来的军队，都集中在武汉三镇的外围，缺乏战略上的周密部署。许多部队来往整训，纯凭一股抗敌的民族热情，准备迎击来犯之敌。

第五十三军参加武汉外围大战，受命在阳新县以西沿网湖、大小熊山一带构筑阵地。一九三八年八月下旬，日军一方面由安徽沿长江向西

※ 作者当时系第九战区第二十六军团第五十三军第一一六师参谋长。

进犯，在南岸江西的星子登陆，继续逆流而上。另一方面，日军从合肥分兵两路，一从淮河入豫南信阳以叩武胜关至武汉北面之大门；一从舒城、六安、太湖、宿松而至英山、黄梅、广济等地，配合其溯江而上的海军和陆战队向西进攻。既威胁大别山，又拊长江要塞田家镇之背。当时，占领江西星子、九江的日军，由瑞昌、武宁直插鄂南，作围歼鄂东南我军的态势。并拟攻占长江之富池口，由阳新、大冶、金牛镇指向长武铁路的贺胜桥，对武汉的右侧背形成包围。

第五十三军位于阳新县城以西地区。日军在攻陷富池口后，集中炮舰、空军、野炮轮番轰炸我军阵地。我军除在夜间活动外，白天都进入掩体工事，俟敌军进至我步机枪有效射程内，才予以阻击，继之以手榴弹制止敌人前进。我军吃干粮，喝冷水，疲乏不堪。相持至九月底，忽告江北田家镇要塞失守，待友军撤过江南，始知真相。于是半壁山、大小熊山、阳新县城以西地区形成突出阵地，更为敌军进攻重点。正面如此紧张，右侧背所受威胁更加严重，敌军纷至沓来，日夜不定。而我军则已精疲力竭，虽于夜间鼓足勇气屡行出击，又往往为日军优势兵力所压倒。我军进驻阳新三个多月，接触最激烈的战斗仅及一周，我军伤亡过多，战斗力减弱，士气受挫，乃撤退至阳新以南的沿埠头、三溪口一带阵地继续抵抗。但敌陆空军的进逼从未稍衰，我军再转至大冶县的刘仁八、金牛镇地区。最后，我军收容残余部队，转至长武铁路的贺胜桥继续作战，但已十分疲惫。这时，粤汉铁路尚能从咸宁通往长沙，我军就到了岳阳，再撤过洞庭湖整训待命。

阳新三溪口战斗

刘殿武[※]

　　淞沪战役后，抗战形势，急转直下。日寇气焰万丈，大有欲吞并全中国之势。敌人以其优越的兵力，溯长江而上，处心积虑地要夺取武汉（那时是国民政府的行都），企图迫使国民政府屈膝。一九三八年秋，敌人兵分三路，对武汉施行大包围：中路以陆海空军的配合，沿长江进攻，战舰布满武汉下游的江面上，待机进攻；左路在长江北岸登陆，沿湖北的麻城、黄陂进逼京汉路南段，形成对武汉的左翼大包围；右路在长江南岸登陆，经阳新、大冶，直逼粤汉路的北段咸宁、贺胜桥一带，对武汉施行右翼大迂回。期一举而攻占武汉。

　　阳新、大冶间湖泊纵横、港汊交错，南路敌人欲进犯咸宁、贺胜桥一带，必须经阳新的三溪口、金牛等地，三溪口为进军之要冲，两军必争之地。该地区峰峦叠嶂，漫岗起伏，多杂木林，荆棘丛生，形成一个宽阔的山谷。中间有乡镇土路，可通汽车，与山间溪流，交相盘错，东西向奔驰于山谷中。

　　参战部队为第五十三军（军长周福成）的第一三〇师（师长朱鸿勋，后为王理寰）。该师曾转战于河北，游击于晋南，嗣后守备于黄河南岸的荥阳汜水间。一九三八年秋，调湖北麻城、黄陂，继又调湖北阳新、大冶一带布防，阻击南路敌人。九月中旬，南路敌人在上下水口登陆，敌以一个混合支队（波田支队）向三溪口进攻，我师奉命在三溪口设防，阻击敌人。

　　※　作者当时系第九战区第二十六军团第五十三军第一三〇师参谋处参谋。

第一三〇师的官兵，多系燕赵之士，生于北方，成长在华北平原，甫至江南，由于气温突变，水土不服，全师官兵几有三分之一患疟疾病。当时药品奇缺，以奎宁来说，在一般的市镇内，几抢购一空，因此对战斗力的影响很大。然基于同仇敌忾之心，均能勉强支持，奋力迎战。战斗一开始，由于敌我装备相差悬殊，敌以优势炮火，向我阵地及后方通道猛轰，我部队在白天很难行动。

开始作战地区，地形较为开阔。敌人上有飞机，下有坦克掩护，使我第一线士兵仅凭借简易工事隐蔽待伏，俟敌接近，再以手榴弹和白刃战与敌相拼，由于敌炮火封锁，粮弹补给不及时，士兵多半都是就地挖掘生薯和芋头以充饥，渴了就喝沟塘水。我曾看见一个负伤的士兵，艰难地爬行到水塘边，一边喝水，一边祷告，祷告的是"上天保佑，我喝了生水，可别让我闹打摆子（疟疾），要不我就活不成啦"。因为在这一地区，生水是传播疟疾的主要媒介。至于战场上伤病员的救护，更谈不上了。能行动的尚需爬到阵地后方，遇有轻伤员，互相扶持到野战诊疗所包扎。更多的是，负伤后，刚脱离阵地几步就死了。担架虽有，简直是杯水车薪，无济于事。结果是尸横遍山谷，部队伤亡惨重，战斗力锐减。就这样以血肉之躯使阵地保持两昼夜，至第二天夜间，将阵地稍向后移四五华里，选择有利地势，继续抵抗。这一带地形比较隐蔽，敌人炮火无法观测，只能凭借地图予以射击，射击效果差，减少了敌炮兵对我军的威胁。我军为避免过早暴露目标和阵地位置，几乎不予还击。俟敌步兵接近阵地，在有利的条件下，再予重创。这样敌人就不敢贸然前进，须逐步搜索，进展迟缓。同时我军第一线部队又多方面地派出奇袭小组，潜伏于山麓两侧的密林内，不断鸣枪，以引诱敌人，遂即变换位置，使敌人扑朔迷离，只闻枪声，不见其人。

迨战斗到第四天，敌我态势，犬牙错落。为调整部署，第四日黄昏后，我方又将阵地后撤四五华里，并在原阵地留置少数游动小组，以迷惑敌人，使其不敢对我已放弃的阵地迅速占领。敌人为了发挥其炮火威力，是不进行夜战的，每至黄昏后，敌人就不前进了，以其现有的态势，在原地停止戒备，第二天拂晓后，再行前进。敌人的规律是：每天拂晓后，先以炮击，待延伸射击后，步兵再前进。由于弹着点无法观测，故效力极微。为了清扫障碍，敌人曾一度使用燃烧弹，但时值初秋，草木未干，燃烧效力也不大。我军官兵对于敌炮兵射击，都有一种经验，当敌射击时，由于弹道在空中飞行，带有一种咝咝的滑啸声，听到这种声音，正是敌炮弹凌空而过，地面的部队或个人，可以照常行动，不予理眯。如果听到飞行的炮弹骤然变声，则必须立即卧倒掩避，此时炮弹一定落在离你不远的左近地区，爆炸后再继续行动。军中有句谚语，"老兵不怕炮，就怕机枪叫"，实属经验之谈。彼时我方正采用交通阻绝战，由阵地前沿至大后方的交通道上，桥梁破坏，择险挖沟，汽车根本不能通行，部队的运输补给，全靠人力背负或马驮，时日持久，前方粮弹奇缺，当时是无法补救的。伤病员日渐增多，部队战斗力减少一半以上。由于人员稀少，第一线作战的小集体，自然而然地必须靠近，各级指挥所的距离也越来越近，有时旅部和团部挤在一条线上，营和连更分不开了。营长在阵地的指挥位置上，可以以口令传达到连排甚至某个人。战斗开始后的第五天起，每天黄昏后，须变换一次阵地，后退距离均不超过五华里，到第七天的下午，接到兵团部的命令，我师由友军一个混合旅（系临时编并的，并非原建制部队）接防，黄昏后撤至某地整编。当晚六时许撤退时，友军已进入阵地，我师到达指定地点后，全师兵力只剩三分之一，由四个步兵团中，挑选尚能作战的，仅编成一个团，由刘润川团长指挥，另将第五十三军第一一六师（师长赵镇藩）也编成一个团，由毛芝荃团长率领，由这两个团编成一个旅，归张玉珽旅长指挥，暂留原地，听候命令。其余人员仍按原建制，迅速以夜行军通过通城（因白日顾虑敌机扫射，且通城有被切断危险），而后再以正常行军经长沙、常德向湘西的沅陵前进，并在该地待补整训。

此次战役，以一个师的兵力，抗拒装备优良的敌混合支队至七天之久，使武汉的一切物资和机关的撤离，稍有余裕时间，为此曾受到统帅部的表扬。但回忆官兵死亡的惨状，伤病员艰难痛苦行动的情形，孱弱的身躯，祈援待救的目光和无声的饮泣，亦属惨矣！兵凶成危，种种惨状，此何以尚不足为穷兵黩武的侵略者戒！

转战在阳新、大冶、通城各地

黄福荫[※]

一九三八年六月，武汉会战揭开序幕。第五十四军担任江西瑞昌马头镇沿长江南岸的防御。第十八师担任马头镇西南沿长江南岸至富池口要塞的守御任务。部队到达指定地区后，立即日夜赶筑防御阵地，布置水域沉船，并在沿江岸边埋设地雷和木桩等多种障碍物。

当防御阵地大体完成后，集团军总司令孙桐萱来到马头镇附近视察防御阵地和兵力部署，在我营部吃了一餐中饭，对防御工事的构筑表示满意。

日军在突破马垱要塞后，其兵舰沿长江西进，陆军部队沿长江两岸推进。七月底，日军水陆两路进抵瑞昌县马头镇附近，当即展开激战。经三昼夜的战斗，第一线部队颇有伤亡，沿江防守，直接暴露在日军兵舰炮火之下。为了减少伤亡，我军决定转移到山地防御。第十四师派第七十九团第一营为掩护部队，第十八师派我营为掩护部队，在原阵地及西南山地坚持防守三天，掩护全军占领新阵地，待命归还建制。第十四师的一营由我掩护归还建制，参加湖北阳新县的守备。令我营再坚持三天，待师阵地加强后再归还。坚持到第七天，撤到师的主阵地带，守备富池口要塞东南高地第一线防御阵地。

富池口是长江马垱要塞后的第二个要塞区，长江到此江面狭隘弯曲，富池口东、南、西三面有环形山地层层屏障，北面为长江，西面还有一

※ 作者当时系第九战区第二兵团田（家镇）南要塞第五十四军第十八师第二营营长。

个大湖（网湖），湖口有河直通长江，江北岸是田家镇，亦系兵家战守重地。要守住富池口，必须守住东、南、西三面的高地，如山地不守，要塞区就失去了屏障，无法守御。

第五十四军转移新阵地后，第十四师守备湖北阳新及滦洲之线，第十八师守备富池口要塞区，两师均为两旅四团。日军沿九江、瑞昌、马头镇，经富池口东南公路向阳新县城推进，我站在富池口东南山头阵地上，望见日军步、骑兵向我东南阵地进犯，若无远射程炮兵，不能给敌以杀伤，也不能阻止其展开前进。只能等待敌人来到阵前，在近距离内拼杀。由于日军是沿瑞阳公路进攻，我第十四、第十八两师就被分开。

八月上旬某日凌晨，日军开始向我第一线猛攻，经一昼夜激战，左邻第三营伤亡惨重，我第五连坚守高地与敌拼杀，受敌优势炮火轰击，全连均壮烈牺牲（当时我曾在湖南《国民日报》撰文表彰其事）。第二日下午，我第一线阵地被敌突破，左翼第三营阵地的高地被敌占领，敌居高临下，我军被迫守第二线阵地，加强工事坚守。经两日的激战，敌军终未能突破我阵地。

八月下旬，敌军集中优势炮火，以主力逐步攻占我左邻部队主阵地的数层高地，渐渐迫近要塞区。师长李芳郴派中校参谋郭某来我营，并带有书面命令，对我说："师长命你即率全营到要塞区东北面占领阵地，掩护师指挥所和要塞，现在只有你这个有力的营，无论如何要坚守。"我把阵地布置好，即去师指挥所面见师长李芳郴。李焦急万分，在房内来回走着。他说："情况很危急，兵团又无部队增援，还要限令坚守三天。"他要我不怕牺牲坚守下去。当时第二兵团司令部设在大冶县城西南山上，沿公路派有督战部队。张发奎说，没有命令，撤退下来要枪毙。苦撑了三天，除我守的阵地外，其余高地均逐步失守。要塞区已全部暴露，无法再坚守。师长请示张发奎，如无部队增援要求撤退。张指示还要再守三天。师长李芳郴坐一小划子渡网湖，向阳新城方向逃走。师长已逃，兵无主将，顿时慌乱。坚持到晚上九时，我掩护要塞炮兵迅速撤退，要塞主要设施于晚间由工兵营予以破坏，至午夜即行撤退。全部撤退完毕，工兵营将网湖口通长江小河浮桥拆除。从此，富池口要塞陷入敌手。

第十八师由富池口撤出后，经大冶到保安附近整编，派第十四师第四十二旅旅长罗广文任第十八师师长。罗广文到该师后，晚上派人找我到师部了解该师在富池口作战情况和现状。他最后说，把所有部队整编为一个团，由袁楠山任团长，我任第一营营长，在前方继续作战，由第二兵团司令张发奎直接指挥，其余官兵到后方整理补充。

　　九月上旬，第十八师部队在保安整编后大约一星期，张发奎命令部队即开大冶县城，仍归兵团部直接指挥。为此，团长袁楠山慌了，即找我到团部商量。他说，部队刚整编完，士气不高，人员又不整齐，他想把全团精壮编成一个加强营，四个步兵连、一个重机枪连、一个通信排、一个卫生队，共八百多人，由我率领到大冶总部报到，并说他自己有病。我十分不满袁楠山这种做法，表示拒绝。经他絮絮不休的诉说，基于民族抗日大义，于第二日清晨，我率领加强营出发，下午六点到达大冶县城。部队在城外沿公路两侧宿营，我即带两个警卫人员到大冶城西南江右兵团司令部向张发奎报到。张发奎详细询问有关部队人员、武器装备等情况，我都作了答复。

　　张发奎对我说，你率一个加强营单独出来作战，要小心注意。当时，他在桌上摆开作战地图，讲明当面敌我情况。他说，敌人沿公路前进，已快接近大冶，总部现无其他部队，只有你这个营，决定在两三天内转移，把部队布置担任大冶县城及两侧正面约五十华里的守御重任，掩护总部转移。他又要陈参谋长将敌我双方的详细情况及兵力部署等作了介绍说明。那天下雨，我去总部时未骑马，徒步走去，路上泥泞，跌了一跤，张发奎总司令要警卫员打水给我洗脸洗脚，又招待了一顿晚餐。把一切办妥后，我即辞出回营。第二天一早即布置大冶的防守。

　　大冶城，东南临湖，县城在湖的西北面，有两条公路由南向北在城西交叉，湖西有两座公路桥连接通向县城，在两条公路交会处有一高地。我在小高地上部署步兵一个连（每个连一百五十多人），构筑阵地据守。高地东西两侧各配置重机枪一挺，封锁两条公路。并加派步兵一个排作该连预备队，容后占领掩护阵地。又将两座公路桥破坏，在北面我方设置坚固障碍物，阻敌通过。另以步兵一个连部署在县城东北面，并派步兵一个班占领县城南面突出部，以机枪火力封锁湖面，并向县城东西两侧侧射。再派步兵一个连，附重机枪一挺，占领大冶城西北一带（约二十五华里）择要固守，封锁由东向西的公路，并将离县城西面约二十五华里的大道木桥拆掉，防敌迂回包围我右侧翼。其余步兵两个排，重机枪两挺，在大冶城北，横断公路南向占领阵地。营指挥所设在城北公路附近。总计全营阵地正面约五十华里，只作重点防御，择要守备。这样，大冶城中就空无守兵。

　　我完成防御部署后，下午六时许，张发奎偕参谋长等人来我营部，我将防御部署及兵力配备向他汇报后，张表示满意。即向我指示说："兵团总部转移到通城、平江，你营归第六军军长甘丽初指挥。第六军军部在大冶城北二十五华里公路左侧村庄里（地名忘记），你可与他联系。大冶城看情况可以坚守。"说完，由陈参谋长交给我书面命令。

翌晨我即至第六军指挥所，会见了军长甘丽初、参谋长黄湘，并将兵团总司令张发奎的指示和大冶的防御部署作了汇报。甘表示满意，并说"要坚守大冶"。

第三天，日军先头部队进抵大冶城南，曾数次沿公路冲到我阵地前沿，因公路桥已被破坏，又有坚固障碍物，加之被我猛烈火力阻击，未能突破，只隔湖炮击。敌飞机每天轮番轰炸大冶县城，因城中无兵，所以没有伤亡。我军每日不断加强工事，一直坚守到第五日，日军终未能突破我阵地。第七天上午，据报有敌千余人，由大冶东南沿公路向西前进，企图迂回到我后翼，切断我后方退路。同时我在电话里听到第六军第九十三师第三五九旅旅长彭佐熙向军长甘丽初报告战况，说黄石港、石灰窑、铁山之敌，已攻占扬五山，逐步进迫黄石，向我左侧后取包围态势，彭旅失守扬五山后要向后撤。我听到这一情况，预感敌因无法突破我大冶阵地，将取两翼包围态势，围歼我军。又听到甘丽初向彭佐熙指示，第六军准备今晚向保安、金牛方向突围后撤，要彭旅掩护。我即以电话向甘丽初报告大冶情况，询问第六军战况，并请示行动。甘说你现在归第三五九旅彭旅长指挥，可向彭联系请示。我即用电话向彭佐熙联系，他只说坚守，其他均未作详告。我知道彭佐熙一定会要我守到最后，掩护第六军安全撤退。

这时彭佐熙的两个团在附近占领掩护阵地，第六军都在做后撤准备。我即派一个武装班去第二连（距离营主力二十五里），命令他们根据战况的发展，逐步向营主力靠拢，在黄昏前到离大冶城北二十华里的大道和公路交叉处占领掩护阵地，等待营主力的到来，必须坚决做到。并派人通知第四连（左翼距营指挥所十五里），在黄昏前撤到营指挥所附近公路上集合，用电话通知第一、三两连和重机枪连做好撤退准备，听命令行动。命令副官携带大行李及重兵器等，待彭旅后撤时，沿公路到西南大道与公路交叉处等待第二连的到来。派传令班长李光耀带传令兵两名，到彭旅联系，并观察其行动，立即报告。但彭旅后撤时，没有通知我，更未作任何行动指示。

我判断敌军在公路上及其附近必定布置重兵，切断我退路，突围比较困难，我决定离开公路沿西南大道突围到保安。黄昏后，在彭旅后撤时，我即同时行动。到晚上十时左右，闻东北方公路上枪炮声甚急，一定是第六军在与敌军作战，企图突出包围圈。我即把部队集合，作了简要的指示，在地图上研究了突围路线。这时第六军战车防御炮连请求援助突围，我即予同意。一面做好冲杀准备，一面找回向导，并规定遇敌向我射击，不要还击，只走大道秘密向保安方向隐蔽前进，部队密切联络，勇往直前。途中虽有两次敌人向我开枪开炮，我均未理睬。拂晓前突出了敌军包围，到达保安附近，布置部队休息吃早饭。饭后不久，敌向保安附近炮击。我立即向金牛方向行进，在途中找到甘丽初，报告大冶后撤突围经过，并说已把第六军战防炮连带出来，甘非常高兴。我问他第六军后撤时，为什么不通知我，甘只是称赞说："你很机警，有作战经验，到金牛休息待命。"

在金牛附近休息数天后，闻方天的第一八五师已到金牛，我在上午到方天师部去看他和参谋长石祖黄。他们原都是第十四师的团长，在淞沪战役时，我们是上下级关系。方天的第一八五师是武汉警备旅扩编成的，官兵家属均在武汉，开离市区参战时，官兵大部已逃亡，减员严重，已无战斗力。他二人见到我非常高兴，问明情况后，以我作为他的主力部队，要我归他指挥，我即表示同意。

我归第一八五师方天指挥后，即率部队向粤汉铁路沿线的贺胜桥、咸宁东北地区前进，占领贺胜桥制高点，阻止敌军向南前进。并向方天报告已到达指定地点，目前尚未发现日军，每天只有日机低空侦察扫射。第三天，接到方天电话："第一八五师奉命到湖北宜昌附近整理补充，你营仍为第六军军长甘丽初指挥。"我经通山、崇阳撤至通城大沙坪附近向第六军报到。

经过三天的行军，在一个黄昏前到达大沙坪，在公路上见到甘丽初和黄湘，第六军已准备出发，我向甘报到。甘、黄即交给我书面命令："我军奉命到长沙以东永安附近整补，该营行动如何，直接请示总司令汤可也。"我连夜带部队到通城，找到汤恩伯，向汤报告请示。汤恩伯告诉我，第六十军卢汉部现在通城东北金塘之线与敌作战，要我即率部队向通城东北方前进，掩护第六十军。

第二天一早，我率部队前进，在沙堆附近遇到第六十军通信营营长陈实吾等人，告诉我："第六十军已全部后撤，你不要前进了。敌人大部队已向我通城方面猛进，你再前进恐怕会被敌人吃掉。"我就在沙堆附近占领阵地，派副营长杨礼宾到通城向汤恩伯报告情况，说第六十军已后撤，我一营人前进有什么用？怎么能够抵得住？汤恩伯说还是要前进。副营长回来将汤的指示告知我，即在沙堆附近搜索警戒。日军进至通城以北，沿公路两侧东西之线升起气球多枚，指挥炮兵、飞机向通城轰击。

汤恩伯命我率领部队向通城增援，在通城西南面公路两侧占领阵地，掩护汤军团总部转移。

我军在沿幕阜山脉以及界上、九岭之线占领防御阵地，与日军形成相峙。随后我营奉命归还第十八师建制，到益阳附近整补。我经平江、长沙时，路过黄花市，张发奎江右兵团在此，我去看了一下。经过长沙市时，正值长沙大火后的第三天，我由东屯渡、小吴门、中山路到湘江边汽车轻渡过江，市区余火未熄，城中空无一人，我带领这一营人，向湘西归还建制去了。

黄鄂要塞战守记

瀛云萍[※]

　　黄鄂要塞是在抗日战争中为保卫大武汉而建立的，位置在武汉东面的黄冈县、鄂城县一带，故称黄鄂要塞。要塞的主要部分在南岸的葛店镇。该镇临江有座白浒山，山上安装了一台（四门）八十八毫米的要塞高射炮，是从德国买来的二十门高射炮中的五分之一，称为甲五台。白浒山东六里许江边上有个黄家矶，上面安装了两门平射炮，是从兵舰上卸下来的海军炮，称为黄一台、黄二台。此外在葛店西北五十里之青山，葛店东五十里之北岸团风，以及葛店西北二十里之北岸阳逻，均设有野炮阵地，可临时排列野炮，加强江防力量。

　　司令部成立于一九三七年底，初称江防司令部，一九三八年初改称黄鄂要塞司令部，设在武昌市内，其后，迁至葛店西杨家苑村牛家祠堂。司令官是刘翼峰少将，参谋长是周保华上校，参谋主任是李佩珩中校。司令部的编制有参谋室、军需室、军械室、副官室等。司令部之上设有江防指挥部，指挥官是原南京要塞司令邵伯昌中将。甲五台的台长是柏园少校（原是炮校教官），台附是陶任之上尉、何秉中上尉，台员、通信员、探照员、士兵等，都是炮校要塞科军官训练班的学生军。黄一台、黄二台官兵全是海军下来的人员，一位台长是海军上校方滢，另一位台长是海军中校程某。司令部直属的还有守备队步兵一营、工兵一连、卫生队一队。战时又临时设置江防要塞守备总队，由海军陆战队编成，都是东北人，总队长是唐靖海上校。

　　我们原是江宁要塞一台，于一九三七年年底全台军官和一部分士

※　作者当时系黄鄂要塞司令部少校总台附。

123

兵拨归江防司令部调用，我任上尉参谋。旋江防司令部改为黄鄂要塞司令部。一九三八年二月间，周保华参谋长同我到葛店牛家祠堂设立前方指挥所，指挥甲五台、黄一台、黄二台的建台事宜。这时军政部城塞局正在这里从事台上钢骨水泥的工事建筑，我成了与城塞局联系的专员。当时城塞局在这里的工程师是蔡中校，我们天天到山上监督施工事宜。

四月间，司令部全部进驻牛家祠堂。五月间武汉珞珈山成立陆空联络训练班，属中央训练团，我到该班去学习了陆空联络知识。七月间司令部成立南岸炮台总台部，编制是上（中）校总台长一人，中（少）校总台附二人，其他有副官、司书等。军政部要塞科派原来甲一台的李诚中台长当中校总台长，经过刘翼峰司令谈话后未肯留用。主要原因是由于李是黄埔系学生，刘有所顾忌。而战争又迫在眉睫，急需用人，于是我在夹缝中登了台，发表我为少校总台附，立即着手总台部的成立事宜。接着，总台部又增加了两个要塞炮兵教导队。这样，总台部就直辖了五个单位。八月间，唐靖海上校的江防守备总队也拨归我要塞指挥。

当马垱、湖口、田家镇的要塞先后失陷后，我沿江的野战军节节败退，日军则步步相逼，继续溯江进犯。十月，敌人到鄂城县，我们已听到隆隆的炮声。敌人的侦察机不时出现在葛店上空，甲五台天天都发生对空战斗。十月十一日，日军已到华容镇，日海军已过团风。华容镇往西是梁子湖与长江间的隘路口，地形对防御方面有利。敌人在华容升起了系留气球在空中观测，我们用八八炮打了几炮够不着，反引得气球前进了很多，敌海军炮开始向我炮台射击，我甲五台和黄一、黄二台也立即还击。打了一日，我无损失，敌舰始终被拒于其有效射程之外，因他们海军炮比我甲五台射程短，所以他们射击对我们无效。十二日，敌野战地射程够着我炮台了，开始从后面向我炮台射击。黄一、二台距敌野炮近，已被打得不能向江面射击了。甲五台距敌野炮远，受其影响小，仍然继续向敌舰射击。敌以野炮不能制压甲五台，乃改用飞机轰炸，于中午稍过，向甲五台轰炸最猛烈。我同刘翼峰司令站在司令部门前看甲五台被炸得黄尘漫天，什么都看不清了。刘司令说："柏台完了，柏台完了！"可是敌机走后，甲五台又向敌舰射击。刘司令急忙用电话慰问。柏台长说："司令官放心，我一定对得起委员长，对得起司令。"我急忙跑到山上去慰问。柏台长在指挥所里，光是从观测孔崩进的沙石就弄得他满头泥土，他看到我笑着说："总台附快下去吧。"我又到各炮位看了一遍，士气非常旺盛，射击继续进行，敌舰仍不敢前进。

由于黄鄂要塞的掩护，使在武汉作战的几十万友军得到安全渡江的机会。武汉撤退不像南京那样乱，损失也不像南京那样大，重要物资早已撤走，是一次有准备的撤退。

田家镇保卫战简记

王惜时※

武汉会战中，我在第二军第九师。一九三八年七月，我们从汉口乘车到黄陂横店后，在附近略事整顿，即乘船到广济县田家镇，参加要塞和长江北岸的防守。第二军第九师归田北要塞第十一军团军团长李延年指挥。

七月末，日军占领九江后，即进攻田家镇、富池口。田家镇地处险要，以山锁江，湖泊连接，东北是黄泥湖，西边是沼泽水泊，中间有宽三四里的丘陵高地，连接要塞腹地。再北是松山，土山高耸，重叠连绵，由第二十六旅据守。后面蜂腰地带，为师主阵地。第五十七师在右侧，军部在师后要塞北面。当时日军从田家镇北面攻来，我第二军主守北面，迎面应战。

八月初，黄梅、宿松失守后，日军进逼田家镇。接战的第一天，第五十二团第二营的一个连和第五十一团的前哨阵地被击退。第二天，日军向我松山正面进攻。那时我任第五十二团第一营营附，上午全线战斗激烈，第一连李连长负伤下去，第二连韩秀珍扼守的左侧阵地也告危急。我正组织第三连罗国生支撑、接应，敌以大炮的密集火力，压制我阵地，掩护敌军进攻。同时日军直攻我右翼松山第五十一团阵地。我稳住罗国生连阵地后，利用沟埂，回到营指挥所时，营长谢景安负重伤，派人护送下去，我即代理营长，组织全营坚守左翼阵地。血战了两天，部队伤

※　作者当时系第九战区第二兵团第十一军团第二军第九师第二十六旅第五十二团第一营代理营长。

亡惨重。第七连连长依明江阵亡,全连官兵大部牺牲。第二营营长阎毓秀也阵亡了,连排长及士兵伤亡三分之二。第三营也所剩无几。松山正面阵地被突破,日军直攻我旅扼守松山西段,军参谋长赵家骧、旅长杨宝珏,曾来团指挥所,组织余部向敌据守之山头高地侧击。守敌待我反攻部队接近时,集中炮火向我轰击,我虽多次冲杀,予敌打击,但我伤亡惨重,无力再攻,只好改攻为守,维护侧后交通。抗击了六七天,敌进逼要塞核心。在田塞以北,敌军大部向西推进,我军遂退出田家镇要塞。

其后,我军经蕲州在黄石港对面渡江,转到大冶、阳新与日军接战。此时施中诚第五十七师余部编成六个连,拨归第九师,第九师还补充了一个补充团,继续抗击日军,几经激战,又遭伤亡。以后又在通山、崇阳、通城一带山地与敌继续战斗。日军占领武汉后,第二军于一九三九年初调往衡阳,第九师在耒阳进行了整顿补充。

保卫田家镇要塞经过

解云祥[※]

一九三八年五月，日军大举进攻鲁南，我最高统帅部调集各路大军，云集徐州附近，准备再次重创来犯之敌。第二军军长李延年奉命率领第三、第九两个师，从汉口出发，兼程驰赴徐州以东、苏北的新安驿一带，牵制陇海路东段的日军，在邳县以东、郯城西南地区，与日军激战四昼夜，有力地策应了徐州方面主力部队的作战。

李宗仁司令长官鉴于与敌在平原地区作战，不利于发挥我军优势，为保全实力，避免与敌决战，在有力地打击了侵略者的嚣张气焰后，遂命令各部队作战略转进。第二军奉命退回徐州，掩护第五战区长官司令部西撤。

在胜利地完成掩护任务后，第二军经永城、亳州、周家口到达平汉路漯河车站，乘火车返回汉口黄花涝休整待命。时第三师师长李玉堂带领第三师升任第八军军长，赴九江担任九江的防务。

一九三八年七月，第二军奉命开赴田家镇，担任田家镇要塞的守备任务。这时李延年被任命为第十一军团军团长，指挥防守九江的李玉堂第八军，及防守富池口南岸的霍揆彰的第五十四军。这两个军只是名义上接受李延年的指挥，实际上是各自为政，各行其是。由李延年直接指挥的只有第九师、施中诚的第五十七师和原在田家镇的要塞炮兵部队，以及另一个在田家镇西北面的川军第六十七军第一六一师，而该师在要

※ 作者当时系第九战区第二兵团第十一军团第二军第九师第二十七旅第五十三团第一营营长。

塞保卫战开始后不久就被调走了。

一九三八年八月底，李玉堂部弃守九江，日军在九江附近集结约一个师团和一个旅团附一个炮兵联队的兵力（番号记不清楚），做进攻田家镇要塞的准备，随即溯江而上。

田家镇要塞为鄂东门户，江防要地。田家镇的得失，直接影响武汉的安危。田家镇地势险要，其附近湖沼星罗棋布，形成要塞的天然屏障。日军如果从正面进攻我要塞，纵有精良装备，亦会遭到重大损失。当时日军以一部在我要塞正面采取佯攻，主力则绕道北进，从侧面攻击我军。

李延年军长早虑及此，将第二军主力部队第九师布置于要塞北面，这北面也是沼泽地带，但有一约三里宽、六七里长的小丘陵，连接要塞核心阵地。小丘陵的北面是松山，高地连绵起伏，为要塞北面的依托，这里是第九师第二十六旅的主阵地。第二十五旅以第五十二团直接布置于六七里狭长的纵深地带，另一部则布置在要塞附近，右与第五十七师主阵地相衔接，拱卫要塞。右翼施中诚的第五十七师担任要塞正面和东面地区守备。各部队占领阵地后，即构筑必要的野战防御工事，设置障碍，严阵以待。

一九三八年九月中旬，田家镇要塞保卫战的战幕揭开。日军在完成攻击准备后，由于李玉堂、霍揆彰两部未起到牵制敌人、策应田家镇作战的作用，致使敌人得以倾全力溯江而上，在飞机大炮的掩护下，穿越湖沼地带，向我第五十七师正面发动猛烈进攻，企图迷惑我军，分散我要塞炮兵火力。与此同时，敌主力则绕至我北面，对我军进行奇袭，第五十二团第二营的前哨连阵地被敌攻占。前沿阵地守军，为了不使敌人过早接近我主阵地，达到迟滞敌人进攻、消灭敌人有生力量的目的，在夜幕掩护下，夺回已失阵地，敌军也未再反攻。

第二天拂晓，敌以压倒优势的兵力，在数十门火炮火力的掩护下，向我第二十五旅纵深阵地发动全面进攻。黎明敌机一个中队前来助战，对我军阵地进行轮番轰炸和扫射，日暮始逸去。第九师师长郑作民鉴于我军缺少防空武器，命令各部队组织轻重机枪、步枪狙击手进行对空射击，迫使敌机不敢低飞，有效地减轻了敌机对地面所造成的威胁。有趣的是迫击炮也参加了对空射击。敌机俯冲时正巧碰上了下落的地弹，一架敌机被打下来了。当时整个阵地欢声雷动，大家几乎忘记了自己还置身在战斗激烈的战场。这一个消息很快地传遍了全军，大大地鼓舞了我军士气。当时整个阵地上终日硝烟弥漫，血肉横飞。天空中刺耳的飞机啸叫声，地面上枪炮声和战士们与日军搏斗的厮杀声连成一片，真是惊天地，泣鬼神。我守军凭借既设阵地，在要塞炮兵及军师炮兵部队有效火力的支援下，沉着应战，迎头痛击来犯之敌，阵地失而复得者再。我英勇官兵奋不顾身，与敌血战两昼夜。第一营营长谢景安负重伤，以营附王惜时代理营长，继续指挥战斗。许多负轻伤的官兵，裹伤后继续坚持战斗。阵地被敌炮火摧毁了，就利用弹坑作掩护，继续战斗。弹药用尽了，即凭借刺刀与敌进行白刃战。第五十三团第一营第三连下士班长时克俊，在与敌肉搏时，手中枪被敌人拔掉了，他即徒手将敌人抱着，扭打摔跤。后被敌咬掉左耳，他仍不顾疼痛，奋力用双手卡着敌人的咽喉，将敌人卡死。

两天的激烈战斗中，全旅伤亡营长以下军官六十余员，士兵八九百名，敌亦损失惨重，尸横遍野。卒因我右翼阵地被敌突破，同时发现有小股敌军窜扰我松山阵地西北后方，第二十五旅主力遂退守松山西北段，维护后方交通。

日军在攻略我军外围阵地后，集中优势兵力，在飞机大炮掩护下，向我要塞主阵地发起波浪式的进攻。我军官兵抱着与要塞共存亡的决心，凭借既设阵地和严密的火网，打垮了敌人一次又一次的猛烈进攻。师长郑作民和第二六旅旅长杨宝珏，整日整夜在第一线亲自指挥战斗，与日军作寸土尺地的争夺。多处阵地被敌突破后，各部队即适时地组织预备队逆袭，夺回已失的阵地。对一个阵地的争夺，要经过几度易手。第五十三团重机枪一连少尉排长袁次荣，在弹药用尽，全排士兵严重伤亡的情况下，眼看他的阵地要被敌人攻占了，他一个人把阵地上的手榴弹都收集在一块儿，接连向进攻的敌人投掷，敌死伤数十人。最后敌人发觉阵地上只有他一人，就从四面八方蜂拥而上，袁排长毫无惧色，从容打开重机关枪的机匣盖，把最后的一颗手榴弹放进机匣，拉断火索后，用双手将枪身紧抱，轰的一声，顿时血肉四溅，袁排长就这样为中华民族献出了他宝贵的生命。进攻的敌人，见此壮举，一个个惊得目瞪口呆。战斗惨烈进行，持续达八昼夜，旅长杨宝珏负伤，但我军主阵地及要塞迄未被敌攻占。

日军久攻我阵地不下，遂以一部绕道蕲春，企图迂回包围我要塞。军长李延年为了避免我军腹背受敌，遭到全军覆没的厄运，遂主动放弃田家镇，经漕河到黄石港对面渡江，转移到大冶、阳新山区。

在保卫田家镇要塞的战斗中，第九师伤亡旅长以下军官一百三十余员，士兵两千多名。第五十七师剩余部队只编了几个连并入第九师。师长施中诚到岳阳后，率领部分官兵到后方接兵补充，另成立新部队。

日军在占领田家镇后，大举向鄂南进军，武汉也相继沦陷。第二军军长李延年率第九师到湖南任岳阳守备司令。

守备田家镇要塞

赵　炳※

　　一九三八年九月中旬，日军以陆、海、空三军进攻我田家镇要塞。田家镇位于湖北省东部武穴上首的长江北岸江面狭隘处。当时是陆军第五十七师师长施中诚（字朴如，安徽桐城人，保定军官学校第九期毕业），率所部第一六九旅（旅长李琰，字炎光，湖北孝感人，保定讲武堂及陆军大学毕业）、第一七一旅（旅长杨宗鼎，字榴文，江苏江阴人，保定军官学校第八期毕业），开驻田家镇，守备要塞。布置第一六九旅所辖第三三七团（团长刘献洲，安徽凤台人）、第三三九团（团长周义重，河南商城人）防守武穴外围阵地；第一七一旅旅长杨宗鼎兼任要塞司令，所辖第三四〇团（团长刘肇恒，河北博野人）、第三四一团（团长龙子育，河北祁州人）、第三四二团（团长李翰卿，字墨林，山东濮阳人，后任第五十七师少将步兵指挥官，以后参加湘北会战阵亡）据守要塞核心。师部前方指挥所亦设在田家镇。

　　当时，日军先以陆空两军猛攻滥炸，八天未能进展一步。敌乃增派小型浅水兵舰三艘驶进长江，沿武穴南岸一字摆开，轮流不停地炮轰我阵地，旋又驶来一艘，加入战斗。第五十七师浴血鏖战，守到第十二天，不见一兵一卒的增援部队。因小池口外围友军阵地被敌突破，日兵从广济陆路如潮水涌来，分头截我接济，堵我后方交通，因此我军的给养、弹药供应都被截断，遂陷于孤军应战形势，装备陈旧，伤亡惨重。师长毅然下令："誓与要塞共存亡！"士兵热血沸腾，与敌白刃格斗，敌兵被

※　作者当时系第九战区第十一军团第二军第五十七师军需处粮服课长。

逼后退，其跟进队伍枪炮齐鸣，我军无法对抗，返回工事坚守。每一进退，都付出重大代价。终以血肉之躯，苦撑到撤退电令发来，才趁晦夜（九月底）离开战壕。先派尖兵探路，两旅更番互作掩护，然后急行军，拂晓前走出三十余里。敌军虽分兵截堵我要塞后方，因地境不熟，未能迅速切断西去路线，故第五十七师未遇阻力，便脱离了战场，到汉口谌家矶地区。

此次战役，第五十七师阵亡官兵有：师部副官张云亭（河北人），第三四一团团长龙子育，第三三九团的营连长杨佑全（山东阳谷阿城镇人）、夏承武、丁希尧、夏继周、吕玉琨、郑珠泉、谭寇英及师属兵站站员阎觉实（湖南邵阳人）、刘逸民（河北祁州人）；重伤：旅长杨宗鼎、团长李翰卿、营长王敬箴、副营长董冠英、连长阎广瑞、朱邦泰等；其他排长以下战士伤亡尤为惨重。

第五十七师在谌家矶休整一周后，奉命后调湖南湘阴、观音堂补充训练。不久又遵令开驻江西上高、高安一带，担任战备任务。

第一〇三师保卫田家镇要塞简记

万式炯※

在武汉保卫战中，田家镇要塞是以第二军李延年两个师为主体，第八十六军何知重的两个师（第一〇三师、第一二一师）及第二十六军萧之楚的两个师协助之。

田家镇要塞位于九江上游六十公里的长江北岸，与对岸半壁山和富池口的永久炮台相依，是武汉三镇的门户。八月四日，日军第十一军第六师团攻占我黄梅后，即由牛岛支队沿黄梅、广济大道向我疯狂进犯。

牛岛支队即日军步兵第三十六旅团长牛岛满少将指挥的步兵第二十三联队、第二十五联队、野炮兵第六联队及独立山炮第二联队第二大队。

当时我方主要指挥员是：第八十六军军长何知重，参谋长裴公度，辖第一〇三师，师长何绍周，我任副师长。本师奉命在广济、笔架山、石佛寺实施防御。

八月二日临战前夕，军参谋长裴公度来到石板房第一〇三师指挥所，检查防御部署，与师长何绍周和我密谈，传达军部要旨。大意是：敌人企图夺我田家镇要塞，我主阵地在松山口。广济作战旨在诱敌进来，给予重大杀伤，然后转移松山口。指示以两个师纵深配备，轮番交替作战。第一〇三师在第一线，第一二一师在石铺岭第二线。军部位置随第一二一师行动。我告知师部副官主任王光炜，照管辎重，如命行动。

次日拂晓，我和师长从石板房出发，通过石铺岭第一二一师指挥所，师长派我赴笔架山指挥作战。他没有给我配备通信连，以至无法与前方

※　作者当时系第五战区第四兵团第八十六军第一〇三师副师长。

三个团长取得联系，也无法与师长联系，只凭目视联络，在散兵线指挥，身边连一个师部的传令兵也没有。

顷刻，战斗打响了。照例日军开始用飞机盘旋侦察，接着用大炮轰击我阵地工事，其次用战车开路，战车后面伴随着步兵向我攻击前进。我师官兵奋勇抗击，反复冲杀，将敌击退，敌人溃尸遍野。傍晚，敌人从我右翼包围，攻击我师侧背，正面的步兵配合向我逼近。经我反击，已达到大量杀伤敌人之目的，应该按军部昨夜的指示进行转移，我即派兵用名片命令各团，入夜向左侧山地转移到第一二一师背后集结，选有利地形，以备再战。

九月六日，广济失陷。日军今村支队于十五日从广济出发向我进犯，我第八十六军在铁石墩附近迎头痛击。当日傍晚，日军进入松山口附近。松山口南面高地一带（标高三百米左右）是要塞的前进阵地。当日军向我阵地进犯时，我第一〇三师抗敌非常顽强，使敌不能得逞。次日，日军虽继续攻击，我方仍坚守不动。当晚，我师从敌右侧背反攻，迫使日军退缩，呈防御状态。

十八日，日军今村支队将步兵第十三联队配置在松山口南侧高地，以主力再向我攻击。

当地从十七日晚就开始下雨，十八日大雨，这样天气延续到二十一日，使敌步炮兵配合困难，飞机也受到限制，加之道路被我军破坏，使敌重武器难以发挥作用。

从十八日晚起，我第一〇三师向敌人侧背攻击，非常活跃。十九日，我蕲春方面又增加第一二一师两个团，使敌陷入苦斗之中。二十日，我军第一二一师又向敌之后侧发起攻击，田家镇要塞也对敌炮击，使敌遭受三面围攻，伤亡很重。

当时日军第六师团主力在广济地区遭到白崇禧的部队日夜不停地攻击，今村支队又陷于我包围之中。该师团长于九月二十日组成混成大队来援救今村支队，但该大队行进到四望山附近南下时，即遭到我第一〇三师的阻击。

二十一日，日军又派步兵第二十三联队来给今村支队救援，又被我军第一二一师阻击而不能前进。

二十二日午后，天气转晴，日军飞机对被我三面包围之今村支队空投山炮弹及医疗药品，使今村支队得救眉急。

今村支队长于二十二日为救援和引导增援部队，派遣第三大队长涉谷少佐指挥的混成大队（步兵三个中队、速射炮一个中队），从松山口东面向铁石墩方面向我进攻。因遭我第一〇三师的阻击，使敌增援部队到二十六日才与支队主力会合。

在这之前，为阻止日军的进击，我军下令破坏了武穴镇下游约六公里附近的长江堤防，使武山湖、黄泥湖一带形成泛滥状态。九月十六日，日军依靠海军陆战队将我武穴占领，直接给田家镇造成威胁。

当时，从日军俘虏身上发现第六师团于九月二十三日正午发出的电报："今村支队现查明伤亡合计为六百八十名。"

日军今村支队在其增援部队到来后，自二十六日夜再次向我田家镇要塞主阵地进攻。我第八十六军继续增兵，从二十七日黎明起，我第一〇三师和第一二一师全力顽强阻击。次日，日军山本大队和池田大队同时占领我田家镇的最高峰玉屏山。我军不支，退到复廓阵地。九月二十九日日军占领要塞周围炮台，十一时许，田家镇陷落。

从十月一日左右开始到十月六日，我军向蕲春方面转移。

总计田家镇要塞松山口战役从九月十五日到二十九日，持续进行十四天激烈战斗，我师官兵始终士气高昂，大量杀伤了敌人，挫败了日军妄图速战速决的凶焰。从我方夺得的敌人文件中得知，此役，日军共战死二百八十四名（内将校七名），负伤八百六十名，合计伤亡约一千一百五十名。

我第八十六军第一〇三师、第一二一师因作战减员过多，奉命调湖南辰溪整补。留一个团（第三〇九团，团长王景渊）继续作战，归第二十六军肖之楚指挥。还有陈永思团（第三〇七团）第三营营长赵旭被敌人隔断，在大别山区坚持打游击，年底才绕道回师。

135

松山口作战纪实

赵 旭[※]

　　陆军第一〇三师于一九三七年十二月十三日自南京撤退，到达湖北省黄陂县收容集中时，全师仅剩官兵五百余人。后奉国民党军事委员会命令，移驻湖南省平江县整顿补充，于一九三八年一月中旬到达平江后，以五百余人组成教导大队，由第六一八团上校团长万式炯任大队长，下分两个队，第一队为军官队，由师部中校副官主任王景渊任队长，程鹏、杜仲一、陈崇新任区队长。第二队为军士队，由第六一五团中校团附陈永思任队长，赵旭、伍文尧、袁建之任区队长。四月上旬，接收新兵两千余人，教导大队结束，编成三个步兵团，第六一三团由王景渊任团长，陈崇新、杜仲一、裘建之分别任第一、二、三营营长。周相魁任第六一五团团长，程鹏任第三营营长（第一、二营营长姓名已忘记）。万式炯任第六一八团团长。周治成、张煊、赵旭分别任第一、二、三营营长。

　　一九三八年因日军向武汉逼近，战况激烈，前方官兵伤亡甚多，急需增援。第一〇三师奉令编入第五战区战斗序列，开赴鄂东作战。六月中旬由平江县出发，步行到汨罗乘火车到武汉，转赴麻城。此时，由贵州招募的第二批新兵两千多名也到麻城，补充各团。在行军中边行军边训练，增强新兵战斗技能。

　　第一〇三师在麻城补充新兵后，全部换发捷克式步枪、轻机枪及重机枪。重机枪性能较好，能平高射两用，使用钢心弹时，可射穿轻型坦

　　※ 作者当时系第五战区第四兵团第八十六军第一〇三师第三〇九旅第六一八团第三营营长。

克的装甲，所以士气大振。

七月上旬到达麻城后，第一〇三师与第一二一师（师长牟廷芳，贵州省普定人）会合，奉国民党军事委员会命令，将第一〇三师与第一二一师组成陆军第八十六军，由第一〇三师中将师长何知重（字量权，贵州省桐梓县人）任第八十六军军长，裴公度（贵州省龙里县人）任少将参谋长，军政部税警团团长何绍周任第一〇三师少将师长，由第六一八团团长万式炯升任少将副师长，王伯勋任上校参谋长，以第六一五团团附陈永思升任第六一八团上校团长。

日军自一九三七年十二月十三日攻占南京后，即改组为日本帝国南支派遣军，由日本原上海派遣军司令官松井石根大将任司令官，不久又改派朝山宫鸠五中将继任南支派遣军司令官，原田雄中将任参谋长，指挥日本侵略军沿长江南北两岸西犯。其江北军团与我第五战区激战于田家庵、寿县、定远、凤阳等地，在突破我田家庵、寿县阵线后，继续攻陷合肥、桐城、安庆，窜入潜山、宿松、太湖，与我第五战区对峙于蕲春、黄梅地区。日军江南军团沿长江南岸西犯，进抵九江、南昌与我第三战区对战。

第一〇三师到达黄梅地区时，敌我在黄梅大河铺附近成对峙状态。其时正值夏秋之交，敌我双方均为痢疾、疟疾所困。我军因药物奇缺，军医束手无策，痢疾、疟疾继续蔓延，前线各部队患病者达百分之三十至五十，战斗力急剧下降。当日军大举进攻时，大河铺失守，又攻占松阳桥。我第五十五军和第四十四军向松阳桥反击。我第八十六军奉令在黄土岭以南之田家庵、白鹭山之线展开，掩护第五十五军及第四十四军右侧背安全。

不久，我军防线被敌突破，第八十六军奉第五战区司令长官李宗仁命令，立即西移，向进攻我田家镇要塞之日军侧背攻击，以减轻田家镇要塞区的压力。

一九三八年九月七日，广济失陷后，日军今村支队于九月十五日从广济出犯。我第八十六军第一〇三、一二一两师迎头阻击，将敌击溃，日军退回广济。九月下旬，第八十六军由栗木桥向田家镇方向前进时，以第一二一师为左纵队，第一〇三师为右纵队。我率领第一〇三师第六一八团第三营为右纵队前卫营，向西搜索前进。第一天冒雨急行军约四十公里，于下午六时宿营。晚十一时，接到师部作战命令："向我田家镇要塞攻击之敌，继续向我进攻。我师为解田家镇要塞之危，决心向菩提坝街搜索前进，寻找敌军作战而击破之。"

第二天晨，我率第三营侦察前进，闻西南方向有步机枪声，从望远镜中发现铁石墩附近日军正在进攻，菩提坝街附近无敌情。当即将此情况报告团长，团长命令我率领第三营向铁石墩方向搜索前进。上午九时到达铁石墩附近，发现日军正沿山岭由南向北进攻。

当时，我守备田家镇要塞部队在铁石墩以西亘松山口南北高地占领阵地，拒止日军进攻。敌第六师团攻占铁石墩、松山附近高地后，即以第二十二联队向我第九师松山口南北高地阵地发动进攻，其主力通过松山口隘路向要塞阵地进攻，战斗极为激烈。

我营到达松山口东麓后，隐蔽在一个村庄内，我率各连长侦察了敌情地形，在讨论作战方案时，认为3120高地是我友军第九师最后的一个重要据点，也是整个阵地的最高点，如果被日军攻占，则再无险可守，应立即进攻2625高地，以减轻3120高地友军的压力。全营官兵仅五百余人，兵力对比，敌众我寡，敌又占领松山口南北高地，地形居高临下，我进攻时，由山麓沿山脊仰攻，进展困难。因此，必须采取出敌不意突然袭击的方法，方能有效地支援友军。当即决定以第七连向2625高地之敌佯攻，以迷惑敌人，主力利用山脚水沟作掩护，沿水沟向南跃进到松山口以南之敌后，进行突然而猛烈的袭击。突击前，第九师派中校团附来联络，互相交换情报，并转告我营的作战方案及开始攻击时间，请他转报李延年军团长。

这天上午十时二十分左右，我营对2625高地发起攻击，以第七连连长王家桢率部对高地发动佯攻，第八连（连长李西平）、第九连（连长孙亮清）、重机枪连（由我率领）利用山麓水沟作掩护，向南跃进至松山口以南约五百米处，将八、九连展开，重机枪连的四挺重机枪分别配属八、九连，向森林深处搜索前进。在林缘西侧发现阵地上的日军正在早餐。我军当即乘敌不备，发起突然袭击，经过十多分钟的激战，敌向西面山脚下溃退，敌阵地被我军占领。敌遗尸十余具，我缴获三八式轻机枪一挺，步枪七支。下午二时许，敌向我反攻，我营各连顽强抗击，战斗极为激烈，至晚七时许，敌增加一个中队兵力，向我营发动第三次攻击，我前沿阵地被敌攻占，退守主阵地三个山头据守。

次日凌晨五时，得团长陈永思手令，我营阵地由第一二一师陶兴团接替。陶团接收阵地后，我营各连迅速撤离阵地，到达团部，陈永思团长对我说："昨晚我团进攻2625高地，第一营进攻受挫，伤亡很大，现剩一百余人，补充给你营。由你率领全团官兵再次向2625高地发起攻击，因2625高地是敌阵地枢纽，攻下后，敌阵地即动摇，事关全局，务必攻下 2625 高地。"我仍命令第七连向 2625 高地攻击。攻击前，我重机枪、迫击炮向敌阵地猛烈射击，掩护第七连冲击。第七连攻到半山腰时，3120 高地早已被敌人攻占，第七连遭到 3120 高地敌人步机枪和九二步兵炮的侧击，进攻受阻。我立即命令第九连向 3120 高地攻击，支援第七连正面进攻。此时，第六一三团团长王景渊派一个重机枪连前来支援。三十分钟后，我七连、九连同时分别向 2625 和 3120 高地发起进攻，此时，敌机十多架由北向南飞来，我急令各连轻、重机枪对空射击，掩护部队继续进攻。在我官兵奋勇作战下，突入敌军阵地，以手榴弹、刺刀与敌展开了白刃格斗，终于将敌前沿阵地占领，残敌退守反斜面继续顽抗。我命第八连连长李西平率领两个排向敌左侧迂回，策应第七连向 2625 高地残敌攻击。第六一五团第三营见我团战况异常艰苦，即派兵一个排协同第一连向 2625 高地反斜面之敌攻击。经过二十多分钟的激战，终于将敌击溃，高地全部被我占领。

我第八连和机枪连对 3120 高地攻击时，第一、第七连固守 2625 高地，防敌反扑。不久在第六一三团支援下，我团攻占了 3120 高地。松山口南北高地为我军夺占后，进攻沙子垴之日军，处于我军东西夹击腹背受敌的态势，处境极为不利。日军急令第十三师团抽派一个旅团，在日海军掩护下，从武穴登陆，向松山口第六师团增援。敌人由东西两面向我第一二一师攻击，激战三小时，突破我松山口阵地，敌军继续向沙子垴进攻。九月二十九日，田家镇要塞陷落，我军撤离阵地，向蕲春方向转移。

广济地区的阻击战

王长勋[※]

一九三八年春，我从庐山军校回家乡广济县，任广济县社训总队附兼常备第一中队长；农历五月，又担任第五战区司令长官部联络参谋，故对当时在广济的军民与日本侵略军浴血奋战的经过，知之较详。现凭记忆所及，概述如下：

七月下旬，日军攻占九江后，长江北岸的日军也加强了攻势，连陷太湖、宿松以后，继续西进。当时部署在广济、圻春、黄梅地区的抗日军队约八万人，广西的第八十四军第一八八师、第一八九师，分驻广济双城驿、龙头寨、大小坡、沤烟寨、十八堡、荆竹铺、横冈山脉、封口山、百家园、百沙岭、槐树山一带；第六十八军分驻广济郑公塔、童子排、团山河、猫儿山、凤凰寨、大风寨、大小乌龟山、田家寨一带；第一〇三师（贵州部队）分驻广济于仕、野马洞、望儿寨、十八垒、毛栗尖、鹅公堖（寨）一带；第四十四师分驻在广济大金铺、若山坳、九龙城、两路口一带；四川部队分驻广济西边龙顶寨一带；第十五师分驻广济四望山、雨山寨一带；第二十一师与第六十七师分驻广济松杨桥、李兴四、吴屋脊一带；第五十七师分驻广济龙坪、武穴、邬家冲、鸭掌山、戈马塘、冷荫塘、田家镇、老鼠山一带；第九师分驻广济丛山口、苏家山、铁炉山、象山、石榴花山、避难冲、涂仁湾一带；田家镇江防，由中央炮兵团和水雷队防守。

日军攻占黄梅后，其先头部队清水联队由黄梅天山麓苦竹口、后山

※　作者当时系第五战区司令长官部联络参谋。

铺，向广济方面进犯。在广济龙头寨、沤烟寨的我第一八八、第一八九两师选择有利地形，构筑工事，阻击来犯日军。当时由于地形好，加之广西部队能奋勇杀敌，虽遭到日机疯狂轰炸，仍坚持沉着苦战。所以龙头寨、大小坡、沤烟寨一带阵地，岿然不动，我军阻击战获得较好的战果。

七月十三日，日机四架第一次轰炸广济，梅川东门悦华酒楼、饶采侯红瓦屋、拐角边巷等地，炸死我军民二百余人。从这天起梅川人民就天天躲空袭。当时第五战区长官部正在举行秘密会议。第二天，白崇禧（白崇禧在广西一个警卫连的保护下到达广济，下榻梅川觉生图书馆，由笔者做向导）到广孝寺长官部召开会议。他指出：广济地区对我军作战有利，划定广济为固守区（死守地区），以广西的第一八八、第一八九两个师，在广济龙头寨、大小坡、沤烟寨一带原阵地加强工事，奋击来犯之敌。七月二十三日以后，广济龙头寨、大小坡、沤烟寨一带的阻击战，鏖战空前，硬拼了三十四天，这使第一八八、第一八九两师爱国将士，给予广济人民留下了难忘的印象。当时广济流传着一首民歌："军队要学一八九、一八八，到处有人夸。"

与此同时，我山东部队第六十八军在广济凤凰寨、猫儿山、大风寨一带与来犯的日军大本联队，血战了二十余天。该军组织大刀队在猫儿山与日军展开了肉搏战，大刀队一举歼灭敌军三百余人。就在这时，惨无人道的敌人，为了做垂死挣扎，施放毒气弹，毒死我军四百余人。

八月三十日，日军攻占龙头寨、大小坡、沤烟寨等地后，我第一八九师谭团长率领该团扼守广济荆竹铺之卓必寨，掩护我军向纵冈山脉撤退。该团陷入敌军重围，血战一昼夜，团长与全团官兵壮烈牺牲。迄今当地一些老人还歌颂着这个团官兵保卫国家、英勇牺牲的悲壮史迹。第一〇三师连长叶成章，在于仕野马洞阵地上，用机关枪击落日军低空轰炸机一架，坠落在广济芦家河，不幸的是叶连长也壮烈牺牲。

从八月三十一日到九月三日四天中，日军出动飞机，从早至晚在广济梅川城轮番狂轰滥炸，投弹数千枚，形成一片焦土。军民尸体遍布大街小巷，惨绝人寰。九月五日，我军为了避免惨重牺牲，从广济青蒿铺向百家园、白沙岭转移。下午二时许，日机又大肆狂炸白沙岭、下赵两地，军民死伤甚多。九月六日，日军铃木联队攻占了广济梅川城。九月七日，第五战区司令长官部，遂从圻春广孝寺迁至麻城宋埠。

日军铃木联队侵占我梅川城后，九月八日攻占了李延年部第九师驻广济丛山口的阵地。当时田家镇要塞深受威胁，急电李宗仁求援。第五

141

战区司令长官部将圻春、广济的防务重作部署，除将第一八八、一八九两师因伤亡重大调汉口整补外，又将第七、四十八、八十四军三个军集结于广济百家园、白沙岭、槐树山、圻春莲花塆一带；以第二十一集团军总司令廖磊驻守圻春莲花塆。第六十八军刘汝明部分驻广济蔡林湾、桥头湾、吕四房、居家岗一带；四川部队驻广济龙顶寨一带；第十五师汪文斌驻广济四望山、雨山寨一带；第四十四师驻广济大金铺、若山坳、两路口、九龙城一带；第二十一师与第六十七师驻广济松杨桥、吴屋脊、李兴四一带。这就是九月六日广济梅川城沦陷后，我抗战部队重新部署的大略情况。

九月十三日，我军在广济全面总反攻开始。广西第七军与第四十八军在广济梅川西、圻广公路的四顾坪山一带山地，与日军展开了拉锯战。我军阵地，白天受到日军低空轰炸的威胁，阵地被日军占领。入夜，即强行夺回，广西部队与敌反复冲杀，有时达八出八进之多。广济北岳山、饶婆岭的牵制战中，第八十四军为了争夺北岳山阵地，失而复得亦有六次之多。

广济丛山口的争夺战中，广西部队第一七四师，不顾日机狂炸，前赴后继，不断冲锋，奋勇杀敌，围歼日军四百余人，终于夺回了丛山口阵地（当时在汉口的蒋介石还曾传令嘉奖第一七四师）。现在丛山口外的白骨塔，即是当年抗击日军的第一七四师官兵的忠骸（其中也有李延年部的一部分官兵忠骸）。与此同时，第十五师为了策应第一七四师丛山口的争夺战，九月二十二日与日军在广济四望山拼死战斗，牺牲官兵达两千多人。现在四望山的白骨塔，即当年第十五师官兵的忠骸。

同时，四川部队在广济龙顶寨与日军作殊死战斗，三次抢夺龙顶寨，牺牲达三千多人。

在空前激烈的反攻战斗中，正是中秋前后，阴雨连绵，云雾弥漫，日机不能出动，战斗对我有利。当时盘踞在广济许家铺（王贵附近）的日军，被我第六十八军包围，已成瓮中之鳖。不料敌竟采用惨绝人寰的恶毒手段，施放浓性芥子毒气弹，毒死了我第六十八军官兵四百多人。这时，第五十七师的防地龙坪、武穴两地，相继被日军攻占，施中诚司令督师死守田家镇要塞，在戈马塘、冷荫塘一带，与日军鏖战了十多天。该师团长龙子育（施中诚外甥），身先士卒，奋勇杀敌，壮烈牺牲。九月二十九日，田家镇要塞陷入敌手。

广济战役

梁　津※

一九三七年冬，第四兵团总部调我任第一一〇三团上校团长，驻防郁林、博白两县间。一九三八年初夏，第一八八师师部成立，我团归入该师建制。不久奉命出发，经梧州转粤汉路北上至武昌，参加武汉会战。我团在广州黄沙车站登车时，曾遭到敌机十二架前来轰炸，时值端午后二日的下午，部队已事先闻警疏散，但车站附近民房被毁颇多。抵武昌后，第一八八师部队奉命乘船赴广济县城，归第八十四军军长覃连芳统辖。翌晨，我团奉命开赴城东南二十里处之李文山村。第二天发现，昨晚宿营之处，遭到敌机十二架轰炸，毁民房半条街。

我军驻在广济、黄梅两县交界之处，与驻黄梅之敌约一千五百人相对峙。第八十四军军长覃连芳命第一八八师师长刘任，率部接替当地刘汝明部防线，准备向该敌进攻，并派凌压西师与之并肩作战。

第一八八师师长刘任系陆大出身，一向干教育工作，不敢接近前线，派副师长刘建常到前线指挥。而刘建常也是一向在军校干教育工作的，毫无作战经验。到前线后，对敌情毫不明了，与左翼友军凌压西部又缺乏联络，且不知其位置何在，却草率决定："明日拂晓攻击。"

第一一〇三团是最先来接刘汝明部防务的，驻在遏云寨村，已派出谍报员侦察敌情，但尚未回报。当时我对刘建常说："等我派出的谍报员回来，明悉敌军兵力配备之后，再与凌师确切联系，诸事妥当之后，再

※　作者当时系第五战区第四兵团第十一集团军第八十四军第一八八师第一一〇三团团长。

143

进攻未迟。"但他说："不行，军长已约定友军明日拂晓开始攻击。"

是晚，刘建常即命梁达升的第一一〇一团和李汉光的第一一〇二团展开于魏家凉亭、陈家棚之间，准备攻击，而留第一一〇三团于遏云寨，作总预备队。但炮兵第五团则被放置于遏云寨西南方数里外的原驻地，不给予任何任务，也不指示它射击目标。

天晓后，进攻的两团，被阻于敌阵地前的铁丝网下，敌人凭其阵地内的工事加以还击。敌马尾山下的炮兵，集中火力作阻隔射击，以制止我军后退，并隔绝后备部队的增援。进攻的两团，遂陷于进退维谷的困难境地。敌人复由长江南岸的富池口派出骑兵百余，向北直驰，企图袭击李汉光团的右翼。我事先由总预备队派出姓韩的营附一员，率兵两连并配备有重机枪两挺，警戒掩护李团的右后侧，伏藏于田塍边的干沟内，当遥见南面远处尘烟扬起之时，即做射击准备。敌骑兵驰进我有效射界内，即出其不意作急剧的射击，毙敌人马三十余，敌人纷纷卧倒还击。李团右翼乃得迅速转移正面，加以夹击。敌骑见目的不达，且两面挨打，弹药不济，乃急速向南撤退。但此次进攻，我军损失也很大。李团损失兵力一营以上，梁达升团也牺牲两连多人，陈尸于敌人铁丝网下，未能运回收殓。

翌日午后，区寿年的第一七六师前来接防，第一八八师则后撤至金家寨一带，作总预备队。

接着，区寿年师布置进攻，被阻于龙头寨和塔儿湾之间，其一部又被敌包围于双城驷附近。区寿年打电话向刘建常求援，刘即亲率梁达升、李汉光两团，分别占领彭家坳两侧的四座石山，命李汉光于当晚率兵一营向双城驷出击，结果陷于敌人重围之中，全营覆没。李汉光仅带领士兵八名逃回。

次日，敌机三架飞来，盘旋于彭家坳上空，施放烟雾作记号，指示敌炮兵以射击目标。敌人炮弹即随之纷纷落下。我防守在山上的两团多官兵，目标显露，死伤很重。

当刘建常命梁达升、李汉光两团占领彭家坳两旁四座石山时，置我团于山脚下作预备队。其指挥所则设在最右一山之山脚下，既不能展望敌情，也不能窥视前线。嗣复命我派出两营，分别插在梁、李两团之间，而归他们指挥。当时我曾对刘建常说："四座石山，有三个鞍部，我军应守鞍部而不应据山巅，有一两营的兵力就可防备有余，无须多用兵力。山上死角太大，对敌又不能射击，倘敌由鞍部冲进，何以御之？且山上尽是顽石，不能施工筑壕，又凌峻逼窄，使部队拥挤其上，则目标暴露，易遭敌人射击轰炸。我团的两营可否无须派出?"刘说:"我的布置已经决定,速派你的两营前来。"我只得遵令派出。当部队刚刚下山,刘就跑来大叫退走。我乃问他:"如果我们走了,难道前线的官兵都不要了吗?"

我将留下的第三营营长陆松溪余部,使其占领收容阵地,将机关枪连置于两翼,迫击炮连置于其阵地中,并派出传令兵三名。这时得知李汉光团由千里铺退出,梁达升团由鹅公垴山麓下的梅家垴退出,我所派出的两营,则径向后湖寨山下的预备队位置退回,转进的目标地是荆竹铺。

清查人数时,我派出的两营,仅剩第一营营长李升和一姓卢的连长及士兵八十余名。第二营营长张汉枢不知去向,其余尽皆牺牲。以全师三个步兵团计算,数日来共损失三分之二以上,负伤官兵运回二百余人,死者不及掩埋。

当晚八时,我率部退至彭家湾时,张淦率第七军来增援。我退至荆竹铺后,团部驻在余家冲,整编剩余的官兵。除团部直辖的机关枪连和迫击炮连无损失外,三营缩编后,仅得五个连。当时日军已由金家寨干氏村迁回绕道袭占广济县城。第一八八师存放在某庙中的百数十万弹药和其他军用品,尽告损失。是晚,我即命第三营营长陆松溪率部去破坏荆竹铺公路上的桥梁,以断绝日军广济、黄梅之间的交通,并派机关枪连和迫击炮连掩护。

次日天明后,日军在黄梅的部队连续开来广济,到荆竹铺后,见桥梁已毁,正在犹豫注视间,遭到我伏兵之突然袭击,敌死伤数十人。其由广济转回黄梅的运输车,到此也被击毁数辆,死伤驾驶员及辎重兵十余人,敌乃散开向我还击,并由黄梅、广济调来炮兵向我左右夹击。我团兵力太少,遂利用山麓下的低洼溪流间和复杂的地障,顽强抵抗,逐步撤退。但第三营营长陆松溪,因掩护其全营的官兵安全撤退,最后被敌炮弹破片所伤,跌倒于溪水之中而阵亡。

这时,日军一部,由皖北循淮河而上,沿大别山之北麓,经信阳武胜关折而南下,企图据平汉线的南段,欲断我鄂东抗战部队的后路。我鄂东部队遂奉命向西转移,越过平汉路撤退。

黄广会战概况

凌压西※

黄（梅）广（济）会战，是抗战初期第五战区较大的一次战役。第五战区司令长官部（白崇禧代李宗仁指挥作战）设在宋埠，前敌指挥部（李品仙以第十一集团军总司令兼前敌指挥官）设在浠水，战场第一线包括黄梅、广济大部和宿松的一部分地区。

一九三八年七月下旬，日军由南浔铁路窜至九江，我军开始调动部队，至会战结束，前后达一个多月。参战部队计有广西的第七军（军长张淦）的第一七一、第一七二两个师；第三十一军（军长韦云淞）的第一三五、第一三一、第一三八师三个师；第四十八军（军长由廖磊暂兼）的第一七三、第一七四、第一七六师三个师和第八十四军的第一八八、第一八九两个师；另外还有四川的杨森部队和守备田家镇的山东李延年部队。日军第六师团步、骑、炮、工、辎和飞机、坦克、兵舰等各兵种齐全，装备精良。笔者当时任第八十四军第一八九师师长，在这一次会战中，只负一部分指挥责任，对其他参战部队，尤其是四川、山东友军的番号兵力和全盘的战斗情况，不完全了解。黄广会战是第八十四军成立后第一次参加的战役，因此我对该军的组成和参战前的活动、会战的概况和第八十四军作战经过，凭回忆叙述如下：

※　作者当时系第五战区第四兵团第十一集团军第八十四军第一八九师师长。

第八十四军的组成

第八十四军是抗日战争爆发后新组成的部队。一九三八年春夏间，原驻广西南宁、永淳（现属横县峦城区）、横县、贵县等地区的几个独立团（原属各团管区的民团部队改编）先后并编为第一八八、第一八九两个师。初未设旅，每师只辖三个团。除两个师部系新成立外，各团营只加上一个新的番号，官兵均未变动。第一八八师师部的主要军官整个由陆军军官学校第六分校的教职员调充，师长刘任原任第六分校的步兵科长兼战术教官，副师长刘建常原任第六分校的战术教官。该师所辖第一一〇一团，团长杨露，第一一〇二团，团长黄敬修，第一一〇三团，团长梁津。第一八九师师部的主要军官是由前线和后方凑集起来的，师长凌压西，原是第一七六师副师长，由安徽前线调回升充的。副师长黄琪、参谋长江光勋，由后方民团指挥部调来。该师所辖第一一〇五团，团长谢振东，第一一〇六团，团长黄伯铭，第一一〇七团，团长白勉初。

会战前的动态

第一八八、一八九两个师组成后，军部尚未设立，暂归第十六集团军总司令夏威直接指挥，协助钦廉防线的守备任务。第一八九师于一九三八年七月初首先奉命由横县驻地取道粤汉铁路开武昌转大冶，防堵由浙赣路北犯之敌，巩固武汉外围。黄广会战前夕，始由黄石港渡江经武穴登岸集结于广济县城附近，听候战斗部署。第一八八师亦由广西经武汉直达广济。两师集中后，第八十四军军部始正式宣布成立，同时发表覃连芳为军长，徐文明为副军长，钟纪为参谋长。

军部成立时，白崇禧以军事委员会副参谋总长代五战区长官由宋埠赶来，集合军部和各师的主要军官训话，大意是说第八十四军是新成立的部队，初次参加抗战，要军长、副军长、参谋长和师长等，多对官兵讲话，阐述抗日战争的重要意义，鼓励士气。训话后，要正副军长（覃连芳军长未到）和师长到他的临时办公室谈话，他对第一八八师的人事调配恰当，大加赞赏；对第一八九师的人事调配表示很不满意，并批评夏威（两个师部都是夏威在后方主持组成的），在人事安排上，缺乏精细考虑。他说："黄琪副师长只能在后方训练民团，江光勋参谋长只适合于坐办公室，都不能在战场上作战。"当即由他直接命令，把黄琪、江光勋

仍调回后方另行安置，并以他的随从人员李宝琏（日本步兵学校出身）
接替第一八九师参谋长，副师长则暂缺。直至黄广会战结束转进到随县，
第一八九师扩编为两旅四团制时，才以李宝琏升充副师长兼旅长。

战斗部署和占领阵地

七月下旬，据报由南浔路北犯之日军，已有一部在九江开始渡江侵
入小池口。第八十四军即奉令与参战各友军进行战斗部署。第一八九师
开赴黄梅，以县城为据点，堵击由小池口来犯之敌。第一八八师除留一
团为军的总预备队外，其余两团协同友军固守广济县城（今梅川）。军部
位于广济北面一个村庄里。嗣后军部感到黄梅县城四面开阔平坦，并无
依托，而且城墙又不甚坚固，易为敌人包围冲破，遂令第一八九师转到
大洋庙山口（黄梅城北边约五华里）一带，以黄梅城沿黄广公路各要点
为前进阵地。第一八八师亦转移到大河铺附近，左与第一八九师左翼衔
接，沿黄广公路左侧高地占领阵地。其余各军部队由梅川至武穴为第一
线，由梅川至田家镇为第二线，四川部队则自大洋庙山口第一八九师左
翼起至宿松一带占领阵地。布置确定后，各师即开始进入阵地。第一八
八师除仍照前令留一团为军的总预备队外，其余两团均作一线展开，并
无纵深配备。第一八九师因地属要冲，正面过大，三个团均使用于前进
阵地和主阵地上。各部队一到指定阵地即迅速构筑工事。按战争性质，
这一次的会战我们是内线作战（巩固武汉外围的守备战），本来阵地工事
愈强固愈好，但因无工兵配属，步兵随带的作业工具又缺少而细小，工
作进度非常缓慢，所以正在初步完成未及加强的时候，日军即已接近。

会战开始和战斗经过

七月底的一天早上，由小池口来犯之日军已窜至黄梅附近，当即与
我第一八九师前进阵地的守兵发生战斗，揭开了黄广会战的序幕。因我
前进阵地四面平坦，全无依托，随处都有被敌突破的可能，故我军经过
一昼夜激战后，于八月二日拂晓前由右翼撤回主阵地。当前进阵地的部
队撤回，日军进占黄梅城后，战斗情况稍微和缓。我军既未出击，日军
亦不进攻。每天只有一些敌骑和敌机在我阵地前面搜索和侦察。对敌骑
和敌机，我军轻重机关枪和迫击炮不时发射。晚上我军抓紧时间修整工
事，并派出战斗侦探，向黄梅城郊日军阵地及其后方搜索。

　　这种状态延续了四五天之后，敌人步、骑、炮兵在飞机掩护下，集中全力向第八十四军第一八九师守备之大洋庙山口阵地大举进攻，先以炮兵和飞机向我阵地前后方猛烈轰击，继以骑兵领先冲锋，战况十分剧烈。幸我阵地已修筑相当坚固，火网组织极为稠密，虽无空军和炮兵（开战三四天后始由后方调来七五山炮三门）协助，但阵地前地势开阔平坦，迫击炮和重机枪都能发挥很大效力，士兵的战斗意志相当旺盛，所以日军在开始总攻的第一天，就有许多敌人被我步兵机枪交叉火网射杀于阵前堑壕附近。我阵地内的官兵，被敌飞机和大炮轰击，伤亡亦达四十余人，阵地却丝毫没有动摇。

　　敌人为避免我阵地稠密火网的损害，即利用黑夜向我阵地左翼据点前线的小高地袭击，来势极为凶猛，激战终夜，枪声、手榴弹声和敌我肉搏的叫喊声（因黑夜混战，不分敌我，短兵相接时必须大声喊"杀"，喊"冲"，来识别敌我，以免杀着自己的战友），不绝于耳。在这一夜的争夺战中，小高地虽曾两失两得，官兵伤亡也相当大，但拂晓前仍将敌击退。这一据点是我阵地关键部分，它的得失与整个战线的胜败有绝大的关系，成为敌我必争的要点。在地形上，它是纵贯我阵地前后方较高山脉的前缘，如果它一失陷，日军就可以沿着山脊直趋我后方，左可席卷我川军大部分阵线，右可瞰射我大洋庙山口地里的全部战壕，使我守军无法立足。可见日军在总攻前已从地空侦察清楚，认定它是攻山重点。幸我军在占领阵地时，亦已看到它的重要性，特别是由这个小高地的山麓至据点的顶界线，多筑了几道战壕，准备节节抗拒，确保这一据点。我守备部队的主力亦多控置于这一方面，一遇战况紧张，各级指挥人员都经常到这一地区督战。所以在开战后，一连四个昼夜，日军集中全力，使尽各个兵种，企图夺取这一据点，都未得逞。甚至在开战后的第五个晚上，守备在大洋庙山口田地里的第一八九师第一一〇六团团长黄伯铭，由于几天来被日军飞机大炮的轰炸吓破了胆，连夜将全团部队撤离战线，躲到山沟里，自晚上十二时至次日拂晓，该团守备的战壕里空无一人，而日军仍不敢突进，他们害怕突进后，会被我据点上的火力封锁，受到退不出去的危险。这说明了该据点对整个战线的重要性。

　　但是，敌人仍不死心，他们利用飞机和远射程大炮的优越火力，连续向这一据点轰击，至第六日竟将我据点前沿和山腹两道战壕炸为平地，我军伤亡很大，不得已转守据点上顶界线的最后一道战壕。山脚和山腹两线的地区，还是处在我顶界线上的火力瞰射下，敌仍不敢冒险上冲。于是，他们利用烟幕掩护，企图以骑兵快速冲入我阵地。我守兵即以轻重机关枪对准烟幕，并准备好大量手榴弹，在日军未露出烟幕前绝不射击，待其一出烟幕，即以密集火力猛烈轰击，把敌人打得人仰马翻，终于使他们不敢再向这一地区进攻。此后，第一八九师整个守备地区的战况趋于平静，阵地保持到会战结束，守兵才奉令撤离。

开战几天后，敌人感到大洋庙阵地不易攻破，遂将主力转移到大河铺方面，向第八十四军右守备区第一八八师阵地发动攻击。同时，敌由长江下游乘舰而来，先后在武穴和田家镇登岸，与我友军激战，因而大洋庙正面的战斗渐趋和缓。我第一八八师经过两昼夜的战斗后，坚持不住，被敌中间突破，我军总预备队赶去增援，亦不能阻止敌人的突进，守备部队被截为两段。刘任师长来不及报告军部，即仓皇率右翼之一部向后方撤退，该师的散兵涌进军部附近时，覃连芳军长始发觉第一八八师已全线溃退，而且刘师长已撤至军部后面。覃连芳气得暴跳如雷，大声喊杀，旋即打电话命令第一八九师撤离阵地，转进到浠水集中，并令凌压西师长把扣留在师部的逃避战斗、率队擅离战线的第一一〇团团长黄伯铭，就地执行枪决，不必再解军部。覃连芳当时还说黄伯铭固应处死，刘任亦应严办。但是，黄伯铭的处死是执行了，而刘任的严办却不是覃连芳的权限。

事后，白崇禧将第一八八师的残余士兵调拨充实第一八九师，军官遣回广西重新组训部队，刘任师长和刘建常副师长调军训部另有任用。这就算是对未经奉令即擅自脱离战线的师长的处分，这不能不说是白崇禧的偏袒，所以当时全军上下，多啧有烦言。

黄广会战，自第八十四军第一八九师在黄梅前线与敌接触时起，至田家镇失陷和镇北 625 高地得而复失，全线溃退时止，前后约半个月的时间。战况最惨烈的要算大洋庙、田家镇和 625 高地的争夺战。大洋庙战线自敌军开始总攻后，即连续进行了六昼夜的激战，除激战外，每天还有间歇性的攻守战，敌我兵力和弹药的损耗都很大。因阵地形势有利于守备方面，所以敌人的损耗比我更大。

田家镇陷落

田家镇的战况，据回忆，日军的兵舰开抵田家镇下游江面时（此时武穴已失陷），即以舰上的大炮掩护其攻击部队登陆，会同武穴窜来之敌，向田家镇街市攻击。激战经旬，日军侵入镇内，与我守备该镇的李延年部进行巷战，终因敌人武器优越，攻势凶猛，我军被迫退至该镇北之625高地布阵抵抗。继而高地失陷，我第四十八军一度克复，又经苦战后，终于在九月二十九日落入敌手。至于第八十四军左翼的川军方面，敌人曾采取佯攻牵制，令战役中并未发生激烈战斗。

概括说来，黄广会战不仅是黄梅、广济地区的战役，也是保卫武汉的第一线决战。这一战役的胜败，对保卫大武汉有直接的重大影响。会战酝酿了一个多月，调动了川、鲁、桂三省五六个军的部队。因战线过长，随处都感到兵力单薄，加之指挥不统一（因番号与组织系统不同），不能互相支援，敌人打到哪里，就由哪里的守备部队抵抗，战斗力强的支撑得久一些，战斗力薄弱的就很容易被敌打垮。所以，该地守军多被日军各个击破，结果全线崩溃，参战各军分向鄂北、豫南、安徽、大别山等方面转进。

川军参加武汉会战及大洪山战役经过

岳冠军※

日本帝国主义悍然发动卢沟桥事件，妄图以武力征服我国。一九三七年秋，蒋介石召开最高国防会议时，四川刘湘即提出四川出兵三十万、壮丁五百万，供补粮食若干万担，支持抗日。但蒋介石早将刘湘视为异己，表面上委刘为第七战区司令长官，随即夺去其指挥权。命参谋长傅常把刘湘所属潘文华、唐式遵两集团军由北战场调到南京，又把邓锡侯、孙震集团军调归第二战区指挥，第四十七军李家钰部调归第一战区指挥，以加强保卫南京任务。刘湘到武汉以后，察觉蒋无保卫南京诚意，中央机构亦已迁移武汉，部队步步后退。刘湘在怄气之下胃病复发，由蒋派专轮送到汉口万国医院，每天有何应钦、张群前往探视，名为关心，实则监视。延至一九三八年一月二十一日，刘病重逝世。蒋遂即下令撤销刘的第七战区长官、川康绥靖主任、四川省主席等职务，任命张群为四川省主席。当时川康军政首脑及绅耆均极力反对张群主川，张贴标语宣传川人治川口号，引起川局动荡。蒋遂使用权术，耍出封官许愿赏赐老一套手段，进行各个击破分化刘湘集团。王陵基当时是保安处长，他与蒋有勾结，又是刘湘集团武德学会会长，他想谋取省主席一职。蒋电召他到汉口，后得知王在川军中，因刘湘对他不十分重用，军政中威信不高，仅委王陵基在留川部队中编成一个集团军，委为第三十集团军总司令，出川抗战。王陵基虽稍有失望，但得到一个集团军也是不幸中之大幸。此时王缵绪也大肆活动，每天都到成都文庙后街武德学友会办公室

※ 作者当时系第五战区第四兵团第二十九集团军第三补充团团长。

一次，与罗忠信、郭秉毅、蔡军识、赵沅章、彭焕章、张联芳和我本人等会晤，对刘湘部原有军政人员照原有升级任用，进行拉拢。对此，蒋认为王缵绪比王陵基可用，遂委他任四川省主席和第二十九集团军总司令，将刘湘原有留川部队编成一个集团军出川抗战。同时调邓锡侯回川任川康绥靖主任，潘文华任川陕鄂绥靖主任，刘兆黎任四川保安处长。从此蒋介石紧紧掌握了四川政局。

第二十九集团军的编制，大体如下：

一、师旅无副职，旅只有参谋主任。

二、集团军辖两个军，军辖两个师，师辖两个旅，旅辖两个团，团辖三个营、一个迫击炮连，营辖四个连（其中一个重机关枪连），连辖三个排，班有士兵十四名。

三、集团军总部直属部队：特务营（手枪、轻机枪），重迫击炮营（160毫米迫击炮），通信大队，野战医院，四个补充团（第一补充团团长李鸣九，第二补充团团长陈保才，第三补充团团长岳冠军，第四补充团团长杨茂清）。

四、各军直属部队：特务营、通信连。

五、各师直属部队：特务连、通信连、卫生队、野战医院。

六、各团直属部队：迫击炮连（82毫米迫击炮四门）、通信排、治疗所、卫生队。

出川抗日，参加武汉会战的黄梅、广济战役

王缵绪因兼代四川省主席不能出川参加抗战，报准蒋介石由副司令兼第六十七军军长许绍宗代行总司令职务。一九三八年四月令第六十七军在重庆集中，第四十四军在万县集中，分别乘轮东下，五月到达浠水兰溪登陆，受第五战区司令长官李宗仁指挥。第四十四军守备安徽太湖宿松地区，总部驻于浠水县张家塝。第六十七军守备湖北黄梅、广济地区，军部驻蕲春。

一九三八年七月，日军第十三师团长荻州立兵率部由合肥南下，沿长江西进与海军会合。该海军已在小池口登陆，分二路向我进攻：一路由黄梅、广济、合肥南下攻太湖宿松。第四十四军在太湖、宿松一线阻击，第六十七军在黄梅、广济一线阻击。我军由于武器太差，无远程重炮助战，无高射机枪制止日机低空扫射。在日军集中优势武器和飞机猛

烈轰炸下，到七月末太湖、宿松、黄梅、广济均先后陷落。第四十四军、六十七军均退至合肥至田家镇公路以西防守，不断向合肥公路以西的日军攻击。第四十四军曾两度攻占宿松城，由于日机不断轰炸，又退出。

八月中旬蒋介石、李宗仁要在黄梅、广济地区与日第十三师团决战，以便保卫田家镇要塞，当时，李宗仁令第二十九集团军攻黄梅、两广部队攻广济。代总司令许绍宗令第四十四军攻黄梅，第六十七军攻黄、广之间的金中铺。战斗进行七个昼夜，敌我双方伤亡均重。许曾亲率重炮四十门猛攻，亦未取胜。双方成对峙状态。敌人稍俟整顿后又集中海陆空猛攻田家镇，守军不支溃退长江南岸，田家镇要塞陷落。"黄广战役"至此结束。

九月初，田家镇要塞陷落后，日海军沿长江西犯，一部在黄柏城登陆，一部向浠水以南的兰溪进犯，企图切断第五战区退路。这时李宗仁令第五战区长官司令部和第三十三集团军张自忠部向平汉路以西转移，并令第二十九集团军派有力部队进击从黄柏城登陆之敌。许代总司令令第四十四军第一四九师派队前往。王泽浚师令第四四七旅旅长孙黼执行任务。该部即派第八九三团连夜向黄柏城前进。拂晓前，先头团与日海军陆战队遭遇，展开互争九狼山的战斗。激战近夜，我何兴团夺占了九狼山制高点。拂晓时，敌我发起冲锋，我军以麻尾手榴弹猛炸敌人，激战一小时，手榴弹炸得日军人仰枪飞，在长江边敌军舰炮火掩护下狼狈逃走。我军生擒日军荒木重知桂一人，缴获武器、军用品、望远镜、皮背包、呢大衣等共五百多件。初战告捷，士气大振。

本战役我第四四七旅阵亡营长周其昌，伤亡连长以下官兵近三百人。

此次战役，我是补充团长，原拟将我团武装编入第一四九师战斗序列，因而我得以随军观战约三周之久。在黄广战役取胜后，即令我团交第一四九师补充各团。并令我立即回川，另征募新兵组成一个武装完整的战斗团，速到前方参加抗日。在我尚未回川时，据战报，敌第十三师团攻占浠水，进犯黄冈、团风等地。由于敌机狂轰滥炸，第二十九集团军各部与敌激战数日后，阵地均陷落，秩序大乱，各自向孝感、应城、沙市、宜昌方向溃退。第四十四军第一四九师长王泽浚、第一六二师长张竭诚均只身逃回四川。武汉会战就此结束。

第二十九集团军一月余陆续集中当阳，全军官兵人员损失一半。军政部配备重炮四门，一弹未发，全部丢光。

本集团军驻宜昌办事处长万德明，将上述战况，电告四川王缵绪，王缵绪当令万德明立到当阳，转令各军师在当阳收容整顿，不得再退。

王缵绪明知蒋介石不会补充部队的，又怕编制缩小，其省主席和总司令的职位保不住。因此，王请求蒋介石的兵员，由他令顺荣师管区征补，武器由原第四十四军和第六十七军原存在四川的武器补充。

蒋介石认为这一下把四川军阀家底抄光了，当然批准了王缵绪的请求了。而这些储存武器，一是四川新式枪坏了修理好的，二是本地的土造枪。军械陆续运到前方补充部队，经过七个多月的时间使第二十九集团军元气大体恢复。

第二十九集团军整编四川保安团队

王缵绪因主川政无方，背弃上台诺言，引起七个师长反王甚烈，以致失去川省主席，请求把留川保安团队编成四个旅列入第二十九集团军建制，归第四十四军副军长王泽浚率领，随他出川抗日。蒋介石认为又可进一步夺取川政和剥出一批四川军队，正合心愿，因此得到蒋的批准。其干部选用、部队编组都由王缵绪全权处理。王即将刘湘的保安六个团、一个补充团和三个独立大队编为四个旅的兵力。升任原保安团长李承魁为第二十九集团军新编第七旅旅长，冯浩如为第十六旅旅长，陈杰才为第十五旅旅长，李鸣九为第十四旅旅长。各旅编制如下：

> 一、旅辖两个团，团辖三个营、一个迫击炮连。营辖步兵四个连，（其中）重机枪一个连，连辖三个排，排辖三个班，每班十二人。每连司号兵二名，勤务兵二名，炊事兵九名。
> 二、旅直属部队：特务排、通信排。
> 三、团直属部队：通信班、治疗所、卫生队。

编成后，集结在成都西校场，请何应钦总长到场讲话。何承认器械差，弹药不足，通信器材无，可到重庆、宜昌补充。并说部队是光荣地到抗日前线去，鼓舞官兵士气。

王缵绪于一九三九年十月底，离川到湖北大洪山双河专任第二十九集团军总司令一职。新编四个旅由王泽浚率领，在重庆集中候轮时，蒋介石、何应钦还亲自召见四个旅的旅、团、营三级将校官点名训话，并发给奖励。该部在渝候轮约一月始运至宜昌登陆，经荆门、当阳、兴山、南漳，于一九四〇年三月到达宜城孔家垮整训，遂担任宜城地区襄河西岸一部分守备任务。

大洪山与宜城东西两岸对日作战情况

一九三九年十二月，第二十九集团军到达大洪山，蒋介石即令向日军开始"冬季攻势"。李宗仁令第三十三集团军张自忠部攻钟祥以北的洋梓，第二十九集团军攻钟祥以北的汪家河、王家钟。第二十九集团军以第四十四军第一五〇师为攻击部队，第一四九师为掩护部队，第六十七军为总预备部队。发起攻击后，激战七天之久。第二十九集团军攻占了王家岭之后，与汪家河日军成对峙状态。第三十三集团军屡攻洋梓不下，也与日军成对峙状态。延到一九四〇年一月，日军增兵第一一六旅团，对我两集团军反攻。第三十三集团军败退到长寿店、丰乐河地区防守。第二十九集团军败退到客店坡、三阳店地区防守。该线之第十一集团军李品仙、第二十二集团军孙震、第三十一集团军汤恩伯等均无大进展。此时天下大雪，行动困难。战区长官部下令停止攻击。蒋介石所谓之冬季攻势，就此告终。

一九四〇年二月初，第五战区司令长官李宗仁，令第二十九集团军位置于大洪山西北的张家集，右接第三十三集团军张自忠部守备大洪山。王缵绪以第四十四军为守备队，右接第三十三集团军骑兵第九师所守的跑马寨，守备牯牛岭、青峰山、王家岭三阳店之线，军部位于袁家台。第六十七军在张家集、长岗店地区整顿待命，军部位于竹林港。

四月底日军分两路向我进犯：一路从汉口沿汉枣公路西犯随县、枣阳和双沟，一路从钟祥沿襄河东岸北犯张家集、襄阳和双沟。

从钟祥北犯之日军先向第三十三集团军张自忠部防守的丰乐河、长寿店、跑马寨猛攻。第二十二集团军派第一二二师驰赴田家寨支援，全力阻止敌人北进。第三十三集团军向襄阳转移。日军继向第二十九集团军总部所在地张家集猛攻。该部退守大洪山西北要隘。五月初，日军续向退守垭口、板桥店一带之第三十三集团军东岸地区猛攻，战斗激烈。总司令张自忠亲临前线指挥，不幸在宜城东岸南瓜店英勇殉职。

第五战区司令长官即令第二十九集团军集中主力从大洪山北尾击日军。该部即令第四十四军长廖震率全军和第一六一师出板桥向日军尾击。日军两路兵力在双沟会师后，迅速组成几个梯队沿襄江东岸南下，廖震部三个师首当其冲，受到猛击后败退到大洪山。总司令王缵绪令全集团军固守大洪山。日军第八师团长谷川指挥两个师团四面围攻。敌机狂轰滥炸，我军无一高射机枪炮制空，任敌机低飞扫射。但我军仍与日军在大洪山激战二十余日，采取了打圈的磨盘形持久战斗。日军则死死咬住不放。就这样又与日军激战十余日。敌我伤亡颇重，大洪山区仍在我军手中。

王泽浚将新编四个旅参加宜城战斗的情况电告第二十九集团军总部，并令巡检司收容整顿，待命行动。

不久接到总部转来军政部电令，第二十九集团军所属新编四个旅在宜城一战溃不成军，失去战斗力。该四个旅的粮秣薪饷从七月底停止发给，残余部队补充第二十九集团军。照总部指示整编为一个战斗团，属第一六二师建制，我即编为该团团长。其余整编为三个团，统归王泽浚带到大洪山补充其他师团。宜沙会战后，围攻大洪山的日军也向钟祥和汉口撤退。李宗仁仍令王缵绪守备大洪山。王清点残部，原大洪山十六个团伤亡三分之一。

王缵绪想利用整编之机剪除代总司令许绍宗的势力。这年九月，王请求蒋介石：一、除去川省主席职务，撤销新编四个旅的番号（其实早已电令撤销），把残部补充第四十四军和第六十七军，并请求照军政部颁发的甲种师的编制，撤销旅部，改为师团制。二、请把副总司令许绍宗另调他职，遗职由第四十四军军长廖震补充，遗职由该军副军长王泽浚补充。第六十七军长一职由第一六二师长佘念慈升充。王这一请求正合蒋进一步控制川政、削弱川军的心愿，因此一一照准。许绍宗即调第三十一集团军任汤恩伯的副总司令。许一人只身到重庆后，挂着副总司令名义，任第三十一集团军驻渝办事处处长。

王缵绪大刀阔斧调整人事，改编第二十九集团军的编制，基本如下：

一、第二十九集团军辖两个军、四个师、十二个团。第四十四军辖第一四九师、一五〇师，第一四九师辖第四四五、四四六、四四七团。第一五〇师辖第四四八、四四九、四五〇团。第六十七军辖第一六一师和第一六二师，第一六一师辖第四八一、四八二、四八三团。第一六二师辖第四八四、四八五、四八六团。每团辖三个营，营辖步兵三个连、重机枪一个连。连辖三个排，排辖三个班，班有士兵十四人。

二、集团军总司令部直属部队：特务营、通信大队、独立一团、独立二团、野战医院。

三、军直属部队：特务营、通信营、工兵连、搜索连、辎重兵营、野战医院、卫生队。

四、师直属部队：特务连、通信连、工兵连、搜索连、辎重兵营、野战医院、卫生队。

五、团直属部队：迫击炮连、特务排、通信排、输送连、治疗所、卫生队。

改编后主要干部姓名如下：

一、第二十九集团军总司令王缵绪，副总司令廖震，参谋长彭旷高。

二、第四十四军军长王泽浚，副军长王勤安，参谋长何忠。

第一四九师师长杨勤安，副师长朱再明，参谋长曹济寰。

第一五〇师师长许国璋，副师长杨自立，参谋长李霞举。

三、第六十七军军长佘念慈，副军长王元虎，参谋长李铁青。

第一六一师师长何葆恒，副师长熊执中，参谋长谢济民。

第一六二师师长孙黼，副师长赵璧光，参谋长林文波。

第二十九集团军改编后仍坚守大洪山地区。王缵绪令第四十四军守备大洪山西麓的丰乐河、长寿店和西南麓的猴儿寨、沙河寨地区，军部位于板凳岗。第六十七军守备大洪山南麓的跑马寨、青峰山和东麓的王家岭、三里岗地区，军部位于袁家台。并在乌龙寨、客店坡、长岗店地区构筑第二线阵地，在洪山寺地区构筑核心阵地。总部和直属部队位于双河。

一九四〇年十一月，日军第十三师团和骑兵两个大队坦克十余辆在飞机大炮掩护下，分别由穷山、钟山出动，向我大洪山东西两面夹攻。我集团军在布设的一、二线阵地与日军激战十余昼夜。总部即令第一六二师向南面的猴儿寨出击。截击敌人腰背，使敌人东南西三面遭受打击，不敢向我第二线阵地进攻。因此，孙师长即派我团完成出击任务。斯时，我团官兵伤亡也重，滇缅铁路被封锁，粮秣也接不上的情况下，我也高烧才退，抱病向官兵宣令：只有前进才是生路，夺取日军粮秣，不许鸣枪，短兵相接，与日军决一死战。我军从正面佯攻，由两翼偷袭侧击夺占猴儿寨后，即分向南北两方面日军猛击，与敌进行肉搏战。一昼夜后，终于打退日军向我军阵地纵深进攻，退回京山、钟祥。我团也伤亡颇重，阵亡官兵二百余人。

一九四一年秋，日军又在飞机大炮掩护下，企图夺取大洪山南麓青峰山，直入大洪山核山寺。王缵绪集中兵力亲自督战指挥，与日军争夺青峰山，得而复失、失而复得三次。共历时十一天的激战，日军退回钟祥。我军仍坚守原第一线阵地。

武汉外围抗敌记

邱正民[※]

大别山黄（梅）广（济）公路之战

一九三八年八月初，敌占黄梅县城后，企图沿黄（梅）广（济）公路，由陆路进取田家镇。

这时，第二十九集团军已到大别山地区，总部驻在白水畈。以第一四九师师部驻陈汉沟，右接太湖沿二郎河、亭前驿等山地占领阵地。以第一五〇师右接第一四九师，以阻止日军西进。由于副总司令许绍宗于白水畈生病，不能到前线指挥，指定第六十七军副军长彭诚孚代理军长，到陈胜驿指挥第一六一师、第一六二师协同右翼友军攻击日军。第一六一师攻击目标：第一步取黄梅县城外围之敌各据点后，集结全力，进捣黄梅敌巢。另以第一六二师攻击黄广公路上之金中铺两据点，协同右翼友军聚歼西进之敌于山地中。

当时，黄梅外围敌人据点，工事构筑坚固，火力配备严密，并附有炮兵支援。当我第一六一师拂晓进攻时，敌以密集火力向我射击，我军攻击受挫。为减少伤亡，我军改为夜间进攻。在夜间进攻中，我军曾攻克敌据点四处，迫近敌之主阵地。拂晓前，即迅速向后撤退。当时黄梅城内之敌，亦抽调兵力，向我侧击，形成拉锯战。此役敌伤亡二百名以上，我方亦伤亡近三百名。

※ 作者当时系第五战区第四兵团第二十九集团军第四十四军军部参谋处代理科长。

第一六二师曾于夜间两度攻占大河铺、金中铺。这是敌人运输补给线上重要据点。敌白天配以大炮及装甲车部队向大河铺、金中铺反扑，以后，敌加强补给线沿线工事，尽力守卫。我军变更作战方法，组织袭击队，发现敌之运输补给部队立即猛烈强袭。并于夜间破坏公路，使敌运输补给不能适时到达前线，使我右翼主力得以歼敌于黄广公路之山地中，阻击日军从陆路进攻我田家镇要塞。这次作战代军长彭诚孚亲临前线指挥，毙敌三百余名。

此役，深得兵团司令嘉许，认为不仅官兵勇敢善战，各级指挥官亦能适应战机，作出适当处置。在支援友军展开主攻战中，取得较大战果，除传令嘉奖外，还给各师发了奖金。

击溃黄柏城登陆之敌

敌长江舰队派一个陆战大队由黄柏城登陆，企图占领有利地形切断公路，为先遣部队扫清前进障碍，便于迅速进军。

第二十九集团军奉命向武汉外围转进，以第四十四军掩护第六十七军向上巴河前进。当时得知敌军已在黄柏城登陆，如不先将其击退，对我转进不利，即以第一四九师一个旅向登陆之敌出击。副军长兼师长王泽浚令第四四七旅旅长孙黼，以一个团在九狼山占领有利地形，俟敌接近，予以猛烈打击；又以第八九三团位于侧翼包围，伺机出击。该敌由于屡胜而骄，认为我已溃退，轻举冒进。当至我有效射程内，遭我阻击，敌犹顽强反击。这时，我第八九三团第二营营长李秩率部乘机由侧翼出击，当场击毙敌大队长，并俘其曹长荒木重知桂，缴获武器步枪数十支、掷弹筒五具，敌遗尸数十具，仓皇败退。当时师长王泽浚将缴获敌之枪支、太阳旗等架起，摄成影片，以示战绩，并作纪念。

上巴河阻击战

上巴河是一个战略要地，捍卫武汉的门户。河东岸是丘陵起伏的山地，西岸是三四千米的一片开阔地，再向西是山地。上巴河流向长江，盛夏时不能渡涉，九月后枯水季节，可徒涉而过。河上有大桥连接公路，可通载重两三吨的汽车与轻型坦克。街市居民千余家，已迁徙一空。街后有一小山俯视公路。敌人在沿河两岸筑有野战工事，均筑于沙土之上，掩蔽性与抵抗力很弱，迫击炮弹即可摧毁。虽有第二线工事，但没有部

署适当兵力。因此，上巴河阵地只能作为转进中的掩护阵地。

约在十月十四日午后四五时，我部到达后，遵照第六十七军军部十二日的指示，以第一六二师占领上巴河大桥以右阵地，并向黄冈、下巴河方向警戒，左与第一六一师密切联系，协同作战，主力应控制公路。以第一六一师与第一六二师守备上巴河大桥，各部队紧密衔接，沿河西岸占领阵地。

约于十五日下午，我前线警戒部队与敌接触，入夜后还派出小股部队对敌骚扰袭击。敌接受了九狼山受挫教训，不敢冒进。十七日拂晓，敌一个旅团开始向我发起全面攻击，不仅步炮协同作战，并以飞机六架作低空扫射轰炸。敌炮兵向上巴河街市后小山上的第一六二师指挥所发射炮弹二百余发，我迫击炮被敌炮火压制，几不能发射。我阵地前尘沙飞扬，官兵几乎睁不开眼睛，但仍英勇坚守阵地，予敌还击。自晨至午，击退敌冲锋达五次之多。午后三时，敌以轻型坦克三辆，集中所有炮火，把大桥附近二百平方米以内阵地炸为焦土。

于是，敌先遣支队以骑兵为尖兵，坦克居中，沿公路进攻，步兵向我两侧席卷而来。同时，第一六一师左翼黄家台亦发现敌之迂回部队，第一六二师右翼亦发现由黄冈附近登陆之敌向我右侧翼进攻，对我形成全线两翼包围之势。致使我军全线崩溃，伤亡较大。敌突破我阵地后，占领上巴河街市及后面小山。夜间，我负伤官兵进入山地，当地人民将我重伤官兵悄悄地抬入山地隐蔽，以后送到兵团所属各医院治疗。自十三日以后，各部队与第二十九集团军失去联络，在紧急情况下，便向鄂西撤退。

马鞍山柳子港掩护撤退

第一六一师师长官焱森，在上巴河战斗后，奉命向马鞍山退却。到达指定地点，即将以上情况报告第四十四军军长廖震。廖令第一六一师、第一六二师到新洲占领阵地，以迟滞敌军，使各部队赢得时间。敌继续集结部队向我进攻，由于山地作战，运动不便，步炮不易协同。我军予敌以杀伤后，即行撤退。当时敌沿公路前进之先遣快速部队进至新洲。第一六一师及第一六二师继续向后转移。敌又侵入柳子港，我以小部队与之接战后，即向沙洋、当阳方向转移。敌军沿公路直趋黄陂，进占横店车站。

九狼山战斗

李 秋※

　　一九三八年初春，刘湘在汉口万国医院病死后，蒋介石令原川军第
四十四军军长王缵绪把原刘湘系的留川部队，编成第二十九集团军，出
川抗日，由王任总司令。这年三月，王缵绪在成都成立第二十九集团军
总司令部，并报请蒋介石升任原被刘湘吃掉的刘存厚部队的第一五〇师
师长廖震为第二十九集团军第四十四军军长，升任刘湘嫡系部队的第一
六一师师长许绍宗为第二十九集团军副总司令兼第六十七军军长。

　　编成后的第二十九集团军的旅以上主要干部是：

　　总司令王缵绪，副总司令许绍宗，参谋长佘念慈。

　　第四十四军军长廖震，副军长王泽浚，参谋长何钟。下辖第一四九
师师长王泽浚，参谋长王锐，第四四五旅旅长宋时仙，第四四七旅旅长
孙黼；第一五〇师师长杨勤安，参谋长李霞举，第四四八旅旅长陈狱，
第四五〇旅旅长杨学云。第六十七军军长许绍宗（兼），副军长彭诚孚，
参谋长周君律。下辖第一六一师师长官焱森，参谋长胡洪泽，第四八一
旅旅长杨守玄，第四八二旅旅长许国璋。第一六二师师长张竭诚，参谋
长王云庆，第四八四旅旅长何葆恒，第四八六旅旅长杨觉。

　　师旅多无副职，旅无参谋长，只有参谋主任。

　　第二十九集团军编成后，由于总司令王缵绪兼任四川省主席，不能
出川，故报准蒋介石由副总司令兼第六十七军军长许绍宗代理总司令职

──────────

　　※　作者当时系第五战区第四兵团第二十九集团军第四十四军第一四九师第四四
七旅第八九三团第二营营长。

务。一九三八年春末，蒋介石令该集团军分别在重庆、万县集中，五月轮运至湖北浠水兰溪，受第五战区司令长官李宗仁指挥。李宗仁令该集团军总司令部设于浠水县的张家塝，所属第四十四军守备安徽的太湖、宿松地区，第六十七军守备湖北的黄梅、广济地区。

约在七月中旬，日军第十三师团师团长荻洲立兵，率领该师团沿合肥至田家镇的公路向西南进犯。第四十四军首先在太湖、宿松一带阻击日军，第六十七军继在黄梅、广济一带阻击日军。八月，太湖、宿松、黄梅、广济均先后陷落，第四十四军和第六十七军均退至大别山迤东山地守备，并不断向合（肥）田（家镇）公路的日军攻击。第四十四军曾两度攻占了宿松县城，旋又退出。八月中旬，蒋介石、李宗仁要在黄梅、广济地区与日军第十三师团决战，以便保卫田家镇要塞，当时叫作"黄广战役"。李宗仁令第二十九集团军攻黄梅，两广部队攻广济。第二十九集团军代总司令许绍宗令第四十四军攻黄梅，第六十七军攻黄梅、广济之间的金中铺。战斗五天，黄梅、金中铺和广济均未攻下，敌我形成对峙。九月初，日军陆海空军猛攻田家镇要塞，反复争夺，双方伤亡很大。下旬田家镇要塞遂陷敌手。"黄广战役"也告结束。

田家镇要塞陷落后，日军的一支海军，沿长江西犯，一部在蕲州以西的黄柏城登陆，一部向浠水以南的兰溪进犯，企图切断第五战区的退路。这时，李宗仁一面令第五战区长官部和两广部队以及第三十三集团军张自忠部向平汉路以西转移，一面令第二十九集团军派有力部队进击在黄柏城登陆的日军。许绍宗令第四十四军第一四九师派队前往；第一四九师师长王泽浚令第四四七旅旅长孙黼执行攻击任务。我这时任该旅第八九三团第二营营长，该团是先头团，连夜向黄柏城前进。

约在十月八日黄昏，先头团在黄柏城附近的九狼山，与日军登陆的海军陆战队一个大队遭遇，遂即展开互争九狼山的战斗。激战通夜，我先头团夺占了九狼山的制高点。日军蜷缩在九狼山山腰。拂晓时，我全旅向日军发起进攻。日军也向我旅冲来，双方展开猛烈的手榴弹战。激战约一小时，日军不支，在长江边的军舰掩护下，纷纷登舰逃跑。日军逃跑时，扔下许多皮背包和呢大衣，全部为我旅缴获。这一仗，打死了日军指挥登陆的大队长，生擒了曹长荒木重知桂等人，缴获了日军的武器、军用品和望远镜、手枪等五百多件。当时，我营第四连有个小兵叫孙能，人称"小精灵"，高兴地唱道："大头菜（指刘湘的武器修理所制造的麻尾手榴弹，其形似四川的大头菜），真好吃，日本鬼子吃不了，不是肚子来胀破，就是双脚忙跪倒！"这一仗，第四四七旅营长周其昌阵亡，伤亡连长以下官兵两百余人。

被擒的日军荒木重知桂入伍前是日本早稻田大学的学生，被擒时，双脚跪地，双手把他的三八式轻机枪举过头顶，哀叫："大大的顶好!""大大的顶好!"日本帝国主义者鼓吹的"武士道精神"和"武运长久"那一套，原来不过如此!

就在第四四七旅击溃黄柏城登陆的日军第二天，日军已从兰溪登陆，并分别向浠水和黄冈、团风、新洲进犯，这时李宗仁令第二十九集团军在浠水和上巴河地区，掩护第五战区转移。

浠水被日军占领后，日军继向我军侧背第二十九集团军总司令部的所在地——张家塝攻击，许绍宗和总部直属部队迅速由英山、罗田向西撤退，第四十四军和第六十七军遂与总司令部失掉联系，无线电也中断了。

与此同时，黄梅、广济方面的日军，在飞机大炮的掩护下，也向第四十四军和第六十七军进攻。我军官兵闻浠水已被日军占领，总司令部下落不明，日机又狂轰滥炸，都很惊惶，就照原来许绍宗转发李宗仁长官的命令，连夜从小路向上巴河退却。退到上巴河西岸后，仍未与总司令部取上联系。第四十四军军长廖震召集第一四九师、第一五〇师、第一六一师、第一六二师的四个师长开会，打算由第四十四军的第一四九师和第六十七军的第一六二师，在上巴河掩护其余部队，经新洲、黄陂，向孝感、应城转移。但会议未完，日军就攻破了上巴河，同时日军也占领了新洲、黄陂，日军飞机大炮又向这两个军挤在上巴河西岸的各师疯狂轰击。我军秩序大乱，各自向孝感、应城和沙市、宜昌方向退却。不久武汉遂告沦陷。

黄广会战简记

许维新[※]

一九三七年秋，刘湘亲率唐式遵、郭勋祺、饶国华等部出川抗日，刘任第七战区司令长官。一九三八年一月因患吐血病，逝世于汉皋。刘湘死后，蒋介石即撤销第七战区，又任命张群为四川省主席，由于川康将领的反对，蒋只好改任川军将领王缵绪为四川省主席，并把原刘湘系统的留川部队，组成第二十九集团军出川抗日。王即着手编组第二十九集团军，自兼总司令，在成都成立集团军司令部，报升原刘存厚部队归附刘湘的第一五〇师师长廖震为第四十四军军长。这时驻防重庆的原刘湘嫡系部队第一六一师师长许绍宗积极争取请缨抗日，蒋介石升任许绍宗为第六十七军军长。这时，王缵绪不愿出川，报请蒋介石任命许绍宗为第二十九集团军副总司令，代理总司令职务出川抗日。四月部队组成，蒋介石令该集团军归第五战区李宗仁指挥。部队分别在万县、重庆两地集中后，乘轮东下至湖北兰溪登陆。五月初许代总司令到达武汉。

当时我任第六十七军军部第三科科长，正在武昌南湖军训团学习。我见到许代总司令，面报李司令长官正在东湖，即将赴宋埠。许即趋谒李长官，把部队情况汇报后，李长官把当前敌我情况概略谈了一下，指令第二十九集团军到达兰溪后，即开赴太湖宿松、黄梅、广济一带地区担任守备。这个地区，北有大别山，南依长江天险，山地起伏纵横，易守难攻。不久第二十九集团军各部均先后在兰溪登陆，许代总司令即令第四十四军担任太湖宿松地区守备，军部设在张家塝附近；第六十七军

※ 作者当时系第五战区第四兵团第二十九集团军第六十七军军部第三科科长。

担任黄梅、广济地区守备，军部设在蕲春附近。五月中旬许代总司令前往蕲春。第二十九集团军总指挥部除直属160毫米重迫击炮营随军出川外，特务营和通信大队均随王缵绪留在成都。许代总司令一直以第六十七军军部为总指挥部，指挥各军、师。

第二十九集团军官兵四万余人（乃乙种军编制），当时各军师的武器窳劣，装备简陋，步枪多数是四川造。少数为汉阳造，轻重机枪、迫击炮，多数是川造，仅第一六一师有部分捷克式机枪。野炮、山炮、高射炮、平射炮等完全没有，只总司令部直属重迫击炮营有炮四门，每门仅配有炮弹十发。

一九三八年五月二十八日，我在军令部领到一批通信器材及军用地图。军令部派任第二十九集团军总部参谋长佘念慈和两名苏联顾问也于同天到达第六十七军驻汉办事处，次日即同运输队前往蕲春。这时天气异常炎热，不久苏联顾问患疟疾，许代总司令派人把他们护送回武汉就医。武汉外围战发生在七月中旬，日军第十三集团附山、野炮数十门，坦克十余辆，由合肥南下占我潜山，并派强大海军溯江西进会合。我第四十四军在太湖宿松阻击敌人，敌海军在小池口登陆，分两路进犯黄梅、广济，与我六十七军发生战斗。由于敌军强大兵力的压迫和炮火的威胁，以致太湖、宿松、黄梅、广济先后陷落敌手，第二十九集团军退守太湖、宿松、黄梅、广济以西山地固守。敌人为了排除其战术上的困难，其海军部队在炮火掩护下，向我第六十七军的第一六一师正面攻击，并与我守备阵地的第四八三旅发生激战。守军以机枪和手榴弹猛烈射击和投掷，致使敌军两次冲锋，均被击退。翌日拂晓，在炮火掩护下，敌军步兵向我阵地攻击。我军等日军接近，以集束手榴弹和轻重机枪火力向敌军猛烈轰击，战斗持续到下午。许代总司令预先调来的重迫击炮四门向敌人猛烈轰击，敌狼狈溃退。这次战斗，第四八三旅和第四八一旅共伤亡百余人，负伤营长一人，阵亡排长一人。敌伤亡据目睹者估计有二三百人。这次战斗后，敌我双方形成对峙状态。第二十九集团军除固守阵地外，还不断派出部队向合田公路的日军袭击。在大别山方面的第二十一集团军廖磊，也时向鄂东猛击，切断敌军交通线。第四十四军派出的部队，曾一度进入宿松城，旋即退出。九月初敌第十三师团不断增加兵力，它的长江海军向西活动频繁，企图侵我田家镇要塞，继续西进，截断我第五战区退路。这时李宗仁决心在黄广地区，与日军第十三师团决战。李宗仁令第六十八军刘汝明攻广济，第二十九集团军攻黄梅，第十一集团军和第二十一集团军各以一部向东、南侧击。许代总司令即令第四十四军攻黄梅，第六十七军攻广黄间的金中铺。我第一六二师在金中铺与敌军发生剧烈的争夺战，由于我无炮兵参战，虽战斗一周，黄广均未攻下，暂告结束。九月中旬，田家镇要塞陷落，敌海军沿长江继续西犯，在黄柏城登陆。李宗仁令第二十九集团军派队进击黄柏城登陆之敌。许令第四十四军派队前往，将敌击退，略有斩获。九月二十日李宗仁电令第二十九集团军守备浠水、上巴河，并与团风刘汝明友军联系，掩护第五战区各部向西转移。许代总司令奉电后，即令第六十七军守浠水，令第四十四军守上巴河。第六十七军军部向竹瓦店转移，第一六一师和第一六二师先后转移到浠水及其以北地区沿浠水小河守备。派往团风联络人员回报，团风并无友军。二十四日上午，浠水第一六一师正面发现敌先头部队。下午四时左右，我接到第十一集团军李品仙自宋埠打来的电话，问团风情况，我即答复团风并无部队。李品仙不等我说完，即切断电话。与此同时，第一六一师的一名士兵，从前方跑来向我报告道：今日下午一时，敌人以三辆坦克向我第一六一师正面冲击，已越过浠水，部队被突破，官焱森师长已率部向第一六二师方向撤退，敌人快到米店附近。这时许代总司令不知第四十四军现在何处，是否已到达指定地点，电台也联系不上。许代总司令与参谋长佘念慈、高参王元虎商议，决定先到上巴河。第六十七军军部即沿山区小路向上巴河东北方前进。行至上巴河东北山口峪时，已是夜半，便就地休息。此时李司令长官派一军官乘机动车送来命令，并告知米店已有敌军。当晚许代总司令与佘参谋长根据命令研究，认定第三十三集团军已向大洪山转移，李品仙第十一集团军和廖磊第二十一集团军向夏店附近转移，刘汝明的第六十八军已向西撤退，麻城情况不得而知。许代总司令鉴于情况紧急，又急于想找到第四十四军部队，乃乘夜沿山路向上巴河前进。到达上巴河东北半山腰一座庙内时，天已亮，即向各军师电台呼号，均无回音。正在这时，但闻前方枪声不绝，有敌机三架，在天空盘旋。前方报告乃第一五〇师之刘团，与敌发生战斗，师长杨勤安在此山背后刘团团部指挥。下午三时许，前方部队始逐渐后移。许代总司令即率领一个手枪排，向刘团团部进发。第六十七军高参王元虎要我率领一个手枪排去追许代总司令，军部人员由王统率随后赶来。我同许义暹参谋带队赶到山背后时，只见许代总司令正与杨师长谈话。杨师长着急地说道："上巴河已被敌占领，各部队下落不明。八角寨方向已无枪声，我们有被敌军包围的危险，乘敌军未到之前，请许代司令一道向西突围。"杨师长说完后，即率一连步兵向垭子口而去。我同许代总司令正向垭子口前进时，西面敌军炮兵已向垭子口射击。我和许代总司令率两个手枪排占领左侧高地，避开炮火。直到六时许，刘团及军部人员陆续向垭子口突围，枪声逐渐远去，部队已经突出包围。唯许代总司令和我率领的两个手枪排被困于垭子口内。下午九时，山腰燃起一堆堆篝火，我们利用篝火间隙突出包围后，即转向西行，经柳子港、靠山铺向黄陂以北碾子岗，通过应城向襄河前进。行至黄陂东什字铺附近，遇着刘汝明乘一小轿车，为敌机发现，低飞扫射，车被炸毁，我们也受一虚惊。行至丰山时得知花园已有敌军，且武汉已沦陷。这时徐源泉率少数部队也来到丰山。由于我们道路不熟，许代总司令要我去找徐源泉了解他们的去向，谁知徐源泉已离开丰山，经陆家山，越过平汉路了。我们找到一向导沿徐源泉的路线前进。这时天下起倾盆大雨，快到陆家山时，敌人从花园开来了一辆铁甲车，用探照灯巡环照射，同时以机枪向左右扫射。我们全部匍匐在田坎下，铁甲车去后，迅速越过铁路，连夜经靠山铺向应城前进。走了一天一夜，快到应城时，见到有少数炮兵把马卸下，弃炮牵马往回走，问及始知应城已被敌军占领。我们当即决定在附近农家住宿，翌晨从应城以北绕过应城。殊不知第二天大雾弥漫误向南方行进，进入三台湖。敌骑发现追来，我们沿堤而行，幸好遇到一货运木船，船主送我们到皂市，这才脱离了险境，渡过襄河经河溶到达当阳。在当阳的有第四十四军军长廖震、第一六一师师长官焱森、第一五〇师师长杨勤安。第一四九师师长王泽浚、第一六二师师长张竭诚只身逃回四川去了。不久，第六十七军高参王元虎率军部人员、总部参谋长佘念慈，先后由襄樊转到当阳。这次战役后，第二十九集团军两个军、四个师，没有剩下一个完整的师、旅、团、营了，人员损失惨重。武汉外围战也以武汉的陷落而告终。为了继续作战，许代总司令电请王缵绪转请蒋介石补充军力。王缵绪电复称，兵员正设法征补，武器一时难于解决。许代总司令为了保持两军的建制，即电驻渝办事处处长李文衡，将留存在黄家垭口的旧武器，悉数运至前线。王缵绪为了保住省主席和总司令地位，也将他留存在荣经的旧武器运往前线。为了鼓舞士气，恢复元气，许代总司令一面整编部队，一面抽调各部军士由高参王元虎主持训练。这时，蒋介石在西安召开会议，令第五战区李宗仁通知军以上军官，前往参加。许代总司令带秘书李承祥等两人，乘车前往。许代总司令在会议前，把黄梅、广济之战，掩护第五战区各部和突围战斗经过，向何应钦汇报，并请求设法补充兵力。何推诿去找王缵绪设法，并告知蒋介石因汪精卫投敌，心情烦躁。蒋介石在西安开了两天会，会上痛斥与会者一通，宣布撤去徐源泉的职务，罪名是徐在转移时收编了蒋的部队。会后蒋飞返重庆。许代总司令返回当阳后，王缵绪抽调的壮丁，已陆续运至前方。第二十九集团军经过一段时间的整训，已恢复了元气，旋即开赴河溶镇待命。

从攻克渡埠到湖广大捷

陈扬汉[※]

战斗前敌我态势

湖广（皖西之太湖和鄂东之广济）大捷，是我国抗日战争时期重要战役之一。一九三八年夏，我第二十六集团军所辖之第四十一师、四十八师、一九九师等战斗部队，在合肥、肥西、舒城等地一直失利之后，日寇第六师团从中央突破，其先头部队包括一个步兵旅团、一个炮兵联队和一个骑兵队，沿潜（山）太（湖）公路向鄂东急进，企图一举攻占武汉，迫使蒋介石接受和谈。我军一时处于被动地位，情况相当紧急。但经过反复侦察，发现敌人的后续部队仍停留在安庆和高河埠一带，尚无积极进攻行动，仅在赶运物资，一支支小部队日夜不停地向西推进。这就充分暴露了日寇先头部队孤军深入的弱点。为了迅速歼灭侵入湖广之敌，我第五战区立即采取措施，重新调整部署，决定将第十八军、五十军、八十七军（缺第一九九师）等部，集中黄梅、广济、宿松、太湖一带，占领阵地，以逸待劳，堵击入侵之敌。与此同时，以第四十一师、第四十八师、第一九九师等部，进入霍山、岳西一带山区，沿潜太公路北线，分地段担任侧击，以迟滞敌人前进，企图一举歼灭侵入湖广地区之敌。

※ 作者当时系第五战区第二十六集团军第一九九师第一一四五团第三营营长。

反攻舒城的战斗

第八十七军所辖第一九九师（师长罗树甲，副师长陈步云）辖第五七三旅（旅长方既平）、第五七四旅（旅长刘爱山）。该师原担任武汉外围防御工事的构筑，受武汉卫戍总司令陈诚指挥。一九三八年四五月间，奉令增援台儿庄，在合肥以东地区与日军遭遇受挫后，遵照第五战区长官部命令移驻六安整补。一个月后奉令反攻舒城。当时全师刚接收新兵四千余人，这批应征入伍青年，连装退子弹、瞄准射击、利用地形地物等动作尚未学会，各基层官佐顾虑重重，有苦难言。经师部召开团以上军官会议，认真讨论研究后，一致认为使用未经军事训练的壮丁去作战，不但无法完成战斗任务，同时也是一种违反人道主义的行为。但反攻舒城任务，又不得不执行。经过反复研究，决定成立一支挺进部队，以步兵为基干，配属步兵重火器及工兵、通信兵，使之具有充分的灵活性、机动性和独立作战能力。这支部队组成后，可在师主力前半日行程内活动。

于是，师长命令第一一四五团第三营及第一一四八团第二营为基础，另抽调迫击炮、重机枪各两连组成机迫营，并配属工兵连、通信排、卫生队、兵站之各一部，组成第一九九师挺进支队，以我（第一一四五团第三营中校营长）为支队长。师部规定被指定部队均应挑选身体强壮有作战经验的老兵，因此这支部队，人数虽与步兵团相若，但机动性与战斗力，则远较一般步兵团为优。支队编成后即接受反攻舒城任务。当时舒城日军固守在城内，用榴弹炮不断向我军轰击，多次出动骑兵，从正面和侧面向我阵地冲杀。与此同时，又连续出动飞机向我投弹轰击。在异常艰苦斗争中，支队绝大多数官兵，对抗日救国有一定认识，战斗意志坚强，士气旺盛。曾先后组成几个突击小组多次爬上城墙袭击，短兵相接，英勇搏斗。因无炮兵支援，无法扩张战果。经过四昼夜苦战，未能攻克舒城。旋我师奉令转移到岳西一带山区，担任侧击，并限期收复潜山县城，阻止敌军西进。所遗反攻舒城任务，上级另派某师牛旅长来接替。

攻占渡埠的经过

一九三八年六月中旬，我师到达岳西后，支队受命夺取潜太公路上战略要点——渡埠。我即选定暗冲和蒋家大山一带为根据地，积极构筑纵深野战工事，以便进可以攻，退可以守。与此同时，挑选支队所属精干的营、连、排、班长数十人，组成侦察队，利用夜间，我亲自率队深入渡埠四周，了解敌情和地形。我们侦知敌人经常昼出夜伏，白天三五成群，到处抢劫财物，强奸妇女，杀人放火，无所不为。到了夜晚，则龟缩在渡埠一隅，戒备森严，不许外人接近，这又充分暴露了侵略军的纸老虎形象。

我侦察队经过几天的努力，在当地群众的大力支持下，获悉驻在渡埠日军只有步兵四五百人，其主要任务是为西进敌军维护交通，提供军用物资和生活日用品等。日军以胜利者自居，趾高气扬，除在各驻所和街口派有卫兵和哨兵外，只在南郊一座小山上和皖水公路大桥西岸，各派有一支小部队，其他地方，均无哨兵。此外在渡埠附近各路口和要点，均设有障碍物和陷阱。我侦察队在搜索中，多次遭到敌军的夜间水平射击。鲜血换来了宝贵的经验教训，使我们对夺取渡埠的信心，随着时间一天天增强起来。

七月二日晚，我在电话中得到了师长的指示，决定夜袭。我即令通信排和工兵连于拂晓前破坏渡埠以东沿公路的电线和公路各险要处，并扑灭敌人行进路标——烟火堆。进攻渡埠的各营连，利用星光，疏散前进，以避开敌人设置的各种障碍物和夜间水平射击。我们在渡埠北端原指定地点，集中兵力，采用突然袭击战术，以重机枪和迫击炮火力，封锁西街口和公路大桥，以主力从东街口突入。一声冲锋号，手榴弹、轻重机枪和迫击炮齐鸣，杀声震地。日军从睡梦中惊醒，慌忙应战，他们利用商店柜台墙壁等作掩护，顽强抵抗，展开了一场惨烈的白刃战。我军官兵绝大多数接受过三年以上的军事训练，不但掌握了射击投弹技巧，同时对国术、刺枪术都有一定的基础，而且士气高昂，杀敌心切，为保卫祖国领土，有的身负重伤，仍坚持战斗，视死如归，发扬着高度爱国主义精神，一举攻克渡埠。残敌从稻田里向南郊溃退。计缴获三八式步枪一百六十余支，汽油二百余桶，战马数十匹，其他军用物资和生活物资甚多。

当时天已大明，我即令部队向东、西、南三方面警戒，未予穷追。因为我深知敌人的后续部队，正日夜不停地向鄂东前进，恐遭不测。当即决定将缴获的汽油若干桶，放火烧毁那座木质的长百余米的公路大桥，瞬息间火光冲天，大桥全毁。日军第六师团被分割为东西两部，使侵入湖广之敌，处于孤立无援的绝境。师长接到我的电话报告后，即派距渡埠仅十华里之方既平旅长，及时赶到渡埠，他代表师长亲切地对我说："您为保卫大武汉创造了有利条件。"并立即架设电台，用师长名义，向

172

军长刘膺古、第二十六集团军总司令徐源泉、第五战区长官李宗仁及军事委员会某厅长发出占领渡埠捷报。后来李宗仁来电表扬我"敏勇果敢"，军事委员会发给我一枚"华胄荣誉奖章"。

当日上午八时半，敌侦察机一架从安庆方向飞来，在渡埠上空绕了几个圈子即离去。十时许，敌战斗机两架、轰炸机一架到渡埠上空低飞，反复侦察投弹，并用机枪扫射。由于支队无高射炮，只得采用消极办法，命令各部队荫蔽，不得暴露目标，免遭损失。敌机越飞越低，越炸越凶，我才命令轻重机枪和迫击炮手，组织对空火网，对准敌机射击，虽未击落，但内中有一架，似乎受了伤，机身失去了平衡，歪斜地向东飞去。

午后，日军驻高河埠一带的一支机械化部队，计坦克十一辆，大卡车七十余辆，满载日军，沿潜太公路向渡埠急进，很远就听得隆隆声，看到灰尘高扬，形成一片黄色浓雾，同时枪炮齐鸣，来势凶猛，向渡埠反扑。我即命各连迅速向蒋家大山一带转移，以避其锋。由于皖水公路大桥已被我军破坏，敌人望江兴叹，无法前进。不但达不到支援窜入湖广敌人的目的，同时也失去了机动部队的优势。卡车和坦克都被迫停在渡埠以东的公路上，如一条长蛇。敌军侧面，完全暴露在我猛烈炮火之下。我支队主力利用蒋家大山既设阵地，对准停在公路上的敌车队猛击，敌伤亡惨重。安庆方面，虽多次派来敌机助战，但它们不敢低飞俯冲；高河埠一带派来的敌炮兵，停在远距离外，盲目地向蒋家大山一带轰击，也没有起到支援的作用。一直战斗到黄昏，敌人才被迫向高河埠一带后撤。我军再度占领渡埠。但伤亡的敌人，全被敌车队运走，并将渡埠物资运走了一部。我支队虽有较强的工事掩护，亦伤亡官兵百余人。估计敌人伤亡人数，比我要多几倍。因为在清扫战场时，发现敌人停车的公路上以及道旁水田里，到处都是血水血迹，军民莫不称快。渡埠之役，斩获虽不多，但是搠入了敌人的要害，切断了敌军补给线与后续部队的增援，焚毁公路大桥，更使敌军分割，彼此不能协同作战。这就为友军而后的湖广会战大捷，创造了有利条件。

协同友军作战

攻占渡埠以后，我师主力于次日攻克潜山县城，歼敌数百人，即以县城为根据地，一面构筑野战工事，一面继续向太湖挺进，协同友军作战。经过反复突击与迂回战斗，各地友军先后攻克太湖、宿松，歼敌数千人。九月初黄梅、广济亦相继克复。驻安庆和南京方面的敌人，虽多次出动飞机协助湖广之敌作战，企图挽救危局，但终以孤军深入，弹尽援绝，而遭到彻底失败。从七月初至九月初，我各地友军，共歼敌万余人，缴获步枪六千余支，轻重机枪数百挺，榴弹炮五十余门，其他军用物资无算。我支队奉令坚守渡埠，堵击西进之敌。敌榴弹炮十余门，日日夜夜向我阵地轰击，并多次派遣步兵袭击，企图偷渡皖水，均被我击退。与此同时，日军海军从水路进攻，不久马垱要塞失守，敌兵舰沿长江直逼九江、武穴等地，威胁武汉。因此湖广大捷之后，我军又陷入被动局面。

皖中阻击

李介立[※]

一九三七年十二月，杨森率第二十军到达安庆后，因部队在沪战中伤亡很大，武器损失很多，即由四川广合、叙泸师管区拨来六个团进行补充，武器由军政部全部换新，装备和编制都比原来增强了。步枪大部分换成捷克式的，每营增加一个重机枪连，每团增加一个迫击炮连，通信部队增加更多；军增设通信营，师团各增设通信连，营增设通信排，部队指挥就比较灵活了。在军事训练上，以作战经验为教材，配以典范令训练士兵，并加强防空训练和工事构筑教育，实弹射击等。在政治方面除由政工人员对官兵进行抗日救国、保卫疆土的思想教育外，还由战地巡回工作团对官兵上政治课和教唱抗战歌曲等，保持战斗锐气。

当时杨森仿效红军的"三大纪律、八项注意"，亦扩编了一个"四大纪律、十四大注意"。四大纪律是："决心英勇抗战，服从长官命令，不要人民东西，坚固国军团体。"十四大注意是："逢人宣传，说话和气，爱惜武器，不当散兵，整洁驻地，买物公平，借物送还，损物赔偿，不乱拉屎，远让汽车，不嫖不赌，自己洗衣，负伤守纪，负伤交枪。"规定部队早晚点名，集体诵读，这对部队训练在政治思想上起了一定作用。因此部队虽然补充新兵很多，但在很短时间，就逐步熟悉了战术，更兼军官大都是新升迁起来的，因而官兵和睦，上下较为团结，指挥听命，战斗力很快达到原有的水平。

※ 作者当时系第五战区第二十七集团军第二十军第一三三师第三九七旅第七九四团团长。

此时，杨森因参加淞沪战役有功，蒋介石委以第六兵团副司令职，受李宗仁的第五战区指挥。杨部除原辖二十军外，还指挥川军王缵绪的第四十四军部队。兵团副司令部驻安庆，担任安庆长江北岸枞阳、舒城、庐江、无为地区防务。

一九三八年五月，日军陆海空部队沿江上溯，至安徽芜湖，转向铜陵、贵池前进；另一支沿津浦线南下，进至安徽的合肥、巢县、无为、庐江等地，阻击日军继续南下；同时，又从第一三四师分驻枞阳和安庆一线沿江岸布防。六月初，日军攻占巢县时，杨森急令第一三三师反攻。由于日军的司令部设在蚌埠，即使攻下巢县，也不易守住，因而只派一部在巢县、无为附近的黄洛河南岸与日军进行战斗。当部队到达巢县附近时，有一位老百姓来报，巢县城墙有一个洞，扛着机枪可以通过。师部决定组织两个营的突击队，于深夜潜入城内打击日军。巢县城下有条护城河，工兵连长彭世昌为了使部队能顺利渡过小河，将制成的浮桥亲自扛着随部队前去。部队过河由城洞钻进城去，先将城门打开，以便袭击后能尽快撤走。时值天气炎热，城内日军沿街酣睡，袭击队立即一齐开火，打死日军二百多人。拂晓前，我军撤出县城，在日军追击中，营长张运辉阵亡。

不久，日军又增兵两个师团，分水陆两路向安庆进犯，水路由四艘军舰载运陆战队在安庆登陆，陆路则沿安合公路攻合肥。守合肥的徐源泉部与敌一触即退。日军占领合肥后，对运漕河形成包围圈。杨森下令部队在舒城、桐城等地构筑工事，阻击日军向安庆增援的部队。是时日军已打通安合公路，合兵直扑安庆。安庆我军腹背受敌，六月十五日放弃安庆，将部队转移到岳西县附近集中，然后向汉口撤退。

原驻无为、庐山间战斗的第一三三师，在桐城以南园塘铺与日军激战了两天，我是该师第三九七旅之第七九四团团长，率部正西撤到舒城、桐城间的十里铺大小关山地与日军作战，日军主力已截断安合公路，我团即与军、师失掉联系，成了被围孤军。当时我采取应急措施，化整为零，编成若干小组，一面在山区与敌周旋，一面利用夜间越过舒桐间公路，取道潜山、太湖进入湖北浠水，最后撤至汉口集中，向军部报到。杨森当时不了解第七九四团战斗情况，以为已被日军消灭，乃向蒋介石报告"七九四团李介立全团殉国"，当时后方各报都报道了这一消息。一个月后，我们全部回到汉口，才知道报上早已把我们列为抗战"阵亡将士"了。

176

信罗战役简记

熊顺义[※]

　　一九三八年五月，第二十二集团军从徐州战场撤退到湖北襄阳、樊城整补。九月，接到命令，参加武汉会战。

　　第二十二集团军由于内部的种种原因，不能全部参战，向蒋介石几次请求，始获得由两个军之战斗团组成两个师，一个军长领导参加。当时以第四十一军第一二二师之第七三一团、第一二四师之第七三九团、第七四三团编成第一二四师，由曾甦元师长率领。第四十五军第一二五师之第七五七团、第七五九团，第一二七师之第七六一团，编成第一二五师，由王学姜师长率领。两个新编的作战师，统归第四十五军军长陈书农指挥，加入河南信阳方面胡宗南军团的战斗序列。九月下旬，这个新编的第四十五军，分别由襄阳、新野两地出发，驰赴信阳集中。

　　月底，当我们部队到达信阳附近时，看见信阳城郊山冈制高点上有高射炮兵阵地，有些森林地带隐蔽有不少的炮兵部队，在各处公路上也有我军坦克部队行动的车痕，官兵都为之振奋。抗战一年多来，无论是在晋东、鲁南、徐州、台儿庄各地，都没有机械化部队配合作过战，这次我们也有炮兵，有装甲部队了，因而大家都很高兴。在信阳附近休息了两天，由于淮河以南日军越过潢川，继续沿信（阳）潢（川）公路西窜，于是胡宗南命令第四十五军部队，驰赴罗山、息县抗击敌人。当时胡宗南召集第四十五军的团长以上军官开会，在会议上宣布的命令大意如下：

　　※　作者当时系第五战区第四十五军第一二四师第三七二团团长。

一、日军第一〇五师团已突破潢川我第五十九军阵地，正向罗山窜犯中。

二、我第五十九军张自忠部，已撤至大别山区，沿经扶（现新县）、光山逐次抵抗。

三、第四十五军两个师迅速驰赴罗山、息县之线，抗击敌人。军部必须在罗山方面指挥。

十月二日，第四十五军军长陈书农亲率第一二四师向罗山方面前进，防止日军由息县向信阳以北平汉线上要点窜犯。

当天早晨，我部由信阳出发，沿信潢公路东进，经五里店大桥，到达栏杆铺，发现罗山以东之竹竿铺已发生战斗。军部即在该镇南边停下，设指挥所，令第一二四师继续前进，限定当日挺进到罗山县城及其以东地区占领阵地，准备打击西犯之敌。于是，我们即离开栏杆铺向罗山县城前进。

前进途中，第一二四师师长曾甦元召集团长研究，然后下达口头命令，大意是：

一、日军第一〇五师团现在正与我第二十八师董钊部队在竹竿铺战斗中，估计明日有向罗山前进模样。

二、我师以保卫罗山县城为目的，决定在罗山城东之任岗、城南小罗山、罗山城占领阵地，阻止敌军西进。

三、第七三九团在左，占领任岗以东各高地，并派一个加强连进出于竹竿铺至小罗山的小道上，掩护右侧安全。第七四三团在右，占领任岗高地，并沿着信潢公路构筑陷阱，以防敌军坦克部队的进袭。

四、第七三一团为预备队，以一个营占领罗山南关车站及小罗山，团部率两个营守备罗山县城。

五、师部设在罗山南关汽车站。

各团长受命后，迅速回到部队，召集营长传达师长命令要旨，积极做好战斗准备。

任岗的战斗及罗山城的撤守

第一二四师所属之三个团到各作战地后，连夜赶筑野战工事，并利用任岗以东有利地形，在交通要道埋设了地雷，还设置了侧防工事。

三日拂晓，敌军沿公路前进，六时许，向我任岗前进阵地发起进攻，我前进阵地的守兵按计划撤回主阵地。敌军逐步迫近第七三九团阵地。

八时，战斗开始。

当敌人炮火向我猛烈射击时，我前沿部队也要求我军后方的炮兵开炮还击，以打击日军的嚣张气焰。哪知胡宗南早把栏杆铺附近的炮兵撤到信阳城附近去了，真是出乎意料。前线官兵听到此消息后，无不痛恨胡宗南为了保存个人实力而不顾友军的伤亡。

九点以后，敌人步兵在炮火掩护下，逐渐接近我军阵地，当敌到我有效火力之内，我军机关枪、迫击炮、步枪万弹齐发，打得日军在稻田里乱窜。不一会儿，即将敌军打退。当敌炮兵延伸射击时，引起任岗松林大火，我预备队便乘势进到前沿阵地，支援前线部队的战斗。第一个回合，敌人以失败告终。

我军抓紧战斗空隙进行休整，修补阵地的缺陷。

十二点后，日军开始第二次进攻，在猛烈炮火的掩护下，一部分敌人偷偷地接近到我阵地的前方，放起毒气来了。敌人企图在施放毒气之后，马上来一个冲锋，一举夺取我军阵地，以便进占罗山县城。我军阵地发出毒气警报，戴上防毒面具和简易防毒的湿毛巾，当敌军发起冲锋时，我军又迅速进入阵地，将敌击退。这样，击退了日军多次进攻。

四日一时许，我军第一线部队派出一些小部队，进入信潢公路附近的日军营地袭扰，一时枪声四起，到处火光冲天，打得敌人开枪乱放，在营地乱窜。

此时，我前线侦察部队乘夜侦察地形，发现左地区右侧公路之左方有一个长湖，水深不能徒涉，恰恰能掩护罗山城不受敌人威胁。但是，右地区右侧道路很多，都可以到罗山城南至宣化店的公路上，再由南向北可迂回到我第一线部队后方，直接威胁着罗山城。因此，我军非常重视右地区以南的情况变化。

下午三四点钟，罗山城南一千米左右的小罗山高地发生战斗。敌人来势较猛，我军预备队配备在该处的一个排，猝不及防，被日军赶下山来。师部所在的南关汽车站受到小罗山敌人机关枪火力瞰制，师长曾甦元和团长林肇戊被封锁在房内，他们在急忙中，打破墙壁，越出这个危险地带，派预备队的一个营，在战车防御炮团的火力支援下，冲上小罗山，打退日军，收复小罗山战略制高点，才转危为安。

当夜，师长曾甦元考虑到：日军一个先遣队既然秘密窜到小罗山，它的主力部队也可能采用迂回我军右侧背的战法，万一大部队敌人绕到小罗山附近，或者侵入小罗山以东与任岗之间的连绵山地，那时我任岗阵地的两个团要想撤退下来就不容易了。为了争取主动，即与军长陈书农商量，决定放弃任岗及罗山县城，转移到罗山县城西南二三里之子路河以西与栏杆铺的山地上防御。当晚命令前线两个团在半夜二十四时开始撤退，经过罗山县城向北转移进行防御。当第一二四师撤守罗山城前，第一二五师已由息县调回，担任罗山汽车站以西二三里子路河桥以西的防御。因此，我们撤下去之后到该师的右翼布防。

我们放弃了罗山城，日军也不敢进罗山城，于是出现了空城一座，摆在双方战线的北侧，作为我军侦察人员出没之地。

这时，敌军主力仍然滞留于任岗、小罗山一带，准备下一步行动。

夜袭小罗山与槐店之战

我们第一二四师转移到子路河，在第一二五师右翼布防不久，胡宗南鉴于日军停滞在罗山城东南按兵不动，深恐敌人沿罗（山）宣（化店）公路，越过大别山脉，窜入武汉北侧之孝感、花园，切断平汉线，策应其主力军沿长江两岸西犯。于是命令第一二四师全部转入大别山区，封锁罗宣公路各个山口，防止敌人南犯湖北省境。

师部命令第七四三团占领罗宣公路线上的龙升镇山口以北之槐店，第七三一团占领龙升镇及其以南山地，师部率第七三九团利用周党畈附近各山地布防。

五日，第七四三团由子路河南岸由西向东布防，转到槐店附近由南向北重新布防，保卫宣化店至罗山公路上龙升镇以北的重要山口。该团在槐店以北地区跨着公路布置防御阵地，与子路河、栏杆铺的阵地形成九十度角，包围着罗山附近的日军，而且经常可以派出小部队到信潢公路上，切断竹竿铺与罗山附近敌人之后方联络线，形成对敌人很大的威胁。

八日，我军袭击小罗山日军阵地。当晚，夜雾蒙蒙，伸手不见五指，我军袭击队秘密爬上小罗山敌人阵地，敌军的三人哨一点儿也没发觉。我袭击部队先将敌哨兵杀死，然后钻进敌人阵地，一阵冲杀，打死、打伤日军数十人，生擒三人，虏获轻机枪一挺、步枪十五支、掷弹筒一枚和其他一些军用品，胜利返回槐店。

这次俘虏的日本兵，同以前俘虏的日本兵不同。以前俘虏的日本兵，无论是第三师团的或者是第五师团的，起初都不愿说话，任你提出什么问题，都不愿回答。必须要经过一个较长时间的优待之后，才开始说一些无关紧要的问题。而这次俘虏的几名日本兵，一开始就有问有答，知道什么就说什么。最后才了解到他们大多是入伍不久的新兵，受法西斯教育的影响比较浅，武士道精神还没有完全在他们思想上扎下根，因而表现就不那么顽固，而且他们之中多半是学生应征入伍的，也不完全赞成他们政府的侵略行为。有个俘虏对我们说，他们是日本帝国大学的学生，参军不久就到中国来了，他很想回家，并把怀中的家信拿出来，连同一家大小的相片交给我们看。他对我们团部政工处的胡干事讲日本话，什么都说，唯一的要求，就是不要杀他；而且在他的谈话中还暴露了一点最关紧要的军事秘密。他说："皇军到罗山附近几天为什么没有向信阳进攻呢？主要是认为信阳有中国的重要国防设施，有机械化部队，有强大的炮兵，不容易攻下，怕受牺牲。现在正准备找寻新的方向，或者是山区，或者是平原，尚在考虑之中。"因此，我们判断敌人有向槐店进攻之可能。因为大别山区，我军的防御比较薄弱，又接近武汉外围。于是，我们一方面向军、师部反映，一方面加强自己的防御工程，准备随时迎击敢于来犯之敌，并迅速把俘虏与战利品送到军部，以便转送信阳军团部。

十二日拂晓，敌军向槐店发起攻击，由于我军在槐店附近的兵力比任岗小了三分之二，敌人仍然是用原来差不多的兵力，因此，战斗一开始即比上次猛烈，第七四三团除竭力抵抗敌人外，同时建议栏杆铺方面第四十五军司令部，希望子路河方面友军相机出击，打击敌人右侧，使敌军西南两面受到我军打击，敌人攻势即有被我挫败的可能。但是，军部没有采纳这个建议，同时还说，敌人也可能是声东击西，先向槐店发起佯攻，一旦子路河方面我军跃出阵地向东反击之际，敌军马上使用主力部队击破子路河、栏杆铺阵地，直指信阳城，那就不好办了，因而没有采纳槐店方面守备部队的建议。

日军步兵在炮火掩护之下，向我军阵地攻击，我阵地前方全是水稻田，刚翻耕犁耙不久，一片汪洋，除部分南北向之田埂可供敌人前进外，迫使敌人主力部队不得不沿罗宣公路前进，这为我军集中轻重机关枪火力封锁公路上敌人创造了有利条件，我军防御一天，阵地屹立不动。

入夜之后，敌我双方对峙，我军除防止敌人夜间袭击外，并准备明天敌人向我右翼迂回的对策。于是又组织了一个右翼警戒部队，控制竹竿铺至龙升镇大道，掩护我军右侧背之安全，并相机侧击我阵地前方之敌。

十三日拂晓，敌人沿罗宣公路由北向南进攻。至八点左右，遥望竹竿铺方面有一股敌骑兵及炮兵，沿竹竿河左岸至龙升镇大道迅速西开，颇有迂回我槐店后方的模样。除告知右侧的部队坚决予以抗击外，同时通知龙升镇第七三一团之第一营协助我团，打击敌人。鏖战至午后三时，阵地被敌人突破，我军逐次沿龙升镇山口以外的西侧山麓向隆光寺撤退。

青山店、周党畈的防御

十三日，我军退到隆光寺时，天已入暮，第一、二两营在隆光寺以东高地刚开始构筑工事，敌人骑、炮兵即追赶阵前，乘我立足未稳之际，一阵炮轰，我第一线部队即溃退下来，团部马上令第三营掩护第一、第二营向青山店撤退。

部队沿着隆光寺至青山店的一条蜿蜒平整的乡村公路，翻过山冈，穿过森林，到达大别山中的青山店。这里是万山丛中的一个比较大的镇市，在山区来说可算是富饶的地方，群众的抗日情绪很高，不少青年主动出来与我们军队联系，要求帮助军队侦察敌情、做向导、烧菜、送饭、抬担架，甚至参加战斗。当时我们不知道这些人为什么这样热情，以后才知道因大别山是共产党的老革命根据地，他们接受过多年的革命教育。

我们看见这山村很富饶，地形很复杂，如以青山店作依托，在青山店的东北地区构成一个防御阵地是非常有利的，北侧可与栏杆铺第四十五军司令部及第一二五师、第二十八师等部队在子路河一带的阵地遥相呼应，东边可与我第一二四师和宣化店之第十三师联系，扼守槐店、隆光寺、青山店及九里山、柳林铺平汉线上战略要点，防止日军乘隙迂回，切断我信阳、武汉间的交通，威胁武汉。同时可以担任栏杆铺军部与周党畈第一二四师的联络，以免被敌人割裂，造成各个孤立的不利形势。此建议上报军、师部以后，得到了同意。同时侦知窜犯到隆光寺之敌骑、炮兵部队与我后尾部队脱离以后，仍然盘踞隆光寺，敌军似有伺机窜犯青山店及平汉线上各要点的企图。我军便加紧构筑工事，准备利用山区有利地形，粉碎敌人进攻。

十五日，各部队的野战防御工事初步完成。正拟继续加强各种战略措施，忽然第四十五军军长陈书农转来胡宗南军团长电报。大意说，罗山敌人主力部队，似有沿罗宣公路南窜，企图切断平汉线模样，为了加强罗宣公路大别山区防务，令青山店之第七四三团，立刻开赴周党畈归还第一二四师建制。

我们接到这个电报之后，考虑到青山店在战略上的重要意义，一面准备撤走，一面速电军部转报军团部建议另派部队接防，以免敌人乘隙钻入九里山柳林车站，切断信阳、武汉间之联系，影响整个战局。电报发出之后，我们静待友军前来接防，然后开拔，以防万一。哪知一两天都无部队到来，最后接到军团部由第四十五军司令部转来电报告我，迅速开赴周党畈归还第一二四师建制，不必等待友军接替青山店防务。

十七日，我们在没有友军接防的情况下，沿着涩港、周党畈的山村公路归还了自己原属部队。

周党畈是大别山上竹竿河谷的一个小高原，四周峰峦叠翠，林木参天，真是一个打游击战的好地方。我们部队因连续几次作战，伤亡、疾病、减员情况相当严重，正好遇到这样良好地形，可以大大节约兵力，于是就采取了广正面、大纵深的疏散配置，准备跟敌人来一个麻雀战。

龙升镇之战

十月十五日，日军在占领我经扶、光山之后，以一部兵力沿罗宣公路向我龙升镇之第七三一团阵地进攻。该团与日军展开激战，日军前后左右都遭到我军打击，第二日不得不退出大别山。

日军虽然缩回，但它在大别山区施用了病菌。从此，大别山区病疫流行，不少连队患大吐大泻的官兵一天天地增多，有的连队一天倒下一二十人，连担架队也受到传染。竹竿河谷的群众，也同样受害很深，有的一家老小全数卧床不起，求医、煎药、做饭全靠邻居帮忙。军民都受到很大的精神威胁，纷纷咒骂日军施放病菌的罪行。

激战子路河

十月十七日，日军占领经扶、光山以后，开始以主力部队向子路河两岸之第四十五军第一二五师及第二十八师进攻，以配合其长江两岸西犯之主力军向武汉发起总攻。终日炮声不停，敌机也轮番向我军后方要地进行战略轰炸。我军逐步向栏杆铺、五里店、信阳方面撤退。

柳林车站的陷落

十月二十日左右，日军以骑兵团为基干，附属一部分炮兵，从隆光寺出发，经青山店，直趋平汉路上之柳林车站，切断了信阳与武汉的联系，加速了信阳、武汉的沦陷。

由于胡宗南忽视隆光寺、青山店至柳林车站山间小道的防御，给日军骑兵钻隙迂回的可能性，不仅招致了信阳、武汉间交通联络的过早被切断，而且这支敌军还在占领柳林车站之后，继续进攻平靖关、郝家店至淅河，又切断了花园至襄阳、樊城的公路，与侵占武汉后继续西进之敌军占领我应城、云梦、安陆等地，在平汉线以西又形成了一个包围圈，对我军后撤，制造了很大困难。

大别山区的撤退

十月二十五日武汉沦陷后，原驻宣化店之万耀煌部，开到周党畈接防，我师移交完毕后，奉命突围而出，返回襄阳、樊城等地整补。

二十八日路过花园，尚无敌人，发现花园车站兵站仓库所存的武器、弹药、装备、器材、被服、粮食很多，过往军队都被要求尽量携带。我们许多健壮的官兵，一人背两三挺轻机关枪，尽量使之不落入敌手。

三十日左右，我们经过义堂镇时，恰逢敌军一个骑兵排在该处休息，当即给予袭击，虏获敌马三匹、枪数支，然后迅速向三阳店方向进发。

西安军事会议

武汉会战后的第二年夏天，蒋介石召集长江以北各战区师长以上将领到西安开会，检讨武汉会战的问题。同时还要各军带两三名团长到西安参观第七分校和第一军第一师的作战训练。

西安将领会议开了七天。当检查到信阳、罗山战役时，蒋介石追查放弃罗山城的责任，当时把曾甦元师长吓得不得了，再三再四地申诉罗山放弃实在迫不得已，如不及时转移到子路河以西，即有全师被歼灭的危险。蒋介石仍然盯住不放，经孙震总司令再三提出保证，给曾甦元师长戴罪立功的机会。蒋介石才勉强答应，暂给曾甦元记大过了事。

这事发生之后，第二十二集团军的许多将领都愤愤不平，认为信罗战役之失败，主要责任应该由胡宗南承担，但谁也不敢提出来，只有闷在心里。

豫南信罗抗战

陈仕俊[※]

一九三八年五月十九日，第二十二集团军由徐州外围台儿庄、韩庄一带开始撤退，于六月中旬到达湖北襄阳、樊城整顿和补充。到九月上旬，第四十五军军长陈鼎勋（又名陈书农）奉命统一指挥第一二五师和第四十一军的第一二四师，开赴豫南信阳、罗山，阻止日军西进。第一二四师和第一二五师由襄阳、樊城出发，经桐柏山区和信阳，于九月中旬到达罗山附近，受第十七军团司令胡宗南指挥，阻止日军向信、罗地区进犯。

当时第十七军团和第四十五军的部署概况是这样的：胡宗南所率第一军第一师和第七十八军、第二〇〇师及炮兵第十一团等部队，位于信阳及以东高地，各部装备完整，并有机械化师为第二线；以第四十五军装备最劣的部队担任第一线。第一二四师（师长曾甦元）固守罗山城，第一二五师（师长王仕俊）担任罗山以东三十华里的竹竿河防御任务。第一二五师师部和师的预备队第三七三旅（旅长卢济清）所属第七四六团，位置于罗山、竹竿河之间蒋家大楼附近（第七四五团回川接受新兵），第三七五旅旅长瞿绥侯同旅预备队第三七九团（团长李傅林），位置于竹竿河后方十华里的郭庄村附近，沿河部署防务，构筑工事。大桥以东，桥头堡村庄为前进阵地。我当时是第七五〇团团长，决定以第二营（营长周子南）担任竹竿河镇右面的河防；第三营（营长邓茂荣）担任竹竿河镇及左西的河防，重点在两岸的桥头堡；以第一营（营长官乃

※ 作者当时系第五战区第四十五军第一二五师第七五〇团团长。

和）为团的预备队，同团部位置于竹竿河镇以西两华里的村庄。全团官兵赶筑工事，布防有一天多的时间。

九月十六日午前九时，日军第十师团由潢川沿公路进攻罗山，向我第三营第九连（连长罗汝汉）前进阵地进攻。作战一小时后，敌人无进展，便以炮兵猛击我东岸桥头堡前沿阵地，同时派飞机前来轰炸。激战到午后一时，阵地工事被摧毁，官兵伤亡五分之三。我派卫生队和运输队，把伤亡官兵和武器抢运过河后，部队才撤过河的西岸，放弃阵地。午后二时半，敌人向我河西岸阵地进攻，战斗激烈。日军几次抢渡过河，均被击退。双方重点都控制在两岸桥头堡方向，敌人曾用战车从桥上向我进攻，被我火力封锁，未能得逞（当时没有工兵器材，无法拆毁桥梁）。战斗到黄昏时，敌人又以机炮射击我桥头西岸阵地，以坦克车掩护步兵，从大桥上向我部进攻。当时，我派机动部队把日军打退。至晚间十时，日军一部涉水过河，袭击竹竿河镇，敌人战车乘机再从桥上攻入我西岸桥头阵地，又展开激战。第三营部队伤亡过大，我率第一营前往增援，并督促第三营反攻，恢复集镇，与敌人展开了巷战。午夜十二时，我部退出集镇，占据场外几个村庄。旅长瞿绥侯派第三七九团团长李傅林率兵两营前来增援，协同再度反攻，打算收复竹竿河集镇。经过两小时战斗，仍未得手。李团深夜撤退又回到原驻地。我团与敌对峙到第二日午前八时，敌又开始向我进攻。我团据守几个村庄，互相支援，阻击敌人前进。战至十时，敌人大部向我左翼包围，我侧背受威胁，奉旅长电令后撤。令饬各营层层掩护，节节抵抗，退至距罗山城约十里的横山坡，占据有利地势，阻击敌人进攻。本团担任公路正面及右翼地区，第三七九团在公路以左地区，与敌展开激战。战到午后三时，敌人用催泪性炮弹向我阵地轰击，官兵一部分受毒呕吐，伤亡很大。我们仍坚持固守，阻止敌人西进，到黄昏时奉命撤退，到罗山以北地区停止待命。

这时，守备罗山的第一二四师师长曾甦元，怕敌围攻，自行弃城撤退。第四十五军长陈鼎勋派员督战，不许弃城后退，但结果无效（因非直属编制部队，不听命令），遂使罗山失予敌手。军长陈鼎勋因第一二四师弃城不守，致使他本人受撤职留任的处分。

第一二四师撤出罗山城后，第一二五师也逐渐被迫后撤。这时胡宗南的第一师第一旅陈鞠部队装备优良，附属炮兵第十一团、战防炮营营长华之英部在小罗山张湾之线占领阵地，阻击日军。第一二四师在第一军右翼，我团在第一军之左，担任左翼阵地防务，阻止敌人侧面进攻。到作战第三日午前十时，敌人正面向小罗山进攻，双方展开炮战。至午后二时，敌人另一部约有一千人，向小罗山左翼迂回进攻，与我团第一、二两营激战，几次进攻均被我部击退。敌机几次轰炸小罗山和我团阵地，但是驻守小罗山的第一师没有受到威胁，战至黄昏后奉命后撤，到次日在信、罗之间栏杆铺沿浠河之线布防，死守西岸以打击日军。第一军部队担任本道正面防务。我团在第一军左翼，沿浠河西岸担任防御。第三七九团在我团的左侧游击掩护侧背。当日午后四时，敌人进攻栏杆铺，与本团隔河对战，我右翼友军第一师战况激烈。第二日早晨八时，敌人又用大炮轰击我方沿河村庄据点，第一军指挥炮兵第十一团回击。敌使用气球观测，轰击我炮兵阵地甚猛，我炮兵怕目标暴露，不敢应战。大批敌机轮番轰炸我团阵地和据点，日军乘机分头向我部进攻，均被我部击退。次晨午前九时，敌机又轰炸我阵地，同时用气球观测，指挥炮兵集中猛击我沿浠河村庄，掩护步兵涉水过河进攻。当时我的团指挥所在一个村庄里，周围是湖，被敌炮轰击，弹落如雨，房屋毁坏，官兵伤亡不少，湖面也落下了不少炮弹，水面上浮出了很多死鱼。至午后二时，我派第三营协同第一营反攻，战到三时，才把敌人打过河去。一小时后，又飞来敌机六架，轰炸我沿河村庄，还飞到阵地上，低空扫射。我们用机枪、步枪、手枪集中射击，其中一架被我军击落在浠河西岸。当时日军派队伍来抢救，被我部阻击，并选派一班士兵用燃烧手榴弹把飞机焚毁。不久敌机又来几架进行报复，把炸弹投完后，仍以低空扫射我阵地（约百米高），又被我团击落一架，落在河东岸，被敌人抢去。战到黄昏后，枪声才趋于沉寂。

次日午前八时，日军又大肆炮击我团守备沿浠河各村庄据点后，向我阵地进攻。十时，敌从第二营正面突破，我率第三营反攻，战斗激烈，双方伤亡甚大。十二时，我军又把敌人打到河东岸。午后三时，敌增加部队，从我团左侧背进攻，第三七九团未能与我团衔接，掩护不力，空隙太大。敌人大部由此进攻，占领我左侧几个村庄，我军受到敌人侧击，第一营与日军形成锯齿形的村落战。敌人有四百多人围攻第一营第三连所据守的一个村庄，该连以一排守村庄，以两排在村庄外缘阵地作战，地势孤立，情况危险。我当即派第三营营长邓茂荣，率兵两连前往策应，掩护第三连撤退。在村外的两排士兵被敌人封锁，无法撤退，仍固守激战。日军用燃烧弹把民房烧毁，想迫使这排人投降，官兵临危不惧，视死如归，拒绝投降。房屋烧到最后时，全排官兵高呼口号，开始声音高大，继而渐渐低弱，最后没有呼声了。全排官兵壮烈牺牲。其他各营连也与正面之敌展开激战。苦战到晚间八时，情况才趋和缓。后因日军增加部队，向我军团两翼包围，迫使胡宗南指挥各部迅速后撤。我团也于十日撤退。

我军在撤退中，信罗公路泥滩很深，胡宗南部沿途车辆、武器、弹药遗失不少，第四十五军指挥的两个师，在信罗公路的侧翼撤退，奉命占领信阳以西山地，择要扼守，赶筑工事。敌人攻占信阳后，即停止进攻。我军防守几日后，奉命开回襄阳、樊城，归还建制。本团开赴樊城老河口之间的仙人渡整顿补充。由于连日天雨，官兵在水壕里作战，衣服都湿透了。以后干了又湿，湿了又干，战士们的健康受到了很大影响，患疟疾者达到百分之六十左右。我团原有三个营、十二个作战连，经过这次作战后，部队伤亡很大，只编足七个连，缺五个连，旋由本师各部拨五个连来补充。在仙人渡整训两个多月的时间，于一九三八年十二月中旬，第一二五师又开赴随县、枣阳、大洪山一带，本团在天河口之线担任守备，并派一部向驻守随县淅河、乌坪之日军袭击和游击，因此我军与随县、安陆、应城之敌对峙于溳水间有六年多。为了保卫国土，阻击敌人，时有局部战争，并先后参加了四次随枣会战。

富金山、沙窝战役

宋希濂※

一九三八年五月下旬，我所率领的第七十一军（当时辖第六十一师、第八十七师和第八十八师）在兰封战役之后，退到郑州以西的河南郏县一带，进行整补。

我军所辖的第三十六师，一九三八年六七月间从江西萍乡运送到河南偃师，军委命其归还我军建制。

八月下旬，我部奉命开到商城附近。

日军这时从六安西进，我部奉命在史河地区加以阻击。我立即率领各师师长去叶家集一带侦察地形。我们当时发现富金山有如扇形，靠叶家集很近，在公路南翼，居高临下，可控制公路，是一处良好的作战要地。我当即决定，由两个师在富金山布置阵地。第三十六师在左翼，第八十八师在右翼。另派遣归我指挥的第六十一师，则令其开到固始，占领阵地，竭力阻击敌军西进。如遇强大压力，可逐步转移，向商城靠拢。

我七十一军归第二集团军总司令孙连仲指挥。商城一带的阻击任务由孙部第三十军负责。

八月底，在叶家集前沿阵地与日军接触。

九月二日，日军第十三师团，向我富金山阵地发起了进攻。敌进攻的主要方向是第三十六师的阵地。该师阵地有几条菱形线，可伸到平地。而第三十六师就在这几条菱形线的山腰布防。沿着棱线一直可通到山顶，我的军指挥所即设在山顶上。

※　作者当时系第五战区第七十一军军长。

　　日军集中火力，猛攻第三十六师防地，战况极为激烈。敌军的炮弹甚至打到了我的指挥所。我们也可以从山顶清楚地看到日军的活动。激战十昼夜，双方伤亡很大。由于第三十六师的英勇抵抗，敌军沿着山脉的棱线向上仰攻，而我部呈梯形配备，敌每进攻一步，都要付出重大代价。他们既用飞机轮番轰炸，又用大炮密集轰击。然而整整十天，日军始终未能攻达我军在山腰一带的主阵地。连日本自己的报纸，也不得不承认："此役由于受到敌主力部队宋希濂军的顽强抵抗，伤亡甚大，战况毫无进展。"这十天，我这个指挥所就是在富金山山顶上度过的。我经常到第三十六师指挥所，有时到各个团指挥所去。对他们说的唯一的一句话就是："狠狠地打！"我们在山头上，对敌军的活动，他们的炮兵阵地、运输车队，以及一些搭有帐篷的伤兵救护所等，都看得清清楚楚。可惜我们没有炮兵，如果有一个炮兵团，或至少有一个炮兵营，可以给予它以毁灭性的打击。

　　这时，我第八十八师还没有遭到很大压力。日军因为久攻不下，遂派第十师团进行支援。该部利用夜间向我军指挥部所在地——武庙集，进行侧背迂回包围，企图一举击破我指挥中心，并切断我后方联络线。可是其企图被我部派赴敌军侧翼侦察的搜索部队（第八十八师第五二三团第一营营长梁筠）探悉，立即将这一重要情报，报告了师长钟彬。钟师长认为情况紧急，当即召集有关干部及当地向导，研究敌人的必经道路及地形，发现坳口塘是一处重要隘路，地势险要，易守难攻。遂迅速抽调第五二八团，前往伏击。敌人以为其行动秘密，可以出我不意。他们万万没有想到，我军侦察部队，不仅获得了准确的情报，而且各级指挥官应变能力极强，行动迅速，使敌人的企图没有得逞，反而遭受重大损失，死伤五百人以上。敌人因受到这一挫折，立即狼狈撤退。

　　至此，敌军第十三师团，虽对我叶家集以西的阵地，进行全力攻击，由于我军的顽强作战，该师团伤亡过半，包括大队长一级的伤亡也很多。敌军不但没有取得任何进展，反而五次补充兵员。敌增援的第十师团，也同样遭到我军阻击，始终未能攻占富金山。后因另一部西进之敌，陷我固始，并向商城进攻，威胁富金山阵地之侧背，我富金山阵地遂于九月十一日奉令放弃，转移至沙窝、小界岭一带防守。

　　富金山之战，予敌以重创，我军威名大震。日本的报纸也出现了："我军遇到强手，束手无策……"等语。

　　九月九日，敌军进攻商城，与我第三十军展开战斗。第三十军是一个能打硬仗的部队。商城的争夺战，也是十分激烈的，双方伤亡均重。

随后我方放弃商城。第三十军和第七十一军奉令共同防守沙窝、小界岭一带。这是保卫武汉整个战局的重要关键。因为日军如突破小界岭防线，越过整个山脉，便可沿着公路西进，占领花园，直逼武汉。

我部第三十六师由于在富金山伤亡很大，剩下还能作战的官兵，缩编成一个团，留在战场归军部直接指挥，其余的奉军委会命令，由陈瑞河师长带到襄河以西整补。

孙连仲的第三十军在沙窝左翼，我部第八十八师主力布防在沙窝正面，第八十七师防守在右翼。进攻这条线路的敌军拼命攻击，战况十分激烈。敌军多次企图拿下我阵地，每次都遭到我军沉重的打击。

在沙窝守卫战中，我军与第三十军（军长田镇南）合作得很好。两个军的指挥部同设在小界岭南面约三公里的白果树。一旦发现敌军动静，不必通电话，两军指挥人员一商量，即可定下作战方案。只要日军一发动进攻，我们即施行两面夹击。我既设阵地，敌力攻月余，始终未能突破。我军虽然伤亡重大，但也狠狠打击了侵略者的气焰，迫使敌军改变了进攻路线，即敌军增加部队，攻占潢川、罗山后，向信阳进攻的作战方针。

当时的军委会，根据国外的新闻报道，并综合前线部队的战役，认为我军在富金山和沙窝战役中战绩卓著，曾经通令全国军队进行嘉奖。同时给我个人颁发了华胄荣誉奖章与奖状。

但大别山北麓之敌，此时已越过潢川西进，又继续占领了罗山。九月下旬与我胡宗南军在信阳以东发生激战，经胡宗南部痛击，致使敌人死伤五千余人，敌军被迫退至罗山等待增援。敌援军一至，立即再度猛攻，胡部伤亡惨重，于十月十二日晚，未经第五战区代理司令长官白崇禧的批准自动放弃信阳，撤往南阳附近。日军遂于十月十二日攻占了信阳。然后，即以有力的一部从信阳西边的平靖关，越过桐柏山脉，占领应山，全线震动。因日军如迅速从应山南下安陆、云梦、孝感、汉川，则所有在东北地区作战的部队，均将陷于日军包围圈内。

当时第五战区司令长官部，设在安陆与花园之间的陈家庄，得此消息后，立即命令各部队，迅速向汉水以西地区撤退。第二集团军总司令孙连仲，以电话告知我部，即从小界岭一线撤退，经花园、云梦、京山向钟祥以西地区转移。几乎所有部队都向西去了。最后仅剩下我部两万多人（我所指挥的第三十六、第八十八两个师留下还能作战的队伍，作战伤亡过重，已于旬日前奉军委会命令，归我直接指挥，其余由师长陈瑞河、钟彬率领开赴襄樊一带接领新兵整训）。我立即命令在左翼的第六

191

十一师（师长钟松）向钟祥转进。亲率第八十七师及直属部队，以四路纵队，沿黄安至花园的公路西行。是日，天气晴朗，大约下午三时到四时这一时间内，有日军飞机三批（每批二十四架），先后从我军上空飞过。目标这样大，日机既不投弹轰炸，也不低飞扫射，径直向西南方飞去。我当时感到很奇异，但随即听到孝感西南地区的爆炸声，才断定日机的目的，是在破坏孝感至长江埠一带的桥梁和船只，企图阻止和延滞我军的撤退。将近黄昏时（下午六时左右），我所率部队均已到达花园附近。当时得知的情况如下：一、钟松率第六十一师已于上午通过花园向孝感方面去了；二、听到西面三四十华里的地方有浓密的枪声，判断安陆可能已被日军占据；三、友军的第四十四师萧之楚部，约有两个团和一个山炮连及没有跟上队伍的其他友军部队，有四五千人，均才到花园附近，因情况不明，处于彷徨中；四、沿长江北岸西进之敌，正向武汉附近地区进攻中；五、据我军后尾部队报告，尚未发现敌军的追击部队；六、北面的麻水、应城一带，尚无敌踪。我立即召集所有各部队营长以上军官，到花园车站来开会。向他们说明当前的形势，是处于敌人的大包围圈中，再向西行进，可能钻入敌军口袋，有被歼灭的危险。在此观望坐延，敌军将包围圈缩小，亦有被歼的危险。必须立即采取行动，暂将部队分散隐藏三里城、宣化店、七里坪一带及花园的东北地区，伺机突围。所有到会者全都同意。只有些人表示部队走得很疲倦，希望吃点儿东西再走。我当即斩钉截铁地说："不行！时间稍纵即逝，必须立即行动。"随即就各部队行进的路线，隐藏的大概地区，以及今后的联络方法，予以明确指示。我亲率军直属部队及友军部队，立即循原路东行。约一小时后，折而北向，进入丛林地带。由第八十七师沈发藻师长率该师全部，由花园经二郎店向三里城行进。

经一夜的行军，到第二天上午，大都到达了三里城、宣化店一带地区。出人意料的是，这些地区，几乎没有一点儿战争气氛。街上行人如织，熙熙攘攘，尤其是三里城颇为繁华。特别令我感到高兴的，即三里城竟囤有军粮两千多包（每包二百斤）。当嘱军需人员通知各部队来领。除吃用外，尽量带足预备粮。军部到达三里城附近一个村庄住下后，我即命通信营迅速架通各团级以上部队电话，并采取下列各项措施：一、所有无线电台，应暂时停止与外部联系，防止被敌军侦察，发现我军位置；二、严密监视和警戒通往黄安、花园、应山方面的敌军动态；三、派出一些便衣人员前往潢川、罗山、信阳等地，侦察这方面的敌军情况。在这一带住了三四天，我命令各部队，利用夜间逐步北移，接近信阳至潢川间公路的南面二三十华里处住下。根据详细侦察结果,信阳至潢川间,只信阳、潢川两军有日军据守,白天常有装甲车在信潢公路上巡逻,晚间颇为寂静。于是我就决定,于某日晚十时至十二时,所有部队(约两万人)要全部通过这条公路,跳出敌军的包围圈。一切均按照预定的部署实现了。接着渡过淮河(这时淮河可以徒涉),第二天到达息县,即分两路向驻马店、确山两处前进。我率军部及直属部队到达驻马店后,立即由电台向军委会报告经过情况,迅即得到蒋委员长、何参谋总长分别来电嘉奖,内有"极为嘉慰"之词。并命部队即向南阳地区集结整训。随我一道出来的友军部队,各自归还建制,其军师长均曾来电表示感谢。

此次战役,我方伤亡甚重。然敌寇亦在我庄严的国土上,陈尸四千五百零六人(内将校一百七十二人),负伤一万七千三百八十人(内将校五百二十六人),合计二万一千八百八十六人(内将校六百九十八人)。(注:这一数字引自日本军史。)

一九三九年七月,我部驻军河南灵宝休整。为纪念抗战两周年,我曾召集全军干部讲过这样几句话:"淞沪鏖战,予贼重创。富沙歼敌,恨未能使匹马不回耳。嗣当激励士气,功期再战,驱逐倭寇,还我河山,余之愿也。"就让它成为这段战史的结束语吧!

第六十一师固始抗敌记

胡汉文※

　　一九三八年九月，驻防在湖北麻城的第六十一师钟松部，奉命开往大别山麓的河南省固始县，执行阻击日军、保卫武汉的任务。

　　当时，我在该师第一八一旅第三六一团任中校团附。军队开到固始后，师长钟松当即往前线观察地形，并同有关人员仔细分析敌情，要求各团修筑坚固的防御工事。由于在敌人未来之前，时间充裕，因而工事筑得比较坚固，干粮和水也准备得很充足。我所在部队，老兵多，有作战经验，武器装备也比以前优良，加之官兵团结，斗志昂扬，能听从指挥。

　　当日本侵略军由皖西来到河南固始以东约二十里外宿营时，被我情报人员发现，便立即报告给师部。师部决定在拂晓前，做好一切战斗准备。次日上午八时，敌人与我军派出的前哨部队接触。我前哨队打了一阵以后，便故意向后败退，使用诱敌深入的策略，以图待机消灭敌人。趾高气扬的日军，误认为我军胆怯，直逼我军阵地前沿，这时我军开始猛烈射击，敌军死伤不少。接着后面的敌军也攻上来了，双方立即展开激战。经过连续四天战斗，共打退敌人五次冲锋，迫使敌人不能前进。这次敌人只靠大炮轰，步兵攻，因而对我军威胁不大。接着，敌人又向我阵地发射五百多发炮弹，摧毁我军一些工事，伤亡不少官兵。在这危急关头，敌人发起了第六次冲锋，我军仍奋勇抗击，此时，我军两个团突然从敌人左右两侧冲杀上去，杀得敌人晕头转向，混乱败退。我军乘

　　※　作者当时系第五战区第七十一军第六十一师第一八一旅第三六一团团附。

胜追杀一阵,即回原地。一面组织人员加固工事,一面清查并埋葬死亡官兵。这次全师共伤亡三千多人,等于损失了一个团的兵力。我也被三八式步枪打中,从右耳侧后颈穿通,但我没有离开部队,留团休养。

当天晚上,大家都很疲劳,想要好好地睡一夜,以便明天再打。按以往常规,日军在夜间一般是不敢出动的,我们完全可以抓紧时间吃饱、睡好。可是万万没有料到,师长却来了紧急命令,规定各单位于当晚三点钟全部撤离阵地,以团为单位,火速沿平汉铁路向湖北方向撤退,在孝感县花园车站集中。命令还要求所属各部严格执行,违者严惩。其他什么也没讲,我们只好照命令执行。

当时,官兵们都大惑不解,打了胜仗为什么还要撤退?但是在那种情况下,只好坚决执行。在撤退途中,官兵埋怨说:"打了胜仗反而向后跑,打了败仗又该怎样呢?"到花园车站报到之后,在该站附近的村庄里休息了几天。这时,我们才听说,武汉已失守,大家吃了一惊,同时也明白了,原来是武汉失守了,才叫我们迅速撤退。

那时,师长钟松准备调本队北上至郑州,可是胡宗南的第一军已从武胜关撤退了。这样南北都去不成。于是决定往西走,经安陆、随县,向枣阳撤退。全师行军十多天,经随县安全到达枣阳后,钟松发急电报告蒋介石,并请示处理办法。三天后,蒋电令第六十师暂驻河南省新野县待命。于是,部队开赴新野县。我随同一批负伤官兵往洛阳住医院治疗,从此脱离了第六十一师。

沙窝、马鞍山歼敌记

张辉亭[※]

一九三八年，我第二集团军为捍卫武汉，奉命开至商城、固始一带外围防守。日本侵略军由安徽之六安、金零寺等地向我第七十一军宋希濂部攻击，该军经顽强抵抗后，退至商城以南地区休整。而我第三十师在商城以北固始一带与敌接触，激战数日，敌我各有伤亡。后奉命转移到商城以南、麻城以北沙窝、马鞍山一带待机歼敌。我集团军总司令孙连仲为该处指挥官，受其指挥的部队有宋希濂军、徐源泉军和本集团军所辖第二十七师、第三十一师、第三十师及独立第四十四旅。我集团军由息县、固始、商城转进时，第二十七师已失去联系，第三十一师在麻城的东北聂河一带，也无法联系；只有我第三十师转移至大别山沙窝、马鞍山一带。该处系武汉通信阳公路交通要道和战略重点。至于保卫武汉京汉线之外围任务，则由胡宗南部队负责。该部驻守在信阳、武胜关一带。

当时，我率领第三十师在沙窝、马鞍山一带积极构筑防御工事，以迎战敌人。向我当面进犯之敌，系日军第十三师团，师团长荻洲立兵，曾在北京陆军大学担任过军事教官，对于我国地理环境非常熟悉。他在沙窝、马鞍山一带屡次向我进攻，但皆被我击退。不久，我左翼友军宋希濂部，陆续衔接一线，右翼第三十一师亦接上参加战斗。尽管敌人每日两次进攻我阵地，但均未奏效。有一次，敌人指挥官被我迫击炮击中，该指挥官连人带钢盔以及指挥刀被一齐抛向天空。当时我正在阵地指挥，

※ 作者当时系第五战区第三兵团第二集团军第三十军第三十师师长。

看到这一情景，当即赏给该迫炮连五百元。此役俘虏敌军数十名，步轻机枪二百余支，曾拍照送到武汉。并在缴获的一本敌军日记中发现写有"何日能归国？"的厌战字句。

这次战斗，敌我相持达五十五日之久，战斗非常激烈。敌见无法取胜，便惨无人道地用灭绝人性的窒息瓦斯炮弹向我阵地施射，我方兵士中毒死亡者，七窍流血，面目青黑。即使在这样的情况下，我军仍坚持战斗。后因胡宗南部撤守信阳、武胜关，我守沙窝、马鞍山之部队，左右被包抄，不得已才撤退。

此次战役，敌人伤亡近万人。我师在湖北广水整训时，原全师官兵有一万三千五百三十六人，战斗后，全师步兵生还者一百三十七人，特种兵六百七十四人，总共剩下仅八百余人，当时战况的激烈可以想见。

四顾坪山及双河口战斗

杨赞模[※]

一九三八年九月下旬，第七军正在商城整编，接第二十一集团军总司令命令：日军占我南京后，从长江南北两岸分兵向武汉进犯，第七军即开长江北岸，利用有利地形对进犯之敌予以阻击；长江北岸田家镇要塞，由第二军（军长李延年）防守，注意切取联络。第七军整编后，第一七〇师因奉命开广西重新编组，当时军部只辖第一七一、第一七二两个师，取消旅一级，设步兵指挥官，每师三个步兵团。奉命后，军长张淦、副军长王赞斌、副参谋长王卫苍和我到郝家坪设指挥所，第一七一师师长漆道徵、副师长曹茂琮、步兵指挥官丘清英、参谋长方钦，团长谭何易、吴绍礼、周文富；第一七二师师长程树芬、副师长朱乃瑞、步兵指挥官颜僧武、参谋长刘文潮，团长陈树森、廖瀚国、李瑞金，率部从商城开赴长江北岸。军部召集师长、副师长、步兵指挥官、团长开会，实地侦察地形，得知日军荻洲师团已从安庆西进。友军情况是：第二十六军第四十一师丁治磐所部在潜山附近，第三十一军韦云淞所部在太湖附近，第四十八军军长张义纯所部在浠水附近，第二军李延年部守备田家镇要塞。

第七军当时的部署是：第一七一师在黄梅附近，第一七二师在广济附近，以陈树森团守备四顾坪山这一要点，以李瑞金团为军预备队，两师务须协力阻击敌军，确保四顾坪山。军部指定专（电）台与李延年军取得联络，两方规定每天上午四时、下午八时相互呼应，情况紧急时，

※ 作者当时系第五战区第二十一集团军第七军参谋长。

随呼随答，互通敌情。九月下旬末，敌获洲师团进抵四顾坪山之东，与我守备部队接触。由于四顾坪山是公路上要地，第七军部队到达时间匆促，只能以步兵身上背的小圆锹和十字镐构筑一些野战工事。白天敌机投弹，低空扫射，只能利用黑夜加以修补。约三天时间，陈树森团损伤甚多。某夜，以李瑞金团去接防，由于伤亡过多，运送伤员力量不足，幸得地方群众大力支援，将负伤兵员全部后运。程树芬师长亲临前线督战，漆道徽师长协助侧击敌人，四顾坪山得以固守一周左右。有一天下午八时，军电台发出呼号，未见田家镇友军呼应。第二日黎明，长江南岸重炮爆炸声、敌机投弹声，隔江可闻，长江北岸战斗反而沉寂，四顾坪山也未见敌机飞来。第七军将情况上报集团军总部，请指示行动。得到的指示是："敌占田家镇要塞，李延年友军向南、向西转进，正阻敌向武汉前进，第七军应向麻城双河口转移集结待命。"

一九三八年十月上旬，第七军在四顾坪山的阻击战结束后，接着遵照第二十一集团军总部命令，开赴麻城双河口集结待命。由于徐州撤退后，未经过大休息，小休息也不多，致使部队非常疲劳。这时，总部又来命令："日军有从北向南直扑武汉企图。第七军守备双河口，阻滞敌人前进，并与左翼第三十九军刘和鼎部切取联络，第七军部到双河口之南约十里的小村设指挥所。"当时敌南下的情况未明，友军刘和鼎部队在哪里也不知道。双河口是大路上的一个小镇，一营兵力守备已足够，多了反而暴露目标，易遭敌机轰炸，因而在双河口附近山地有一团兵力已足够。第七军决定以第一七一师副师长曹茂琼率一个团（团长周文富）守备。第一七一师师长漆道徽注意机动指挥作战，负完全责任，军指挥所及第一七二师部队置于双河口南端，策应作战。

当时，军长张淦对漆道徽师长说："我们的本钱就是两个师了，四顾坪山作战，已经使用了第一七二师，现在只能使用第一七一师了。上次徐州会战，宿县的失守，杨俊昌师长受到处分。现在第一七一师责任落到你身上，上面既然要'固守'，虽仅一个小镇，当然不是上次一个宿县大城可比，我们也一定要守得住。"军部还决定派参谋处长潘觉民带轻无线电机到北翼友军刘和鼎部联络。时隔三天左右，敌陆军以空军助战，猛攻双河口北端高地，激战时两师各团都从外围分途协力。敌番号还查不出，兵力约一个师团之众。左翼友军方面，炮声逐渐增多。一天正午，潘觉民来电报："友军转移，敌人突进，向南直下，希注意侧背安全。"潘觉民经林店找一农民带路回到双河口南端的军指挥所，据面报，敌攻友军正面，激战约三小时之久，中央被突破，友军向西转移，敌人以少数部队尾追，以骑兵为主，但追得不猛。向南的敌军是主力。军部将此情况上报集团军总部，总部指令，第七军移驻罗田滕家堡待命。

潢川防御战简记

陈芳芝[※]

　　一九三八年夏季，第二十七军团张自忠部于徐州、台儿庄会战之后，紧接着在武汉外围地区参加了保卫武汉的会战。笔者当时任该军团第五十九军第一八〇师的第七一五团团长，关于这一部分参加武汉外围作战的经过，曾亲历其境。

　　一九三八年五月底，我军在徐州、台儿庄突围后，统帅部对于各部队作了这样的调度：第一线孙桐萱部驻守郑州地区；第五十一军于学忠部驻守商城附近；汤恩伯部第十三军和何柱国的骑兵部队在临泉、界首、阜阳等地整补；孙连仲部第三十军在舞阳以西地区整补；胡宗南部集结在应山一带。第二十七军团第五十九军因在台儿庄、临沂会战及掩护大军撤退时伤亡过重，六月奉命分驻在许昌、驻马店一带，积极整训补充。

　　八月中旬，日军一路开始从合肥西进。第五十九军奉命移防信阳一带。张自忠命第三十八师驻守信阳，以第一八〇师在信阳外围二十五里铺、柳林一带构筑防御工事。部署完毕，张自忠集合营长以上军官开会，对各部队的备战作了指示。他说："现在日军又要从合肥、商城来犯，中央决定要在武汉外围与之决战。信阳是武汉的门户，当此国家民族危急存亡的紧要关头，我们应该决心效忠，与敌人一拼。如果能发扬在临沂击败日军最精锐坂垣师团的精神，会战就无所不胜。希望官兵齐心协力，与敌决一死战，以报国家，并为阵亡将士报仇。"

　　九月一日，日军进攻商城，守军第五十一军于学忠部告急，张自忠

※　作者当时系第五战区第三十三集团军第五十九军第一八〇师第七一五团团长。

部奉命前往增援。到达罗山时，得到通报，于部防区已被日军突破，又奉命据守潢川地区，阻止日军西进，至少要守一个星期，以掩护胡宗南等部在信阳、武胜关等处集结布防。张自忠遂命第一八〇师第二十六旅张宗衡部占领潢川东十五里铺地区。命第三十九旅安克敏部固守潢川城，分配第七一七团韩德复部守东城，第五四〇团范绍桢部守西城。以第三十八师为预备队，位置于潢川西二十里铺以东地区，并分一部分兵力对息县方面实施警戒。军团部驻在任大庄。

当时日军约有两个师团的兵力，一路直趋潢川，一路向潢川以北息县迂回。九月四日，正面敌军先集中炮火，配合飞机轰炸、扫射，支援步兵向潢川东十五里铺猛攻。我第二十六旅张宗衡部与之激战，历一日夜，将敌人阻于阵前。敌人以一部分兵力向我第二十六旅第七一五团左翼迂回。旅长张宗衡命我带第三营猛攻敌人的左侧背，激战三四个小时，才将敌人击退。六日晨五时，敌人又在飞机、大炮的掩护下，向我第二十六旅全线猛攻。我军全力应战，又把敌人打回去。这样往返多次，经过激烈的战斗，我曾向旅长请援，他在电话中说："军团长（张自忠）下有手令，命我们与阵地共存亡。为国家、为民族，与敌人拼到底。只要能再守几天，就能掩护我军主力完成部署任务。他命我旅坚持最后五分钟。我已将手令传知各部队，我们必须艰苦支持。"九日中午，敌人又向我进攻。战斗到最激烈时，张自忠亲到潢川城门外指挥。他亲自给我打电话，叫我激励官兵坚持到最后，必可获得胜利。结果，这一路的敌人终被击退。

十日晚，忽闻日军已攻占息城，并继续向罗山方面进犯。此时，我军后路受到威胁，掩护主力任务亦成问题。张自忠遂变更部署，命第三十八师黄维纲部分两路向北面敌人进攻：以第一一三旅第二二三团张文海部从潢川北十五里铺出击，力求阻敌于潢川东北地区；以第一一二旅和第一一四旅向息县南二十五里铺出击，以牵制敌人的西进。第一八〇师第三十九旅安克敏部仍固守潢川。以第一八〇师刘振三部的直属部队及第二十六旅张宗衡部为军预备队，位置在潢川西十八里铺。我第三十八师猛烈出击后，与敌展开遭遇战。经过三昼夜激战，敌我双方均有重大伤亡，其中尤以息县方面的战况，最为壮烈。正当北面与敌酣战之时，东路的敌人从十一日起也以其主力及飞机二十余架配合强大的炮火，向潢川城和郊区猛攻；从东西北三方面采用包围态势，激战两昼夜，双方均无进展，呈胶着状态。十二日中午，忽有一部敌军向城南我军后方迂回，严重威胁我军团部的安全。有人向张自忠建议可稍向后移动一下，张坚决不允。当时他从容指挥，命第二十六旅旅长张宗衡率第六七八团阻击该处敌人，经过半天激烈战斗，复由第三十八师增兵配合，始将敌人击退，从而稳定了战局。

十三日早，敌人从息县分兵西犯，攻占了罗山县城，后方联络被敌切断，此时我第五十九军已完成阻击掩护任务，奉命转移到光山以南山区占领阵地，继续阻止敌人南进。在这次转移中，张自忠亲自带着手枪营和第二十六旅第七一五团在潢川西十八里铺以南占领阵地，掩护全线撤退。当时发现敌军约一个大队向十八里铺我左翼迂回，张亲自指挥所部向敌人猛攻，激战约三个小时，终于将敌军击溃，向罗山方面逃窜，我军安全撤退，未受重大损失。

潢川之役，第五十九军与日军血战十日之久，如期完成掩护大军在武胜关布防的任务。统帅部传令嘉奖，并任张自忠为第三十三集团军总司令，以酬其功。将冯治安的第七十七军、曹福林的第五十五军，同归其指挥。

九月中旬，第五十九军撤到经扶县时，张自忠在第一八〇师师部集合连长以上军官讲话，他在总结这次潢川作战之后说："我们军人为国家、为民族而战斗，应该抱着必死的决心来雪耻报仇，那才无愧。像旅长张宗衡、副旅长张程远、营长陈芳芝在战争中出生入死、不怕牺牲的精神，应予表扬。像团长韩德复、张克敏等贪生怕死，那是可耻的。营长明德等为国牺牲，死得光荣，我们必须为他们报仇。"随即宣布将第七一七团团长韩德复撤职查办，遗缺由第三十六旅副旅长张程远调任。第七一五团团长刘旦华因病免职，遗缺以第三营营长陈芳芝升任。第三十九旅旅长安克敏免职留任，戴罪立功。明正赏罚之后，并将部队进行调整，同时，遵令将第二十七军团部改编为第三十三集团军总司令部。第五十九军仍由张自忠兼军长，所辖两个师未动，将残缺不全的团、营调整归并，缩编为四个旅、八个团，并将第七一五团改为第五三八团。

此后，派第一八〇师第五三八团占领经扶县西北宣化店地区，又派第三十八师第二二三团占领宣化店以左地区，一面阻止敌人南进，一面准备向罗山方面侧击敌背。不料防守信阳的部队已被敌击破，紧接着敌人又突破了武胜关以左的平靖关，长驱南下。这样一来，在武汉外围的我军顿时混乱，纷向京山、钟祥方面撤退。九月二十日左右，第三十三集团军第五十九军奉命从经扶县向京山、钟祥、襄河地区转移。在撤退中，几次打退敌人的追击部队，且战且走。在京山以西二十里铺曾与敌军激战一昼夜，最后，安全到达钟祥以东三羊店地区，才占领阵地，与敌人形成对峙。

当我军撤退时，我团奉命暂在宣化店前方阵地担任掩护，撤退较迟，竟被北面的敌人冲断，与主力失掉联络。接着，友军一炮兵连长从花园车站逃来，我问敌人究竟到了什么地方。他说："敌军已越过平靖关以南，到达应山地区，那条路过不去了。"我当时对敌情亦无法判断，就决定不能与他们混在一起再往京山撤退，折回头来仍回宣化店，另作计议。一路上并无敌情，得以安全到达。适第五四〇团范团长带着队伍也来到该处，相见之下，共同商酌，认为敌人后方是空虚的，拟从罗山、潢川之间向北突围。经派人侦察，据报罗山城外并没有敌人，只是公路上有敌人的汽车来往。于是决定在夜间越过公路先派一营副营长张进有带两个连在公路两边掩护，第五三八团在前，第五四〇团在后，安全地通过了公路。第二天上午十时到达罗山以北约五十华里某地（地名遗忘）。第三天到达汝南，乃用电报向张自忠联络请示。旋得复电，令速开往湖北宜城县快活铺归队（第三十三集团军总部驻此）。于是两团并在一起，搜索警戒向西南前进。走了十几天，我们走到襄阳以南约五公里路上时，正遇到张自忠的汽车。他下车和我们见面，问明我们两团的经过后，集合部队讲话。见到我们军容尚整齐，备至慰勉，每团赏洋一千元；并谆谆告诫："战时要奋勇杀敌，撤退要严守纪律。"最后，他又说："敌人现在京山地区，我第三十八师已占领京山以西三羊店，阻止日军西犯。"指示我们速到宜城归还建制。

这时，第三十八师和第一八〇师第三十九旅安克敏部为第一线，担任三羊店方面的防务。第一八〇师直辖部队和第二十六旅为总部的预备队，在宜城县南转斗湾整补，总部驻宜城县南快活铺夏斗湾。

罗山参战记

湛先治※

　　一九三八年十月，炮兵第十五团配属胡宗南指挥，增援河南信阳东的罗山战斗，这是保卫武汉外围东北的一个重要战场。我们从湖南长沙的易家湾出发，为了保密和躲避日军空袭，列车到达汉口后，在刘家庙车站停了半天，进入黄昏才开车。按照计划，是在天亮以前，赶到信阳。人马武器，通过信阳东关，转向东南城郊的农村，疏散隐蔽。但列车在广水停了两个钟头，直到天亮，才到信阳。人马武器下车后，刚刚进入信阳东关，日本飞机即轮番向信阳车站和东关，狂轰滥炸。我躲在东关的一个杂货店里，左右两边的房屋，都被炸塌，灰尘烟雾，充满房间，伸手不见五指，人也被呛得喘不过气来。后来知道我们在广水停车，是因为蒋介石要到前线视察，给专车让道。如果不是在广水耽误时间，按照原计划行事，是完全可以避免这场空袭的。

　　我们到罗山前线参加战斗的战场在罗山以西白浏苔一带。当时胡宗南的第一师担任罗信公路正面防御，战斗相当激烈，双方互有伤亡。某步兵团长，在我们到达之前，屁股被弹片炸伤，已经三天了，虽然没有伤及筋骨，但还是不能站坐行走，只能侧卧在担架上。我们炮兵连的指挥所，一般都在步兵团指挥所附近，这样便于联系，加强协同作战。我曾听见步兵团长向第一师师长董钊打电话，请求准许下去休息。董钊回答很干脆，他说："死也要给我死在阵地上。"团长无奈，只好带伤指挥。这说明我们的阵地防守，是比较坚决的。

　　※　作者当时系第五战区第十七军团炮兵第十五团副营长。

日军进攻，屡遭挫折，他们恼羞成怒，竟不顾国际公法，肆无忌惮地使用毒气。每当风向有利于他，他们就在阵地前施放催泪性和喷嚏性毒气。有时一天达五六次之多。第一线步兵，开始有个别中毒死亡，一部分临时丧失战斗力。以后有了经验，懂得防御方法，虽有所影响，但没有造成严重危害。某日傍晚，看见日军阵地又烟雾弥漫，毫无疑问，敌人又在放毒。连长叫我闻一闻是否毒气，我很委婉地说："你给我一个防毒面具，我就去。"我这一句话，引起了在场的同事们哄然大笑，连长这才意识到自己的失言，一笑了之。我军在防御之余，有时也实行短促反击。某次反击，收复浏苔村，缴获日军大批毒气罐，装了几汽车，运往后方。事实俱在，铁证如山，充分说明日本军国主义绝无人性的残暴。

浏苔村附近的地形，对我们炮兵非常不利。罗山以西，是连绵起伏的丘陵地带，田埂纵横，交通不便，我们很难远离罗信公路，选择阵地；只能在公路两旁展开，前后重叠，形成一个"非"字。而敌人则占据了罗山西南的高地（可能就是罗山），可以俯瞰我们的阵地，观察我们的活动。同时由于阵地前后重叠，敌人炮兵的远弹，可以打到我们后面的阵地，而近弹又威胁到前面的阵地。不仅我们的火力受到压制，而且各连火炮都受到轻重不同的损伤。我们在上海抗战三个月，转战浏行、嘉定、马鹿镇等地，也没有遇到这种不利情况。以后整个部队，后撤到栏杆铺阵地，使敌人在高地上失去作用，情况才好转。

中秋节前夕，我们部队撤出了罗山战斗。由于武胜关北端柳林车站，被流窜的汉奸刘桂堂骑兵部队占领，我们与武汉后方联系被切断，因此向桐柏山和南阳方向转进。年底以前，到达西安，旋即参加保卫黄河河防的战斗。

大别山阻击战

邓旺熙[※]

一九三八年八月间，我第七十七军第三十七师进驻潢川以南地区，并在潢川以东地区构筑工事，以确保霍山和金家寨之线，严防日军由六安向西南进犯。当时进犯我金家寨、霍山之线的是日军第九师团，由于山地敌之坦克无法利用，战斗二三日后，被我击退。

此时，我军按上级命令转商城与金家寨以南山区，占领大、小界线各制高点构筑工事。这里因山地松柏较多，伪装条件很好，易于防守。旅部驻小界线冲内约八里许的山坡上，师部驻福田河，军部驻麻城以北约十里附近地区。

敌人先以飞机沿大别山山顶东西线巡视。二日后，敌派飞机、大炮配合步兵向我阵地猛攻。我军伏于壕底掩蔽，见敌步兵接近，即猛烈投掷手榴弹，并跳出战壕以刺刀和大刀与之肉搏，敌伤亡很大。其步兵退到山麓整补后又反冲，每日两次，有时多至三次。我军固守阵地，敌进攻无效，竟改用毒气弹由飞机投掷，或由其曲射炮射来，呈深蓝色，使人头昏。为了对付毒气弹，我军每连发铁筒数个，每班一个，每人发日光皂若干块、白毛巾一条，用毛巾吸取肥皂泡沫，围在脖子和口鼻上，以避免中毒。

日军飞机每日每组八九架不等，轮番投弹射击，我军避于壕内，对冲上来的敌兵急速投弹，与之混战。敌我双方用刺刀、大刀展开白刃战，敌机无法扫射。我居高临下，很是得手，每次敌人伤亡均很重。历二十

余天，敌无法得逞。

以后，敌第十九师团和第十六师团在山东与刘桂堂土匪汉奸部队配合进攻武胜关。胡宗南擅自率八个军撤到南阳地区，致使鸡公山、武胜关防守兵力单薄。日军在武胜关以西、与桐柏山交界线突破，冲到大别山左侧地区，占领武胜关。

敌占武胜关后，沿京汉铁路与铁路平行的几条公路向武汉突进，在飞机、坦克、炮兵等掩护下，占领花园王家店车站。集中船只在三皮港河东岸，并出动坦克、装甲车沿公路东向进击我军，使我大别山守军不得不进行突围，转移到西荆门、当阳一带整补。

柳林战役

方　靖※

战前敌我行动

一九三八年九月十九日，长江方面日军先头部队，已侵入黄冈附近，有进犯武汉企图；另一部日军矶谷兵团约一个联队（其后续部队不详），已由豫南光山方面侵入宣化店以北，正向西进犯中，企图截断我平汉铁路南北交通线，阻我援军南下，以策应长江下游之敌进犯武汉。

这时，我部自鲁南突围后，正在豫南信阳以北补充与训练。长江方面，我大部兵力由薛岳指挥，正在南浔路与敌作战。武汉方面，仅有第九十四军（军长郭忏）、第一八五师（师长方天），同第十三师（师长由我担任），在武汉外围构筑防御工事，准备固守武汉。备战形势，甚为紧张。日机每日飞临武汉上空轰炸扫射。经我空军及苏联志愿空军与敌空战，击毁敌机九架。敌机为了报复，对武昌大肆轰炸，破坏惨重。当时武汉亟待信阳方面部队南下增援，预定在九月下旬至十月上旬，由河南方面车运补充兵约二十万人至武汉，补充长江方面各部队的缺额。

第十三师在战斗前的行动

第十三师于一九三八年六月以前曾参加徐州、鲁南方面抗战，后来，同主力部队由鲁南突围，经豫南至武汉整补，那时已是六月下旬，当即

※　作者当时系第九战区武汉卫戍区第七十五军第十三师师长。

补入该师两个补充团。师长原先是万耀煌，在淞沪抗战中万升任军长，遗缺由吴良琛充任。调到武汉整补时，我由第七十九军第七十六师副师长调升为该师师长，副师长夏鼎兴，参谋长何大熙。下辖第三十七旅（旅长余耀龙），第七十三团（团长田云），第七十四团（团长王泽普）；第三十九旅（旅长朱鼎卿），第七十七团（团长陈焕炳），第七十八团（团长谢俊汉）。该师在武汉一面整补，一面构筑武汉外围工事。

九月中旬，第十三师在汉口谌家矶至黄陂间构筑防御工事，准备进行攻防大演习，军委会还派了许多高级人员来师指导，忽于九月十九日下午四时接到蒋介石手令：

十三师师长方靖
　　顷悉日寇矶谷兵团由光山窜入宣化店以北，正向柳林进犯，有截断平汉线阻我援军南下之企图。着第十三师星夜用汽车输送至宣化店，务歼来犯之敌！已饬准备汽车一百五十辆。此令
蒋中正即日

第十三师接到命令后，立即乘汽车连夜出发，至二十日下午五时，到达宣化店。此时敌已于当日上午越过宣化店以北地区，续向九里关方面西进。我第十三师于二十一日续向九里关急进。

战斗经过

二十一日晨，我率领第十三师由宣化店出发，至第二天正午，先头第三十九旅前卫部队，抵达距九里关约二公里处，发现日军占领九里关村落及其附近一带阵地，阻我前进，当令该旅及田团向敌展开攻击，直至下午。据报，当面之敌是日军矶谷兵团后续部队约一个大队，经我部猛力攻击，夜间该敌向西退去。我师于二十三日晨续向西追击前进，至柳林车站以东地区，发现当面之敌已占据柳林车站及其铁道东西两侧高地。当令第三十七旅先沿铁道以西向北，对柳林车站之敌发起攻击，第三十九旅由东向西进攻。日军占据有利地形顽抗，敌炮火猛烈，使我官兵伤亡很大，攻击不易进展。二十七日晨，我军才攻克柳林车站。我在该地兵站所储存的弹药已被敌人搬走，唯有大米数百包未被破坏。

该敌虽放弃柳林车站，但仍占据车站以北铁道东西两侧高地，固守待援，并向北纵深配备敌兵约一个旅团。当时据胡宗南第一军在信阳通

报称："敌人已有一部进到信阳以南。"

我在未攻克柳林车站之前两天，友军刘和鼎军长率领不足一个师的兵力和公秉藩第三十四师由北面乘隙来到柳林车站，续向武胜关方面开去。此时军委会已派武汉卫戍总司令罗卓英来到鸡公山，指挥各部队打通平汉线的任务，并令信阳胡宗南第一军向南攻击。数日后，罗卓英将指挥责任交给万耀煌。同时第一集团军孙桐萱部第二十二师，亦开到柳林以南之李家岩附近为预备队。

这时，第十三师已在柳林车站以北高地与敌形成对峙状态。该师经过数次向敌发动进攻，均未奏效。十月十七日，第十三师奉命将阵地移交第二十一集团军（廖磊部）第一七二师接替，调往武汉待命。

日军切断信阳以南交通线后，我第十三师未能达成歼敌任务，使我豫南部队不能及时调集武汉方面增防作战，并使二十万补充兵员不能迅速南下，影响保卫武汉的作战计划不能实施。

武汉地区空战纪实

吴鼎臣※

　　一九三八年二月十七日下午，空军副总指挥毛邦初到樊城机场。他对我们说，武汉三镇屡遭敌机空袭，过去无论高射炮、飞机都没有击落一架敌机，我们第四大队过去有过光辉的战绩，现在马上要出发去武汉，希望我们继续发扬光荣传统，不辜负武汉三镇人民的希望等。讲话完毕，我们立即上飞机，全大队进驻汉口王家墩机场，那时候我们估计不出三天，必有一次大战。

　　二月十八日，天气晴朗，我们担任警戒的战友们在飞机旁边刚吃过午饭，空袭警报汽笛声长鸣，不一会儿，我们大队的飞机全部起飞准备迎战。

　　当我们升到三千米高度时，敌机已到，这时敌机高于我们，我们处于劣势地位（飞机作战，高度越高越占优势）。一架敌机居高临下，向我俯冲下来，对我攻击。我不慌不忙地开始转弯，好像躲避他的射击，而实际上是引他入套。他果然跟在我的后面和我一起转弯，想咬住我的尾巴（战斗机格斗，都想咬住对方尾巴，便于射击），我看敌人已经入套，就来一个最小半径的急转弯，一下子就咬住了敌人的尾巴。敌人知道上当，就拼命想逃。但是，敌人再也无法逃出我机关枪的瞄准镜的火力圈。这时，我抓住一个最好的机会，四挺机枪齐射，当时，敌我两机相距只有五十米，眼看敌人的脑袋倒了下去，飞机失去操纵，作直线飞行不再转弯。我明知敌人已被击毙，但还怕不保险，又补了一次射击，这架敌

　　※　作者当时系空军第四大队飞行员。

机彻底被击毁了。这时,我赶快检查自己飞机的后面,有没有敌机偷袭。检查结束并无敌机跟踪,我就放心地寻找第二个攻击目标。我突然发现一架我军战机被敌机在尾后偷袭,情况十分危险,我立刻追到敌机后面,对敌机进行袭击。正当我准备射击时,我的飞机突然震动了一下,左机翼被别的飞机撞掉了。我完全失去控制,机头向下,机身向左猛烈旋转,我立即从飞机里跳了出来,满天飞机在我四周战斗,我右手握住保险伞的拉环不敢拉,人在空中,头朝下脚朝上向下俯冲,大约在离地面六百米高度时,我拉开了保险伞,平安地降落地面。回队后,清查这次空战战果,我军共击落敌机十三架。但我们李桂丹大队长、吕基淳分队长、飞行员巴清正、王怡等都英勇牺牲了。

当我们在空中激战时,武汉三镇的人民,过去敌机来后,都躲到地下室去了,这次都爬上屋顶观战,为我们喝彩助威。

敌人在武汉上空吃了大亏,有两个多月不敢侵入武汉上空,偶然于夜间向武汉偷袭。但是敌人的战术是很狡猾的。有一次夜间,本来是我们派轰炸机去轰炸敌人,回航时,敌人派一队轰炸机跟在我们飞机后面,骗过了我方防空监视哨,使我指挥官产生了错觉,以为都是我们自己的轰炸机。当我们回航飞机打开夜航灯要求着陆时,机场照例开亮了导航灯。我们的飞机刚刚落地,敌人的轰炸机就趁机投弹,我们遭受重大损失。

四月二十日左右,总指挥部派我们大队和苏联志愿队一道去消灭广东海外三灶岛的空军基地,当我们大队飞到南昌与苏联空军志愿队会合后,天气连续下雨,无法起飞。这时,我驻孝感机场的一架飞机,在试飞中,发现在他下面有一架敌机通过,他立即俯冲下去,将敌机击落。在检查敌机残骸时,发现是一架双座侦察机,侦察员佩戴着金质领章,知道是一位高级空军军官来实地侦察,并且在他的日记本上发现一个重要情报:敌人准备在四月二十九日,日本天皇的生日,也叫"天长节",以疯狂轰炸武汉表示对天皇的祝寿。总指挥部得此情报后,立即更改作战计划,将中苏两个大队的战斗机都到武汉集中,准备迎战。

四月二十九日午后,敌机果然由战斗机和轰炸机编成的混合机群,据说有六七十架,向武汉三镇窜犯。我们中苏两个大队的战斗机起飞迎战,也有七十多架。当时,我是副大队长的僚机,我的飞机在本大队的最前面,高度在四千米时,遇到敌机群。敌机群高度在四千米以上,我方在高度上又处于劣势。这完全是由于机场指挥紊乱造成的。当空袭警报发出之后,不等战斗机起飞完毕,轰炸机为了起飞到别处躲避,也争着起飞。使战斗机丧失了编队、占领高空有利位置的升空时间。另外，还严格规定战斗机在迎战之前，一定要在武汉上空巡逻，让武汉人民看得见自己的飞机。因此，敌人容易发现我们，造成先下手为强、后下手遭殃的不利态势。

空战中，敌机采用经常使用的战术，集中力量打击领队长机。由于我是大队长的僚机，在全大队的最前面，首先与敌机遭遇，我被三架敌机包围，情况十分危险，一阵子弹打得我椅背保护钢板叮当直响，我反而沉住了气，并相信防弹钢板很有效。于是我就想先拼它一架再说，突然一架敌机从我的右侧后向我射击，我的汽油箱中弹起火，飞机向前飞，火就向后烧，我一看情况不妙，左手立刻拉开保险带，右手将驾驶杆猛力向前一推，飞机机头突然向下栽，一个离心力就把我从火丛中甩了出来。

我离开飞机之后，过早地把保险伞拉开了，离地面还有三千多米，满天的飞机在我附近搏斗，我的伞下降得很慢，我先发现右脚皮鞋上被子弹打穿了两个洞，但我的脚并不疼痛，隔一会儿觉得左肩背有火烧般的疼痛，因为一枚燃烧弹把飞行衣打穿着火，两只手都够不到左后肩。后来越烧越痛，无法忍受，两条腿挂在伞带上，手就够到火，把火抓灭了。两手烧得都是泡。最后，我降落在武昌南湖附近的稻田里。后来被群众抢救送往医院。我在病床上听说这次空战，我军击落敌机二十三架时，高兴得把伤痛也忘了。出院后，我奉命调到云南昆明航校去当高级班驱逐组的飞行教官。当时，我满面伤容，左胸前佩戴着击落两架敌机的奖章，左臂上佩戴着两次受伤的伤劳臂章，博得全校官生的赞扬，也给后期学生树立了榜样。

武汉空战大捷

刘汝用※

卢沟桥事变后，蒋介石于八月下令，将设在杭州的航空学校迁到西南，一部迁到广西柳州，一部迁到云南昆明。

这时，我们在昆明的第一至四期三十一名同学，积极要求到前线杀敌。经上级同意，由原航空队长张汝汉率领于十月十八日离昆明到达汉口，再由汉口乘轮船于十一月三日到南京，向航空委员会报到待命，得到空军云南航校第一期同学航空委员会军令厅副厅长张有谷和参谋处长晏玉琮的关注。十一月十二日上海失守，航空委员会指令我们于十九日撤离南京到汉口待命。十二月上旬，航空委员会根据我们不同技术工种分派了工作，仅留我一人在汉口，分在第六飞机修理工厂，厂长是吴家铸，同事多数是笕桥第二航校毕业生，工厂设在汉口中山路黄陂同乡会馆，我被委任为空军技佐六级，相当于上尉军衔。

一九三八年四月二十九日，是日本天皇"天长节"。我空军判断日本空军可能要偷袭武汉三镇，做好了痛歼敌机的准备。当时我空军刚从苏联买回最新式的"E15"双翼机和"E16"单翼机、"SB"轻型轰炸机，这是敌人万万没有想到的。上午九时，武汉拉响了紧急警报，敌机还没有进入武汉上空，我空军英雄们早已起飞迎敌。我当时亲眼看到我空军将士与敌机格斗情况，后来又听到飞行员的介绍。

日本驻台湾的木根津空军大队四十多架战斗机和轻重轰炸机，窜入武汉上空。我空军以逸待劳迎战，双方战机上下翻腾，你冲我撞，战况

※ 作者当时系空军第六飞机修理工厂技佐。

异常激烈,只见一架架敌机被我空军击中,拖着一缕缕黑烟坠向山沟田野。我和武汉三镇市民一样,完全忘记了自己身在战火之下,欢欣地为我空军的胜利欢呼和鼓掌。这天,共击落敌机二十余架。

在这次空战中,我空军英雄陈怀民在与敌机搏斗中,遭到日本山本敌机的攻击,机身中弹着火,在这万分危急关头,机身开始下坠的瞬间,陈怀民沉着勇敢,紧握操纵杆,抱着以身殉国的伟大志向,扭转机身,向敌机猛冲过去,与山本敌机相撞,坠落于武昌青山之间。武汉人民为了纪念这位抗日战争中的空军英雄,将武汉市某街改为陈怀民路,以慰忠魂。

五月十三日,日机又侵入武汉市上空,同样遭到我空军痛击,再次击落敌机十余架。从此,敌机再也不敢猖狂地侵入武汉市。我还参加了收拾敌机残骸的工作。

后来,由于战事的发展,武汉受到威胁,航空委员会决定空军第六修理工厂迁往四川宜宾。我于六月二十三日离开武汉。

第 二 章

随（县）枣（阳）会战

武汉弃守后之新形势与随枣会战

李宗仁[※]

武汉撤退后，我方主力部队都退往西南山区，抗战乃进入最艰难的阶段。不过，敌人因深入我内地，战区扩大，补给线延长，兵力不敷分配，也有陷入泥淖之势，故无力对我作全面进攻，只有对各战区不时作间歇性的战斗，但每次作战时间亦不能超过一月以上，真所谓势穷力竭，捉襟见肘了。

民国二十七年十一月间，我偕五战区长官部退至枣阳时，第十一集团军总司令李品仙已先抵该处，与我会商防务。李部所辖的第八十四军在应城一带突破敌人包围圈，到达随县，刘汝明的第六十八军也自左翼退下，同时到达。我便命令两军在随县布防，以待敌军来袭，我长官部则暂设于樊城。因按军令部于武汉失守后的新规划，本战区现辖防地，计包括自沙市至巴东一段长江的江防。北面包括豫西的舞阳、方城、南阳、镇平、内乡数县。东向则敌后的大别山和皖北、皖西、鄂东各县也在本战区防地之内。故樊城实为指挥本战区内战事的最适中地点。

长官部到樊城后，我遂将在武汉保卫战中打残了的部队十余万，加以整顿，重行部署，准备向武汉反攻。这一时期，我五战区的战略是死守桐柏山、大洪山两据点，以便随时向武汉外围出击。同时与平汉路东大别山区内的廖磊集团军相呼应，威胁平汉路的交通，使敌人疲于奔命，发挥机动战与游击战的最高效能。

敌人固亦深知我方战略的重心所在，敌视我桐柏山、大洪山两据点

※ 作者当时系第五战区司令长官。

为眼中钉。无奈武汉四周我军的游击队实力强大，日军四面受敌，暂时无足够兵力来扫荡我第五战区。我们因而有充分时间来重行部署。而二十七年岁暮，我们在樊城也能从容过年，未受敌军骚扰。

孰知正当敌人陷入泥淖，攻势日弱之时，我方阵营的悲观论者，却出人意料地背叛抗战，开始作投降的活动。十二月十八日国民党副总裁、国民政府国防最高委员会主席汪精卫突然秘密离渝飞滇，转往越南的河内，并发表反对抗战、诬蔑抗战将士的文告。

汪精卫的叛国虽出我意外，但是他的反对抗战，我实早已亲自领教过。我在上年十月抵京的翌日，便专程去拜望汪氏，见汪的态度很是消极。他一再问我："你看这个仗能够打下去吗？"说时摇头叹息。

我说："汪先生，不打又怎么办呢？不是我们主动要打的呀！是日本人逼我们抗战呀！我们不打，难道等着亡国吗？"汪氏遂未多言，也许他已认定我是好战分子，不可以理喻吧。那时汪派反抗战人士已组织一个"低调俱乐部"。当前方抗战最紧张、后方民气最沸腾时，这批悲观分子却唱着"低调"，在后方泄气，实是可恨！直至武汉失守，全国精华地区全部沦陷，他们悲观到了绝望的程度，乃索性不顾一切，掉头投敌，当起汉奸来了。

汪氏投敌后，五战区中袍泽虽亦纷纷议论，然究以敌忾同仇之心甚切，士气未受丝毫影响。

民国二十八年初，第二十六集团军总司令兼第十军军长徐源泉忽率所部三师，自平汉路东大别山区潜至路西。原来在武汉保卫战初期，在安徽太湖、潜山一带作战的，为徐部和川军杨森部的第二十七集团军以及川军王缵绪部的第二十九集团军。武汉吃紧时，杨、王两部奉命撤入江南。徐部奉命入大别山，协同廖磊部在该山区作游击战。

徐源泉为张宗昌的旧部，后经何成浚的居间，在天津一带向革命军投降。嗣后何氏即引徐部为自己人，徐也仗何在中央为渠周旋。此次徐源泉不奉命令擅自从大别山潜来路西，实犯军法，无奈何成浚在中央为其缓颊，遂不了了之。

再者，此次武胜关失守，亦由于第一军军长胡宗南不听调遣所致。我抵樊城后，便呈报中央，要求严惩胡宗南。孰知此电报竟如石沉大海，永无反响。于是，武胜关一带失守的责任问题，亦不了了之。

民国二十八年四月，敌人经缜密计划与充分补给之后，乃思扫荡我第五战区的主力，以巩固其武汉外围。四月下旬，敌方乃集结其华中派遣军的精锐第三、第十三、第十五、第十六等师团和第四骑兵旅团，有十余万人，挟轻、重炮二百余门，战车百辆，循襄花（襄阳至花园）及京钟（京山至钟祥）两公路西犯。其初步战略，想扫荡我大洪山、桐柏山两据点内的部队，以占领随县、枣阳。其第二步目标，似在占领我襄阳、樊城与南阳。敌方如能完成此两项战果，则武汉可以顺利拿下，而我军对平汉路的威胁，也可解除了。为针对敌方此项战略部署，我亦决定死守桐柏山、大洪山两据点，以与敌长期周旋。

我判断敌军此次西犯，其主力必沿襄花公路西进，作中央突破，直捣襄、樊。所以我方的部署，即以主力第八十四军和第六十八军守正面随、枣一线，以张自忠的第三十三集团军担任大洪山的南麓、京钟公路和襄河两岸的防务，而以孙连仲的第二集团军和孙震的第二十二集团军守桐柏山北麓南阳、唐河至桐柏一线。长江沿岸和襄河以西防务，则由江防司令郭忏所部两个军担任。

部署既定，樊城长官部内的情报科收到我方谍报人员何益之自上海拍来密电，详述敌军此次扫荡第五战区的战略及兵力分配，一切果不出我所料。

前已言之，何益之君（化名夏文运）原为日方的译员，嗣经我亲自接洽而担任我方的敌后的情报员。抗战爆发后，何君即以为敌工作作掩护，并以其个人多年来培植的友谊，与反对侵华的日本少壮军人领袖和知鹰二等相结纳，由和知君等供给最重要的军事机密。何君并在日籍友人私寓内设一秘密电台，与我第五战区的情报科通信，其情报的迅速正确，抗战初期可说是独一无二。所以关于敌军进攻徐州，突入皖西、豫南，以及围攻武汉的战略及兵力分布，我方无不了若指掌。其后应验也若合符契。每当我第五战区将此项情报转呈中央时，中央情报人员尚一无所知。所以军令部曾迭次来电嘉奖第五战区情报科，殊不知此种情报完全由何益之自和知将军处获得而供给的。嗣后和知君因反对侵华而调职，乃另介一人与益之合作，继续供给情报。直至太平洋战事发生，日军进入租界，何君因间谍嫌疑，为日方搜捕而逃离上海，我方情报始断。此地我须特别提出一叙的，即是何君冒生命危险，为我方搜集情报，全系出乎爱国的热忱。渠始终其事，未受政府任何名义，也未受政府分毫的接济。如何君这样爱国志士，甘作无名英雄，其对抗战之功，实不可没。

我既获何君的情报，乃一面转报中央，一面在敌军主力所在的襄花公路布一陷阱，预备来一个诱敌深入的歼灭战。

当随枣吃紧时，中央军令部曾调第三十一集团军汤恩伯部的五个师前来增援。汤部自徐州撤后，即调往江南，嗣因江南兵力太多，乃又北调，自沙市渡江来第五战区。汤军甫抵沙市，恩伯即乘轮赴渝，向委员长有所请示。所部陆续于四月中到达襄、樊一带，听候调遣。我便命令汤部五个师迅速开往桐柏山的南麓，以桐柏山为倚托，在侧面监视敌人。待我军正面将敌人主力吸入随枣地区后，汤军团即以迅雷不及掩耳之势自桐柏山冲出，一举截断襄花公路，会同正面我军，将敌人包围而歼灭之。

我判断敌人此来，是以骑兵与机械化部队为主，意在速战速决。且因不知我方在侧面桐柏山上匿有重兵，必然以主力沿公路西进，而堕入我袋形部署之内，自招覆灭无疑。

孰知我部署方妥，前线敌我已有接触，汤恩伯适自重庆返抵前方，到樊城来看我。我便将我所得的情报及计划歼灭敌人的部署，说给他听。未待我解释完毕，恩伯便大发脾气，说："不行，不行。你不能胡乱拿我的部队来牺牲！"我再耐心地向他解释说："你以桐柏山为后方，有什么危险？……"不待我说完，恩伯便牛性大发，竟不听命令，拂袖而去。在任何战争中，当前线危急之时，部将不听主官约束而擅自行动，都是犯法的。可是抗战期中，所谓"嫡系"的"中央军"如胡宗南、汤恩伯等，皆习以为常。当时作战区司令长官的困难，也就可以想见了。

四月三十日，沿襄花公路西犯之敌与我军开始接触，随枣会战之幕遂启。襄花公路沿线俱系平原，敌人因而可以尽量发挥其机械化部队的威力，敌坦克在阵地上横冲直撞。我方部队，久经战斗，无充分补充，本已残破，又缺乏平射炮等武器，对冲来的坦克简直无法抵御。所幸士气尚盛，士兵据壕死守，即以血肉之躯与敌人的坦克相搏斗，官兵的勇者，竟攀登敌人的坦克之上，以手榴弹向车内投掷。作战的勇敢与牺牲的壮烈，笔难尽述。然血肉之躯终究难敌坦克、大炮，以致敌人坦克过处，我军的战壕每被压平，守壕士兵非被碾毙，即被活埋于壕内。坦克过后，敌方步兵随之蜂拥而来，轻重机枪密集扫射，弹如雨下，锐不可当。

但是纵在这种劣势下作战，敌我在随县大洪山一带激战经旬，大小二十余战，我方正面始终未被突破。此时汤恩伯军团如接受我的命令，自桐柏山侧面出击，必可将敌人包围，获致与台儿庄相埒的结果。无奈汤恩伯一意保存实力，不愿配合友军作歼灭战。故当敌军向襄花公路正面突击时，其掩护右侧面的少数部队曾与汤部接触，而汤部竟全军迅速北撤，退往豫西舞阳一带。正面我军因无友军自侧面接应，无法与敌长期消耗，遂失随县。五月八日以后，敌人又加强对我军两翼的攻击，南面以精锐骑兵自钟祥沿襄河北窜，攻入枣阳；北路则自信阳西进，陷桐柏、唐河，拟与南路会师枣阳，对桐柏、大洪两山区内的我军作大包围。我乃严令汤恩伯会同孙连仲自豫西南下，向唐河一带出击。十四日克复新野①、唐河，与包围圈内的友军相呼应。我乃令我军于十五日起作总反攻。激战三日三夜，至十八日，敌卒开始总退却。我军克复枣阳，乘势追击，敌军死守随县。我军因无重武器，无法攻坚，乃与敌胶着于随、枣之间，入于休战状态。

综计此次随枣会战，敌军以十万以上的精锐部队、猛烈的机械化配备、三个月以上的调度布置，对我桐柏山、大洪山两游击基地及襄（阳）、樊（城）、南（阳）发动攻势，志在必得。孰知经三十余日的苦战，卒至遗尸五千余具，马匹器械无算，狼狈而返。我方如不是汤恩伯不遵军令，敌方机械化部队，在襄花公路上，说不定就永无东归之日呢！

---

① 据查，新野是一九三九年五月十日失陷，十一日克复。

随枣会战概述

尚奇翔[※]

　　随枣会战发生于一九三九年五月初，是武汉撤退以后华中战场较大规模的战役之一。负责指挥作战者是当时的第五战区司令长官李宗仁。

　　笔者当时在长官部担任作战参谋，关于这次战役的作战指导和作战经过，现就当时所知或是业务上经手而回忆所能及的，作一概要的叙述。

战斗前敌我态势

　　第五战区当面之敌，于一九三八年十月攻略武汉以后，其第三、第十六、第十三师团及骑兵第四旅团等，进据汉口、信阳间铁路西侧以及鄂中汉水以东地区；敌另一个师团分据鄂东各县，与我形成对峙状态。

　　第五战区在武汉撤退以后，以一部兵力留置豫鄂皖边区担任敌后作战，大部退至鄂中、鄂北及豫南地区，据守于沔阳、宜城间汉水西岸，东经大洪山外翼随县城亘信阳外围之线，一面与敌保持接触，一面积极整顿。

第五战区作战指导及其兵力部署

兵力概况

　　第五战区地处日军进攻川东要冲，担负掩护国民党中枢门户和待机反攻武汉的两大任务，是华中战场的主要战区。

※　作者当时系第五战区司令长官部作战参谋。

战区的序列部队，当时计有六个集团军，另五个军。唯由于部队派系以及作战损失程度不同，从而军队素质和作战能力极为参差。其中仅江防军，第三十一、第十一、第二十一集团军较为完整；余如第三十三集团军之第五十五军，第六十八军，第二十二、第二十九集团军，或因作战损失整补不足，或因装备、训练窳劣，大都实力空虚。其次，所辖各部概属轻装部队，在编制上一般缺乏重武器的装备；而战区直辖炮兵，更在武汉撤退之际损失殆尽。因此，战力益感低微。

综上所述，第五战区在任务的遂行上，无论保卫宜沙（宜昌、沙市）巩固中枢门户，抑或保持鄂北待机反攻武汉，整个战区的作战能力，极端脆弱。

作战指导概要

第五战区基于敌情、地形判断，当面敌军可能的进攻方向有二：其一，经由汉宜（汉口至宜昌）公路，西攻宜昌，作为进攻重庆的准备；另一则为减轻武汉及鄂中敌军的侧背威胁，经由襄花（襄阳至花园）公路进攻鄂北地区。根据当时情况，敌军进攻鄂北似有较大可能。为此，第五战区所采取的作战方针是，配置有力部队于江防及汉宜公路正面，保卫宜沙；战力较弱部队使用于次要方面担任守备；战区主力控置于襄花公路方面，以作进攻退守的依据。至于作战指导，则概如下述：

敌如由汉宜公路进攻宜昌时，我江防方面，依据既设阵地，竭力拒止进犯之敌；战区主力进出于汉宜公路附近直拊敌背，与江防方面协力击破敌人。

敌如由襄花公路进攻鄂北地区时，战区主力以大洪、桐柏两山为两翼依托，迎击敌人，迫敌疲敝于枣阳附近与敌决战而击破之；战区其余方面应相机出击，以牵制敌人，策应主力方面之作战。不得已时，退守襄樊及汉水、唐白河右岸待机反攻。

大别山游击兵团应照顾全局，向武胜关以南攻袭，以策应主力方面之作战。

兵团部署及任务

右翼兵团：兵团长张自忠，辖江防军（司令郭忏）[①]，辖第二十六军（第三十二师、四十一师、四十四师）、第七十五军（第六师、十三师、

[①] 江防军直接受重庆统帅部掌握。

预四师）、第九十四军（第五十五师、一二一师、一八五师）、要塞守备总队、第一二八师。

第二十九集团军（总司令王缵绪），辖第四十四军（第一四九师、一五〇师）、第六十七军（第一六一师、一六二师、新编第十四旅）。

第三十三集团军（总司令张自忠），辖第五十九军（第三十八师、一八〇师、骑九师）、第七十七军（第三十七师、一三二师、一七九师）、第五十五军（第二十九师、七十四师）。右翼兵团担任沔阳、宜城间汉水西岸亘大洪山西麓阵地之守备任务，要点置于汉宜公路方面。

有关江防方面之作战指导，由重庆统帅部及战区直接处理。

左翼兵团：兵团长李品仙，辖第十一集团军（总司令李品仙兼），辖第三十九军（第三十四师、五十六师）、第八十四军（第一七三师、一七四师、一八九师）。

第二十二集团军（总司令孙震），辖第四十一军（第一二二师、一二四师）、第四十五军（第一二五师、一二七师）、第六十八军（第一一九师、一四三师、独立旅）①。

左翼兵团担任大洪山外翼，经随县城至信阳外围间之守备任务，重点置于襄花公路方面。

机动兵团：归战区直辖第三十一集团军（总司令汤恩伯），辖第十三军（第四师、二十三师、八十九师）、第八十五军（第九十一师、一一〇师、一九七师）。

机动兵团控置于枣阳东南地区，支援左翼兵团之作战。

大别山游击兵团：第二十一集团军（总司令廖磊），辖第七军（第一七一师、一七二师）、第四十八军（第一三八师、一七五师、一七六师），以及豫鄂皖边区各游击部队。

游击兵团应以大别山为根据地，向鄂中及皖中一带游击，并以有力部队，相机攻击武胜关以南地区，以策应主力方面之作战。

作战经过概要

一九三九年四月初旬，第五战区当面敌军调动频繁，备战活动日趋明显。四月中旬，敌军万余由长江下游调集汉口以北地区；同时，在鄂

---

① 第六十八军（军长刘汝明）是原西北军部队改编的，属第二集团军孙连仲序列。

中汉水东岸、京钟（京山至钟祥）公路、襄花公路各方面增调大量兵力，不断向我进行局部进攻。迨至月末，敌军主力先后集结于应山及钟祥两个地区，完成攻击准备。

第五战区鉴于情况逐渐紧张，一面下令第一线守备部队加强工事，严加戒备，并令大别山游击兵团加紧袭扰，牵制敌军兵力运转；一面赶调正由湖南北开之第三十一集团军汤恩伯所部，于四月二十日以前集结于枣阳以东地区，支援襄花公路方面作战。

四月下旬，战区召集樊城军事会议，决定采取攻势防御，适时在随县、枣阳中间地区采取攻势，击破敌人之进攻；同时，并以机动兵团第三十一集团军拨归左翼兵团指挥，加强左翼兵团的作战力量。

五月一日，当面敌军发动全面攻击，重点指向襄花公路正面。所有鄂中汉水沿岸、大洪山外翼至随县城南北之线，完全进入战斗状态。

襄花公路方面，敌主力第三、十三师团及另部敌军合三万余，由应山西进，向随县城及其南北两侧猛攻，遭我第十一集团军有力抵抗，敌即分遣其第十三师团转向襄花公路北侧迂回，又遭第三十一集团军阻击。战斗逐次向北延伸及于桐柏山南麓地区。截至五月八日以前，前方阵线仅局部小有变动，敌军攻势亦无显著进展，敌我主力仍在随县城西北地区处于胶着状态。

与此同时，襄樊以东情况日趋恶化，遂致随县战局急转直下。先是敌军发动攻势，以后，鄂中方面，敌以第十六师团主力，向我汉水沿岸攻击，并在钟祥及汉宜公路正面佯作强渡姿态，牵制战区右翼兵团兵力转移；另以第六师团一部配合骑兵第四旅团由钟祥北进，猛攻大洪山西麓之汉水东岸地区，我长寿店及其附近阵地被敌突破，我右翼兵团沙东守备部队第五十九军一部退守汉水西岸，一部北退，该敌随即跟踪向北突进。

战区以汉水东岸门户洞开，当即派第四十一军由襄阳驰赴宜城以东布防，再次遭敌突破。五月八日，北进敌军之先头部队骑兵第四旅团，进抵襄花公路双沟镇（樊城东北约六十华里）附近，切断我左翼兵团后方联络。

当时，第五战区长官部驻地——樊城，与敌相距咫尺，无兵可调，无险可守，而左翼兵团更处于敌军前后夹击地位。为此，战区乃决定调整部署，于八日电令左翼兵团即以桐柏山为左翼依托，变换成向南阵地拒止敌人。战区长官部亦于九日退驻谷城以西之石花街，指挥作战。

五月八日晚间，左翼兵团开始转移行动。兵团右翼第三十九、第四十五两军退入大洪山地区；兵团主力向北转移途中，遭敌追击，并受双沟镇敌军威胁，当时部队行动顿趋混乱，第十一、三十一两集团军，遂分别退向唐河、泌阳西北地区。五月十日，敌军进抵唐河东南一带后，即停止北进。

在此期间，重庆统帅部将第二集团军孙连仲所部调归第五战区指挥，增强战力。与此同时，战区长官部曾令第三十三集团军总司令张自忠率部进出汉水东岸地区，并令大洪山留置部队第三十九军进出襄花公路，分别截击敌后联络，迨至敌军回窜时，又令向敌归路进行侧击，均未获得多大效果。

五月十三日以后，唐河、枣阳附近敌军分路撤退，先后经由襄花公路及汉水东岸退回平汉铁路沿线和鄂中地区。当敌军撤退时，战区下令左翼兵团进行尾追。五月二十日以后，除随县城为敌占据未撤外，各追击部队相继恢复原来阵线，重又恢复随枣战役以前敌我之态势。

随枣战役起于敌军进攻，终于敌军撤退，战斗经过有十五六日。进攻之敌使用两翼包围和中央突破的战略，企图一举围歼第五战区主力于随枣地区；但在作战过程中，仅由钟祥北进之敌，突进于襄樊以东的汉水东岸完成一翼包围，其中央主力与其右翼迂回部队，则在随县及其北侧地区，遭受有力阻击，迄无进展。虽然第五战区主力所受打击较大，而进攻之敌亦负重创而归。

随枣会战回顾

凌压西[※]

会战前敌我态势和战斗概况

一九三八年十月间，由第五战区司令长官司令部所指挥的第三十一军和第八十四军，自黄广（黄梅、广济）作战失利后，分别由浠水及平汉铁路鸡公山各地，先后向鄂北转进。当第八十四军退抵随县附近时，接长官部命令，立即停止退却，在随县前方择要构筑阵地固守。第八十四军奉令后，一面选定阵地，派第一八九师展开于随县城前方蒋河右岸万家店、七里岗及襄（阳）花（园）公路两侧之线向敌警戒，一面加紧整编队伍，将原建制的第一八八师缩编（该师在黄、广作战时，因师长刘任指挥失当，损失甚大），除将军官调回广西另组部队外，士兵全部调拨充实第一八九师。另由长官部拨第三十一军的第一七三师、一七四师归入第八十四军建制，并改师为两旅四团制，每团的兵员，亦由一千五六百人增至两千人。

当我军整编工作甫告完竣，日军第三师团一部约七千人，分由襄花路及应山通往随县公路向我军进犯。敌主力抵马坪后，其先头部队即推进至淅河，随即展开于蒋家河左岸、淅河塔儿湾和高城前方之线，向我阵地窥伺。此时我军根据敌情，将第一线阵地及其纵深配备作了部署。计第一线分为两个守备地区，以第一七四师为左翼地区守备队，占领左起蒋家河右岸之河滨经竹林铺、混山之线；第一八九师为右翼地区守备

※　作者当时系第五战区左翼兵团第十一集团军第八十四军第一八九师师长。

队，与左翼地区第一七四师相衔接，经万家店、七里岗跨过襄花公路和渭水，至随县右前方高地之线；以第一七三师为总预备队，控置于襄花公路（厉山后）之唐县镇整训，军部及直属队则驻于厉山及其附近地区。

我军阵地部署尚未完成，敌即向我发动袭击，一开始即对我右翼地区第一八九师阵地之七里岗（距随县城约七华里）及襄花公路两侧猛扑，并以飞机及十五生的口径之榴弹炮向我阵地及后方轰击。敌认为我军新败，士气低落，战斗力必然薄弱，竟图以少数兵力，恃其优越之武器，把我军一鼓击溃，继而进占襄樊。孰料我军已整编充实，士气旺盛，连续击退敌军数昼夜的猛烈进攻，打破了敌军进占襄樊的企图，并迫使其不得不与我保持对峙状态。嗣后，我军阵地工事日渐巩固，不但能阻敌进攻，而且屡以游击方式夜袭敌军据点。每次袭击都或多或少予敌以杀伤，从而奠定了我军固守随县六个月（一九三八年十一月至一九三九年四月）的基础。

在我军固守随县的六个月中，敌军仍然经常向我阵地之一点或一个地区进犯，虽然都被我军击退，但日军唯恐日久攻击顿挫，师老气衰，乃于四月下旬，秘密增兵，由襄花和应山通马坪港两公路，用大卡车运输人械。当敌空车回去时，用大布篷掩盖，以欺骗我军，但我军早已侦知，并已做好应敌准备。敌军增援部队到达后，即开始向我左翼地区第一七四师阵地进攻，于是随枣第一次战役于一九三九年四月三十日正式爆发。

敌我兵力配备

第八十四军参加此次随枣作战的部队有：第一七三师、第一七四师、第一八九师及军直属部队的特务营、工兵营、通信营、炮兵营、运输队、担架队、医院（临时配属，非建制单位）等，共约三万人。

日军第三师团兵力，会战前共八千人左右，连同以后增援部队近两万人；有空军助战，有系留气球观测，有骑兵、坦克、榴弹炮和加农远射程炮以及火焰喷射器等优良装备配属，并使用了毒气弹。我军只有步机枪、手榴弹和迫击炮（亦称步兵炮）等几种寻常武器。临时配属的炮兵，亦只有几门山炮；且日间被敌人的系留气球所监视，完全无法射击，只有白天将目标瞄好，夜里始能发炮，但目标不是完全固定的，命中率很低。敌人多是利用白天攻击，我们的炮兵就成了哑巴，发挥不了威力。

战斗经过

战幕拉开后，敌对我军阵地并不进行全面总攻，只选择我阵线薄弱环节的第一七四师左翼（因左翼无友军和险要地形的依托）之竹林店、混山一段，集中全力实行锥形突进的攻击。敌飞机、坦克和远近射程的大炮，都一齐出动，一开始战况就十分激烈。但右翼地区第一八九师方面的情况无甚变化，敌只增加一些兵力，作佯攻的牵制。第一七四师对当面之敌，仍作顽强的抵抗。每一个据点都战至被敌机及炮火轰炸到无法立足时，始转移第二线阵地继续抗击。在敌人攻击点纵深只有一公里地区内，作了四线对敌决斗，坚持了两星期之久，战况之烈，牺牲之大，极为罕见。

在剧战中，军部虽令调第一八九师的一个团及军总预备队第一七三师两个团增援，但敌之攻击点地段狭窄，我军人多无法展开，反使敌火力增加了效力；加之第一七三师的增援部队，自守备随县以来，都在后方整训，从未到过第一线，在战况最紧张、死伤累累的惨状下，始仓皇加入战斗，因而作战情绪不高，战斗意志不强，与敌接触不到四天，就先溃退下来，结果影响全线败退。

失败的原因与退却情况

此次作战的失败原因，上面已经略述，就我个人对这个战役的看法，认为尚有下列几个因素：

一、第一七三师最后参战而最先溃退，不独未起到其预备队的作用，反而影响友军的战斗情绪很大。

二、负责战役直接指挥的军司令部，军长和参谋长经常闹意见，指挥不能统一。

三、敌人的火力猛，破坏力强，使第一七四师伤亡大，不得不向后转移。

四、右翼地区守备队的第一八九师，虽然知道自己正面之敌是一种佯攻牵制态势，但除调一个团（第一一〇八团）增援第一七四师外，始终未作有力出击，故未能牵制敌人积极支援邻区作战，而采取坐观成败的态度。

参战部队除第一八九师是奉令有计划地自动撤退之外，所有第一七三师的两个团和第一七四师的三个团，都是由战场溃败下来的，情形相当狼狈。因此全军不能集中作统一的行动，三个师分成三路转进。各师的团、营以下亦有因中途被敌击散而分数路退却的；只有第一七三师撤退较早，即沿襄花公路经唐县镇、枣阳、双沟直退至张家湾、樊城，沿途均未与敌接触，安然退走。

第一七四师原定也是由公路直向樊城转进的，但当退至唐县镇时，被追来之敌的坦克袭击，被迫折向关山店、三合店、唐河县、南阳，然后折回老河口到达樊城。当该师通过三合店时，敌已先期到达，遂发生遭遇战。敌我突然接战，战况颇为剧烈。战斗经过虽很短促，仍有相当损失，师部副官处长何伟豪还被敌俘去。

第一八九师在六月间奉令撤退，由随县人民抗战游击国术队临时接防，正面之敌并未追，本可安然转进；但是第一八九师在接受撤退命令和转进途中，发生了副师长兼第五六六旅旅长李宝琏投敌事件。第五六六旅的全部官兵，一见李宝琏与汉奸接洽并制造投降旗帜，都非常愤慨，不独不愿投降充当伪军，而且将李宝琏扣留。只因看守不严，李乘机逃脱，只身投敌。而第五六六旅的两位团长谢振东、周天柱则率全部官兵绕道至樊城归队。

第一八九师师部和第五六七旅的退却，虽然到达襄花公路时，与敌遭遇，不能依照军部指定的路线转进，遂转向桐柏山，出平氏、唐河、社旗、方城，再转博望、南阳、邓县、老河口回樊城集中。除在襄花公路与敌相遇作数小时的局部战斗外，沿途都很安全，无甚损失。

此次作战，第八十四军因随县一败，不能集结队伍作有计划、有指挥地一面抵抗、一面收容部队的转进，致使全军零乱奔逃，一泄几百里，停脚点竟超过战区指挥部后方甚远。而且敌人的追击部队，亦只到达枣阳和七方岗（枣阳西方约三十华里之公路上），并未继续追击。即使进抵枣阳的敌军，亦因感受我桐柏、大洪两山区守军左右夹击的威胁，不久即自动退回随县。

参加随枣会战的经过

梁　津※

战前敌我态势

一九三九年初，当我就任第八十四军第一七三师第五一九旅旅长时，从军部军用图上，看到当时敌我两军对峙的态势是：

我军自桐柏山南麓的高城镇向南亘随县的西面排列着：第一七三、第一七四和第一八九师三个师，占领阵地向东警戒。这三个师都是第八十四军建制内的，归覃连芳军长统辖。

刘和鼎的第三十九军在随县南的洛阳店西至吴家店之间占领阵地，向南警戒。第八十四军的右翼与第三十九军的左翼几相衔接，似成曲尺形。

日军在武汉及信阳驻有重兵，京山、钟祥间也驻有日军和伪军刘桂堂部。敌人这三个据点，对我军形成钳形夹制之势。第十一集团军总部在枣阳，也在它夹制威力圈之内。随县的马坪、浙河及广水等地，各驻有日军五百，其他次要的小圩集及扼要地点，也分别驻有百数十人不等，担任其外围的警戒。

第八十四军军长覃连芳企图歼灭日军少数部队，以邀声誉。约在一九三九年三月下旬，覃命张光玮的第一七四师和第一七三师的粟廷勋旅，出击随县以北和广水间的日军零星据点，凌压西的第一八九师则仍在原

※　作者当时系第五战区左翼兵团第十一集团军第八十四军第一七三师第五一九旅旅长。

阵地警戒。

三月上旬，钟祥方面之敌，曾派出一个联队并配属炮兵，循汉水的左岸北窜，企图进扰襄樊，威胁第五战区长官部所在地。覃连芳军长命第一七三师的凌云上团前往堵击，中途与敌遭遇而被敌击溃，其溃兵有逃至襄樊者，长官部派员收容后即送往厉山。

三月下旬，军长覃连芳派我率刘栋平团和李剑光团，开赴随县西的板凳岗，打击日军。我抵达后，即率参谋及卫兵至板凳岗西南二十里外侦察地形，遇当地的人民游击队十余人。据告：敌军一联队长已被他们设伏击毙于丰乐河附近，并击毙敌军约二百名，夺获战利品颇多。日军现已窜回钟祥。我要求他们引导我到该部参观，看到许多战利品，计有敌军联队长的家属照片和家信，日皇颁给他的香烟，蓝色的硬纸盒上面印有"御赐"两个金字。还有日本国的镍币和钞票，日军所佩带的视为护命神的小木偶及军毡、背囊、马鞍和军用地图等等。参观后，他们赠给我地图两张和木偶、镍币等作纪念品。

企图窜扰襄樊的日军联队长被人民游击队击毙后，其败兵窜回钟祥。此时，我奉令赶回厉山，道经安居镇宿营，不料汉奸将我军行动报与日军。翌日拂晓，敌机十二架即来轰炸安居镇，但我部已于半夜开拔，得免伤亡。事后得知，该镇仍遭敌机轰炸，被毁民房百余间，居民死伤二百余人。

当我由板凳岗回到厉山后，即奉命率刘栋平团到万家店之东江家湾附近占领阵地，掩护出击部队退回。占领阵地后，即见第一七四师全部撤回；经过半日之久，未见粟旅转回。我继续警戒，随见敌人的追击部队紧逼而来，其前锋离我旅部指挥所驻地仅七百米，机关枪弹频频射到我驻地的围墙上，门前的鱼塘也落有敌人的炮弹。火线上的士兵以护送受伤者为名，纷纷退下。我当即派上尉副官温一匡将护送伤员的士兵集合送回前线。收容时，遍寻不见第三营营长秦济桓，其团长刘桂平的电话又接不上，前线似已不能支持。我乃命上尉参谋吕桂章率警卫旅部的军士队（系由所属两团的下士及上等兵挑选百余人编成）增援上去，阵地乃稳定下来。

是日午后有大雾和微雨，敌军未敢轻率迫近，但情况仍很紧张。我即电话钟毅师长，要求派本旅所属的杨剑亭团前来增援。他告诉我：杨团是军长视作股肱的部队，警卫军部，不能轻易调用。另派粟旅的李振雄团（欠一营）前来增援。李团增援后，阵地稳定多了。李团团部设在我左侧相距约二里之地，始知原在我右侧的刘栋平团部早已转移到我的后方去了。黄昏时，战况即沉寂下来。这时，忽接到副师长兼第五一七旅旅长粟廷勋电话，他已率部由高城方面转回；并说刘团的第三营营长秦济桓躲避到第二十二集团军某团团部去了，欲在电话中找刘栋平讲话，通信连误将其线接到粟的旅部，得知现已申斥他迅回原部。晚上八时，师部命我率部转回万家店西面蒋家河的右岸，自草庙以南至烽火山之间占领阵地，以防日军来攻。李团则归回粟旅建制。

当晚十二时，我率刘栋平团到达草庙附近，集合刘团官兵讲话，勉励全体官兵坚守阵地，打击来犯之敌；但对秦济桓的临阵逃躲，则秘而不宣。讲话后，即构筑工事。师长钟毅因我仅有一团兵力，不敷布置，从粟旅抽出邝越一营，暂归我指挥，占领前线阵地，掩护刘团构筑工事。

我的阵地北起草庙与粟旅衔接，南迄烽火山麓，与第一七四师的张文鸿团划分战斗地境。因正面太宽，工事未竣，而天已破晓，顿时六架敌机飞来，在我阵地上空投弹和扫射，敌人的炮弹也随之纷纷落下，以致烟尘障天。

敌调重兵发动进攻

四月中下旬，日军由武汉等地大量增调兵力，向我方发动进攻。我阵地前面的敌军是第三师团，其攻击重点就是我所占据的阵地。该地区为由随县经塔儿湾直达厉山、唐县镇，以至枣阳和襄樊的捷径。而塔儿湾即在我阵地的前面烽火山麓，倘我阵地被敌人突破，北向可以席卷第一七三师全部阵地，南向可以截断第一七四师和第一八九师两师的后路，并可以包围刘和鼎的第三十九军。因此，我阵地是关系全线安危的关键。敌机随即由六架增至十二架，并集中炮兵火力向我阵地作回环不断的轰击。全战役的战斗，此处最为激烈。

一九三九年五月，横流于我阵地前的蒋家河两岸的麦苗仅数寸，展望无碍。蒋家河宽三十米左右，水浅仅及胫，到处可以涉过。我阵地构筑于低平土岭之上，岭上有土丘数十个，连绵参差而有相当的间隔和距离。我嘱刘栋平于土丘的上面做伪装工事，堆高其黄色的泥土于工事前沿，以欺骗敌人而吸引其炮弹。在土丘前面相当距离处，则挖前后参差不齐的散兵坑。泥坑后面死角之处，则构筑能容一班兵的掩蔽部，以便与散兵坑中的士兵更替休息。土丘的两侧，则构筑轻机枪的掩体各一个，而使其射线交织成十字火网于阵地面前。邝越营则在蒋家河沿岸隐蔽之处，占领前进阵地，以掩护刘团构筑工事。

开战的第三日，敌阵后忽升起一只艇形的氢气球，观察我方阵地，为其炮兵指示目标。天破晓后，敌炮数十门循其气球指示，对我阵地连续射击了两小时。其炮弹落在我阵地上，自右而左，复自左而右，循回不停。敌炮停射时，随派大队步兵，用密集的队形，向我阵地蜂拥而来。敌军以为我守兵即使未死伤殆尽，也已被吓跑；岂知当敌接近我阵地四百米内外时，即遭到我散兵坑中和各掩体内轻重机枪的突然交织射击，敌死伤累累，逃脱者为数寥寥。

这一仗获胜的主要原因是：敌军炮弹多数被我伪装工事所吸引，而我散兵坑中的官兵，能自动地在坑底挖一斜洞，称之曰"蛤蟆洞"藏身，当敌炮击时，则伏处其中，敌炮停射后，则起而狙击，故能收杀敌之效。当少数敌军逃回去后，其炮兵不断对我连续射击，两小时后，密集的大队步兵又猛冲过来，复遭到我阵地内各种火器的交织射击，狼狈退却。如此的战斗情况，持续五日之久。敌人每日所耗炮弹，约六千发；在七天的战斗中，总数在四万发以上。而敌步兵的伤亡，七天累计也在四千以上。此后据闻，日军第三师团因此次战役损失太大，师团长被撤职。而我方的刘栋平一团兵力，最后整编时也仅剩一营兵了。

此役作战最勇敢者是刘团第一营营长黄玖辉。他自备两箱手榴弹，控制着两挺重机枪，扼守在通塔儿湾的要道上，拒敌猛攻。当他足部被敌军炮弹破片击断后，他仍坚持不退；其他官兵深受感动，也固守岗位以至牺牲，而不畏缩。

敌军此次进攻，先是从我军阵地右端发动，被我反击惨败；后又改攻我阵地的中央，又伤亡累累而败归。于是敌又改攻我阵地左翼，即与粟旅相衔接之处，终于被敌突破一个缺口，冲进二百余米，我军遭到敌军侧射，以致伤亡颇多。我乃用电话约定粟廷勋旅长派出预备队夹击，毙敌二百余，而将其击退。这是第五日的战况。此时，我见兵员日益减少，致电话钟毅师长，要求他派杨剑亭团前来增援，他重申了杨团不能轻易调用的原因，如我需要，可直接向军长请求。我乃以电话报告覃连芳军长，军长答复："杨团我已派去增援凌压西的第一八九师，那里通公路的正面，恐敌人的机械化部队从该方袭来，故预先给他增援，距你阵地的右侧约六十里，一时不及调回，就近派川军李岳嵩团暂归你指挥，今日午后即可到达。"

当日下午四时，李岳嵩派少校团附携官兵花名册和武器册来到我旅部的指挥所报到。我见这一团只有两营兵力，武器是成都兵工厂造的七九步枪，无轻机关枪和迫击炮装备，仅有马克沁式重机关枪四挺，手榴弹也缺乏。我对他说："我的刘团已苦战了五昼夜，正希望贵部暂来接替，给他们以片刻休息。但阵地的正面颇宽，深恐你部的两个营不够分配；而且你部缺轻机枪和迫击炮，刘团所构筑的工事，不适合你部应用。怎么办？"他说："请旅长放心，我们这一团原是完整的一个师，参加山西、河北、山东、江苏各战场作战后，仅剩下来缩编而成的一个团，官兵都沉着勇敢。阵地不合我们应用，可以修改。"我问他们现在要补充什么，他说："七九步枪子弹和手榴弹。"我即电话报告覃军长请发李岳嵩七九步枪弹药十万发和手榴弹二百箱。得覃军长许可，派骑兵送来。五时许，其部队到达，我嘱他们暂在后面村落隐蔽处休息。先派营附、连长或连附到前线来，由刘团分别派员导观阵地，预作分配各连担任地段，黄昏后乃交代接防。刘团退到后面村庄休息整理。

次日，天破晓后，敌人的炮兵又继续射击，李团的机枪两挺被击毁，另两挺发生故障，不能使用。敌步兵此次以疏散队形前进，徒涉过蒋家河后，蜂拥冲来。李团沉着迎敌，先以步枪射击，后投手榴弹，继之以肉搏。但敌人仍冲进阵地数百米的纵深，情况至为危急。我即电话调刘栋平团复上前线增援。刘团长说："白天易被敌人的氢气球望见，行动不便。"我说："现在川军正与敌人肉搏，敌人一定不敢开炮，你用疏散的队形前来，可保无恙。"正午十二时，刘团增援到后，又将敌人击退，恢复了原来的阵地。

敌军两次放毒

敌人被击退后，又发来炮弹，但爆炸声不似往时响亮。下午四时左右，旅部的炊事兵送晚饭来时，我见不少官兵作呕不止，怀疑炊事兵误用桐油炒菜，正拟派副官聂某前去查问，忽见卫士跑进来说："报告旅长，毒瓦斯，毒瓦斯！"此时只见大家又流眼泪，我也呕吐流泪了；我这才确信是敌人施放毒瓦斯所致。我命卫士将我的防毒面具取来，然已来不及了；我在呕吐流泪之后，鼻孔及胃腔内，觉得热辣辣的，痛如火烧。从而断定敌人所施放的毒瓦斯，系窒息性和催泪性两种。时近黄昏，敌炮已停止射击，我忆及毒瓦斯比空气重，当即令众人迅速离开低洼的指挥所，登上高处，用浸湿的面巾，涂以肥皂蒙面，暂作抵御。并由电话通知刘、李两团照办。次日天明后，敌人的炮击较稀，步兵亦不见冲过来；是日东风微吹，敌人在东，我阵在西，敌人又利用风力将毒瓦斯唧筒向我方喷射过来。毒气弥漫我军阵地，晕倒的官兵很多，经过迅速抬

237

离阵地后，始苏醒过来，便又重上火线战斗。

枣阳被占　败退豫南

晚间八时许，忽接覃军长电话："枣阳已被敌人攻占。第十一集团军总司令（李品仙）已到唐县镇来，吩咐前线官兵不要后退，只能向北转入河南境内。"他命我担任掩护张光玮和凌压西两部的撤退。我说："刘栋平团苦战七日之后，缩编不满一营；川军李岳嵩团参战两日，连长皆已阵亡，缩编只剩两个连。兵力如此单薄，何能担当得起掩护两师部队的撤退？"覃军长说："好吧，如此我就另派白勉初团接你的防，担任收容。你交代防务后，转回厉山，经唐县镇退入河南。"午夜十二时，白勉初到达，我即率旅部及刘栋平团残兵，向厉山转进，李岳嵩团则归还原建制部队。

天破晓后，我部离厉山街有五六里之遥，而敌人的迫击炮弹，从我们的头顶上空呼啸而过，飞落到厉山街上。当行至厉山街边时，师部的传达兵送来命令，命我率刘团、李剑光团在厉山附近占领阵地，收容前线退下来的部队。我问该传达兵，李团现在何处？他说就在厉山街上。我命他将命令转与李看，但遍寻不见李团团部所在地，只见该团十余名伤兵坐在房前，问他们也不知其团部所在地。我派传达兵多名，在厉山周围五里内遍寻，始终不见。后来才知道，李团当敌人的炮弹落在厉山街爆炸时，伤其十余名士兵，全团恐慌，自行向河南境内溃退。

当我派人寻找李剑光团时，未及告知刘栋平团负有收容任务，而他已率部由厉山街外向北开去。我只得率军士队在厉山西面的隘路口占领阵地，以收容前线退下的官兵。只见退下来的士兵三三两两、间间断断地经过，终不见整个部队。晚九时，我乃率旅部人员和军士队向唐县镇转进，于当晚十二时到达。只见负伤官兵八百余人横七竖八卧于街头，呻吟之声不绝于耳。而我派人找师部、军部或总部，也遍寻不着，对此负伤八百余官兵，虽有同情之心，实也爱莫能助。翌晨九时抵吴王店，军部正在此处，见覃连芳军长愁眉不展，他叹息地说："张光玮、凌压西两师部队未见来，不知他们能否安全退出。真对不起朋友了，暂在此处等等他们吧！"我因数日夜未得睡眠，很觉困顿，乃在附近村落觅宿营地休息。

次日行到豫境的刘博士店。覃连芳军长因未见张、凌两师部队到来，迟迟不肯行。我建议他可预先指定行进的目的地，先行前去，掩护和收容的任务，由第一七三师负责，他默不作声。继而钟毅师长也来劝他先行，他忽然声色俱厉地说："你走你的，我不走。"使得钟毅尴尬不堪。当时，我见覃军长的态度如此，乃与师部分别在附近觅宿营地驻下。

次日，不见师部、军部去向，我无奈只能率军士队抵澴潭镇，与刘栋平团的残部相会合。

随枣会战中的亲身战斗

陈仕俊[※]

一九三九年二月中旬，第二十二集团军总司令孙震奉命，以第四十一军（军长孙震兼）和第四十五军（军长陈鼎勋），由襄樊附近开赴钟祥、京山所属的流水沟、张家集、周家集、袁家台子和安陆、随县所属的大洪山、天河口、柳林店、均川、安居一带，接替第二十一集团军李品仙部守备的近二百里防务。与日军占据的京钟路之丰乐河、长寿店、洋梓、黄家集、官桥以及安陆、马坪、淅河、随县一线对峙。

第二十二集团军当时防务部署概况是：第四十一军第一二四师担任右翼流水沟、张家集之线守备；第一二二师守援周家集、袁家台子之线。第四十五军第一二五师师长王仕俊率第七四九团（师的预备队）控制柳林店附近，第七五〇团（团长陈仕俊）担任本军右翼天河口至柳林店之线守备，团部位于天河口陈家大院子；第六四六团担任均川、安居一线守备。第四十五军率第一二七师（师长陈离，缺一个团）控置在唐县镇附近。第二十二集团军担任防务面积过宽，军、师、团之间空隙很大，不能衔接；因而只能守线上之点，各部经常派出小部游击，搜索敌情。

三月下旬，日军向我集团军各守备部队发动攻势。一方面，由京钟公路向流水沟、周家集进攻；一方面，安陆、随县日军第三师团大部经襄花路向漂潭、枣阳进攻，一部分经茅茨畈向双河进攻。日军分从京钟路和襄花路对我进行钳形会攻枣阳地区，包围第二十一集团军和第二十

※ 作者当时系第五战区左翼兵团第二十二集团军第四十五军第一二五师第七五〇团团长。

二集团军的主力部队。经过一天战斗，右翼友军第一二四、一二二师和第二十一集团军的一部分部队被击溃。当时第四十五军奉令派一个师开到双河、茅茨畈地区占领要点，阻击敌人，掩护右翼友军撤退。

第四十五军派第一二七师师长陈离率所部（缺一个团），附第一二五师第七五〇团赶赴指定地区对敌阻击。我团奉令后，将天河口防务交地方游击队，立即出发向双河前进，受第一二七师指挥。行军途中，发现友军部队纷纷后撤；当我团到达双河集时，陈离师长令我部在双河东南八华里的高地漫山坡占领阵地，掩护友军后撤。我率部刚到达指定地时，陈离要我到师部研究作战部署。当时电话线尚未架通，师部位置于双河以西的村庄，相距十里左右，我到师部研究后，还要赶回团部调整部署；而此时敌机正对我军不断侦察轰炸，前方友军混乱溃退，日军又在尾追。时间紧迫，我骑马赶回前线途中，经过双河附近，敌机低空轰炸扫射，我即倒卧在土壕沟里，幸免无恙。但是，随我行动的传令兵和卫士伤亡五名，我的乘马也被炸伤。我步行跑到前线，下达任务，展开部队；第二营（营长林如书）占领右翼阵地，赶筑工事；第一营（营长官乃和）为团的预备队，控置于漫山坡后侧本道方面。这时是午前十一时，第一二二师和第二十一集团军的部队，正通过本团阵地，纷纷败退。午后一时，我以电话告知各营准备战斗，要尽力隐蔽部队，待敌人到最近距离，才开始射击，无命令不准鸣枪。午后二时，敌先头部队一百五六十人追来，到达凹地半坡中距我阵地约二百米，我部即居高临下对敌夹击，激战半小时，歼敌过半，其余向后逃走。接着敌军大部队到达，即与我团展开战斗，虽有日机助战，我们利用有利地形，激战到黄昏时，敌无进展。不料这时敌军一部从我右翼迂回进攻，袭击我后方之第一二七师部，与师预备队激战两小时，师部被迫撤退。我左翼之第七五八团也无枪声。我团战至夜间九时，敌军增加部队向我右翼猛攻，突破我阵地，把第二营与团部切为两段（第二营营长林如书率部会同第一二二师的刘景素营向右翼大洪山撤退，得到新四军部队的协助给养的支持，待随枣战役结束后，这两个营才开回襄樊）。战至十时，感觉孤立，准备后撤，但是双河集街上有少数敌军，妨碍我军撤退，即派第三连连长吴钦明率部前往，用手榴弹把双河集之敌肃清，并占领集镇，掩护撤退。我团于十一时开始撤下，转移到双河西南的森林高地，集结部队作防御部署。

第二天拂晓，日军分两路向我围攻，我部乃沿山冈树林突围，节节抵抗，逐步撤退；一、三两营相互掩护，向枣阳方向转进，同时选派便衣队在后卫的后侧埋伏，袭击日军。因地形复杂，森林荫蔽，敌军不敢深进，至十一时，我团乃脱离敌火，继续向枣阳方向前进。沿途仍有敌机不断轰炸扫射，因而时伏时走。我当时想到：友军部队相当庞大，又是山地作战，为什么不节节抵抗呢？而在转进作战中，为什么没有统一指挥呢？又想到我团是阻击敌人最后撤走的一个团，在邓河被围，连日作战，为什么在转进沿途上，不见友军部队来掩护我团呢？

我团到了襄花路附近，发现敌人已控制公路的要点，就在树林内荫蔽休息，待晚间十时，从敌人占据要点空隙中，全部安全通过襄花公路，继续向枣阳行进。到第三日凌晨四时，抵枣阳城外接官亭附近，与敌发生夜战，事先只知枣阳是友军据守，殊不知枣阳已被日军占领。我团与敌对战一小时后，即乘夜北退，向唐河转进。当日上午十时，到达枣阳所属的太平镇。该镇有土城墙，墙外有水濠，濠外有铁丝网，是当地人民防备土匪设置的。我团官兵疲困，因头天晚饭和本日早饭都未进食，也无时间造饭，认为这个镇很坚固，稍事休息，限一时炊事吃饭，一面派出小部警戒，并召集各营长研究突围路线。这时正降冰雹，又吹大风，日军突于此时冲入镇内，事出意外，我团官兵顿时惊慌失措，向两边店房内躲避。我即大喊"是土匪"，才使官兵出来迎击。幸团部休息处距土城门约三十米，重机枪向和平连在团部附近休息，事先已把机枪架好，在发现敌人时，立即射击。我督率官兵展开巷战，第一营营长官乃和身先士卒，以手枪、手榴弹参加白刃战斗，与敌人拼搏。巷战中，我用手枪在二十米左右，亲手击毙敌兵二人。经过半小时的手榴弹和白刃战斗，消灭部分敌人，其余退出土城门外，想要逃跑，被我军预设于城门口桥上的重机枪封锁，不能通过，只得分散向城墙两侧的水濠里逃跑，又被濠外铁丝网拦住，逃不出我们的枪口。当时因我官兵伤亡不少，而在铁丝网外面敌掩护进攻部队的五十多名敌兵，距城墙不过两百米，也被我团消灭过半，其余向后逃跑。这次战斗，歼灭日军一百三十多人，并击毙击伤敌战马五十多匹。我团第一营营长官乃和、第二连连长张良荣负伤，共计伤亡官兵五十多人。

这时，敌军大部队到达，集中机炮向我部太平镇轰击，从两翼包围。我部第三营当即撤退，占领太平镇以北的高地，阻击敌人，掩护本团转进。午后一时，我部完全撤出该镇。第一营和第三营相互交替掩护，节节抵抗，向唐河方面转进。午后四时，完全脱离敌人。日军到此，就未前进。

我团于第四天正午始抵唐河，与第一二七师、一二二师和第二十一集团军的一部分部队会合。他们在那里收容整顿。我部在唐河休息半天后，即同第一二七师向南阳经邓县，回驻襄阳、樊城。后在胡家营经过短期整顿补充，又随同第四十五军开赴随枣地区，担任守备任务。第四十五军军部驻漶潭，第一二五师进驻梅邱，担任均川、安居之线防务；第七四九团在左翼安居之线；我团在右翼担任均川一带守备。右与新四军驻洛阳店附近的部队连接，对安陆、淅河、马坪、随县之日军（第三师团）相对峙于大洪山、涢水之间，长达六年之久。

243

襄河东岸的截击战

陈芳芝[※]

　　第五战区司令长官司令部根据敌情判断，日军向我随枣地区进攻的企图日益明显，于一九三九年四月下旬在樊城召开军事会议，决定采取攻势防御，以粉碎敌人的进攻。第三十三集团军总司令张自忠开会回到总部后，召集第五十九军团以上军官开会，指示对日军作战计划。他说："现在战区得到情报，日军在武汉地区调动大批部队，企图向我军进犯。各部队应急速准备与敌人作战。现在国家到了危亡时期，我们应下定决心为国家、为民族的存亡，不顾一切牺牲，与日寇一拼。打日本鬼子，死了也是光荣的! 如果敌人发动进攻，我们当以全力将其消灭在襄河地区。"他指示各部队多派便衣将敌情弄清楚; 敌人如来进犯时第一线部队诱敌深入，我们第二线兵团要不顾一切牺牲，集中全力将敌人消灭; 在敌人没有向我们进攻之前，多做消灭敌人的准备，多做步炮协同作战的准备，在步兵前进时一定要做到用炮兵和自动武器压制敌人，以减少我们的伤亡; 并命参谋处定出计划，派人到各部队考试，指示各部队官长应加强对官兵的抗战认识教育。

　　第三十三集团军的第五十九军第一八〇师刘振三部任襄河东岸钟祥县长寿店以南对洋梓镇之敌警戒，阻止北犯; 左翼与大洪山的第二十九集团军王缵绪部联系，右翼与第七十七军冯治安部联系。刘振三命我带第五三八团为第一线警备部队，阻止日军北进; 第一八〇师第五三九团、

　　※　作者当时系第五战区右翼兵团第三十三集团军第五十九军第一八〇师第五三八团团长。

五四〇团驻长寿店西北吴家冲,集结为师预备部队。师部驻吴家冲。

一九三九年四月下旬,日军以三个多师团兵力分三路向我军进攻,一路从信阳地区向确山我左翼兵团第六十八军刘汝明部进攻,另一路日军第三师团从应山、花园地区向随县地区进攻;日军第十三师团为主力,临时配合两个联队和骑兵第四旅团于四月二十二日晨五时,在敌机、坦克车掩护下,集中炮火向第一八〇师第五三八团阵地猛攻。经过一天的激烈战斗,我第一营阵地被日军突破,敌人继向长寿店进攻,被我团和第五四〇团两面夹攻,将敌人阻止在长寿店以南周家冲李家畈地区。二十四日上午五时,敌人又集中全力向我军阵地猛攻,战斗约一小时,敌人集中十余辆坦克掩护步兵向我第五三八团、五四〇团之间猛扑,在敌我兵力和装备的悬殊下将我阵地突破。师长刘振三打电话命我向丰乐河转斗湾区撤退;同时告诉我:总司令张自忠命我师诱敌深入,将敌人诱到田家集、流水沟地区,集中集团军全力将敌人歼灭在襄河东岸;并说总司令准备亲带第三十八师和第三十七师、骑兵师等部从宜城流水沟地区渡河,截击敌人,将北犯的日军消灭在田家集、黄龙垱地区。与此同时,张自忠总司令命第七十七军冯治安部从荆门东北地区贺家集渡河侧击日军的右后方;命第二十九集团军王缵绪部从大洪山向敌人右侧背进攻,并派一部兵力向京钟公路阻击日军增援部队;命第一八〇师在丰乐河以东地区集结阻止日军,并准备将向北进之敌的后路截断,协同第三十八师、骑兵师等夹击敌人,将日军歼灭在田家集地区。

当晚九时左右,接总司令部通报:第五战区长官部命第二十二集团军孙震部从樊城渡河,已到达黄龙垱以北;命广西部队一个军从襄阳渡河,协同第二十二集团军向敌人猛攻;战区准备将日军歼灭在黄龙垱、灌子口地区。

二十五日晚,第三十八师从宜城县东南流水沟渡河后占领阵地,阻止日军渡河;北进的敌人当晚占领田家集之后,主力继续北犯,一部兵力向我第三十八师黄维纲部猛攻,经过一昼夜激战,敌人伤亡很重,向后撤退,于是张自忠命第三十八师向敌猛追,追到田家集西北地区,与敌发生激战;张自忠又命第一八〇师刘振三以全力从丰乐河东南田家集以南向敌猛攻,协同第三十八师夹击敌人。刘振三受命之后,亲自给我打电话,告诉我:"总司令从宜城渡河亲自指挥第三十八师、骑兵师向敌人猛攻,现在田家集西北地区与敌人激战。命第五三九团一部向长寿店进攻;第五三八团和第五四〇团即时出发向田家集以南之敌猛攻。"第五三八团到达郭家冲,前方发现日军约有二千人向北行进,当时我命第一、三两营向敌人侧背猛攻，一面向师部报告日军情况和我团对敌人进攻处置。在田家集西南郭家冲东北地区与敌人激战约三小时之久，将日军一部击溃。接着，我团和第五四〇团分两路，在田家集西南约十里处与敌人展开激战。当天下午，敌人飞机五架向我军阵地轰炸、扫射。约半个小时后，日军一千多人向我正面猛攻，经我团和第五四〇团从两面夹击和反复突杀，将敌人阻止在我阵地前，敌我双方死亡均重。

二十六日上午六时，日军从田家集增援两三千人，附大炮十余门，在飞机掩护下，向我第三十八师阵地猛攻，一昼夜激战之间敌人几次反扑，被我三十八师击退。当时，由于战斗非常激烈，第三十八师黄师长给张自忠打电话报告：日军向我攻击很猛，我军伤亡很重，第一一三团顶不住，请总司令派队增援，以防万一。张自忠当即将我军各部作战进展情况告知黄师长，同时命令黄师长告诉各指挥官：只许前进，不准后退！敌人快被我全部击溃。我困难，敌人比我们更加困难，要争最后五分钟！并命黄师长集中力量向敌人猛攻，并派一个骑兵营的兵力向日军左侧背迂回。

第三十八师又经过一昼夜激战。激战中，第三十八师营长金振声受伤，全营官兵惊慌；金振声营长当即命副营长到各连督战，说明营长受的是轻伤，决不下火线，以鼓舞士气。又经过三四个小时的激战，终将敌人击退。黄师长将这个情况向总司令张自忠报告，当时张自忠即命黄师长升任金振声为团长，并通报各部队。同时，第一八〇师参谋长金子烈给我打电话，说金营长受伤不退，决心与敌人死拼，终将敌人打退，命我传达各官兵奋勇杀敌。全军在张自忠的亲自渡河指挥下，又经过半天的战斗，日军全线被我击溃。在敌人总退却时，张自忠以电话命令第五十九军向敌猛追，士气更加旺盛；当天下午，第三十八师追击到灌子口南，田家集东北地区，在亭子山附近向敌猛攻，敌军伤亡五百人左右，俘敌战马八十余匹和很多弹药。同时，第一八〇师在不到三个小时内，将长寿店东北十五里黄泥坑攻破，当天中午占领了长寿店，敌人向钟祥县和洋梓镇溃逃；我军尾追，至二十八日中午到达洋梓镇北，收复了上洋梓地区原阵地。此役，第一八〇师俘敌战马十余匹、橡皮船五十多只，将日军松井部击溃。

张自忠将军亲率第三十三集团军东渡襄河，侧击日军北犯，将敌人的补给线截断，使敌人不能增援，打死、打伤敌军三四千人，敌分两路向花园车站和钟祥地区溃逃，而我军在这次战役中损失也很大。因此，张自忠命第一线留一部阻止敌人，将主力撤到襄河西岸之荆门、宜城孔家湾地区整补。

　　这次战役胜利之后，第三十三集团军受到重庆统帅部和战区长官部嘉奖，并发给奖金十万元。张自忠将军当即将奖金分配给各部队，并将功劳归到全体官兵身上，将各单位有功人员各升一级。

在襄河沙洋东岸地区作战片段

许绍宗※

一九三八年十月武汉失陷后，第五战区李宗仁长官部驻节襄樊时，第二十九集团军（辖第四十四、六十七两军）归李指挥，从应城京（山）钟（祥）公路经由沙洋到当阳整编，赶赴襄河布防，面对京钟公路，阻止日军西进。我第六十七军从沙洋河以左（上游）至旧口，第四十四军从沙洋河以右，如期完成了这项布防任务。集团军总部进驻河溶，指挥所设在后港。襄樊友军防御兵力，有萧之楚之第二十六军驻防沙市、荆州一带，张自忠之第三十三集团军所属张自兼军长之第五十九军，与曹福林之第五十五军和一个骑兵师，由荆门南下参加防守。李品仙之第十一集团军亦属于这个战场的部队。

第五战区司令长官李宗仁，因襄河以东防线延长，指挥不易统一，令张自忠为右翼兵团总司令，第二十九集团军归其指挥。张系台儿庄战功卓著的名将，他与我商量并征得我的同意后，出兵一旅渡过沙洋河，到汉宜（汉口至宜昌）公路杨家峰阻扼日军西犯；又另调一部跨汉宜公路布防，以充实防务。张之一部即在公路以南地带火盆山高地防御。

一九三九年初夏，日军约一个联队由应城公路窜进，先攻张部，张部后撤。继后又攻杨家峰之我军。激战一日，至晚我始令全部退至下游之多宝湾集结，并预将沿河船只调集一处，督率所部以全力向已占杨家峰之敌袭击。战至拂晓，敌向应城溃退，伤亡数百人。此役是"背水列阵"，侥幸得胜。后将部队调退多宝湾，安全渡过河西。当我军退到多宝

※ 作者当时系第五战区右翼兵团第二十九集团军副总司令兼第六十七军军长。

湾时，敌军复派二百余人向多宝湾抄我后方，此时已知我军安全渡过河西，敌军即在多宝湾宿营，因船只皆控制在我岸，我派廖震第四十四军之一营，于夜半分两路渡河，向多宝湾夹击，将敌歼灭过半，因此敌亦不敢轻于前进了。此后襄河安定达一年之久。

第二十九集团军从沙洋激战后，总部即由河溶进驻孔家湾，以宜城作后方，以沙洋为屏障。

第五战区为恐敌军改道向襄河上游窜犯，调第二十六军第四十一师丁治磐部接替第二十九集团军沙洋防务；以第二十九集团军担任从旧口至钟祥北面布防，第六十七军复渡河到东岸之大洪山附近的张家集、竹林港，以袭击由京山、钟祥公路前进之敌；第四十四军仍沿河加紧防务。敌果然调集大部约两师团，进攻河南南阳、唐河、邓县，以拊襄樊之侧；钟祥之敌约一个师团，又向襄阳、樊城进攻。第五战区全军退至老河口、光化县一带。敌军不敢深入，其原因是新四军在敌后四面发动游击，敌之补给运输困难，兼以高埠是山地，低地即湖沼，且受桐柏、大洪两山夹击之威胁，敌即分兵撤退，转而从事襄河两岸的扫荡。

襄河之战及大洪山之役

许维新※

武汉失守后，日军置重兵于武汉地区，以优势兵力，对我军实行各个击破的战术。一九三九年二月初，日军集中强大兵力和精锐骑兵附山、野炮数十门，主力沿襄花公路，第十三师团的一部沿汉宜公路，开始向第五战区进犯。第五战区司令长官李宗仁令第二十九集团军暂归第三十三集团军张自忠统一指挥，担任襄河西岸的守备，且以一部分兵力进出于襄河东岸，阻击敌人，重点控制汉宜公路地区。当时第三十三集团军的主力部队控制大洪山区长寿店、客店坡一带；一部兵力守备襄河东、西两岸及钟祥、石牌一带，并派一部分主力于京山附近阻击敌人，其指挥部设在荆门。第二十九集团军奉令后，许代总司令召集师以上军官会议。为了确保襄河西岸，使敌不能越襄河雷池一步，乃与第四十四军军长廖震研究。令第一四九师与第三十三集团军联系守备沙洋至马良一带；令第一六二师与江防司令部郭忏所辖沙市部队联系，守备多宝湾至沙洋以南地区；令第一六一师派得力部队进出于襄河东岸杨家峰、五里店间，采取纵深配备，阻击敌人，其余控制李家市地区，随时援应第一四九师河防；令第一五〇师为预备队布防于后港；令第一六一师幸春廷游击支队在多宝湾附近秘密准备船只，随时接应派往襄河东岸的阻击部队。总指挥部设在十里铺附近。

三月上旬敌机三架轰炸沙洋，继以低飞扫射。日军第十三师团附炮

※ 作者当时系第五战区右翼兵团第二十九集团军第六十七军第一六一师第四八三旅副旅长。

十余门及骑兵部队，进犯皂市附近。敌军分两路侵犯。主力犯京山，一路沿汉宜公路西犯，先后与我在五里店的第一六一师和京山的第三十三集团军阻击部队发生战斗。我守备五里店的第一六一师部尽力阻击，战斗了一天后，撤至杨家峰又战斗了一天。在杨家峰展开了剧烈的战斗，敌骑兵部队在炮火掩护下猛冲我阵地，我守军不顾敌炮火的轰击和骑兵的冲击，沉着应战，以轻重机枪及手榴弹奋力还击。这时在京山阻击敌人的第三十三集团军部队，也逐步退守客店坡、南汪家河、杨家山一带。许代总司令取得张自忠的同意，令第一六一师阻击部队乘夜由多宝湾撤回到襄河西岸。这次阻击战，我伤亡百余人。

三月十日敌乘势进至襄河东岸与我第一四九师发生隔河对战后，乃北向旧口、钟祥。旧口、钟祥先后陷落敌手。第三十三集团军在洋梓、汪家河、杨家山一带继续战斗，不久洋梓被敌占领，乃退守长寿店，敌我双方形成对峙状态。这时张自忠从荆门来电，告知他部吉星文旅长在撤出钟祥时遭敌夹击，随带数人，被困于旧口以东山地。现下落不明，通知许代总司令派部队设法把吉找回。许即令第一六一师幸春廷游击支队潜入襄河东岸，在旧口东聊曲山上小庙内找到吉星文，并护送他到襄河西岸。一九三四年时吉星文与我是南京军校高教班三期的同学，战地重逢，感到异常亲切。吉星文回到部队谒见张自忠时，张似责非责地对吉星文说："你这个民族英雄成了狗熊了。"

四月上旬，从襄花公路西犯之敌，在第五战区部队的反攻之下，将敌击退，胶着于随枣地区。汉宜公路之敌被张自忠集团军阻出于钟京之间，成对峙态势。这时李宗仁令第二十九集团军在襄河东岸自由选择进击目标，许代总司令即令第一五〇师师长杨勤安派一加强团，令第一六一师幸春廷游击支队与杨团配合，事先潜入敌后，设下埋伏。这次战斗，毙敌百余人，缴获敌机枪数挺和大批战利品，胜利而归。宜昌江防司令郭忏，特派人送来慰问品和大批弹药。

一九三九年蒋介石为了缓和对他"抗日不力"的指责，准备对日军发动一次"冬季攻势"。九月李宗仁令第二十九集团军将襄河守备任务移交给江防司令郭忏部队担任后，全部开赴大洪山区。第二十九集团军从丰乐河渡过襄河，到达张家集、袁家台附近地区。九月底在"冬季攻势"开始前，李宗仁令第二十九集团军派得力部队进出京山、钟祥间，破坏公路交通及通信设施。许令第一四九师派部队经宋河南下执行任务。当时在游家集附近，有新四军游击队，恐生误会，许派幸春廷前往新四军游击队说明我部任务，并请协助完成任务。十一月下旬李宗仁令第三十三集团军攻钟祥，令第二十九集团军攻京山，并令江防司令郭忏以部分兵力进出襄河东岸，破坏汉宜公路交通，相机袭击敌人。许代总司令召集旅长以上军官会议，我当时已调升第一六一师第四八三旅副旅长，也参加了这次会议。许把这次进击任务向大家宣布后，即令第四十四军两个师为攻击部队，进出于三阳店，伺机向京山进行攻击；第六十七军之第一六二师在袁家台以东，作为掩护部队；令第一六一师之第四八一旅接替汪家河、杨家岭的第三十三集团军进击京、钟公路沿线；第一六一师之第四八三旅布防于客店坡，作为预备队，援应第四十四军和第一六一师之第四八一旅两方面的战斗。"冬季攻势"开始于十二月，与敌军战斗一周后，第三十三集团军攻钟祥未下，第四十四军攻京山在汪家岭与敌军对峙，第四八一旅也无进展。十二月底，日军增调兵力进行反攻，第三十三集团军退守长寿店，第四十四军退守三阳店跑马岗，第四八一旅固守汪家河杨家岭。"冬季攻势"就此结束。

一九四〇年二月李宗仁为了休整部队，令第二十九集团军的一部接替第三七一集团军长寿店防务。许代总司令即令第四十四军以一部守备三阳店跑马岗，主力集中于袁家台附近；令第一六一师第四八三旅接替第四八一旅在汪家河、杨家岭的防务；令第四八一旅转移到长寿店接替第三十一集团军防务，并进行休整。三月各部队调动完毕，这时第四八三旅旅长许国璋骑马跌伤住院，委派我代理旅长职务。许代总司令赴襄阳长官部开会未回时，我第一六一师幸春廷游击队在敌后活动，打死打伤敌骑数十人，夺获敌战马一匹、战刀一把，送来旅部。我当时考虑到敌人必将对我采取报复手段，便立即通知刘团和陈紫阳团严加防范，加强工事。四月二十日晨敌骑兵大队由钟祥向陈紫阳团进攻，由于我军事先做好了准备，官兵沉着应战。敌骑兵在炮火掩护下，向我阵地冲锋，我守军集中轻重机枪火力，猛烈射击，敌骑遭受严重打击，只见人仰马翻。敌军下马与我军激战，我军以集束手榴弹轰击。激战至下午五时，总部佘念慈参谋长令第一六二师第四八四旅之一个团前来增援。该团未到达时，我已令刘团抽出一营兵力，向敌侧背反击，敌骑兵乃狼狈撤退。翌日九时敌军炮兵又对我军轰击，因幸春廷游击支队在敌后游击作战，敌军乃龟缩钟祥城内。这次战斗，我军伤亡十余人，据幸春廷报告，敌骑兵伤亡二百余人，毙敌中队长一人。敌人用黄绫裹尸，覆盖太阳旗运回钟祥城。当日下午敌人在钟祥城内焚尸约四小时之久。四月底许国璋伤愈返部，总部特发军令部通知，令我赴重庆复考陆大特别班，被录取为特六期学员，从此离开了前方，带职进入陆大特别班学习。

一九四一年九月许代总司令回渝述职。我问及前线情况，始知王缵绪省主席下台后，到前方指挥作战。许回川后，蒋介石调他任汤恩伯的副总司令，他不愿就职，闲居山洞家中。

策应随枣会战的一次战斗

滕维平※

　　一九三九年四月下旬，日军向随枣地区发动进攻，这就是第一次随枣会战。会战开始后，第二游击纵队曾奉命由平汉路东面侧击，牵制敌人。我当时担任第二游击纵队参谋长，曾参与这次策应作战。现就回忆所得，将当时耳闻目见史实追述于下。

战前豫南日军态势

　　日军占领武汉后，曾一度收缩武汉外围兵力，保留在鄂东沿巴河上至麻城、西至广水沿线较大集镇；在平汉线由信阳以北的长台关南至汉口各站，信阳以东的五里店等都有敌人的据点。鸡公山是敌淫乐区，有随军日妓多人供敌玩乐。会战开始后，敌为掩护鸡公山、柳林间的安全，在距路东约十五里的××小圩增加一个新据点，守敌约一个加强排，不时外出掳掠和对付我游击队。

豫南我军态势

　　豫南铁路以东，我军已无正规部队，仅罗山县西南有第五战区第三游击纵队司令黄瑞华部千余人，大部是广西招编而来的散兵游勇，有一定的作战经验。在光山县西南的南向店一带，有第五战区第二游击纵队

※　作者当时系第五战区第二游击纵队参谋长。

司令沈光武部三千余人，绝大部分是豫南人，人地熟悉。一九三九年春，第二十一集团军总司令廖磊将驻在鄂东的第七军第一七二师第五一六团（团长陈开荣）调到潢川、汝南担任维护通往大后方的运输补给任务。

会战打响后，留在大别山区豫南地区的第七军陈开荣团及两个游击纵队为策应和牵制敌人的部队，共约五千人，由第七军副军长王赞斌指挥。其指挥所先在潢川，后推进到九里关附近。其部署为：第三游击纵队黄瑞华部在五里店及信阳、柳林间；第二游击纵队沈光武部第三支队向柳林、鸡公山间；另以一个支队在定远店以南约四十里监视宣化店之敌，第一七二师陈开荣团一部向广水武胜关段佯攻，牵制敌人兵力，主力在九里关三里城机动使用。以上策应部队以牵制敌人为主要任务。

四月三十日，随枣正面首先拉开战幕，敌人以坦克作前导，在飞机掩护下由公路两侧攻击前进，炮兵不断轰击，我工事多被摧毁，敌步兵亦紧跟前进。经过七天七夜大小二十余次激战，随县遂失。敌骑兵沿襄河东岸直上，又陷钟祥，接着枣阳又失，我军死伤惨重。北路之敌由信阳西进，桐柏、唐河、新野亦相继沦陷。直至五月十四日，我军调整部署后，开始自豫西反攻，敌人慑于我桐柏山、大洪山两面夹击的威胁，逐次向东撤退，我遂收复新野、唐河。十五日，我军全面反攻，连续三日夜激战，敌乃放弃枣阳，退到随县固守。我军缺乏重武器，无法攻坚，与敌形成对峙局面。

我豫南策应部队于会战开始后，王赞斌的指挥所推进到九里关东面七八里某村落；黄瑞华的游击纵队由该部参谋长罗志强指挥分兵袭击五里店及柳林之敌守备队。敌初次与我游击队接触，不知我实力如何，据工事固守。柳林之敌警戒不严，我黄部突击队出敌不意，拂晓突入柳林站，击毙敌兵数名，俘日本妓女一名，缴枪数支，敌奋力反攻，突击队乃退出。以后该纵队仍在罗山、信阳边活动，多次向敌袭扰，但无斩获。

我第二游击纵队由司令沈光武指挥第三支队彭叙之部约千人，向柳林东南铁铺一带进攻，由于斗志薄弱，进到离据点三四百米处，就盲目放枪，敌军还击，该部就退走。陈开荣团对鸡公山、武胜关东侧进攻，曾发生小接触多次，但均无斩获。后来敌军看破我军虚弱可欺，集中数百名兵力并大炮数门，从武胜关、柳林间反扑，窜到三里城，我军退到东面山地，借山高林密防守，敌未敢再进，在三里城附近以炮兵向九里关一带盲目射击，扰乱我军，遂即撤回据点。此次策应作战，我军只达到牵制一部分敌人兵力的任务，未起到有力地袭击敌人的作用。王赞斌副军长认为我军这种游击战法战志太差，曾加以批评责备。沈光武司令因此借词回南向店后方，要我到定远店去代替他设指挥所。这时随枣会战已接近尾声，陈开荣团已撤回潢川及汝南继续担负护运任务。我彭支队仍在九里关以西监视敌人，不时向敌袭扰，终未收到什么效果。

为了扭转这种被动局面，我写信给彭叙之支队长，鼓励他振作精神，挑选精干，在敌路东新辟之某一据点附近，看好地形，利用敌人轻视我军的心理，出其不意，打好一次埋伏仗。彭叙之接信后，派一个精干的加强排，到敌据点外埋伏，敌人果然同往日一样，大约一个小分队二十多人，大摇大摆出来搜索掳掠。当敌行到距离我预伏地点二百米处，我三挺轻机枪、十多支步枪同时向敌射击，当场打死敌兵五人，俘一人，缴获步枪四支、手枪一支。敌因受到突然袭击，惊恐万状，狼狈逃回据点，闭门死守。我方仅阵亡士兵一名，随即撤回九里关。俘获的一名日本兵当即解送去金家寨第二十一集团军总部，缴获的武器则留用，这时，随枣会战已宣告结束。

第 三 章
枣（阳）宜（昌）会战

欧战爆发后之枣宜战役

李宗仁[※]

敌人自在随枣地区受创之后，短期内无力再犯，我方亦得一喘息机会，军事委员会乃将五、六两战区作战地境略作调整。

第五战区在当时辖地最广。不特在敌后的大别山地区仍归我直接指挥，即鲁南、苏北名义上亦属五战区战斗序列之内。但是自武汉失守，第六战区司令长官陈诚因素为蒋先生所宠信而身兼数要职，然事实上未能坐镇前方，指挥作战。军委会乃将其辖区分割，另成立第九战区，任命薛岳为司令长官。另将宜昌以下的江防，由五战区划出，改归陈诚指挥。五战区重心既已北移，则襄樊已不是中心所在。民国二十八年秋，我乃将五战区司令长官部迁往光化县的老河口。

迁老河口后的第一项设施，便是在市外约五里地的杨林铺成立第五战区干部训练班，由我担任主任。调本战区校官以上各级军官前来受训，旨在提高战斗精神，检讨作战经验，增进战斗技术，并联络感情，收效极宏。另于襄河西岸距老河口约九十里地的草店成立中央陆军军官学校第八分校。校址设于武当山下诸宫殿式建筑的驿站中。该校除招收知识青年外，并调各军下级干部前来受训，故有学生队与学员队之分。因抗战已过三年，全国军队久经战斗，下级军官伤亡甚巨，亟待补充之故。

第八分校校长名义上为蒋委员长兼任，实际上，设一教育长负其全责。第一期，我呈请中央调桂林绥靖公署中将参谋长张任民为教育长。第二期，调五战区参谋长徐祖贻中将担任。徐的遗缺则由副参谋长王鸿韶接替。徐、

※ 作者当时系第五战区司令长官。

王二人都是我国军界难得的人才，各有所长。然二人在长官部工作，意见时时相左，此亦中外所恒有的人事问题，足使身为主管长官的，有难为左右袒之苦，适祖贻有意担任斯职，我乃特为举荐，以作一事两全的安排。

此时敌我对峙的休战状态中，我乃用全副精神主持干部训练班事宜。

民国二十八年九月初，希特勒忽出兵侵略波兰，英、法两国与波兰缔有军事同盟条约，遂被迫对德宣战。欧战爆发了。为应付这个突如其来的新局面，蒋委员长特地在重庆召集军事会议，加以商讨。我便应召赴渝。其实在会上所讨论的，仍然只是一些国内战事的问题罢了。

在重庆会毕，我乘机向蒋委员长告假半月，回桂林省亲。因家母年高多病，很想看看我。军事委员会乃特地为我预备一架小飞机，直飞桂林。这是七七事变后我第一次返乡。桂林各界欢迎的热烈，与母子相见的欢愉，自不待言。

我自桂林回到老河口不久，便接获可靠情报，敌人受德国闪电战胜利的刺激，也预备和我们来一个闪电战。二十八年九月，敌方成立所谓"对华派遣军总司令部"，以西尾寿造为总司令，板垣征四郎为总参谋长。二十九年四月中旬，集中了六七个师团的兵力，要再到随枣地区来扫荡我第五战区。

我方的部署，大致是：一、以精锐的黄琪翔第十一集团军第八十四军守襄花公路正面；二、以川军第二十九集团军王缵绪（许绍宗代总司令）部守襄河以东地区；三、张自忠的第三十三集团军守襄河两岸；四、以孙连仲的第二集团军守北线桐柏山以北地区。

战事于五月一日开始。敌军仍分三路西进，大致如前次随枣会战时的姿态。不过，此次敌方对我正面只是佯攻，以吸引我主力。另以重兵配以坦克百余辆和飞机七八十架，自襄河东岸北进，猛攻我许绍宗部。许部不支，退入大洪山核心。敌遂长驱直入，直捣双沟，拟与北部会师，对我方主力进行大包围的歼灭战。我即令黄琪翔迅速北撤，以免被围。敌于五月八日冲入枣阳，与我掩护撤退的第一七三师发生激战。我方以众寡不敌，且战且走，节节抵抗。第一七三师自师长钟毅以下，大半于新野县境殉国。而我方主力却赖以撤出敌人包围圈。敌人既扑一个空，我军乃自外线实行反包围，由两翼将敌军向中央压缩，加以歼灭。双方战斗至为激烈。至十一日，敌卒不支，向东南撤退。十六日，我军且一度克复枣阳。

此时我方防守襄河西岸的第三十三集团军尚有一部未参战，我乃电令张总司令自忠"派有力部队，迅速渡河，向敌后出击"，以便将襄河东岸之敌拦腰斩断。自忠乃亲率其总司令部直属的特务营和第七十四师的两个团，遵令渡河。于南瓜店附近一举将敌军截为两段。敌军被斩，乃密集重兵，自南北两路向张部夹攻。大兵万余人，如潮涌而来。自忠所部仅两团一营，断不能抵御，随行参谋人员暨俄顾问都劝自忠迅速脱离战场。孰知自忠已下必死决心，欲将敌军拖住，以便友军反攻，坚持直至所部将士伤亡殆尽，自忠亦受重伤倒地，才对身旁卫士说："对国家、对民族、对长官，良心平安。大家要杀敌报仇!"遂壮烈殉国，为抗战八年中，集团军总司令督战殉国唯一的一人。

自忠在奉命渡河时，曾有亲笔信致该集团军副总司令冯治安，略谓："因战区全面战争关系，及本身的责任，均须过河与敌一拼。如不能与各师取得联络，本着最后之目标（死），往北迈进。无论作好作坏，一切求良心得此安慰，以后公私，请弟负责。由现在起，或暂别，或永别，不得而知。"足见自忠在渡河前已抱必死的决心。

回忆抗战开始时，自忠自北平南下，在南京几被人诬为汉奸而遭受审判。我当时只觉得不应冤枉好人，故设法加以解脱，绝未稍存望报之心。孰知张自忠竟是这样一位血性汉子，一旦沉冤获雪，便决心以死报国。在他瞑目前的一刹那，"国家""民族"之外，对我这位"司令长官"犹念念不忘。我国古代的仁人志士都以"杀身报国"，以及以"死"来报答"知己"为最高德行，张自忠将军实兼而有之了。

张自忠死后，我方虽损一员能将，然敌在随枣一带，终不得逞。各路敌军与我军均陷入胶着状态。

敌人在五战区既无法越雷池一步，乃在六月初再度增援，舍开五战区正面，在襄河下游强渡，向六战区采取攻势，与陈诚将军展开宜昌争夺战。六月一日，敌人一度侵入襄阳、樊城。经我们自外线反击，敌人不敢死守，乃将襄樊焚毁一空，于六月二日向南窜撤。我军乃于六月三日连克襄樊与枣阳。唯六战区方面之敌，于六月十二日侵入宜昌，踞城死守，我军屡攻不克，宜昌遂为敌所有。

自此我五战区通往重庆后方的水路被阻，以后只有自老河口翻越崇山峻岭，改走巴东一线了。

敌人虽占有宜昌，然襄、樊和大洪山一带，我军对其威胁始终无法解除。二十九年九月我军为策应长沙会战，曾对宜昌之敌发动反攻，以牵制其兵力。故敌人对随、枣一带我军根据地，终视为眼中钉，必去之而后快。是年十一月，汪精卫在南京组织的伪政府正式获得敌方承认。敌人以军事配合政治，又以几个师团兵力再向随枣地区进攻。自十一月二十四日至三十日，经七昼夜的苦战，襄花路上敌遗尸数千具，仍一无所获而返。

枣宜会战纪略

尚奇翔[※]

一九四〇年五六月间，日本华中派遣军向湖北襄樊及宜昌地区发动强大攻势，其最后攻击目标为战略要地宜昌地区。在持续四十余日的战斗中，分为枣阳地区、宜昌地区及反攻三个作战阶段。以后又将这三个作战阶段合并称为"枣宜会战"。

这次作战，是武汉失陷后规模最大的战役。当时进攻之敌，除倾其华中派遣军全力外，并由华东、华北战场抽调部队参加作战。而我第五战区亦在枣阳、宜昌两个作战阶段中，先后使用了二十三个军的兵力，作战后期第九战区转用的兵力和敌后作战部队尚未包括在内。唯在作战过程中，第五战区在日军强大攻势之下，抵抗脆弱，阵地混乱，以致着着失利。所有荆门、当阳、沙市、宜昌等地区，迅即陷于敌手。迨后虽经大力反攻，亦未奏效。所谓保卫中枢门户的枣宜会战，即于六月中旬终了。

战前的敌我态势

第五战区当面之日军，计有第三、第十三、第三十九师团、骑兵第四旅团及第六、第四十师团各一部[①]，其中大部分布于信阳、汉口间铁路两侧及鄂中地区，一部分布于鄂东各县，并沿鄂中汉水东岸、京（山）

※ 作者当时系第五战区司令长官部作战参谋。

① 枣宜战役日军参战兵力：日军第十一军司令园部和一郎指挥第三、第九、第十三、第三十六师团主力及第四十师团一部，并有飞机百余架支援作战。

钟（祥）公路，折经大洪山东侧，至随县、信阳、罗山之线分兵据守，与我形成对峙状态。

第五战区所辖部队，除一部留置于豫鄂皖边区，一部控置于南阳东北地区外，其主力据守于宜（昌）沙（市）地区及鄂中汉水西岸大洪山地区至随县、信阳外围之线，与敌对峙。

第五战区的任务及作战指导

第五战区辖区辽阔，所辖部队众多，是当时最大的战区。作战区域包括中国长江以北、黄泛区①以南、津浦铁路以西的豫鄂皖三省广大地区。所辖部队，当时计有七个集团军，另十个军，合计六十九个师的兵力（游杂部队未计）。

战区的任务，以确保宜昌、沙市地区，屏护中枢（指当时的重庆）门户为主；其次则为保持鄂北地区，巩固中枢外翼，并待机反攻武汉。为此，第五战区在作战上，采取守势作战。

根据当面敌情地势，第五战区对于日军可能进攻的方向，预作两个估计：其一，日军主力沿汉（口）宜（昌）公路和长江水道与日海军呼应西进，攻占宜昌、沙市地区，作为进攻重庆的准备步骤；另一则为减轻武汉及鄂中日军的侧背威胁，而由襄（樊）花（园）公路攻击鄂北地区。

基于上述情况判断和本身任务，第五战区的作战方针侧重于汉宜公路方面，准备于日军大举进攻时退避作战，吸引敌人于当阳（江防军纵深阵地的核心地带）附近后，全力与日军进行决战。至于襄花公路方面，竭力保持枣阳，不得已时退守襄樊及汉水、唐白河西岸之线，待机反攻；万不得已时，则退守丹江及汉水右岸（谷城东西之线），扼守老白（老河口至陕西白河，为通往汉中要道）公路，拒止日军向川陕边区突进（当时已定有丹江及汉水右岸作战计划）。相应的指导要领，包括以下的内容：

一、日军进攻宜昌、沙市时，江防军在沿江方面，应依航线阻塞及江防设备封锁长江水道，以阻止日舰之活动；在汉宜公路正面，敌为强渡汉水西进，应乘其半渡或立足未稳之际而击破之；敌为大举突进，应

---

① 一九三八年六月，国民党军为阻止日军向中原进犯，在郑州花园口炸堤，黄河水泛滥河南、安徽、江苏三省四十四县五万四千平方公里区域，简称黄泛区。

依既设阵地节节抵抗，逐次消耗敌人，待敌深入至当阳附近攻势疲惫后，全力与援军协力转为攻势，一举压迫日军于沙市以北湖沼地带而歼灭之。战区机动兵团适时进击汉宜公路，与江防军协同作战。右、中央、左各兵团，应全力出击，以策应江防军之作战。

二、日军攻击鄂北地区时，中央兵团应以大洪、桐柏两山为两翼依托，竭力拒止敌人；若日军突进，至枣阳附近时，则依增援部队之协力转为攻势，击破敌人。不得已时，退守襄樊及汉水、唐白河西岸之线待机反攻。战区机动兵团，适时进击枣阳附近与中央兵团协同作战。江防军及右、左兵团，各以有力部队出击，以策应中央兵团之作战。

三、大别山游击兵团，应亘战斗全局向信阳以南的铁路沿线进行牵制攻击，以支援主要作战方面。

上述作战指导，是武汉撤退以后至这次战役以前第五战区各个时期作战计划的主要内容（仅在个别时期由于具体情况不同，内容上小有变动）。唯在这次战役之先（约在一九四〇年三月中下旬），重庆统帅部与战区长官部获得敌军情报，预知日军将于五月初大举进攻宜沙地区，因而在作战指导上，特别侧重汉宜公路方面。

第五战区的兵团部署

第五战区的最高指挥机构为第五战区司令长官部，司令长官李宗仁驻于鄂北老河口。当时战区的兵团部署为：

江防军

司令郭忏，辖第二十六军肖之楚部（第三十二、四十一、四十四师）、第七十五军周喦部（第六、十三、预四师）、第九十四军李及兰部（第五十五、一二一师、一八五师）、第二军李延年部（无名师、新编第三十三师）、第八军郑洞国部（荣一师等三个师）、第十八军彭善部（第十一师等三个师）、第三十二军宋肯堂部（三个师）、第一补训处贺光谦部（一个师）、第一二八师王劲哉部及宜万区要塞指挥部（刘翼峰部）、渝万区要塞指挥部（李端浩部）。

江防军以一部担任潜江、高石牌间（汉宜公路正面）汉水西岸阵地之守备，主力控制当阳、宜昌及江防地区。

江防军在第五战区的序列中，原辖三个军的兵力，嗣在这次作战期间又陆续增加四个军，合共二十三个师的兵力，大都均系兵员充足、装备较好的部队。江防军的指挥机构为长江上游江防司令部，虽受第五战区节制，但作战指挥、部队调动、装备补充以及防务设施等项，均由重庆统帅部直接掌握。至于防务设施，自从武汉撤退以后，使用了大量经费，除在沙市下游的长江水道上设置阻塞——用海军残存的军舰及大型商船填充砂石沉没于航线上，以拒止日舰溯江行动外，另在沙市至宜昌间的沿江城镇据点，构筑永久或半永久性的小型要塞或据点工事，加强防务力量。其在汉宜公路方面，则于汉水西岸至宜昌间，以当阳和宜昌为核心，构筑纵深极大而数目众多的野战阵地，以供退避作战中逐次抵抗之用。

右 兵 团

兵团长张自忠，辖第三十三集团军（总司令张自忠）之第五十九军张自忠部（第三十八、一八〇、骑九师）、第七十七军冯治安部（第三十七、一三二、一七九师）、第五十五军曹福林部（第二十九、七十四师），第二十九集团军（总司令王缵绪）之第四十四军王泽浚部（第一四九、一五〇师）、第六十七军余念慈部（第一六一、一六二师），警备四个旅（战斗前由四川调至宜城以北地区）。

右兵团担任高石牌、宜城间汉水西岸及大洪山阵地之守备。

中央兵团

兵团长黄琪翔，辖第十一集团军（总司令黄琪翔）之第八十四军莫树杰部（第一七三、一七四、一八九师）、第三十九军刘和鼎部（第五十六师、暂编第五十一师），第二十二集团军（总司令孙震）之第四十一军孙震部（第一二二、一二三、一二四师）、第四十五军陈鼎勋部（第一二五、一二七师）。

中央兵团担任大洪山东北翼经随县城西侧至桐柏山东南麓间阵地之守备。

左 兵 团

兵团长孙连仲，辖第二集团军（总司令孙连仲）之第三十军池峰城部（第二十七、三十、三十一师）、第六十八军刘汝明部（第一一九、一四三两个师），豫鄂边区挺进军王仲廉部。

左兵团担任桐柏东南至信阳外围间阵地之守备。

大别山游击兵团

兵团长李品仙，辖第二十一集团军（总司令李品仙）之第七军张淦部（第一七一、一七二师）、第四十八军张义纯部（第一三八、一七五、一七六师），豫鄂皖边区挺进军及地方部队。

大别山游击兵团担任鄂东及皖中敌后之作战。

战区直辖部队

第三十一集团军（总司令汤恩伯）之第二十九军陈大庆部（三个师）、第十三军石觉部（第四、第八十九师等三个师）、第八十五军李楚瀛部（第二十三①、一一○等三个师）、第九十二军李仙洲部（第二十一、一四二、暂编第十四师），骑兵第二军何柱国部（骑兵第三、骑兵第六师）。

战区直辖部队除骑兵第二军控置于黄泛区以南周家口、阜阳一带担任警备外，其余第三十一集团军及第九十二军作为战区机动兵团，控置于南阳东北地区，准备协力襄花公路方面之作战。

作战经过

四月初旬以来，华中日军调动频繁，其第三、第六、第十三师团及骑兵第四旅团等部主力，分向襄花公路及鄂中汉水东岸推进；另敌约两个师团先后由华东、华北战场调至汉口西北地区。

截至四月末，敌在鄂中汉宜公路正面，钟祥、应城及随县、应山各地，分别集结重兵，同时，其前方兵力亦普遍增加，不断进行小规模攻击，随处均有零星战斗。

第五战区方面，早在三月中旬即已获得敌军情报，预知敌将大举进攻，当令各部加强部署，严加戒备；重庆统帅部并赶调第十八、第三十二两军及第一补训处（同装备师）开至宜昌地区加强战力；同时，第九战区洞庭湖西北地区之第二十集团军霍揆彰部、第五十三军周福成部及第七十三军彭位仁部均奉令向沿江移动，准备参加宜沙地区之会战。

在此期间，日空军积极活动，第五战区第一线及后方城镇，终日处于空袭威胁之下，多数地区均遭敌机轰炸，前后方情况益趋紧张。

---

① 作者《随枣会战概述》文中第二十三师属第十三军序列，有待查证。

第一阶段——枣阳地区之作战

一、随枣战役敌军攻势的再版

五月一日，华中日军向第五战区正面发动攻击，自鄂中汉水沿岸、大洪山外翼至鄂北随县、豫南信阳外围之线，全面进入作战状态。敌之攻击重心仍为枣阳地区。

敌之攻势，在鄂中钟祥以下的汉水沿岸，一面整备大量渡河器材，一面佯作渡河攻击姿态，牵制江防军及右兵团汉水西岸部队之行动，其主力则由襄花公路及钟祥二路分进，向枣阳地区展开钳形攻势，企图围歼第五战区中央兵团于枣阳附近地区。这一阶段，敌之战略行动，完全同于一九三九年五月随枣战役敌军进攻路线，简直就是随枣战役日军攻势的再版。其中小有差别者，仅为应城一带日军控制约两个师团兵力动向不明而已。

当时襄花公路方面，是日军主攻方向，第三十九师团及第六师团之第十一旅团，在二百多辆坦克配合下，由随县、应山沿襄花公路向西北猛扑。我中央兵团正面安居、溠潭、厉山、唐县镇之线发生激烈战斗，在敌强大攻势压迫下，五日高城、安居失陷，七日敌占随阳店、吴家店，八日枣阳失守，我突围部队在日军坦克追击下，伤亡重大，溃不成军。与此同时，日军第十三师团及第六师团之一部，配属坦克二十余辆，由钟祥北进，在长寿店附近突破右兵团汉水东岸阵地，守军第五十九军一部退守汉水西岸，一部向北败退。敌即跟踪突进。

此时，汉水东岸门户洞开，日军沿河长驱疾进，如入无人之境，宜城、襄阳、樊城一带顿告危急。战区长官部一面下令第二十九集团军节制的四个警备旅（新由四川开到宜城附近集结）及第四十一军在宜城至襄樊间汉水西岸布防，一面取得重庆统帅部同意，电令江防军当阳守备部队第七十五军周喦部星夜北开，驰援襄樊。

五月十日以前，汉水东岸北进之敌，通过襄阳以东续向枣阳后方突进。至此，第五战区中央兵团腹背受敌，阵线零乱。当时，第四十五军退入大洪山区，第八十四军向枣阳西北新野、南阳退却，第三十九军在双沟镇（樊城东北三十公里）与敌激战后，退守唐白河西岸。

左兵团由于鄂北方面情况变化，由信阳外围退守唐河、新野及南阳一带。

第七十五军到达襄樊后，改调豫鄂边境吕堰驿附近白河沿岸布防，拒止敌军向西突进。

第五战区司令长官部，此时由老河口退驻鄂西北均县，司令长官李宗仁及一部分幕僚人员仍在老河口附近设立指挥所，处理前方军事。

截至五月中旬，第五战区钟祥以下汉水沿岸日军集结重兵，但与我仅有局部战斗；至于枣阳地区，进攻之敌自击破第五战区中央兵团进据鄂北的汉水、唐白河以及豫鄂边区一带地区以后，未作新的行动，情况转趋缓和。此时，第五战区除第二十九集团军王缵绪部、第四十五军陈鼎勋部及豫鄂边区挺进军王仲廉部等分别局促于汉水以东的大洪、桐柏两个山区外，其余部队均已退至襄樊南北的汉水、唐白河西岸及新野、唐河、泌阳一带整顿。至此，鄂北战役暂时告一段落。

二、张自忠阵亡及反攻枣阳

五月十五日以前，侵略枣阳及豫鄂边境一带的日军动向未明期间，右翼兵团第三十三集团军总司令张自忠取得战区长官部同意，亲自率领一部兵力，由宜城以南渡过汉水，袭击日军后方，当时随张行动者，仅第五十九军残部及第五十五军第七十四师的一个旅。最初张与战区长官部尚有无线电报联系，其最后一个电报为报告已与前由长寿店北退之第五十九军第一八〇师、骑兵第九师取得联络，并称该两师正在枣阳以南活动，迨至十五日以后联络即告中断。十七日晚，战区长官部突接重庆电话，据告张自忠有在宜城以东阵亡传说。以后接获突围人员第三十三集团军参谋长李文田的报告，证实上项消息。事后获悉，张自忠渡过汉水之前，已遗书第三十三集团军所属将领，即表示必死决心，迨至孤军深入，在南瓜店（宜城东约二十公里）猝与日军大部队遭遇之际，更奋不顾身，壮烈战死。

在此期间，日军动向渐趋明显，第三十九师团及第六师团之第十一旅团等部，经襄花公路回窜随县和逐次沿汉水东岸南移，并在襄阳、宜城间汉水东岸东津湾、上下王家集、方家集附近停留大量兵力，整备渡河器材，似有在襄阳附近渡河模样。

战区长官为牵制上述日军行动，并恢复枣阳附近地区，命令汤恩伯即率第三十一集团军及第九十二军由豫南向枣阳急进，反攻枣阳；并令敌后部队加紧袭击敌后交通，中央及左翼兵团各部相机推进。

五月中旬，当汤恩伯所部恢复枣阳及附近地区之际，日军突在宜城、襄阳间强渡汉水，战区情况陡趋变化。

第二阶段——宜昌地区之作战

一、日军进攻襄阳

五月十九日，襄阳、宜城间汉水东岸上下王家集、方家集一带日军万余，突在小河、欧家庙附近强渡汉水。该处守军，右为第二十二集团军的四个警备旅，左为第四十一军之一部，均属装备低劣、兵力不足、战力脆弱部队。当日军渡河进攻之初，前方部队错将敌军渡河使用的马达牵引之木筏及橡皮船，当成水陆两用坦克，一时颇为惊慌，急报长官部。战区长官部亦即据此急电重庆请求空军助战，比至翌早，航委会派来蚊式轰炸机九架飞临小河、欧家庙一带上空进行轰炸。这时，四个警备旅早于日军渡河初期即已逃散，第四十一军阵地已无守军进行抵抗。当时敌之先头部队正沿襄沙（襄阳至沙市间）公路北进，其后续大部队仍在渡河中。六月一日，襄阳城落入敌手，樊城守军在慌乱中纵火多起，准备退却。老河口、南阳一带顿趋危急。

战区长官部急令第七十五军周喦部由吕堰驿南下驰援樊城，并令汤恩伯所部速由枣阳向襄阳前进，攻击日军后方。同时，赶调左兵团第三十军池峰城部开至老河口附近待命。

二、日军假道南漳侧攻当阳

襄阳城区及其附近之敌，放火烧城之后撤出襄阳，转向南漳前进。六月三日，日军攻占南漳宜城。战局转移于荆（门）当（阳）地区。

至此，战局情况益趋恶化。按日军进攻襄樊，战区长官部早有估计，并一向认为这是日军攻略鄂北地区的必要步骤；而日军竟于攻击襄阳以后，转向南漳，进而直趋当阳，事出预料。

当日军新的企图明了后，战区长官部为牵制日军行动，命令第七十五军即由樊城渡河尾追敌人，第三十军随第七十五军跟进；并命令汤恩伯率第十三、第二十九、第八十五、第九十二等四个军，由襄阳附近渡河，沿襄沙公路向南急进，驰援荆当。此时，南漳日军正沿荆山东麓山间道路（由武安堰、萧家堰、东巩、粟溪、观音寺的山路），向当阳前进。

与此同时，右兵团汉水西岸守军第三十三集团军及第五十五军，由于主将张自忠阵亡，士气低沉，在侧背遭受威胁的情况下，防线已乱，纷纷向荆门西北山区撤退。至此，钟祥南北的汉水西岸河防尽空，东岸日军蜂拥渡河直进荆门一带地区。汉宜公路正面日军主力亦在准备渡河中。

三、第五战区部署的变动

当第五战区右兵团被打散之初，重庆统帅部急令政治部长陈诚至宜昌指挥江防方面之作战，继即下达调整第五战区兵团部署的命令，要旨如下：

（一）第五战区重新划分为左右两个兵团，同归李宗仁统一指挥。

（二）右翼兵团长以政治部长陈诚担任，指挥江防军及第九战区转用部队（原洞庭湖西北地区部队），负责沙宜地区之作战。

（三）左翼兵团长由李宗仁兼任，指挥第五战区所辖部队（江防军除外），并尽可能抽派有力部队协力沙宜地区之作战。

（四）左、右两兵团作战地境为：歇马河—马良坪—洋坪—观音寺—旧口—皂市—应城之线。

此时，第十八军彭善部及第三十二军宋肯堂部、第一补训处（继改暂五十一师）贺光谦部，均已开至宜昌及秭归一带布防；同时，第九战区转用之第二十集团军霍揆彰部、第五十三军周福成部、第七十三军彭位仁部，亦先后进抵沙市以上的长江南岸布防，准备战斗中。至于第五战区右翼方面，由于作战重心南移，所有大洪山外翼、襄花公路正面及信阳外围，逐渐恢复作战前的态势。

四、汉水下游泛滥计划流产

夏季以来，川陕鄂边区及鄂北一带，连日大雨，汉水中、上游水位陡涨。根据汉中至宜城间各水文站的报告，当时水位逐次接近一九三五年汉水洪峰纪录。这对于构成汉水下游破堤泛滥已具备足够的条件。

六月下旬，战区长官部接奉重庆统帅部命令："为配合沙宜地区之作战，第五战区应即指派有力部队，迅速进入汉水东岸敌人后方，按照原定计划构成汉水下游泛滥。该部队之行动应随时与重庆统帅部保持无线电报联络，届时由后方派遣空军协力炸毁旧口汉水河堤。"同时，重庆统帅部并指示江防军转令汉宜公路正面河防部队协助实施上项任务。此外，江防军另接指示，饬于日军强渡汉水向西突进时，破坏汉江北岸旧口镇附近江堤构成泛滥，淹没沙洋以北地区日军西进道路。

战区长官部根据上述指示，当即派遣第四十四军王泽浚部配属两个独立工兵营为构成泛滥部队，令由大洪山防地携带大量炸药迅速进入钟祥以南旧口镇附近，执行上项任务具报。

当时，钟祥附近的日军，业已倾巢涌向荆门附近地区，京钟公路一带敌后大都空虚，本有乘机突入实施泛滥任务之可能。但战区指派的第四十四军实力微弱，初则迟疑不前，继即借故中途返回，此事遂不了了之。至此，汉水下破堤泛滥计划即告流产，而江汉一带敌后居民亦免于覆灭浩劫，实属幸事。

五、宜沙陷落

第五战区调整部署重新划分为两个兵团之时，右翼兵团江防军方面当时有七个军（二十三个师）的兵力，配合江防及野战工事，加以右侧背长江南岸有第九战区转用的几个军作为掩护，在守势作战上具有一定实力。如果敌由汉宜公路及长江水道并行正、侧两面攻击，江防军可能发挥相当力量。但事出预料，日军竟于进攻之前，先以主力陈兵汉水东岸待机行动。另以重兵攻击襄阳，席卷荆、当；在江防军左侧完全暴露之后，敌之主力始在汉宜公路正面发动攻击。自此，江防军正侧两面同时遭受强大压迫，战局遂急转直下，因而我军在宜沙地区陷于忙乱应战状态。

五月下旬，由南漳山路南进之敌，在肖家堰（南漳以南约四十里）附近，如我第七十五军周喦部兼程追及，该敌一面与我追击部队作战，一面向当阳前进。当时右翼兵团已先派出第二军李延年部在当阳东北清溪河、观音寺一带布防堵击，不料该军新三十三师张世希部在观音寺附近与敌甫一接触，即向当阳败退，第二军主力遂亦退回当阳，日军跟踪急追，六月九日猛攻当阳。

与此同时，钟祥渡河之敌，已先占领荆门一带地区，续沿襄沙公路及其两翼南进。汉宜公路正面河防军第二十六军肖之楚部腹背受敌，乃夺路沿江向宜昌退去。当时，日军主力随由沙洋大举渡河，六月五日日军占领沙市，继续沿江西进，直逼当阳。

当阳城区在两路日军进扑下，守军第二军李延年部未作坚强抵抗，弃城退走。迨我第七十五军及第三十军相继赶到当阳北侧之际，敌已占领当阳。随后，第七十五军续向宜昌以北分乡场一带前进，归还江防军节制。第三十军池峰城部即在当阳、远安间与敌相持。汤恩伯部第十三、第二十九、第八十五、第九十二等四个军进抵荆门以北地区时，为敌阻止于襄沙公路及其两翼青石桥、观音寺之线，与敌对战。

日军占领荆门、当阳、沙市一带地区后，随处留置兵力扼要驻守，大部日军涌向宜昌。六月十二日，日军攻占宜昌市区，一部突进宜昌对岸曹家畈、桥边一带。江防军各部退至市区外围及对岸山区与敌对峙。

六、枣宜会战尾声——检讨会议及奖惩

七月间，重庆统帅部派遣副参谋总长白崇禧到老河口，召开枣宜会战检讨会议。会场在老河口南郊杨临铺，参加会议者有司令长官李宗仁、长官部一部分高级幕僚与各集团军总司令、军、师长以上人员。在四、五日的会议期间，首由白崇禧代表统帅部训话，继由各总司令及军、师长报告作战经过、经验教训和部队现况。

会议以后，战区传达枣宜会战功过奖惩命令：第七十五军军长周喦作战有功晋升第二十六集团军总司令，第三十九军刘和鼎部多数主官记功，第二军无名师（该师原在昆仑关战役作战时师长郑作民阵亡，全师受了"无名师"的处分）恢复原来番号。而受惩者则有：第十一集团军总司令黄琪翔调任预备集团军总司令职务，第十一集团军番号撤销；江防军司令郭忏、第四十一军第一二二师师长王志远、第二军新三十三师师长张世希等作战不力，押解重庆交军法审判，其余部队主官受记过处分者亦有多人。

枣宜会战纪实

莫树杰[※]

随枣会战结束后，第八十四军调整人事，我于一九三九年冬调该军接替覃连芳任军长。到职不久，一九四〇年五月初，又爆发了枣宜会战（或叫第二次随枣会战、鄂北会战）。这一战役，历时将近二十天，联系面广，战斗激烈，我方参加作战的部队，有孙震的第二十二集团军、孙连仲的第二集团军、黄琪翔的第十一集团军、张自忠的第三十三集团军、王缵绪的第二十九集团军等，兵力将近二十万。还有汤恩伯的第三十一集团军，摆在桐柏山北面一、五战区之间，作机动兵团。第五战区司令长官部，是这一战役的最高指挥机构，司令长官李宗仁是最高指挥官。在反敌人扫荡前提下，各部队各有攻守具体任务和战斗过程，难于全面综述。现着重就第八十四军参与这一战役经过和有关见闻，概述如后。

会战前敌我态势和战略部署

一九三八年十月下旬武汉失守后，第五战区司令长官部即于十一月由鄂东宋埠移枣阳；一九三九年春，移樊城；一九三九年秋，又移到老河口。战区司令长官部移驻樊城时，司令长官李宗仁把在武汉保卫战中突围出来的几个集团军残部重新整补起来，做准备随时反攻武汉的部署。战略计划大致为：

以桐柏山和大洪山为前线基地，做固守准备，与平汉线东大别山区

※ 作者当时系第五战区右翼兵团第十一集团军第八十四军军长。

的廖磊第二十一集团军互相呼应，与毗邻的第一战区密切联系；不时采用运动战和游击战，进攻、袭扰武汉外围敌据点，培养自己有生力量，准备配合全国抗战形势，对武汉大举反攻。

日军为了确保武汉与平汉线南段外围据点，就必须把我桐柏山、大洪山两个前线基地加以摧毁，不断集结兵力，找寻第五战区主力，进行扫荡。其最高目的和要求是进占襄（阳）樊（城）、沙市、荆门、老河口、南阳（豫西）等重镇，压迫我军进入贫瘠的鄂西山区。

一九三九年五月的随枣会战，就是敌人执行上述战略计划的初步尝试。这一战役，敌人的计划没有得逞，反而遭到我军的有力反击，敌人不得不退守原来阵地，只占领了一个随县县城。后来，第五战区司令长官部对这一战役的总结认为：如果汤恩伯兵团能执行战区作战计划，从桐柏山南插入随县地区，合击进至唐县镇、枣阳地区之敌，就会出现台儿庄那样的胜利。但当时汤恩伯拒不执行这一作战计划，李宗仁亦无可奈何。

日军第一次扫荡未能达到其预期目的，并不甘休，为了确保其占领武汉及平汉线南段的安全，于是再次对我第五战区来了个希特勒式的"闪电扫荡战"。日军于一九四〇年四月间，调集了五个师团兵力（包括随枣会战的第三师团），加骑兵部队，仍以随枣地区为扫荡重点，分三路进犯：一路从信阳西进，牵制桐柏山北面我军；一路从正面沿襄（阳）花（园）公路推进；一路沿京（山）钟（祥）公路疾进。其意图是采取迂回包围战术，围歼随枣地区我第十一集团军的主力第八十四军和第三十九军之后，继续向西纵横扫荡，压迫我们进入鄂西贫瘠山区，占领北自南阳经老河口、襄樊至荆门、沙市之线。

前次随枣会战后，五战区司令长官部对武汉和平汉线南段之敌的作战计划作了如下部署：一、仍以黄琪翔第十一集团军的第八十四军（三个师）守备襄花线上的随枣地区，刘和鼎的第三十九军摆在第八十四军的后右侧，作为集团军的预备部队；二、王缵绪的第二十九集团军摆在第十一集团军的右翼，以大洪山为基地，守备汉水以东、钟祥以北地区；三、孙连仲的第二集团军守备桐柏山北线地区；四、张自忠的第三十三集团军守备汉水以西沙市、荆门一带地区；五、孙震的第二十二集团军做总预备队。

第八十四军按照战区司令长官部部署，以及第十一集团军总部的指示，作了如下具体布置：一、以第一七四、一八九两个师为第一线部队，面对随县、应山方面之敌进行防守；二、第一八九师部署高城左前缘大竹山至滚山一带，师司令部及直属部队位置于杜家塆；三、第一七四师摆在第一八九师右翼经滚山至两水沟之线，师部及直属部队位置于厉山镇附近；四、第一七三师为总预备队，摆在第二线，部署在净明铺前端公路两侧高地，师部及直属部队位置于净明铺附近的乔家水寨一带；五、军司令部及直属部队驻唐县镇附近的夏家塆。

会战开始后的战斗经过

在第八十四军正面，战斗于五月二日开始，敌军一个步兵师团配合骑兵部队，以坦克作掩护，从应山、随县城分向我第一八九师和一七四师阵地猛扑，敌机则对我地面阵地更番滥炸；同时敌军一部压迫我均川、安居地区友军后退。其左翼部队也配备了坦克群和数十架飞机加骑兵部队，从孝感、云梦、应城、安陆方面沿汉水东岸京（山）钟（祥）公路进犯我第二十九集团军。第二十九集团军装备较差，抵挡不住，遂向大洪山中心基地撤退。

我第八十四军的第一八九、一七四师，战斗一开始，在敌机械化部队不断冲击和敌机更番滥炸的恶战中，伤亡惨重，几次发生动摇。我严令全军，非有命令，即使到最后一人，也不能擅自撤离阵地，违者军法从事。他们坚持在阵地上与敌搏斗了两昼夜，曾一度击溃敌人的进攻，有的士兵见到敌军坦克横冲直撞，如入无人之境，气愤不过，便跳出战壕，爬上敌坦克，往车里扔手榴弹。敌步兵在坦克掩护下，冲到我战壕边，我们无法用火力制止，或因弹药用尽，便在阵地上同敌人进行白刃战。虽伤亡很大，仍不退后一步。战斗进行到第三天（五月四日），敌人由于经过两天猛烈攻击，未能突破我阵地，便改变攻击路线与攻击目标，专从山地向我大竹山、滚山两重要据点进行地空联合更番猛袭，战壕全被夷平，防守大竹山的一个营伤亡过半；守滚山的一个营伤亡殆尽，终以劣势装备无法阻挡，被迫于当晚撤入第二线阵地应战（净明铺至厉山一带）。为了执行上级指示，正面要坚持七天的战斗任务，我命令第一七四、一八九师立即组织突击队进行夜袭，企图收复大竹山、滚山等重要据点未果。翌晨（五月五日），敌联合兵种继续向我第二线阵地进攻，此时又发现敌骑兵已由我第一八九师左翼向高城地区疾进，企图截击第一八九师后路；该师被迫放弃第二线阵地，向军部所在地夏家塆附近撤退。第一七三、一七四师主力亦同时被迫后撤至唐县镇之线。与此同时，据悉我左翼桐柏北友军阵地已被突破，敌骑向西疾进。我们判断，这显然是企图与正面进攻随枣地区之敌相呼应，围歼我军于枣阳地区。我军为了迅速摆脱敌包围圈，决定以第一七三师为后卫，掩护军主力先向枣阳集中，再作下一步行动计划。随县地区我军防守线，至此结束，进入枣阳地区的战斗阶段。

军部及第一八九师之一部，沿桐柏山南侧经鹿头镇，于五月六日到达枣阳东地区附近集结；第一七四师及一八九师之一部沿襄花公路经唐县镇、随阳店向枣阳转进，同日到达枣阳附近。军部和第一七四、一八九师到达枣阳集结后，接战区司令长官部电令，着我军在枣阳城郊占领阵地，拒止当面西进之敌，确保襄樊。

五月六日，敌联合兵种在唐县镇一带向我军后卫部队第一七三师猛袭，虽经该师正面部队（凌云上之五一七团）坚持抵抗，屡挫敌锋，终因不能阻止敌优势装备的猛烈攻击，阵地被突破，该师被迫向北转移。敌机械化部队在敌机掩护下，继续沿襄（阳）花（园）公路向枣阳疾进。五月七日中午，枣阳城南公路上和城西北地区，均已发现有敌坦克数十辆和大批骑兵活动，并开始向枣阳城西郊我守军阵地攻击。但敌军对我城西阵地的攻击，只是牵制，其意图是集中优势兵力，摆在城北面，将我军围歼于枣阳附近地区。我军部对敌情作出了如上判断之后，当即命令守城部队迅速脱离火线，于当日下午全军主力（缺第一七三师，当时军部与该师已失却联系）经杨家垱、苍台（新野县属）地区向新野、邓县（均河南属）方向撤退。五月八日，枣阳沦于敌手。

我军主力从枣阳撤退，虽已基本脱离了敌包围圈，但担任后卫的第一七四师周敬初团（第五二二团）和第一八九师白勉初团（补充团），于撤退时被敌截击或冲散，未能随主力转移。还有第一七三师自唐县镇掩护军主力向枣阳撤退任务完成后，即被敌压迫向鹿头镇转移，同时与军部失去联络。后来才知道，该师自唐县镇脱离火线后，未见敌军尾追，料敌主力一定直指枣阳，并有抄袭我军可能，该师乃决定两路纵队由鹿头镇经清凉寺、小河街、太平镇等地区向吕堰驿以北附近集结待命。午后开始行动，不料该师钟毅师长直接指挥的左翼纵队（第五一八团、五一九团及师直属部队），行进至枣阳北太平镇与苍台之间地带时，便与敌遭遇被冲散，陷于各自为战状态，处境十分险恶；师长钟毅在距苍台五六里处河曲中与敌力战，壮烈殉国；所属随员及卫士数十人，绝大部分亦同时牺牲；该师第五一八团团长李俊雄率领该团一部，在太平镇唐河东岸被敌围攻，李团长亲自督率所部与敌搏斗，终以弹尽援绝，李俊雄团长以下官兵数十人被俘；该师伍文湘的第五一九团，在苍台北十余里唐河东岸被敌拦头迎击，经过激烈战斗，当晚主力向北突围。该师右翼纵队第五一七团以及左翼第五一八团主力（由副团长彭挺华率领），均因未能突出敌包围线，于次日午前退入祈义镇（河南属）以南山地休整待命。枣阳地区我军反包围战，至此告一段落。

军主力在枣阳西北地区敌后，当日深夜陆续到达河东岸杨家埠附近宿营，次日（八日）拂晓越唐白河向邓县撤退，九日、十日先后到达光化（距老河口战区长官部六七里）附近集中，旋即投入反击战，卫护战区司令长官部的安全。

五月十一日（或十二日），敌骑二千余越唐白河直扑老河口，企图冲击我战区司令长官部。由于长官部先已料到敌军这一行动，除派部队驰赴老河口东面四五十里处竹林桥一带布防阻击外，并着第八十四军即派有力部队（两个团）驰援，以便掩护战区司令长官部的安全，并做后撤的准备（其实，自第八十四军越唐白河后撤时，战区长官部除作战处外，大都已越襄河向石花街转移。光化、老河口两镇居民亦已进行了紧急疏散，社会秩序非常慌乱）。越唐白河之敌，经我阻击，其进犯老河口企图未能得逞，退回唐白河东岸，旋集结其兵力转向双沟、张湾之间，强渡唐白河，进袭樊城。我军奉令派第一八九师驰援。

当时，第十一集团军总司令黄琪翔正在樊城直接指挥所属刘和鼎的第三十九军（两个师）与敌在唐白河隔岸对战中，由于敌联合兵种的猛烈攻势，我第三十九军阵地已动摇，第八十四军之第一八九师星夜赶到，加入战斗，我方阵地甫告稳定；不意第三十九军当发现小股敌人在其炮火掩护下，强渡唐白河西岸活动后，便乱了阵脚，既不坚持抵抗，又不事先通知第一八九师，便悄悄地陆续向樊城东郊撤退，使我第一八九师突陷于孤军作战的危险境地。在这紧急情势之下，黄琪翔总司令才命令第一八九师迅即转移樊城北面布防，负确保樊城及第十一集团军总部安全之责。

第一八九师开始向樊城北面阵地转移时，虽已接近傍晚，但敌仍衔尾追击，并对我樊城守军展开全面攻击。战斗很激烈，右翼之第三十九军节节后退。夜半，第十一集团军总部仓皇撤离樊城，向老河口方面去了。当第一八九师发现右翼第三十九军阵地战火沉寂，派员入城进行联系时，才知道樊城已是空城。而敌军则不明城内虚实，不敢入城，有由城北面空隙西窜模样；我第一八九师根据这一敌情，为了避免敌军对该师的抄袭和对老河口的威胁（此时该师与第十一集团军总部和第三十九军已失去联系），当即派部队抢先占据樊城西面竹条铺，以便掩护全部向太平镇撤退。当该师先头部队到达太平镇时，接战区司令长官部电示，着即掉转队头，向樊城疾进，于是我军主力第一七四师（缺第五二二团）、一七三师一部，随即向樊城推进。与此同时，在桐柏山北面的汤恩伯兵团（第一、五战区机动部队）一部向随枣之线推进；被敌截击留在敌后之我第一七三师第五一七团、五一八团主力和第一七四师之五二二团，以及第一八九师的白勉初团一部，则奉令继续在敌后不断向随枣地区、襄花公路交通运输线进行袭击；其他方面友军兵团，亦同时奉命对敌进行反攻。这就是五战区司令长官部"部署对敌反攻"的开始，时间是五月十四、十五日。

当我军向樊城疾进时，犯樊城之敌正掉头转沿襄河左岸退去，在宜城附近强渡汉水，与钟祥西进之敌配合江南敌军，向宜昌进犯。这时，进据枣阳之敌因受我各路反攻部队压迫，于五月十六日放弃枣阳，向随县匆忙退去。十七日我军收复枣阳后，继续向前推进，基本恢复了原来阵线，枣宜会战遂告结束。

经验教训

枣宜战役结束后，凡是参战部队，包括师、军以至战区司令长官部都曾集会，讨论会战的得失和经验教训，概分为六个问题。其中，关于战争双方的得失，关于掌握敌情和通信联系，以至保存实力和战略部署与战术条件不协调的问题，议论很多，莫衷一是。现就回忆所及，谈谈自己亲身经历的当时军政关系和军民关系问题。

关于军政配合方面，在此次会战中，在第八十四军防区内，随县、枣阳两个县政府及其所辖的乡保基层组织，同前次会战那样，一般都能配合部队作战的需要，动员群众进行侦察敌情，担任各种军需品的运输，以及伤员的抢运等工作。特别是随县县政府，对我军留在敌后打游击受伤较重的人员八十余人，都给以延医治疗和悉心照顾。虽然该县政府此时已转驻桐柏山中，在恶劣环境条件下，使伤员能全部复原归队，体现了军政配合一致的精神。

可是军民关系方面，表现很差。就整个战区来说，军民关系搞得不好，确是普遍存在的现象，只是程度上不同而已。据说在整个战区的几个集团军中，以汤恩伯第三十一集团军军纪最坏。就是我带领的第八十四军，军风纪的败坏程度，也非我到任前所料及的。我当初到第八十四军时，就察觉到这个军的军风纪已非抗战初期可比，欺压民众者有之，

278

嫖赌之风尤盛。所以我到职后，对整饬军风纪相当注意，虽曾枪决了一个欺压老百姓的士兵，禁闭了几个聚赌的官兵，但积重难返，官兵嫖赌之风仍不能刹住，只是稍敛一时而已。平时同驻地居民，表面上还能相安无事，但一到战时，军民就分家了。尤其是当战争对我不利而撤退时，军风纪的败坏更显得突出，军民合作关系荡然无存，军队经过村庄，群众大都纷纷逃避，于是强拉民夫、掳掠人民财物等不法行为都发生了。所以在随枣会战过后，在桐柏、泌阳、唐河、新野一带，就流传有个民谣："发，扬，光，大，奸，掳，烧，杀。"（当时第八十四军军部和各师臂章代号，军部是"发"字，第一七三师是"扬"字，第一七四师是"光"字，第一八九师是"大"字。）据我所知，奸掳是有的，烧杀则未发现。在第八十四军，嫖赌，不但官兵搞，连政工人员也搞；第一七四师政治部，上自主任，下至秘书、科长、科员，除极少数能洁身自好外，大都在防地两水沟一带窝有姘妇和半公开的聚赌（麻将、扑克）。军风纪的败坏程度，可想而知。

在敌后战斗十二天

凌云上※

　　侵华日军侵占武汉后，曾对我第五战区防区几次发动大举进攻，造成两次大战，即随枣会战和枣宜会战。

　　枣宜会战爆发前，日军将其主力集结于随县、应山地区；另有力之一部步骑兵集结于信阳地区，作为右翼迂回部队。会战开始后，则欲将我主力包围并歼灭于枣阳以北地区。

　　此次会战，我第八十四军的作战部队，以第一七四师及第一八九师为第一线兵团，第一七三师为第二线兵团。第一线兵团占领凉水沟亘塔儿湾、万家店间以东高地，第二线兵团占领净明铺公路两侧高地。

　　第二线兵团之第一七三师，共有三个步兵团及师直属部队。步兵团有第五一七团（我任团长）、五一八团、五一九团。第五一七团占领净明铺南侧高地，第五一八团占领净明铺北侧高地，第五一九团为预备队，位置于乔家水砦附近地区。各部队均构筑防御工事，并由苏联顾问逐一检查，认为我第五一七团的火网构成，尚称严密，各自动火器占领的火力点联系良好。但会战发生后，这道工事没有用上。

　　一九四〇年五月三日，即会战发生之第三日，第八十四军各部队向枣阳附近转进，第一七三师由净明铺移唐县镇附近占领阵地，掩护各部队转进。我团占领唐县镇西侧公路以南高地；第五一九团占领公路以北高地；师部及第五一八团，位置于万福店附近地区。当第八十四军各部

　　※　作者当时系第五战区右翼兵团第十一集团军第八十四军第一七三师第五一七团团长。

队转进通过唐县镇、唐王店之线后，敌即向我尾追，到达唐县镇东端，即被我勇猛阻击，掩护军之安全转进。当敌未到之先，我已派出坚强之班、排小部队，占领唐县镇东端家屋及唐县镇以西附近各村庄，预做坚强工事。敌到此后，处处遭到袭击，无法前进，乃以大炮和坦克向我猛攻，除象鼻山被敌战车攻陷外，其他阵地屹立不动。敌乃继续炮击，将近黄昏时，炮击更为猛烈。师部命令我们在唐县镇附近的掩护部队，于下午五时撤退，以第五一九团掩护第五一七团撤退，但第五一九团不遵照师部命令，又不通知第五一七团，擅自仓皇退走，致使第五一七团左翼受敌严重威胁，迫得抽调有力一部，到左翼掩护团之安全。直至五时完成任务后，即行撤退，按照师部命令，向枣阳东北之鹿头镇东端高地，掩护军之转进。是晚天候昏黑，咫尺不辨，行进极为缓慢，至次日拂晓前，始到达目的地。

是晚我团到达随阳店正转向吉家河时，即接到第十一集团军黄琪翔总司令的命令，要第五一七团就近选择阵地，节节抵抗敌人，苦撑十日。我当时考虑：我团脱离军而独立作战，补给问题怎么办？不执行掩护军的行进命令，打破了军的整个作战计划，行不行？实在使我为难。最后决定仍向师指定的任务地前进，待到达目的地后，再和军、师联系。当日我团伤亡官兵二十余名。

五月四日，即掩护战斗展开之第二日，我第一七三师各部队，到达鹿头镇附近，掩护军之转进。因敌主力指向枣阳城，不经我之掩护阵地，直至黄昏我阵地尚无战斗发生。当日师部命令：按第五一九团、师部及师直属部队、五一八团之顺序为左纵队，由鹿头镇附近经清凉寺、太平镇向吕堰驿以北附近地区集结待命。第五一七团为右纵队，由鹿头镇经清凉寺北侧，沿桐柏山南麓道路，经太平镇北端及小河街向吕堰驿北侧附近地区，集结待命。师之各团均于是日下午三时出发。第五一七团行进至清凉寺西北十余华里处即遇第五一八团占用我团之行进道路。原因是下午四时许，敌骑兵已出没于枣阳西北三十余里地区，复因清凉寺西四十余华里通太平镇道上，有敌战车四十余辆活动，该团之行进道路受到威胁，乃靠北行，占用我之行进道路，而该团遂与师长失去联络。是夜微风细雨，道路拥挤，行进极为缓慢，直到小河街时，第五一八团始靠西南行，仍不能与师部联系。

我团经过小河街后，即向西南行进。天将拂晓，发现我团所路过的几个村落，均有敌军宿营。复询地方居民，据说昨日下午，有敌骑兵四五千到达前面各村落宿营。天明后我即派搜索队三组，向附近各村落施行搜索，但均被敌军阻击撤回。我亲自观察情况，实在无法突出重围，同时敌已向我展开进攻。

当敌向我团展开进攻后，我即指挥有力之一部，占领阵地，掩护部队撤入山里。好在此时小麦尚未收割，我掩护队利用天然地物，与敌对抗。敌骑兵几次向我猛冲，仍未得逞。因此，我团得以安全撤至祈仪镇以南的大山里，将各要道警戒后，即从事整顿部队。

我团进入山地后，见第五一八团副团长彭挺华率领该团主力前来与我会合。据他说，李俊雄团长与团主力失去联络后，自率一部向西行进，在太平镇西三十余里唐河东岸处，遇大队敌兵将他包围，经过激烈战斗，除一部归来外，其余六十余人及李团长等，均已被俘。当时我即派队掩护第五一八团到山里整理部队，并将我们这两个团的情况电报师部。屡呼未见复音；又呼军部和总部，也无答复。最后与五战区长官部电台取得联络，将以上情况请其转告李宗仁长官。当晚得李长官复电，他指示第五一八团归我指挥，向敌后攻击，每日由长官部指定一个电台与我联络。是晚我即与第五一八团副团长彭挺华开会讨论而后的行动和战斗。

六日晨，按第五一七团、五一八团之次序，经张博士店向型川前进，是晚在型川附近宿营。在将到张博士店时又遇到第一七四师之一个团（第五二二团，团长周敬初，系湖南人）及第一八九师白勉初团之门国安营，乃相约共同开到型川再作计议。当日下午四时到达型川附近。据居民说，型川南十里某村庄内，有一团长带有十余人在此已住宿两日。我即刻派人去找，始知系第一八九师团长白勉初，乃请他来共同商讨以后的行动，并将门国安营交归他指挥。当晚又将其他两个团的情形电报李司令长官，得到的指示是：第一七四师第五二二团归白勉初团长指挥，向敌后进攻。

七日，我们在敌后这四个团均在型川附近严密警戒，并向各方搜索敌情。下午五时，我们各团商定次日的行动及目标，决定以白勉初团长率领所部及第一七四师第五二二团，由桐柏山南麓道路向太山庙前进，并在随县、厉山、太山庙等地区活动，相机打击敌人；我率领第五一七团并指挥第五一八团，由型川经桐柏山东进到达吴山店在枣阳唐县镇、净明铺等地区活动，相机打击敌人。我们商定后，即各自准备次日的行动。

第一七三师钟毅师长直接指挥之左纵队，通过清凉寺约二十华里处，其后尾之第五一八团，因左侧被敌威胁，靠入桐柏山南麓小道行进，与师脱离联络，彼此又不设法去取得切实联系，致左纵队减少一个团的战斗力量。左纵队通过太平镇到达苍台北十余里唐河东岸处，被敌拦头迎击，第五一九团即与敌展开战斗。部队相当混乱，除一小部未能向西突围外，其余大部已向西行进。钟毅师长在混乱中率警卫连手枪兵三四十名，由唐河西岸南行，企图向西突围，不意到达苍台镇以北五六里处河曲中，即遇敌大队骑兵向他围攻，因所率士兵均系手枪，敌闻此手枪声音，知系高级指挥官所在，围攻更加猛烈。所部尽力抵抗，弹尽援绝，伤亡殆尽，钟师长壮烈殉国，士兵仅得二三人生还，其余尽行牺牲。

八日，白勉初团长指挥各部，安全到达唐王店附近，我指挥之两个团到达吴山店附近宿营，并向各方搜索敌情。

九日，白勉初到达太山庙，除以第五一八团向枣阳县城前进外，我率第五一七团向唐王店前进，获知枣阳及唐县镇等处均有敌之兵站，遂令第五一八团当晚到达枣阳附近后，即夜袭枣阳城内敌之兵站；我率领之第五一七团，到达唐王店后亦乘夜袭击唐县镇敌之兵站。晚十时，以一个加强营由唐县镇东端进攻，因该镇东端高地有敌碉堡两个，街市上亦做有巷战工事。进攻至午夜一时许，除一部攻入街市外，其外围碉堡未能摧毁。是役敌兵站略受损失，我伤亡士兵十余人。至二时许，即向唐王店撤回。第五一八团黄昏后到达枣阳附近，即进行夜袭，由北门城墙爬入城内，出敌不意突击敌之运输部队。计俘获敌军马四匹，击毙军马三十余匹，并俘得一部分军粮。

是日夜半后，我派第三营营长率领六个连进出唐县镇以西四里许隘路及公路两侧高地埋伏，准备袭击敌之汽车队，部署完毕后，天已拂晓。

十日上午十一时，敌汽车八十余辆，由唐县镇向我驶来，其先头车辆所达被我先行破坏之公路处，被迫忽然停驶，我即发出信号弹，集中火力向敌实行猛攻。敌人发出紧急集合号音，汽车上敌之正副驾驶兵，各携步枪一支，跑到敌之队长前集合，共一百七八十人，与我军展开战斗。此役，击毁敌汽车三十余辆，我亦伤亡官兵四十余人。达成任务后，我军即向安全地点转移。

十一日拂晓前，第一七四师之第五二二团，在太山庙前面通厉山道上四里处隘路上埋伏部队。九时许敌汽车三十余辆西驶（因净明铺附近公路已被破坏，敌汽车改道由厉山东端经太山庙向唐县镇驶去），遭到第五二二团伏击，计击毁敌汽车十六辆，缴获敌胶雨衣七十件，军粮甚多。

此后，第五一八团以吉家河以北山地为根据地，随时出没于枣阳及随阳店间破坏公路；我率领第五一七团活动于万福店、唐县镇、净明铺之间，破坏公路及打击敌人，白勉初团长率领之部队活动于太山庙、厉山、凉水沟之间。因此，敌之后方交通大受威胁，运动困难；乃集中兵力向我进行"扫荡"，企图维持其后方运输安全。

我军因战斗多日，弹药及卫生药品均缺乏，乃电请第一七三师补充。师军械室复电称，唐县镇东北四里处某山沟内有三个坟墓，用木牌写有士兵某某之墓，墓中埋有各种弹药，可以按址寻找，掘出使用。我即派出部队于夜间进行挖掘，计得步兵炮弹百余发、步枪弹三万余发。这样我们而后的战斗，就有了把握。

五月十三日上午九时，敌二百余人由唐县镇向唐王店我团进攻。我以两个营占领唐王店南侧高地与敌展开战斗，敌之进攻异常猛烈，冲锋三次，均被我击退。最后，敌使用烟幕筒及双红绿线的毒气筒向我进攻，因风向临时转向他方，并经我沉着勇猛抵抗，敌始回窜。我团追击至唐县镇附近撤回唐王店。是役在战场捡获敌尚未擦着之毒气弹六十余个，以后均上缴五战区长官部，向国际上证明日军使用毒气的罪恶行为。是役我团又伤亡二十余人。当晚八时，在唐王店听到太山庙附近枪炮声极为浓密，判断是白勉初部被敌攻击，旋又接白团长的来电，略谓：敌向太山庙我军进攻甚烈，请速派兵驰援。我当即派一个加强营乘夜驰往增援。我营到达太山庙附近后，即向敌左右攻击。敌不支，向厉山溃退。是役白勉初部伤亡十余人。

此次向敌后作战，共十二日，各团伤员较重的约八十人，因药品缺乏，均送桐柏山内青台镇随县县政府，请其代请中医治疗，得到热忱帮助，仅及月余，均已痊愈出院归队。这次战斗过后，敌主力由宜城附近强渡襄河，转向宜昌方面，我们这几个团接到长官部电令，由新野以北，开回光化附近整顿。

五月十六日，各部取道白秋铺、孟家楼，到达光化县城郊附近整顿数日，第一七三师由粟廷勋师长率领开随县西厉山附近布防。

襄河冬季攻势和枣宜会战

李　秋※

一九三八年十月下旬武汉沦陷后，第二十九集团军的各军、师先后到了当阳，许绍宗率总司令部和直属部队最后到达。清点部队，全集团军人员损失过半。王缵绪请求蒋介石批准，兵员由他令四川顺营师管区征补，武器由第四十四军和六十七军原来存在四川的武器补充。经过大半年，才大体恢复元气。

守备襄河和冬季攻势

第二十九集团军在当阳收容整顿后，于一九三八年十月底奉第五战区司令长官李宗仁命令，该集团军总司令部位置于当阳的河溶镇，所属两军，右接沙市江防司令郭忏部，左接钟祥第三十三集团军张自忠部，沿襄河东西两岸守备，置重点于西岸。许绍宗当令第四十四军军部位置于荆门的后港，担任上述地区的守备；第六十七军为总预备队，位置于河溶和荆门地区。第四十四军军长廖震当令第一四九师守备沙洋地区，并以一部守备襄河东岸的杨家峰；第一五〇师守备马良地区，并以一部守备襄河东岸的旧口。

一九三九年一月底，日军第十三师团的一部沿汉（口）宜（昌）公路西犯，并狂炸沙洋地区。守备沙洋地区的第一四九师第四四七旅第八

※　作者当时系第五战区右翼兵团第二十九集团军第四十四军第一四九师第四四七旅第八九三团团长。

九三团,击落日军指挥机一架,机上的空军大佐渡边广太郎、空军中佐藤田雄臧等七人,拟驾船从襄河逃往汉口,也被该团在沙洋附近截住打死。渡边广太郎等七人的尸体及其武器、军刀、文件等,均被缴获,当时称这场战斗为"杨家峰战役"。这年二月,京山、钟祥、旧口均相继陷落,第四十四军遂与日军隔襄河对峙。

四月,李宗仁令第二十九集团军调有力部队向襄河东岸日军突击,自行选定目标;许绍宗转令第四十四军执行,第四十四军军长廖震转令第一五〇师执行。于是由第一五〇师师长杨勤安选定黑流渡为突击目标。五月初一个夜晚,该师以一个营猛攻黑流渡日军据点,以两个营埋伏于日军增援的路上。第二天拂晓,日军一个中队驰援黑流渡,当钻入我伏击区时,被我四面包围,激战一小时,打死打伤日军三十余人,缴获三八式轻机枪四挺、步枪二十余支。余敌逃回钟祥,该师突击部队也撤回襄河西岸。当时把这一战斗叫作"黑流渡战役"。

十月,蒋介石令全国各战区进行"冬季攻势"。李宗仁令第二十九集团军在冬季攻势前,于十月下旬,以一个加强团东渡襄河,深入敌后破坏汉(口)宜(昌)公路和京(山)钟(祥)公路的桥梁,以及日军的通信设施,并相机袭击日军,限两周完成,以便开展冬季攻势。廖震令我率全团(此时我任第十四军第一四九师第四四七旅第八九三团团长)和第四四五旅的一个营,以及总司令部的一个机关枪连,前往执行。我率部于十月二十一日从钟祥以南的南兴集附近渡过襄河,深入到京山和皂市地区,炸毁了汉宜公路上的大官桥和京钟公路上的孙桥、官桥(东桥),破坏了日军在汉宜公路、京钟公路上的专用电话线,并袭击钟祥的东兴和京山的北关。十一月上旬,基本上完成任务后,接军长廖震电:"上令冬季攻势,延期一月。令你在敌后继续执行原任务,待命返回。"并说:"本集团军将开进大洪山。"这个电报,为日军第十三师团窃获后,即派立花联队和川畈骑兵大队以及京山、钟祥一带的伪军,向我团进行所谓"讨伐",企图在冬季攻势前,先歼灭我团。日军的这个"讨伐"计划,当时我军并不知道,而是在战斗开始的第一天,由新四军的游击支队通知我的。后来在这次战斗中,从缴获日军文件里证明,此事完全属实。

我率领的四个营和一个重机枪连,在汉宜公路与荆钟公路之间,与日军的立花联队和川畈骑兵大队战斗七天后,被困于京山以西、钟祥以东的虎爪山和聊曲山。军长廖震电令突围撤回。我乘夜以一部向北突围,到达大洪山;主力向南突围,回到襄河西岸。接着随集团军开到大洪山。

十二月，集团军到达大洪山后，冬季攻势开始。李宗仁令第二十九集团军和三十三集团军张自忠部攻钟祥。第三十三集团军先攻钟祥以北的洋梓，第二十九集团军先攻钟祥东北的汪家河和王家岭。许绍宗以第四十四军第一五〇师为攻击部队，第一四九师为掩护部队，第六十七军为总预备队，进行攻击。战斗七天，第二十九集团军攻占王家岭，以后即与王家河的日军成对峙状态。第三十三集团军屡攻洋梓不下，也与日军成对峙状态。直到一九四〇年一月，日军增加第一六师团，开始向第三十三集团军和第二十九集团军反攻。第三十三集团军败退长寿店、丰乐河地区守备；第二十九集团军败退客店坡、三阳店地区守备。第五战区以两个集团军参加这次"冬季攻势"的战斗，就此告终。

以后，蒋介石亲兼四川省主席；原四川省主席兼第二十九集团军总司令王缵绪则将四川保安团队编成四个旅，列入第二十九集团军建制，由第四十四军副军长王泽浚率领出川。王缵绪本人亦于冬季攻势快结束时，到达大洪山第二十九集团军总司令部专任总司令。新编的四个旅由王泽浚指挥，在重庆集中轮运巴东。经兴山、南漳，于一九四〇年三四月间，到宜城孔家湾整训。随即担任了宜城地区襄河西岸的守备。

宜沙会战和集团军的改编

一九四〇年一月底，在冬季攻势结束后，李宗仁令第二十九集团军总司令部位置于大洪山西北的张家集，所属两军，右接第三十三集团军张自忠部，守备大洪山。王缵绪当以第四十四军为守备队。右接第三十三集团军骑兵第九师所守的跑马寨，守备牯牛岭、青峰山、双峰观、王家岭、三阳店之线，军部位置于袁家台。第六十七军位置于张家集、长岗店地区，军部位置于竹林港。

五月初，日军分兵两路，一路由汉口沿公路西犯随县、枣阳和双沟，一路从钟祥沿襄河东岸北犯张家集、襄阳和双沟。

从钟祥北犯的日军，先向第三十三集团军张自忠部守备的丰乐河、长寿店、跑马寨猛攻。第三十三集团军向襄河转移后，日军继向第二十九集团军总司令部所在地张家集猛攻，集团军即退守大洪山西北要隘。六月初，日军北犯至宜城东岸地区，张自忠将军在宜城东岸南瓜店英勇牺牲。李宗仁即令王缵绪集中主力，从大洪山北上，尾击日军；王缵绪当令第四十四军全军和第六十七军的第一六一师，出板桥向日军尾击。日军的两路兵力在双沟会师后，迅速组成了几个梯团，立即沿襄河东岸

287

南下；尾击日军的第四十四军三个师首当其冲，受到猛击后，败退到大洪山固守。日军南下的头两个梯团，由师团长长谷川指挥，四面围攻大洪山，并派机狂轰滥炸。第二十九集团军同日军在大洪山展开激战，要隘全部失守，只得与敌转磨打圈；日军则死死咬住不放。几经激战，我军伤亡颇重，日军也遍处是死马遗尸。

这时，日军从双沟沿襄河东岸南下的后续梯团，在宜城、钟祥、沙洋等处，同时抢渡襄河西岸。王泽浚指挥的守备宜城襄河西岸的新编四个旅，溃不成军，纷纷西逃。日军即直犯宜昌、沙市。蒋介石急派陈诚到宜昌指挥全局，不料陈诚部署未竣，败局已无法挽回；不久，沙市、宜昌即相继失守。

襄河冬季攻势中的两次歼敌战

栾升堂※

一九三九年冬，我第五战区对窜守襄河东岸之敌发动了一次大规模的冬季攻势，由张自忠将军统率的第三十三集团军是一支主力部队。我军当时的部署是：第五十九军第三十八师进驻龚家畈一带集结待命，第八十四军第一七三师和一七四师的部队进驻高坡一带地区，监视洋梓镇方面日军动态。总部及直属部队进驻张家集。第一三二师王长海部进驻张家集以东地区，负责确保总部左翼的安全，监视随县方面日军的行动；第三十八师黄维纲部确保总部右翼的安全。以上各部到达指定地区以后，按照近战、夜战的要求，积极训练所部，并决定十二月上旬开始攻击。

第三十八师担任主攻部队，攻击目标为罗家陡坡、万水寨的日军两个据点。攻占这两个据点以后，立即向黄家集日军第十三师团师团部攻击，而后进击董桥，切断钟祥、洋梓镇两地日军的退路，把第十三师团歼灭在董桥附近，达到这个目的后继续向京山、汉口挺进。

黄维纲接到作战命令后，集合全师排以上干部作了战斗动员，宣布命令如下：以张文海第一一二团主攻罗家陡坡，利用夜半时间袭击敌人，限拂晓以前攻占罗家陡坡敌人的阵地，并继续向黄家集推进；以杨干三第一一三团佯攻万水寨，牵制该地的敌军，掩护主攻部队左翼的安全；以第一一四团第三营攻击黄家集至洋梓公路上的敌联络据点——观头山阵地，阻挠黄家集、洋梓两地之间的交通，掩护主攻部队右翼的安全，

※　作者当时系第五战区右翼兵团第三十三集团军第五十九军第三十八师第一一四团第三营营长。

策应我主攻部队顺利攻击。

攻克观头山

我当时刚接任第一一四团第三营营长职务，在接受攻击观头山的任务后，立即召开排以上干部会议，宣布本营的作战任务，并具体部署如下：以第七连为攻击队，攻击观头山日军的连据点，利用夜暗秘密接近敌阵地，先以猛烈炮火压住敌人的火力，接近敌人时实行肉搏，务期一举夺取敌阵地；第八连派出一个加强排，阻绝通往黄家集方面的敌人；第九连派出一个排防范洋梓方面的敌人增援；营部随同第七连前进。并由每连挑选五名勇敢机智的老兵，与营部传令兵组成指挥班。我在会上宣布：攻击观头山确定在夜间进行，夜间联络以传送命令为主，信号枪联络为辅。这次作战，我营全力以赴，全营参战官兵计四百七十多人。

观头山是敌人的一个连据点，构筑有两道战壕、一道铁丝网和一道鹿寨，此外还构筑了一些机枪掩体。夜间十时左右，我跟着第七连及临时组成的破坏组走在前头，部队经过近战、夜战训练已经有了成效，全营行进时完全没有声响。破坏组先破坏了鹿寨，打开了攻击阵地的缺口，但破坏铁丝网时，被敌人发觉，我即命令第七连冲上去，以猛烈的火力射攻敌人，我营后面的几个连也赶了上来，全营把观头山团团围住，各连都以炽盛的火力射击。敌人都是脱了衣服睡觉的，听到枪声，有的来不及穿上衣，有的顾不得穿裤子，披上大衣进入了阵地，双方当即展开了激烈的战斗。我军士气很旺盛，前面的士兵倒下了，后面的马上冲上去。冬天的午夜寒气袭人，许多鬼子半赤身披着大衣作战，浑身冻麻。经过一个多小时的战斗，敌人支持不住要夺路奔逃，于是双方发生了肉搏战。攻击观头山是夜间十一时半打响的，到了次日凌晨一点多钟，战斗全部结束；敌弃尸四十多具，受伤的二十多人；我第七连连长王茂生受重伤，中尉叶排长阵亡，少尉排长王宝玉和机枪连中尉排长张培德等受伤不退，仍坚持在第一线指挥作战；少尉排长吴凤阁表现突出，当即命令吴排长代行连长职务。这几个小时的战斗，我伤亡士兵七十多人。清扫战场时，共缴获日军三八式步枪五十多支，轻机枪两挺，子弹五千多发，军毯二三十条。我军占领观头山以后，立即投入整修工事，防备敌人反扑。

第二天上午八时许，日军步、炮联合部队约两千人，附有榴弹炮四门，在三架敌机掩护下向我观头山守军发动攻击。敌人先以炮火和飞机轰炸我阵地，约半小时以后，敌步兵才发起攻击。我军早已摸清敌人的规律，在轰炸时间内，我们的指战员躲在反斜面阵地上修好的工事内，借以减少伤亡。在敌人攻击的正面上，我们只派少数监视哨监视敌人的行动，等敌人接近到我阵地前六七百米时，我军即迅速进入阵地。等到敌人接近我阵地前四百米以内时，我轻重机枪、迫击炮一齐猛烈射击；等到敌人接近到二百米以内时，步枪也开始射击。我居高临下，以逸待劳，敌人第一次攻击被我军打退了。我即命令各连留下监视哨，其余迅速撤至反斜面阵地，准备再战。

不久，敌人的炮火又开始轰击，飞机也在上空助战，这一次敌人轰炸和炮击约四十分钟，接着敌步兵又第二次向我阵地冲击。我军修补好的工事，被敌人大炮、炸弹炸毁的不少，我军就利用弹坑作掩体，发挥交叉火力，大量杀伤敌人，经过两个多小时激战，敌人又被我打退了。下午二时许，敌人又发动第三次攻击，这一次攻击，敌军劲头不如前两次了。我军乘战胜余威，越战越勇。下午四时许，又把敌人打退了。九连连长吴士杰阵亡，即由该连中尉排长谷在德代行连长职务。打退敌人以后，我令第九连在观头山左翼高山上占领阵地，构筑工事，加强防守，准备再战；又令预备队、机枪连（缺一个排）和营指挥所，在第七连的右后方高山上占领阵地构筑工事，掩护七连右翼的安全。这一天共打死打伤敌军三百多人，我阵亡连长一员，受伤排长两员，伤亡士兵九十多人。代行连长职务的谷在德受伤不退，继续领导全连顽强战斗。观头山终于被我军拿下来了。

第三天凌晨，日军由洋梓、黄家集两地抽调步、炮联合部队数千人，向我观头山阵地三面包围攻击，并有三架飞机助战。这一次敌人发射的炮弹和投下来的炸弹都比昨天多，我营仍然同昨天一样，在阵地中隐蔽。官兵们经过两天和敌人交锋，认识到了自己的力量，今天每连增加了三挺轻机枪，弹药更充足，更加增强了胜利的信心。当敌人接近我阵地前四百米以内时，我军利用交叉火网，大量杀伤敌人。整个观头山上战火弥漫，敌尸成片。全营的轻伤号一律不下火线，多数人坚持战斗，右手受伤不能打枪的，就为战友们裹伤，为班里送子弹；当敌人攻到近距离时，左手拿着手榴弹，用牙齿咬开保险盖交给战友们迅速投掷。正在激战时，师部转来张自忠总司令的指示说："从本集团军这两天的战斗情况看来，以栾升堂三营所受的压力最大，我已经下命令攻击敌人的几处阵地，'调'敌人回师守巢，以减轻栾营的负担，告诉栾升堂坚决守住阵地，不能丢失。"我接到电话后，马上传达给各连官兵，大家更感振奋，越打越有劲，越杀越勇敢，在当天下午三时左右，打退了敌人最后一次进攻。

第三天共打死、打伤敌人八百多人，阵地上的敌尸有三百多具。我八连刘连长阵亡，两名排长受重伤，士兵伤亡九十多人。我当即命令八连中尉排长王忠文代行连长职务，会同第七连固守观头山阵地，由王忠文统一指挥。重机枪连中尉排长张培德受伤不退，命令他率领全排配属第七连守住观头山。

经过三天的激烈战斗，我营伤亡过半，尽管士气旺盛，但确实疲劳。我考虑到观头山是一个制高点，敌人必将继续攻夺，决定让副营长丁庆雪到团部求援。第四日拂晓，增援的第五连连长孙金图率领全连赶到阵地，我令闻庭山排增援观头山，其余两个排作为营的预备队机动使用。

上午九时许，敌人由洋梓方面出动约千人（内有八百名伪军），又向我观头山攻击。由于兄弟部队向敌人发起攻击，分散了敌人的兵力，所以敌攻击观头山的人数减少了。我把这个新的情况传达给全营官兵，让大家克服疲劳，坚定胜利信心，更加坚决地消灭来犯之敌。这一天经过四个多小时的战斗，共打死、打伤敌人一百七十多名。从第五天开始，敌人变换了打法，他们不停地炮击，有时用飞机轰炸。第六天和第七天，敌人白天、夜间都发动进攻，每次进攻的兵力不过五六百人，最多不超过八百人，据悉，敌人是想疲惫我军兵力，寻找战机夺回观头山，但始终没有得逞。

王家台子歼敌战

十二月中旬，日军向我第七十四师发动大规模进攻，该师逐步后撤，很快就撤退到师部所在地黄家台子附近，直接威胁到主攻部队右翼的安全。第七十四师李汉章师长当即向张自忠总司令告急求援，张总司令答复说："要沉着应战，部队马上有调动。"根据情报获悉，攻击第七十四师的敌军，系新调来的一个独立旅团，装备优良，气焰嚣张。在李师长告急的当晚，张自忠将军调整部署：命令第三十八师第一一三团和一一四团于当晚协同出击，收复第七十四师失去的阵地，确保主攻部队右翼的安全；调第七十四师担任第二线防守任务。

第三十八师师长黄维纲当即命令第一一三团为左攻击队，第一一四团为右攻击队。第一一四团团长樊仑山以刘同福第二营为主攻队，以金文陛第一营为助攻队，以我的第三营为预备队，攻击目标为王家台子以南地区的几个村落，第一线的刘同福营与第一一三团第一线的张公干营配合作战。

第一一四团团部及我营进抵王家台子时，营的便衣情报员汇报：王家台子以西山上有敌情。我立即向樊仑山团长请示后，即安排了武装侦察。时隔不久，侦察组回报说，敌人的大部队正在向王家台子附近集中，企图不详。我立即向樊团长作了汇报，并得到他的同意后，即命令第七连派了一个加强排立即出发。一个小时左右，派出去的加强排派人回报说，该排已顺利占领了王家台子制高点，在王家台子以西的平顶山上，敌人的大部队正在集合。我认为机不可失，立即向樊团长请命，率领全营到王家台子歼灭这股敌军，并请派团里的迫击炮连一同去杀敌立功。经樊团长同意，我即带领全营及迫击炮连出发。

我们在王家台子西面占领的阵地，是群山中最高的一座，这座山的前面是悬崖陡壁，陡壁前有一百五十米宽的一条贯穿南北的深沟。这座高山的右侧有一较低的山头，再向右有一条东西深沟阻绝着。山的左翼是一个大坪，大坪平坦开阔，无须扫清射界。敌人集合的地点是一个平顶式山岭，前后左右平坦开阔，毫无屏障。日军是秘密行动的，以为附近没有我们的部队，所以选择在平坦地上集合。

我营到达高山以后，隐隐约约看到敌人正集结在两个点上，敌首正在讲话，像是开进前的集结。这时，敌人集结地点距我营阵地前沿不过七八百米，敌人的队伍是密集的，集结地平坦而开阔，我营居高临下，确是消灭敌人的最好机会。我迅速把全营的轻、重机枪集中起来，组成了两个火力网点；把团部的迫击炮连和营的迫击炮排都布置在第一线上，归迫击炮连连长统一指挥，采取直接瞄准的方法射击敌人。布置妥善后，信号枪一响，轻重机枪弹、迫击炮弹一齐倾泻到敌人的两个集中点。敌人根本没有应战准备，这突如其来的大面积弹火，把敌人打得惊慌失措，四散奔逃，一片死亡，当场把敌旅团长击毙了，敌人失去了指挥，更是一片混乱。我营的官兵从来没有这么一次打活靶子的大好机会，想起日军在我国欠下的一桩桩血债，一件件罪行，积恨满胸，怒不可遏，狠狠猛击敌人。日军遭到我营突然袭击后，在敌人集结点的周围系着一批战马，被我打死、打伤的不少。从凌晨一直打到天明，敌人的各级指挥官被打死、打伤了不少，指挥系统完全瘫痪。这是我营抗战以来第一次打得敌人无法还手的漂亮仗。

天亮以后，我带领各连连长、指挥班长详细察看了地形，确定了阵地配置，划分了各连的作战区域，即刻下命令构筑工事。上午，敌人的侦察机两次飞临上空侦察，但没有发起进攻，判断敌人是在组织兵力，企图大规模反扑。下午四时，日军第十三师团及独立旅团残部共三千多人，附榴弹炮多门，向我营阵地发起攻击，先以猛烈炮火轰击我营阵地。因我军早有准备，等到敌人接近阵地前四百米左右时，轻重机枪一齐开火，并以迫击炮猛烈射击。激战至下午六时许，敌人伤亡六百多人。我营伤亡官兵二百多人。入夜，敌人除以炮火向我轰击外，还不断地以几个小部队向我进行攻击，但敌人的目的只是掩护抢救伤兵。

第一一三团和一一四团两个主攻团的指挥所，就设在我营阵地山脚下的王家台子村内，当晚黄昏，我到团指挥所向杨干三、樊仑山两团长汇报战况，并请求增援。杨干三说："你营打得这么激烈，这是临沂大战后所少有的。"杨、樊两团长考虑到我营所占高地对整个战局的重要，经过商定，抽调龚玉成营增援王家台子。

第二天早晨，日军第十三师团步兵几千人，飞机三架，采用波浪式向我营阵地大举进攻。我军早有准备，待敌人接近我阵地前四百米左右时，我军发扬密集火力，大量杀伤敌人。这一天敌人在炮火掩护下，一次又一次地向我营阵地冲来，尽管我营士气旺盛，究竟人数太少，陷于苦战。我看到全营伤亡增加，援军没有到达，担心阵地被突破，曾向黄师长求援，但无兵可派。时隔不久，张自忠总司令给我打来电话说："栾升堂，你守的王家台子阵地特别重要，这个阵地守住守不住，关系到当前全军的胜败，你要顶得住，守得牢，要子弹有子弹，要炮弹有炮弹，援军马上就到前线，援军到达后归你指挥。"我立即把总司令的电话传达到全营，官兵们异常振奋，都表示人在阵地在，坚决守住这个重要阵地，保证全军的攻击顺利进行。

上午十时，敌人又大举向我营阵地进攻，我官兵严阵以待。先头之敌接近我阵地时，发现我营阵地前面是一段陡壁，根本冲不上去，因而不得不向左右移动，寻找冲锋发起点。这是我营在王家台子大山上又一次歼敌的最好机会，我军的轻重机枪、步枪和迫击炮，都发挥了最大的威力，敌人受到严重打击后狼狈逃窜。

午后二时，第一一三团第三营龚玉成营到达，我命龚营第七连增援我营第九连；命龚营第九连为营的预备队；命龚营重机枪连配置在阵地第一线。不久，日军又向我营发起攻击。这一次敌人的主攻方向是我营的两翼，以便在接近阵地时好发起冲锋。我已经预料到这一点，所以把火力的重点也布置在两翼，双方展开激烈的战斗。这一天我军共打死、打伤敌人一千多人，我营副营长丁庆雪、九连连长谷在德、八连排长张连升、七连排长唐得胜均受伤不退；八连排长杨宝玉再一次受伤不退，我营伤亡官兵三百多人。龚玉成营受伤排长一员，伤亡士兵三十多人。

敌人因死伤过大，第三天虽然发动了攻击，但攻势大大减弱，我营的士兵也伤亡殆尽，阵地上的主力已是龚玉成的士兵。上午九时许，敌飞机九架在王家台子村轰炸扫射达一个多小时，把全村炸成一片火海。我军两个团的指挥部在头一天夜间已经撤离该村，未遭受损失。敌攻击部队在下午四时才退走，我营清扫战场，日军共遗尸三千多具，被击毙战马一百多匹，还有三十多匹伤马已不能站立，收集到三八式步枪一百二十多支以及望远镜、军毯、军用地图、子弹等多种。王家台子的战斗，是抗战以来我营消灭敌人最多的一次战斗，受到领导机关的高度评价。

随枣地区第三次大捷

栾升堂※

敌军的攻势及张自忠将军的决心

一九四〇年五月，侵华日军在华北华南敌占区抽调大批兵力，分别集中在平汉路沿线附近的驻马店、信阳、广水、应城以及京山、钟祥等地，分兵数路向我军进犯。一路沿新野、邓县进犯南阳；一路沿桐柏山脉进犯樊城；一路沿坪阳、随县进犯襄阳；一路由钟祥、洋梓沿襄河向我第五十九军第一八〇师板门店阵地进犯。敌军行动迅速，攻击猛烈，我第五战区所属部队有的抵抗不住，迅速撤退，导致敌军很快逼近襄樊，打乱了第五战区的兵力部署，五战区左右翼两个兵团的指挥联络受到损害，威胁着第五战区的安全。

第五战区右翼兵团总司令兼第三十三集团军总司令张自忠将军，见到敌军大举进犯，认为报国的时机到了，他决心率领总部的作战人员渡过襄河，与第五十九军在河东的部队会合在一起，先奋力应战，遏制住敌人的攻势，然后调动在河西的部队到河东去，狠狠地打击敌人，借以扭转战局，稳定第五战区的形势。张将军行前曾给第三十三集团军副总司令冯治安写了亲笔信，表示了不成功便成仁的决心。张自忠渡过襄河后，首先与第三十八师取得了联系，五月八日夜间他在战地指挥部召集该师干部讲话，讲话前他首先检查服装，当场发现杨干三团长没有佩带手枪，张将军严肃地指出："现在是作战期间，每一个军官随时随地都要

※ 作者当时系第五战区右翼兵团第三十三集团军第五十九军第三十八师第一一四团第三营营长。

准备战斗，作为一名指挥官，必须经常佩带手枪，第一要自卫保身，第二要杀身成仁。"他命令杨团长立即带上手枪。接着，张自忠说："最近几天打了几次仗，都是小的接触，这一次我带领弟兄们到敌人后方去，要伏击敌人，打击敌人，目的是消灭敌人的有生力量，遏制敌人的进攻，最近一个时期要把第五战区的局势稳定下来，然后积蓄力量，伺机反攻。"

在行进中腰击敌人，获鄂北第三次大捷

张自忠讲话以后，当夜率领总部及第三十八师冒雨乘隙向枣阳地区前进，行进中的战斗序列是：第三十八师第一一四团樊仑山团（欠一营）为前卫，师部、第一一二团张文海团及第一一三团杨干三团为本队，以第一一四团我所率第三营为后卫，总部在后面跟进。这一次是山地行军，山间小路仅能成一路纵队前进，行军队列排开时，所需的时间很长。由于我营是后卫营，和总部相距很近，张自忠将军走到总部手枪营的前面，找到我详细询问了我营的情况。他问："你们营里这一次参战人员有多少？"我答："全营共有官兵六百九十五人。"他又问："共携带弹药数目有多少？"我答："步兵每人带步枪子弹二百发，手榴弹四枚，枪榴弹两枚；轻机枪每挺带子弹两千发；重机枪每挺带子弹八千发，营里使用的是风冷式捷克式重机枪，这种枪分量轻，行军时用人扛着前进，剩下骡马驮弹药；迫击炮每门带炮弹一百五十发。"他听了表示赞许，并指出："你们能带这么多子弹，确实动了不少脑筋，这一次咱们到敌后作战，补充不容易，你们考虑到多带弹药，这种措施是有远见的。尽管带了这么多子弹，还应该教育士兵，打起仗来的时候，要尽量节省弹药。"我答说："在节省子弹方面我们已采取了具体措施：不盲目射击；远距离不射击；瞄不准敌人不射击。"他听了表示同意。接着他告诉我："今年三月间我准备把你保送陆军大学特别班去受训，你们师长说，你正在连长集训班里担任队长，一时还抽不出来，下次有机会再去吧！"顺便他还问我："最近有家信吗？"我说没有。

万没有想到这一次谈话，竟是同他最后一次诀别！

九日凌晨，我们的队伍行进到梅家高庙时，搜索部队发现北面三华里的路上有日军的大部队由东向西行进。张自忠将军得报后，一方面命令队伍迅速隐蔽，一方面立即召集高级指挥官和搜索队长在一起分析情况：从敌人的队伍看来，有很多乘马的人员，有几部电台，还有大行李和辎重，非战斗人员不少，战斗部队不到全部行军队伍的三分之二。大家一致认为，这是敌军的指挥部。当时我们的队伍比敌人的数量多，有

作战经验，士气旺盛，又是轻装前进，行动方便，指挥灵活，对这一带的地形熟悉，进退自如。根据上述情况，经研究决定，应立即对敌军实行腰击，把敌军的指挥部打垮，搜集一些重要情报。

张自忠命令第三十八师第一一二团和第一一四团迅速就地展开，用闪电式的战法袭击敌人行进间的队伍，第一一二团着重袭击敌人的指挥部，即乘马的人员和电台，第一一四团着重袭击敌人的作战部队。命令下达以后，张自忠、黄维纲两将军都亲临前线指挥。奉命出击的各连队，都像离了弓弦的箭，利用地形飞速奔向敌军。到了接近敌人的时候，我轻重机枪突然向敌开火，打得敌人措手不及。第一一二团的狙击手们，很快打掉了乘马的十多名敌军官，该团的轻重机枪又打死打伤二十多匹战马，眼看着敌人的指挥系统被打乱了。当时敌人的步兵都去掩护他们的指挥部，我两个团的步兵就向敌分头截击，战场上到处都发生激烈的战斗。被我军打死打伤的马匹，都横卧在道路上，成了敌军前进的障碍物，致使夺路奔逃的敌辎重兵行动迟缓。敌人乘马的人员，由于马匹大多伤亡，多数变成了步兵。所有上述情况，都给我军打击敌人创造了有利条件。我军士气旺盛，越打越勇，有的连队急于活捉敌人的军官，有的要抢回敌电台和军用地图，前进的速度太快，一时得不到兄弟连队的有力支援，过多地伤亡了一些人。敌军为了保护他们的指挥部不被我军打垮，保护他们的重要物资不被我军俘获，他们也猖狂反扑，战斗十分激烈。

由于我军主动袭击敌人，战斗一开始，我军就处于有利地位，又因为我军人多气盛，张自忠、黄维纲都亲临前线指挥，战斗的进展非常顺利。经过四个多小时激战，共打死打伤敌人一千五百多名，俘获轻重机枪十数挺、步枪八十多支、战马十多匹，还有大批地图、文件、弹药、军毯等，我第三十八师伤亡官兵五百余人。张自忠将军把胜利的消息电告军委会以后，军委会回电说，这是第三次鄂北大捷，对第三十八师着予通令嘉奖！

获取的情报

在俘获的敌军作战命令中查清，敌人由华北、华南敌占区抽调五个师团、两个快速纵队十六七万人，连同各地的汉奸部队，总兵力为二十万人。敌军作战的目的，是要夺取襄樊，打乱第五战区的部署，而后西攻宜昌，配合敌海军溯长江而上，窥我万县，威胁重庆，迫蒋介石的国民政府投降。张自忠得知日军这一狂妄意图，立即电告第五战区长官部，与此同时，也直接电告重庆军委会，建议早做准备，以防万一。遗憾的是，这一重要情报，未能引起有关领导机关应有的重视，致使张自忠将军在敌后孤军作战,导致后来以身殉国!

第三十八师在鄂北大捷时,张自忠收到第一七九师代师长的电报称,他们已到达田家集以北地区停止待命。张自忠为了便于指挥作战,决定将所部编为两个纵队,以第三十八师与第一七九师编成一个纵队,由第三十八师师长黄维纲指挥;以第七十四师与第一八〇师编为一个纵队,由张自忠亲自指挥。两个纵队如何协同作战,由总司令张自忠统一调度。五月十日夜,第三十八师奉令向田家集以北某村与第一七九师集中,对由枣阳西进企图进犯襄樊的敌军给以伏击,要求采取各种有力措施,消灭敌人的有生力量。张自忠将军本人率领总部及手枪营、通信营、辎重营等部队日夜兼程,向宜城以东约八华里的某渡口搜索前进。十一日拂晓前到达渡河点,十二日晨第七十四师(欠一团)也到达渡河点,与张自忠将军取得了联系,而刘振三领导的第一八〇师却迟迟未到达,原因不明。十二日下午,张自忠将军接到第五战区长官部的命令,要他率领部队截击南窜之敌,因时间紧迫,不能等待第一八〇师到来,他率领总部的战斗部队以及第七十四师立即整队出发,向南窜的日军第十三师团追击前进。五月十六日,张自忠将军在宜城县的南瓜店第一线指挥战斗中,身中七弹,壮烈殉职!

参加鄂北第三次大捷的第三十八师及总部营长以上的指挥人员名单如下:
第三十八师师长黄维纲

　　　　副师长翟紫封

　　　　参谋长时树猷
第三十八师第一一二团团长张文海

　　　　　　第一营营长程振兴

　　　　　　第二营营长刘芸生

　　　　　　第三营营长牛景霄
第三十八师第一一三团团长杨干三

　　　　　　第一营营长杨荆州

　　　　　　第二营营长徐朝栋(徐本人奉命带着三个步兵连到老河口第五战区长官部保卫仓库未参加战斗)

　　　　　　第三营营长龚玉成
第三十八师第一一四团团长樊仑山

　　　　　　第一营营长吴秀峰

　　　　　　第二营营长刘同福

　　　　　　第三营营长栾升堂
总部手枪营营长杜兰喆,通信营营长胡治平。

狮子山战斗

栾升堂※

敌我双方的基本情况

第五战区右翼兵团总司令兼第三十三集团军总司令张自忠将军于一
九四〇年五月在宜城县殉职后，重庆军委会任命第三十八师师长黄维纲
升任第五十九军军长（张自忠将军殉职前兼任第五十九军军长），并命令
该军继续留在襄河东岸对日军作战，牵制敌军进犯襄樊，稳定第五战区。

张自忠将军是冯玉祥将军亲手培养起来的，他对部队要求极严，大
军所至，军民宛如一家，他的殉职，鄂西一带群众深感悲恸！张自忠领
导的第三十三集团军在鄂西有群众基础，第五十九军留在河东，可以得
到群众的充分支持和协助，这是有利的。第五十九军失去了张自忠，无
疑是一大损失，但是全军官兵，化悲痛为力量，大家一致表示，誓与日
寇血战到底，为张自忠将军复仇，从这一方面来说，第五十九军的战斗
力仍不可侮。抗战以来，该军多次与强敌对垒，多次打过大仗、硬仗，
习惯于大兵团作战，习惯于阵地战，对于小分队作战，对于打游击战，
是这个军的弱点。

敌人在鄂西侵占了襄河以东的大片领土后，积极强化占领地区。当
时襄河以东只有黄维纲领导的一个军，活动在枣阳、宜城两个县的广大
地区。敌人视为眼中钉，必欲除之而后快。第五十九军在襄河以东的处

※ 作者当时系第五战区右翼兵团第三十三集团军第五十九军第三十八师第一一
四团第三营营长。

300

境是严峻的。

第五战区长官部的命令及黄维纲的部署

一九四〇年五月下旬，第五十九军军长黄维纲接到第三十三集团军总司令冯治安转来第五战区长官部的命令：敌军已占领双沟镇，其先头部队不断窜扰张家湾以东地区，着第五十九军切断双沟镇日军后方补给线，相机占领双沟镇。黄维纲奉命后，命令第三十八师为第一梯队，以第一一四团为前卫，第三营（我任营长）为前卫营，向双沟镇以东地区搜索前进；以第一一二团为右侧卫，对东方严密监视搜索前进，掩护军部右翼的安全；以第一一三团为本队，在军直属部队后跟进，派一部兵力为左侧卫，掩护军部左翼的安全，并与第一七九师取得联系。命令第一七九师为第二梯队，在第一梯队后面行进，与第一梯队保持相当距离搜索前进，对于左、右、后各方要严加警戒，准备随时能应付战斗。

我营前进到狮子山附近时，接到团部转军部命令，要旨如下："敌情有新的变化，着该营就地停止，在当地选择有利地形，占领阵地，构筑工事，务于×日拂晓前做好一切作战准备，敌如来犯该营立即予以迎头痛击。"

我接到命令后，采取了如下措施：一、着各连迅速派出警戒哨，对敌方实行严密警戒，并在现场划分了各连的警戒区域；二、带着各连连长一同侦察地形，研究阵地配备，规定各连的任务；三、根据侦察地形的结果，决定了工事构筑计划，并对防空防敌炮轰击作了相应的安排。

狮子山附近的地形，完全是高山峻岭，其中以狮子山为最高，该地易守难攻，是比较理想的防御阵地。我根据当地地形前低后高的特点，决定采取纵深配备，第一线各连以一线、二线、三线式占领阵地，构筑工事，加强防御力量，避免、减少敌炮火的伤亡。命令第七连王占元连（附重机枪一排）在狮子山的北面，面向北方占领阵地，构筑工事；命令第八连闻庭山连（附重机枪一排）面向东方占领阵地，构筑工事，有该连派一个步兵排（附重机枪一挺）占领东北方向约一里许的制高点，作为前进阵地，消灭第七、第八两个连阵地前的死角；命令第九连谷在德连为营的预备队，该连派一个步兵排占领狮子山的最高点。各连、排的工事限第二天拂晓前先完成跪射掩体及匍匐交通壕，而后逐步加深。

第二天天明，没有发现新情况，各连、排的工事，都已按计划完成。我命令各连、排继续加强工事，并指示各连的班以上干部都要熟悉全营的地形，都要在各自的阵地前利用地物，标明射击距离。当天下午一时许，我接到团长的电话说，军部通知：据谍报人员报称，双沟镇敌人到附近各村抓人，抬运军用物资，似有军事行动的可能，敌人意图还没有调查清楚，正在继续侦察中，各部要加强戒备，加强侦察，发现情况，立即报告军部。直到天黑，没有发现新的情况。第三天早四时，我营第四连派出的武装便衣汇报说，敌人的先头部队已进抵山下各村，看到手电筒乱照，能听到敲门声、妇女喊叫声和小孩子的哭嚎声，人声嘈杂，骡马嘶叫，根据声音判断，敌人为数不少。我即将以上情况用电话向团长作了详细汇报，并请求把迫击炮连迅速派到第一线来，配合我营作战。迫击炮连到达后，配置在第七连的第一线阵地上。就在这个时候，我又接到另一组武装便衣的汇报说，敌人的大部队分头在山下几个村庄的空地上集结，看样子似在等待分配驻地。我询问了敌人几个集结点的具体位置，对照了原先标定的射击距离，指示迫击炮连连长，立即向敌人的集结点射击。这一突然的炮轰，使敌人猝不及防，村边上有一些稻草堆被炮弹打着了，等于投下了照明弹，只见敌人到处乱跑。位于前进阵地的马攀会排，把敌人的逃窜情形看得清清楚楚，等到敌人进入该排有效射程以内时，轻重机枪一齐开火，敌人四散奔逃，伤亡重大。两小时以后，敌军榴弹炮向我前进阵地马攀会排发起轰击。马排判断敌人吃了亏，必然要报复，这一次炮轰可能时间要长，他留下监视哨，把全排带到安全的地方对士兵讲话说："敌人这次炮击时间可能要长一些，我们要用新的打法，消灭敌人。我把重机枪部署在全排右翼隐蔽的地方，敌步兵攻击前进时，我们不还击，等到敌人进入我有效射程以内时，仍然不还击，这样，敌人就摸不清我们的动向。为了迷惑敌人，大家在进入阵地时，要利用地形隐蔽前进，一定不要暴露目标。进入阵地以后，步枪上刺刀，把手榴弹的保险盖全部打开，等到敌人接近到五六十米时，听命令投掷手榴弹，重机枪也开始射击，务期把敌人报销了。剩下的敌人如再攻击前进，我们就和他们拼刺刀，敌人逃跑，轻重机枪一齐扫射，叫敌人进不得逞，退不能逃。"当敌二百多步兵攻击前进时，马排没有还击，迨敌人进至马排阵地前五六十米时，看不到马排的动静。就在这个时候，马攀会一声令下，只见一排排手榴弹飞到敌群中爆炸，重机枪也开始在一旁侧射，敌人死伤累累，血肉横飞。剩下的敌人回头就跑，我轻重机枪发挥了炽盛的火力，横扫了逃跑的敌人，这二百多进犯的日寇，绝大部分被马排消灭了。

上午九时许，敌人出动步兵五百多名，在十门榴弹炮的掩护下，向我前进阵地及第七连阵地同时发起进攻。我军沉着应战，迨敌进至我有效射程以内时，我轻重机枪及迫击炮一齐向敌人发射，经过一个多小时的激战，敌人又被我军击退。中午十二时刚过，敌又从山下各村抽调步兵六百多人，向我阵地发动第三次攻击，敌以猛烈炮火轰击我固守的几个山头，敌步兵一次又一次地向我阵地猛扑，双方发生了激烈的战斗，经过将近三小时的激战，敌人又被我军打退了。狮子山的争夺战，共打死打伤敌人五百多人，我营伤亡官兵七十多人，缴获步枪三十多支、子弹四千多发。

侦知敌情全军撤退

敌人三次攻击我营失败后，我趁机到马攀会排看了一下，我的意图是能守就守，不能守就放弃前进阵地，以便集中兵力，固守狮子山。马攀会排长说，全排伤亡不到一半，排里都是老兵，能各自为战，轻伤员都不下火线，这个前进阵地很重要，不能撤退。我看到全排精神旺盛，当场表扬了他们，并给该排补充了子弹和手榴弹。我刚走到第七连阵地时，看到一个老乡从敌方一个山间小跑过来，他一面跑一面叫喊不要打枪，七连连长王占元要打倒他，被我制止了。第一线的士兵把那个老乡带到我的跟前，他见我就说："官长，这是张总司令的队伍吧?"我说："是。"那个老乡一听说是张自忠的队伍，马上跪下向我叩头。我立即扶起来请他坐下说话。老乡说，他姓张，今年六十五岁，是双沟镇人，他家里有儿子、儿媳、一个孙子，共四口人。儿子是双沟镇民团的团丁，五月初鬼子第一次闯进双沟镇时，有一天晚上两个鬼子酒后调戏妇女，民团们收拾掉那两个鬼子，惹了大祸，鬼子见了男人就杀，他的儿子被杀了，儿媳抱着孩子向西逃跑，也被鬼子乱枪打死了。老乡接着说，他被鬼子抓到要枪杀，幸亏一个乡亲和翻译官认识，翻译说了几句好话，没有被杀死，留在师团部里当马夫，这一次趁鬼子失败的机会，他一个人逃出来，给张自忠总司令的队伍送个信。老人边说边哭，求我救救他。我问他，你怎么知道这里有张总司令的队伍呢?老乡说，我是听到汉奸们说的。我又问，敌人是哪一部分?有多少人?老乡说，敌人是第三十九师团，来的鬼子很多，附近的村子里都住满了。汉奸们说，最近要打大仗，怎么打法汉奸们不知道。我马上安排老乡吃了饭，随即派人把他送到军部。过了一个多小时，黄维纲军长给我打电话说："你们送来的那个老乡，参谋处审问过了，他所提供的情况和二部侦知的情况基本相符，我军右后方三十多华里的上下王家集渡口已被敌军占领，我后方补给线被切断；现在一一二团的正面发现了敌情，并有小接触；南面一七九师也发现了敌情，你们那里有什么变化没有？"我回答说："各连阵地上都很沉寂，我们正严阵以待，随时注视着敌情的变化。"黄维纲说："你安排一下，马上来军部一趟。"我稍事安排后，即到了军部。黄维纲说："根据各方面的情报综合分析，敌人似有包围我军的企图，当前在我军控制的地区内，所有渡口都被敌人占领了。我们后方几十里以内都是大山，山地里便于和敌人绕圈子，但是这一带没有住户，水源很缺，打响以后，补给上不来，伤兵运不下去，困难就大了。我有两种打算，第一，先拿下上下王家集这个渡口，打通后方的通路，敌人如果全力对付我们，看情况实在支持不住时，我们就撤到襄河以西。我已经把上述打算报告了总司令部，现在还没有回电。"我建议说："张总司令孤军渡河奋战，遭到那么大的损失，我们不能再蹈那一次的覆辙。依我看来，迟退不如早退。"黄维纲笑了一笑说："我也考虑过迟退不如早退，第一要等总司令部的回电，再说，就是现在撤退，已经无路可走了。"我说："在狮子山的左侧有一条路，直通到刘家集渡口，咱们可以从那里撤退。"黄说："从地图上看没有这条路嘛！"我说："军长使用的是十万分之一的地图，那上面没有显示这条路，我们营里用的是五万分之一的地图，图上显示了这条路，我已经派便衣侦察过了，路在山沟里，路面不窄，大军可以通行。据我所知，敌军没有五万分之一的地图，他们不知道山沟里有这一条路。"我一面向黄维纲汇报，一面取出地图来呈给黄维纲看。黄维纲对我说："你先回去，坚决把狮子山守住，我调整一下部署，等总司令部回电后，咱们决定撤退，这件事暂时保密，不要向外声张。"我回到营指挥所，了解到敌人正以小部队施行威力侦察，全营阵地上没有大的战斗。下午三时三十分，黄维纲给我打电话说："总司令部回了电报，同意我军撤退，军里决定下午四时开始行动，让一七九师先走（一七九师不是五十九军的建制部队），军部走在中间，三十八师在军部后面，派你这个营担任掩护，必须掩护到明晨早五点你们才能撤退。当前敌情紧张，渡口上船只又少，撤退需要时间，你们这个营任务艰巨，两个师能否安全渡过襄河，全靠你们这个营，希望你和官兵们讲清楚，一定要尽最大努力，完成这个光荣的任务。"我说："谢谢军长信任。我们绝对不辜负军长和两师官兵的嘱托，请军长放心。"下午六时许，黄军长带着队伍经过我营阵地，派人把我找去，黄对我说："抗战以来，你这个营打过多次硬仗，正因为是这样，往往派你营攻击在前，撤退殿后，你这个营我是信得过的。军事上有很多牺牲少数保护多数的例子，现在情况紧急，为了全军安全撤退，我不得不把重担子交付给你们。军部拨给你们一部电台，到必要时你们自己想办法，愿意到哪里就到哪里，到达安全地方以后，再用电台和军部联系，咱们再见吧!"黄军长说到这里，两只眼睛里充满了热泪。我郑重地对他说:"一切请军长放心，我们一定能够胜利完成任务!"

黄维纲走后不久，敌人开炮向我营第一线阵地轰击。从炮声里判断，敌炮兵阵地距我营有十八华里，参战的大炮有十门左右，炮轰了一小时之久，敌步兵利用黄昏时间，逐步向我营阵地接近，迨敌人接近到我有效射程以内时，我营守军即予以迎头痛击，共打死打伤敌人一百多人，获轻机枪两挺、步枪二十三支，我营士兵受伤十六名。夜十一时许，敌炮十多门又向第七连阵地轰击。七连排长吴凤阁早已把士兵们带入安全地点，留在阵地上的三名监视哨全被炮弹片炸伤，但没有一个人离开岗位。等到敌炮停止轰击时，我们迅速进入阵地，每人把所带的手榴弹全部打开保险盖，等敌人接近我阵地四五十米时，一齐投掷手榴弹，配属给的重机枪、轻机枪，都布置在阵地的两翼（事先已选好位置），开始射击，把没有炸掉的敌人全部予以射倒。敌人遗弃在阵地上的死尸就有七十多具，第七连俘获轻机枪三挺、步枪六十多支，士兵们在敌尸上捡到手表三十多块，把敌人的子弹盒摘下来挂在自己的皮带上，大家要求把收缴的小战利品留在连里使用。我说，你们连里只受伤三名士兵，获得这么大的胜利，实在可嘉，这次特别奖励，除去武器上缴以外，所有收缴的小战利品，谁收缴的归谁所有，下不为例。

天明三点多钟，敌人又向第七、八两个连的阵地炮击，四十多分钟以后，敌步兵向我阵地作试探性的攻击。当时已四点多钟，我命令第一线各排以有效的火力向敌射击，压制住敌人的进攻，然后逐步向狮子山以西转移。命令第九连两个排固守狮子山，另以一个排阻塞通往后方的道路，借以迟滞敌人前进。命令第七、第八两个连的队伍迅速撤退到指定的地点集结。不久，接到军部撤退命令。当全营部署撤退时，敌炮兵又向我狮子山顶部轰击，敌步兵在狮子山以北绕攻狮子山的尾部，企图切断我营第一线部队的退路。在敌人绕道向狮子山尾部前进时，我营的第一线部队已经后撤，第九连在山顶上看清了敌人的行动，俟敌人前进到狮子山尾部时，该连阵地上的轻重机枪猛烈开火，给予这股敌人以重大杀伤，敌不支退走。一个多小时以后，敌炮兵又向我营第九连阵地轰击，九连马上发射了三颗红色信号弹，敌人发现我信号弹以后，误认为我军要发起反攻，敌炮兵立即停止射击，趁此时机，九连迅速撤下了狮子山，全营脱离战场，安全奔赴河滩渡河点。

渡河追击襄东日军的战斗

徐廷瑞[※]

一九四〇年五月初，枣宜会战展开，日军由河东（襄河东岸）北窜，我第三十三集团军张自忠总司令亲领所部组成追击纵队，由襄西渡河追击日军。追击纵队分为左右两纵队，左纵队由第三十八师师长黄维纲负责指挥第三十八师和一七九师；右纵队由张总司令亲自指挥第七十四师和骑九师。此时，第一七九师师长何基沣正在重庆受训，师长职务由副师长吴振声代理，当时我任师参谋长，协同吴振声负责第一七九师工作。

第一七九师由寇家林子出发，经过左家堰、毡帽砦，向官桥以北扫荡前进。在接近毡帽砦时，遭遇日军腰击，势极凶猛。经过激战，将敌击退；我军继续追击，通过官桥，进占罗家集。到罗家集后，侦悉欧家集有敌军一部在内滋扰，当即连夜分两路攻击该集，敌人仓皇应战，不支，即向新街方面溃窜。于是，我师进占欧家集，肃清了残敌，并夺获不少战利品，其中有日军牛皮包两千五百余个、钢笔四百余支，以及手枪、钢盔、衣物等。

第一七九师由欧家集续行北进后，接到命令，知张总司令已亲自渡河督战；我师当即向新街前进，遭遇少数日军，被我击退后，旋即进占新街。入夜，日军增援兵力反攻，战况顿转激烈。拂晓后，我师已处于被包围形势，全师投入战斗。五月十五日这天，敌人几次向我猛扑，我方伤亡惨重，一个营内有三名连长连续阵亡。

五月十六日，远闻南瓜店、方家集、三义沟方向，炮声不绝。入夜，

※ 作者当时系第五战区右翼兵团第三十三集团军第七十七军第一七九师参谋长。

战火漫天，机枪、步枪声响如同爆豆，该地一带战斗之烈，可以想见。

这时，第一七九师副师长吴振声自带手枪队一排，于部队被敌包围前不知去向，特务营长宋光远、参谋处长刘玉田和参谋等亦均离队，仅剩林辑五参谋一人。我处此危急情况下，即召集各团长商讨办法，是死守？或突围？研讨结果，大家认为，为国牺牲，义不容辞，但被敌突破则全师覆没，影响了全局，乃决定突围，由敌人兵力较薄弱的南面突围，再转向南瓜店方向转进，准备与右纵队取得联络，再行计议。当日晚十时，派一部先行突击，其余跟进。恰值暗夜，敌难跟追，得以顺利突围。正转进间，第三十八师联络高参冯午天来取联络，冯说第三十八师在西北山丛里，可等三十八师到达，一同转进。但因时机迫促，刻不容缓，乃商定以第一七九师作前卫，第三十八师可为后卫跟进。

于是，我师经过南瓜店、陈家集的北边，于五月十七日午后，到达王家湾（方家集以东）停止；第三十八师师部则停止于吴河营（王家湾以南），相距约八华里。沿途经过方家集一带，满目凄凉，遍地尸骸，血迹斑然，从而获悉当时新街被围，正是敌主力围攻张总司令和右纵队之时，日军在解决了我右纵队后，即通过黄龙垱、菜园坝南窜。

我师到王家湾停止后，乡民四人用大簸箩抬着受伤的副官马孝堂（张总司令的随从副官）来到师部。据马孝堂说："张总司令受伤后，已然阵亡，日军用白布缠尸，停于方家集庙内，有少数日军看守，可以把尸体抢回来。"因受伤过重，语音非常低微，附耳方可听见。

正当此时，我师和第三十八师接通电话，我即以电话向黄维纲师长报告，请他迅速派人去抢尸。黄师长即时派兵一营赶到方家集，击毙看守尸体的日兵数名，将张自忠总司令忠骸抢回，运往后方。

我师在王家湾接冯治安电令：要为张总司令杀敌报仇。第三十八师和第一七九师立即由现驻地向西北搜索前进，反攻敌人。第一七九师进抵簝家冲，占领焦孟寨高地，与日军接战。由于我军主帅阵亡，兵员亏损，士气不振，在敌人优势炮火下，战况极为不利。第三十八师方面，在排山与敌激战亘三昼夜，前仆后继，强力支撑；敌人继续增派兵力向我围攻；同时配以敌机低空扫射，官兵伤亡颇重，全师濒临覆灭。因此，各团长于黄昏后纷以电话请示办法，我一面督饬坚持死守，同时电话报告黄维纲师长。经黄维纲将全部战况报告总部后，奉准第三十八师、一七九师即向河西岸撤退。第三十八师乃以一部占领团山寺掩护主力撤退，第一七九师以一部占领霸王山掩护主力撤退。两师先后撤到刘家集渡口，因船只太少，在一昼夜紧张的敌前抢渡中，黄师最末的一营渡河不及，被敌包围俘虏。

第一七九师渡河后，经远安之五爪寨、罗汉峪到苟家岩停止后，第三十三集团军总司令已由冯治安正式接任，派李宝善（原第三十七师参谋长）代理第一七九师师长职务，全师再向南漳进发，经四天的行程，始到达目的地。

宜昌战役经过

方　靖　杨伯涛※

日本侵略军于一九三八年冬侵占武汉后，为巩固这一战略重镇的盘踞，并开拓其外围阵地，西向江汉平原、南下粤汉铁路继续向我进攻。

一九三九年冬，我第五战区曾发动一次规模巨大的攻势，由信阳、桐柏亘汉水下游全线一齐出击。这次攻势激战近月，虽然以准备不周，部署有失，未能取得重大战果，但在日军方面也严重陷于被动挨打的局面。日军亟思改变这种不利局面，遂于一九四〇年春对我军发动春季攻势，一度肆虐襄樊、湘北地区，终以失败而退，敌之被动局面毫未改变。于是敌又改变战略目标，调集兵力夺取宜昌。

宜昌这座依山靠水的城市，是陪都重庆的门户，雄踞长江上游，俯瞰江汉平原，人口众多，物产丰富，绾毂南北交通，便于大兵团运动，是一座进可以战、退可以守的战略要地，无疑地应该以重兵据守，确保安全。但是由于李宗仁及第五战区司令长官司令部对敌情判断错误，匆忙将守备宜昌的江防两个主力军调离宜昌，"举军而争利，则不及"，以致宜昌成为空城，为敌所乘，旋踵而失陷。

宜昌的失陷，对于重庆统帅部构成严重威胁。城陷之日，国民党政府大为震动，乃仓皇拼挡一切，力图挽回危局。幸赖祖国山河雄伟，关隘险峻，顽敌望而生畏，趑趄不前，重庆统帅部赖以偏安一隅。

方靖、杨伯涛均曾参与宜昌战役，继后，杨伯涛又曾在陈诚任司令

※　作者方靖当时系第五战区长江上游江防军第十八军第十一师师长，杨伯涛系长江上游江防军第九十四军第一八五师第五五三团团长。

长官的第六战区司令长官部任参谋处处长，和参与宜昌战役友军将领交谈往事时，亦多谈及是役，因此对宜昌失陷前后情况比较了解。

武汉失陷后重庆统帅部的应敌计划

武汉失陷后，日军已深入我国腹地，战场广袤，犬牙相错，以武汉为中心的敌我态势，概况如下：

日军方面：武汉以东长江两岸的广济、黄冈、安庆、九江、南昌、黄石、鄂城；武汉以北的黄陂、平汉铁路南段的信阳、广水；武汉以西汉水下游东岸的沔阳、钟祥、随县之线；武汉以南粤汉铁路线的咸宁、岳阳，以上为日军占领的前沿阵地。

我军方面：除以上所述在江西、安徽、河南、湖北、湖南日军所占领的据点城镇外，广大地区俱为我所有；鄂西北的襄阳、樊城、枣阳、宜城、沙洋、潜江为我军有力部队所集结的区域。

根据以上情况，重庆统帅部策定应敌计划，以李宗仁为司令长官的第五战区司令长官司令部置于襄樊以西的老河口，北与程潜（后卫立煌）第一战区、南与薛岳第九战区联结。第五战区作战地境：南起宜昌、监利、荆沙（含长江沿线），北迄信阳。这个战区的地形良好，依傍汉水的阻绝和大洪山、桐柏山作屏障，进攻退守具有凭借，对日军作战居于有利态势。这一地区的物产也较之其他战区远为丰富，军需供应，不虞匮乏。特别这一地区的人民群众得风气之先，卫国保家情绪甚为激昂，对日作战条件是好的。

当时，第五战区的战斗部队合计有七个集团军、一个江防军，辖二十个军、五十几个师、四个警备旅；此外，还配属有炮、工、通信部队等特种兵，全部兵员当在四十万人以上。

长江上游江防司令部和江防军的编组

一九三八年武汉会战时，陈诚任武汉卫戍总司令，负责指挥这一战役。在此以前，经过淞沪、南京、徐州几次大战，很多参战部队人员装备损失很大，有一些地方及杂牌部队和军政部挂不上钩，得不到补充，于是有的径向武汉卫戍总部联系。陈诚为了加强守备武汉兵力，乐于收容补充。郭忏（当时任武汉警备司令兼武汉卫戍总部参谋长）的第九十四军就是这时成立的，其属下各师情况如下：原属韩复榘的第五十五师，派柳际明为师长，后李及兰继任；原武汉警备旅扩编为第一八五师，派方天为师长；第一二一师是贵州地方部队改编，师长牟廷芳，团、营长多是黄埔学生。

武汉撤退后，郭忏任长江上游江防司令，参谋长杨业孔，司令部设于宜昌，看守重庆大门。担任江防守备任务的部队，先是周喦第七十五军，下属沈澄年第六师、朱鼎卿（先为方靖）第十三师、傅正模预备第四师。第七十五军和第九十四军当时成为江防军的骨干。以后再加入肖之楚第二十六军，下属王修身第三十二师、丁治磐第四十一师、陈永第四十四师。正在整补的李延年第二军，下属张琼第九师、王凌云第七十六师、张世希新编第三十三师，控置于巴东、秭归附近以为声援。

这时，我国的军事工业，仅能生产少数步枪、机枪、手榴弹、迫击炮等轻武器，坦克、大炮等重武器俱付阙如。如江防军所属石牌要塞，杨伯涛曾到封锁长江航道的炮兵阵地参观，这样一个要点，只配备苏联援助的野炮数门，而这几门炮又都是第一次世界大战时的产品。整个江防军除迫击炮外，连山炮都没有一门，和装备优良的日军作战，主要是靠民族气节。

江防军共辖有四个军、十二个师，约八万人。

以巩固宜昌为核心的江防军作战计划

一九四〇年春，江防军的作战地境为长阳、宜都、沙市、潜江、岳口之线，右与薛岳第九战区相联结，以南有第九战区的彭位仁第七十三军、周翔初第八十七军位置于公安、石首地区。江防军左与张自忠第三十三集团军相联结，其作战地境为荆门、钟祥、旧口之线。江防军第一线阵地是以汉水为屏障，与敌隔河对峙，右自潜江沿汉水西岸经沙洋至旧口。以肖之楚第二十六军担任潜江至兴隆庙之线的守备；以第九十四军一个师担任由兴隆庙迤北经沙洋至旧口汉水西岸的守备；一个师位置于当阳附近；以一个师担任宜昌附近工事的构筑。这时，郭忏仍兼军长，军部与江防部一起办公。周喦第七十五军位于荆门、当阳地区并担任工事的构筑；李延年第二军仍在巴东、秭归整训。江防军当面之敌为日军第十三师团及骑兵第四旅团的一部。

江防军作战计划：主要是凭借汉水水深不能徒涉所形成的地障，阻止敌人不得渡河西进。右地区潜江至沙市一带湖沼密布，是水网地带，敌人不易活动，因而把重点保持在左地区第九十四军守备的沙洋、旧口方面。这一地区靠汉水西岸是平原，向西十余里是丘陵地带，有几条公路通向宜昌，再往西则是山岳地带。江防军除着重构筑汉水前线阵地外，还在沙市、建阳驿与荆门之线构筑第二线阵地；在当阳沮河、漳河之线构筑第三线阵地。在宜昌城周围构筑核心阵地，特别在靠近城北的镇境山、东山寺构筑半永久性工事。此外，还考虑到万一宜昌不保，日军如进窥西蜀，长江以北有大巴山脉，基本不能用兵；陆路只有由宜昌西岸安安庙经木桥溪、野三关至恩施的一条路可以入川。故在宜昌西岸曾家畈、王胡子冲、北斗山依托长江构筑预备阵地；再往西经野三关通恩施的道路上，则选择要点构筑骨干工事，如盛天观、槐树店等设独立据点。在一九四〇年前后，江防军各部抽调一部兵力专任阵地工事构筑的任务，所有纵深阵地线的工事，都是正面向东，没有考虑到敌人万一从北面南下的问题，也就没有构筑守势对北面的钩形阵地。

宜昌会战前的日军态势

宜昌会战之前，江防军当面的敌人仍是日军第十三师团和骑兵第四旅团的一部，其他地区日军，根据当时不完全的情况通报，计有位置于信阳、广水间的第六师团，位置于随县、应山地区的第三师团，位置于天门、孝感、黄陂、武汉附近的第三十九师团、一一四师团，骑兵第四旅团及其他师团的位置番号不明。第五战区当面敌军的兵力，总计不超过六个师团，再加特种部队，约二十万人。日军的装备则占有优势，几乎每个联队（团）都有小钢炮和配属的山炮兵，师团有野炮。每次战斗，都先是一阵炮击，替步兵开路。在公路上和便于运动的平坦地，则使用轻型坦克，但数量不多（不超过十辆）。日军使用的都是十五吨以下的轻型坦克，装甲不厚，重机关枪对之近距离成直角水平射击，并用破甲弹，子弹初速大，可以贯穿甲板；集束手榴弹爆炸履带，也很有效。日军空军则占有绝对优势，制空权完全为其掌握。当敌机发现我军部队，就轮番投弹扫射，纠缠不已。我军对日机肆虐，非常头疼。如一九三九年江防军发动襄河冬季攻势中，攻击受挫，部队撤退时，在汉水长脑渊架了一座浮桥，被日军侦察机发现，召来一队轰炸机，对我渡河的密集部队投弹轰炸，使我遭受很大伤亡。当时杨伯涛任第九十四军第一八五师第五五三团团长，于完成攻击任务后奉命撤退，率队刚跨过浮桥，后续部队还很多，争先恐后拥挤不堪，浮桥被炸毁，多人溺水毙命，厥状甚惨。杨伯涛受命掩护，命令全团不顾一切，将所有机枪、步枪一齐向低空飞行的日机瞄准开火，呼啸的子弹在空中组成弹幕，日机终被驱散，停止了攻击，因而得以修复浮桥，渡过全军。

宜昌战役之前，日军以近六个师的兵力，占领湘北和湖北大部以及河南的一部土地，对如此广阔的地区，不能处处设防，分散兵力，都是选择津要构筑坚固据点，互相策应。在江防军正面的日军，也是依托汉水，就岳口、张港镇、多宝湾、旧口亘钟祥之线，占领据点，构成第一线阵地。日间，敌派遣小部队在两个据点的空隙中巡逻。其后方钟祥至京山公路、汉宜公路等地，则稀稀疏疏占了一些要点，保护交通。因此我军进入敌后的游击部队，活动范围很大，日军为了应付我军袭击，也不得安闲。

日军对付我游击部队，有一套呆板式的分进合击战术，绝不让一个据点的部队单独离开据点对我游击部队作战，而在感到受游击队威胁时，采取数据点出兵、分进合击的态势，企图一举歼灭。我们游击部队只要掌握了日军这个规律，就可以从容对付而不受损失。如一九三九年五月，杨伯涛的第五五三团受命渡过汉水，挺进汉宜公路，破坏敌后交通。在守备部队牟廷芳第一二一师的协助下，由沙洋东岸敌据点罗汉寺与多宝湾的间隙，在夜间一举渡过汉水，进入汉宜公路两侧袭击运输车辆，破坏通信设施，部队每天在夜暗时，变换宿营位置，使敌军捉摸不定。

为了不受分进合击的敌人所包围，杨伯涛团选定宿营的位置，不在敌据点群中心，大胆地靠近敌人据点一侧附近，敌人知道了也不敢出来打，纵然出来，我们已摆好口袋，正好揍他。这样拖了二十多天，天天跑路，部队是很疲劳的。杨感到部队有休息之必要，选定了倒灌溪这个有利地形。倒灌溪位于京山和汉宜公路上瓦庙集之间，在东西延绵的山地，中有小盆地，水不能外流，只能通向地下河流走，故称倒灌溪。只有两条窄隘的蹬道能通行人马，可以固守。全团整整休息了三天，第四天敌人果然来了，由东、南、西三面向倒灌溪我阵地进攻，但限于地形，只能在南面的两条隘路前和东面连绵的山地展开攻击，不能形成四面包围。敌人先是一阵炮击，然后步兵向我军发起冲锋，在敌进入隘口时，我阵地排枪齐发，打死了一些敌人，获步枪十余支，南面的敌人三次冲锋，都被打退，没有前进一步。东面的敌人受我制高点阵地的瞰制射击，敌人兵力也不多，无所施其技，与我成对峙状态。双方激战至下午四时，当面敌人既不继续积极进攻，也无撤退模样，相持至夜，仍保持接触。杨伯涛判断：必定是敌人在等待北面京（山）钟（祥）公路上据点的敌人，一道前来合围，我军蹲在这里挨打很不利，决定乘夜向北转移。为了不向敌人示弱，并造成敌阵的混乱，特选派周排长，带一排人下山，绕道至南面敌之宿营地，施行夜袭，敌军顿时手慌脚乱，起来打枪打炮。我们这一排夜袭敌军勇士也未深入恋战，安全撤退。

六月二十日晚，第五五三团向京钟公路以北山地转移，拂晓后回头一望，四架敌机正在倒灌溪上空盘旋，不断投弹扫射，地面炮声隆隆，不由得付之一笑。以后日军虽知我军位置，但未积极进攻，只是面对崇山峻岭中的险要地形，打一阵炮就走了。我搞破坏，敌搞修补，各行其是而已。

日军发动探索性的春季攻势

一九四〇年二月，日军对桐柏山区、江汉平原、鄂西北重镇襄（阳）樊（城）发动了一次攻势。我军担任桐柏山、襄樊、随枣、大洪山区守备任务的是黄琪翔第十一集团军、孙震第二十二集团军、汤恩伯第三十一集团军；担任宜城沿汉水西岸至荆门守备的是王缵绪第二十九集团军、张自忠第三十三集团军，这两支部队由张自忠统一指挥。这次战役，日军攻击的重点是襄樊，曾在随枣地区发生激烈战斗，由于日军攻势猛烈，我军纷纷后撤，很快丢失了襄樊。这时守备汉水西岸的张自忠将军，抗日意志坚强，在作战指挥上进取心甚为旺盛。看到日军主力到了襄樊，后方空虚，有机可乘，决心转移攻势。命令所指挥的两个集团军全线出击，并亲自率领第三十三集团军的主力，跨过汉水东岸，进出钟祥以北洋梓镇、长寿店地区，向日军侧背猛攻。日军后方感到重大威胁，出乎其意料，于是放弃襄阳，退守随县之线。这次战役的迅速结束，张自忠将军实有大功。而在日军方面，则从这次探索性攻势中摸清了地形，了解到李宗仁第五战区的作战部署，为而后宜昌大会战取得了经验。

日军声东击西展开宜昌战役

一九四〇年五月，日军为了彻底肃清我军在江汉地区的扰袭，免受牵制，节约守军，便于运转兵力，并抢劫资源，以确保武汉的安宁，企图将我军驱逐于大巴山以西，而将谷口封闭，以窒息我军，从而改变战场态势，使能居于主宰战场的有利地位。为此，敌以攻占宜昌为其唯一目标。

日军开始对宜昌的攻势，表面上仍然是循春季攻势的老路，首先向襄樊进攻，连续击破我在桐柏山地区的孙连仲第二集团军、随枣地区的汤恩伯第三十一集团军，占领了襄阳、樊城，故作声势，陈师耀兵，以示大有继续西进，直捣老河口、均县，摧毁第五战区李宗仁长官部的模样。日军对于其南翼岳口、旧口、钟祥沿汉水之线则故作守势，按兵不动。对我江防军正面平静无事，以示无意于此。但日军在阵地的后方天门、京山等地，则秘密控置有力部队，窥伺时机，引弦待发。这种声东击西的阴谋诡计，隐蔽得相当巧妙。我方竟受其蒙蔽，追随于敌之后尾，使日军侥幸获逞。

宜昌失陷的作战经过

襄樊失守，老河口震动

李宗仁第五战区长官部对于这次日军展开的新攻势，作了极为保守的敌情判断：认为这次攻势是上次春季攻势的再版，战略目标仍然是夺取襄樊，以侵占整个江汉平原，斩断第五、第九南北两战区的联系为目标，以致大大低估了日军有甚于此的企图；在情报上没有竭力侦察搜索，未能发现有异的情况；在作战计划、兵力配备上，虽有修改变动，但实质上没有根本性的改变。

因此，长官部完全没有制订关于日军可能采取其他行动的方案和对策，而把战区兵力配备的重点，集中到襄樊一隅，加强了随枣前线的力量，形成第一线防御阵地带。在汉水襄樊、唐白河之线积极构筑工事，严整战备，作为第二线防御地带，准备在这一地区与敌决战。

五月初，日军击退我前进警戒部队，推进至随枣前线，激烈战斗开始。敌人凭借炮火优势猛轰我军，并以坦克开路，飞机助战。我军奋力抵抗，但伤亡惨重，阵地相继丢失，有的部队被打得相当残破，失去战力。五月十日，日军已逼近汉水襄樊、唐白河之线附近，前线部队指挥官纷纷向李宗仁司令长官告急。李宗仁认为日军将乘势西进，长官部所在地老河口距前线只有百多公里，为此惴惴不安。

江防军驰援襄樊

由于李宗仁长官部认为日军这次攻势比春季攻势更猛，决心不惜一切在襄樊、新野地区与敌决战。他眼看江防军正面没有动静，就不考虑江防司令郭忏的意见，严令江防军抽调两个军，迅速由汉水渡河，取捷径至襄樊以北、新野附近集结。江防军只好派周嵒第七十五军和李及兰第九十四军前往。第九十四军将杨勃第五十五师的汉水西岸前线的阵地守备任务，交肖之楚第二十六军延伸接替，而将该师控置于建阳驿、拾回桥第二线阵地，以备意外。李及兰率该军之牟廷芳第一二一师和方天第一八五师向新野前进。第七十五军离开荆门、当阳向襄樊前进。郭忏请准重庆统帅部，以驻巴东、秭归的李延年第二军，进驻荆门、当阳地区。这时，宜昌虽构有防御工事，却无兵守备，成了一座空城。

李宗仁长官部鉴于襄樊以北新野地区，在地形上是战区转移攻势最有利方面，决定使用这两个军，相机转移攻势，乃严令两个军即刻遄行，侧击向襄樊西进之敌。时当初夏，天气晴朗，我们服装已经换季，穿上草绿色单军服，行军敏捷，由宜城渡汉水经襄樊附近，抵达唐白河指定地区。我们积极侦察地形，准备战斗，并和友军联系，了解情况，大大忙碌了一阵。但进攻日军的北翼部队，并没有向唐白河地区深入，我们江防两个军都没有看见敌人，未发生过战斗。

张自忠挺进汉水东岸，壮烈殉国

正当日军进攻襄樊之际，第三十三集团军总司令张自忠将军亲自率领部队，由宜城附近渡过汉水，径向日军展开猛攻。日军鉴于春季攻势时，以全力攻占襄樊，其南翼侧背没有控置适当兵力，以致被张自忠将军打得狼狈不堪，不得不自襄樊退击，所以这次进攻，日军先头攻击部队缓缓而进，不再以主力抢先占领襄樊，而在直后控置有力部队，等待时机，择肥而噬。张自忠将军率部攻至新集、平林附近，正与强敌相遇。日军迎面反击，并将前线攻击部队之一部，转锋而南，向第三十三集团军北侧攻击，致第三十三集团军陷于两面对敌。战斗至为激烈，官兵伤亡惨重。张自忠将军亲临南瓜店前线督战，不肯后退一步，两军肉搏，竟于五月十六日壮烈殉国！而日军则因此解除了后顾之忧，顿即加强攻势，迅速推进。五月十九日到达襄阳附近及双沟南北之线，乘势在襄阳以南王家集、方家集、欧家庙之线，强渡汉水。守备这一线阵地的是王缵绪第二十九集团军的四个警备旅，装备训练都差，在日军一阵炮击下，一见日军橡皮舟似箭飞来，即放弃阵地向后奔逃。日军渡河成功后，继续向汉水两岸架设浮桥，迅速前进，扩张战果。我襄阳守军一个师亦被迫而退。至此，日军南翼占领襄阳及其以南的汉水，北翼占领樊城以北的双沟、埠口沿唐河东岸之线。我军部队混乱，不仅没有攻击能力，也没有完整的阵地线；而日军居于绝对优势。

日军主力突破汉水，蹈隙疾进

日军于六月一日轻取襄阳。此时，重庆统帅部和第五战区长官部，对敌情的判断都完全错误，以为敌军势将长驱西进，乃忙于收容整顿前线各部队，积极组织新的抵抗阵线，准备再战。不料日军于突破汉水防线占领襄樊后，前线一片沉寂，并未再兴攻势；暗中却采取水鸟政策，迅速调整部署，将主力军转移于汉水西岸，六月三日进占南漳，即以南漳为轴，来一个左旋回转锋向南急进。日军的战略目标，这时才显露出来：其发动此次大攻势的战略目标，是夺取雄踞大巴山谷口、扼长江咽喉、绾毂川鄂豫湘四省通衢的宜昌。

日军为集中优势兵力，自动放弃襄阳，进占南漳、远安等地后，也随即放弃，以全力进攻宜昌。北翼日军，则逐次撤回原所经营的随县地区据点。战事的重心迅速转移到长江上游江防军方面。

郭忏江防军当面的情况是：左翼的当阳、荆门以北之远安、南漳等县，是不设防的后方城镇，未作任何战备，因此日军如入无人之境。防守宜昌的主力周嵒第七十五军、李及兰第九十四军（欠第五十五师），会战之初就被李宗仁抽调走了，江防空虚，没有控置部队以资补救。郭忏只得将经重庆统帅部准许驻巴东、秭归的李延年第二军调到荆门、当阳地区，担任迎击北来之敌的任务。这时日军分两路前进：主力沿汉水西岸襄阳、宜城、荆门的公路南下，企图直捣我守备汉水西岸阵地的肖之楚第二十六军的侧背；另一股日军有力部队，循南漳巡检司、远安之道，向当阳、荆门我侧背攻击。冯治安继任总司令的第三十三集团军和王缵绪第二十九集团军，虽奋力抵抗，终被压迫退向以西山地。重庆统帅部认为形势严重，命令薛岳第九战区派郑洞国第八军，由湖南远道开赴宜昌，增强江防军兵力。但未到达，宜昌即已失陷。

江防军两个军回援宜昌

一九四〇年六月初，日军北翼襄阳亘唐白河之线部队，已向后撤退，日军作战行动方向已经明显显现。第五战区长官部乃将注意力转移到江防军方面。加以江防司令郭忏的迭电请求，急令第七十五军和第九十四军以急行军归回江防军序列。第七十五军在先头行进，第九十四军随后跟进。第七十五军经过襄樊附近时，是否被日军阻击，不了解。第九十四军第一八五师为先头部队，第一二一师殿后。行经襄阳东南方家集附近，第一八五师刚过，第一二一师被日军截击。双方展开激战。第一八五师闻后面枪炮声大作，即原地停止与第一二一师联络，询问情况，并以一部回头，以为策应。后经牟廷芳、方天两师长同军部商定：我们主要任务是火速归回江防军，参加保卫宜昌的作战，不能被日军在这里拖住，延误时间，有失战机，决定继续前进；由第一二一师以一部与截击的日军周旋，掩护两个师继续兼程前进。日军虽向我掩护部队猛攻，我军利用地形且战且走，甩开敌人，赶回大部队。日军攻占南漳后，稍事停留，即继续向南压迫我军。第七十五军行至南漳以南约四十公里处的肖埫、耘头湾附近，赶上日军后卫及辎重部队。该军预备第四师师长傅正模机警地指挥部队赶到日军行军纵队的侧面，占领有利地形，向在前进中的日军猛烈袭击，使日军遭受重大伤亡，并有俘获。该军第六师师长张琰（后沈澄年）、第十三师师长朱鼎卿所部都曾与敌接触，由于日军增兵反扑，始脱离战斗，径向宜昌前进。当第九十四军行经此处时，见到战场河沟里躺了很多日军人马的尸体，天气炎热发出腐臭，人皆掩鼻而过。经过十余日行军，第七十五、九十四两个军约于六月九日到达宜昌、当阳地区以北，部队陆续集结。这时宜昌形势，已呈现巨大的变化。

　　江防军宜昌、当阳的阵地工事，是由第九十四、七十五两个军修建的，原先的作成计划方案，也是预定这两个军担任守备，并策应汉水前线的战斗。现在这两个军远道归来，已来不及进入宜昌、当阳。原定作战计划，不能执行。日军主力沿襄沙公路前进，迫近荆门；从南漳南下的日军一部，已达当阳东北观音阁之线；汉水东岸与我对阵的日军，同时配合呼应，炮击强渡，颇形活跃。李延年第二军首先在荆门、观音阁之线，迎击东、北两面前来的日军，展开激烈的战斗。守备汉水阵地的肖之楚第二十六军，感受侧背的威胁更大，不得不放弃汉水第一线阵地，改变新阵地占领沙市、后港、拾回桥、建阳驿第二线既设阵地，左与第九十四军之杨勃第五十五师相衔接，杨师是不久前调驻河溶的。第二十六军匆忙撤退下来又匆忙进入新阵地，原构筑专向东正面的工事，多不适用，兵力配备、火网组织俱未经过实地侦察与周密计划，情况相当混乱，难以固守。经过几天的激战，我军伤亡颇大，勉力支持。至六月六日，我李延年第二军被压迫至远安附近，荆门观音寺失守。日军继又进攻当阳。

　　守当阳的我军，是原属第十八军的第十一师（师长方靖）。该师是新近由第九战区调来，由长沙出发经常德、津澧地区，长途跋涉，于五月中旬抵达当阳。因汉水前线日趋紧张，江防司令部认为当阳地当要冲，是保卫宜昌的屏障，必须固守，即令第十一师担任当阳的守备任务。该师的阵地配备为：第三十三团占据当阳南正面；第三十一团占据当阳北正面及西北的九子山高地；第三十二团占据当阳东正面；以补充团为师预备队，控置于当阳至城西长坂坡间。该师各部队按指定任务行动，加强原构筑的防御工事，各种设施相当周密。师长方靖，激励官兵，严阵以待准备迎击敌人。工事进程至五月底大致完成。第十一师奉命归李延年军长指挥，左与第二军部队协同战斗。

六月九日，我第二军第七十六师在观音寺被敌压迫西撤，当面日军于凌晨向当阳第十一师阵地发动攻击，第十一师奋起抵抗。下午二时，方靖接到第二十六军军长肖之楚的电话，略谓：第五十五师河溶以东的阵地被日军击破，他与该师师长杨勃的电话已中断；日军正由河溶西面向鸦雀岭方向急进。第二十六军正面，激战甚烈，亦难以支持，希你（指第十一师）自己掌握。这时，日军对当阳攻击甚猛，已进入阵地据点的争夺战，尤其当阳西北的九子山高地，争夺最为激烈。相持到黄昏，因左右两翼友军俱已撤退，当阳成为孤城，第十一师乃奉令放弃当阳，转移至大峡口、风洞河一带山地占领阵地，联系第二军部队，继续拒敌深入。

肖之楚的第二十六军，此时按理应顺路向宜昌退却，利用既设阵地，逐次抵抗敌人，赢取时间。但肖军并不如此，而是利用长江沙市至宜都间船舶，命令该军所有部队，在沿江董市、白洋、红花套、古老背等渡口，渡过长江到南岸，脱离了战场，致使沙市至宜昌间地区，成为真空，宜昌全然裸露，敞开大道让日军长驱直入。使刚到的第十八军（属第十八师、第一九九师，欠第十一师）甫进宜昌，即行接战，使日军赢得了进攻的战机；而由重庆仓促赶来的我第十八军，没有喘息和熟悉地形及加强工事的时机，即投入战斗，完全陷于被动。

陈诚临危受命，负责指挥宜昌战局

江防军在指挥系统上属于第五战区序列，由李宗仁司令长官统一指挥。按会战前情况，第五战区以襄樊为主战场，宜昌为分战场，把兵力重点，配备在襄樊方面。在我国历史上争夺襄阳早有先例，似乎是无可非议的。随着战况的变化，日军于击破我襄樊主力军后，战事重心转移到宜昌方面。而第五战区长官部远在老河口、草店，鞭长莫及，指挥失灵；甚至瞬息即变的部队战况也得不到，急得手足无措。重庆统战部对于第五战区指挥失灵的混乱状况，甚为了解和焦虑，为了挽救这一危局，决定另设指挥所，命陈诚担任这一方面的作战指挥官。陈诚受命后，迅即调用一些必要人员和通信部队，组成临时指挥机构，于六月七日进驻宜昌附近的三游洞，开始执行任务。后以敌机轰炸频繁，不便于人员往来和通信指挥，指挥所往后移了一些，移至三斗坪附近。陈的第一个措施，请准重庆统帅部，将驻重庆整训的第十八军（军长彭善）两个师，动用到宜昌前线；其次是，归他指挥的前线部队所需要的粮秣弹药等后勤任务，改由重庆方面直接负责补给。

仓促应战，宜昌失陷

一九四〇年六月三日，第十八军奉重庆统帅部紧急命令，着该军船运宜昌，担任宜昌守备任务。军的行军次序是：第十八师、军部及直属部队、第一九九师。六月五日，第十八师由北碚乘木船驶至重庆码头，改乘轮船顺江而下，六月八日深夜到达宜昌码头下船，进入市区。第一九九师师长罗树甲已调任该军副军长，新任师长宋瑞珂于部队出发时到职，该师继第十八师之后到达宜昌。第十八军军长彭善的作战部署是：以第十八师担任宜昌城的守备；以第一九九师控置于宜昌西北南津关、小溪塔地区，掩护第十八师左侧和机动使用。该军军部驻川江隘口南津关附近。第十八师师长罗广文和参谋长赵秀昆，夜以继日地勘察宜昌城郊周围地形，作出了阵地配备方案：以第五十四团守城区，并做巷战准备；以第五十二、五十三两团担任宜昌前沿阵地的守备，右自长江江岸，左到镇境山之线。镇境山是一独立高地，有瞰制四面之利，其西南是飞机场，成为宜昌阵地的要点，山上筑有半永久工事，师指挥所即位置于此。在六月九、十日的两天里，该师按现定的兵力配备，积极加强阵地工事。

六月十日，日军自古老背、鸦雀岭、双莲寺三路进兵，逐渐迫近第十八师阵地，小部队窜扰，打枪打炮，进行侦察，战场至为活跃。十一日拂晓，敌向我宜昌城郊阵地展开全面攻击，开始以猛烈炮火轰击和飞机轮番投弹扫射，继之以步兵向我阵地猛扑，战况激烈。十时许，我右翼第五十二团阵地，城郊至镇境山中间一段被敌突破，敌利用此突破口，向位于城西北的飞机场发展，致使我守城部队和镇境山部队的联络被隔绝，形成各自为战的局面。在镇境山的师长罗广文对守城的第五十四团失去掌握，第五十四团团长皮宣猷首先潜逃，军中无主，部队各自寻找出路，纷纷夺取船舶、木板渡江，有的甚至泅渡，逃向宜昌南岸，溺毙者不少，事后收容仅余四五百人。靠近城郊飞机场部队，被迫向黄柏河西岸撤退。只镇境山师指挥所率第五十三团团长张涤瑕仍在固守。军长彭善命令师长罗广文转移至黄柏河西岸收容部队；命令参谋长赵秀昆指挥第五十三团固守镇境山；命令第一九九师自小溪塔以南地区向敌逆袭，但未能夺回宜昌。黄昏前，敌集中火力，猛攻镇境山，赵秀昆以敌军使用毒气弹，率第五十三团撤至黄柏河西岸。至此，宜昌只经过一天的战斗，就陷于敌手。城陷后，军长彭善仍奋力督促第一九九师连续几天进行反攻，在日军强大火力下，徒遭伤亡，均无成果，宜昌的争夺战斗遂以沉寂。

我军在宜昌失陷前后兴起的阻击和攻势

当陈诚指挥所刚一建立，陈即商得薛岳第九战区同意，将驻常德、桃源、津澧、公安、石首的宋肯堂第三十二军、彭位仁第七十三军、周翔初第八十七军，及驻湘北的郑洞国第八军，暂归陈诚指挥，共同作战。但为长江天堑所阻，又在日军沿江设防和敌机的整日监视下，不能渡过长江北岸参加战斗，仅能确保长江南岸，阻止日军向南窜犯；不能直接参加宜昌会战。

陈诚虽然了解到我军前线各部队都遭受不同程度的伤亡，而且激战月余，人马十分疲惫，继续战斗困难重重，但仍激励官兵，调整阵容，积极对深入的日军采取攻势。其作战措施是：将冯治安第三十三集团军、王缵绪第二十九集团军缩短正面，主力集结远安以西，稍事休息，补充粮弹，准备对付可能继进的日军第二梯队；商得李宗仁同意，将汤恩伯第三十一集团军调到荆门西北地区，准备向驻守荆门之敌攻击；对其他各军都指定各自攻击的目标，进行敌情地形的侦察，待命行动。这时的态势如下：

长江北岸——第十八军：宜昌西北南津关、小溪塔地区，所属第十一师归还该军建制。第七十五军：土门垭以北地区。第九十四军：鸦雀岭以北双莲寺附近，所属第五十五师归回该军建制。第二军：当阳西北地区。第三十一集团军：荆门西北地区。第三十三集团军：远安以西。第二十九集团军：远安西北。

长江南岸——第二十六军：宜昌对岸北斗山、安安庙、五龙口沿江之线。第七十三军：宜都、松滋太平口沿江之线。第八十七军：公安、石首、津澧之线。

日军于六月十二日攻占宜昌后的态势是：南阵地线，由宜昌至沙市沿江地区，为日军第十三师团及第三十九师团一部。北阵地线，由宜昌西北南天山、镇境山、双莲寺、龙泉铺、当阳、荆门至钟祥之线，为日军第三师团、第一一四师团和骑兵部队及坦克部队。主力布置在宜昌至沙洋汉宜公路上，保持公路的畅通和随时策应各方的战斗。日军飞机则不断在上空飞行，但活动半径不大，我第一线后方集结的部队并未受到威胁，仍能自由运动。

六月十一日，我各部队依照陈诚指挥所的命令，进入攻击准备位置。十二日，展开前哨战，杨伯涛所在的第九十四军第一八五师第五五三团，展开于双莲寺西北，阵地是绵亘的山地，日军阵地则是丘陵地带。杨用望远镜观察，见日军在双莲寺以西早已摆好阵势，其炮兵向我所占的山头稀稀疏疏打炮；其步兵则就原地不动，没有前进攻击的模样。原来当面日军主要是掩护其进攻宜昌部队的后方交通。我师居高临下，以迫击炮对准目标轰击，步兵开始攻击前进。日军兵力虽少，但火力甚猛，激战至下午三时，日军后撤。六月十三日，我军以截断汉宜公路日军后方交通之目的，拂晓向鸦雀岭攻击前进。我第一八五师涂焕陶第五五四团首先到达公路时，未发现敌人，即在公路上占领阵地。不到一小时，日军即由东、西两面向该团扑来，顿时枪炮声大作。第五五三团正在第五五四团左侧前进，即在第五五四团左翼延伸，靠公路北侧占领有利地形，对当面的日军以炽盛火力力之侧击，于是东面日军停止向第五五四团攻击，掉转方向来对付第五五三团，旋即召来轻型坦克六辆，企图突破该团阵地。杨伯涛当即命令第二营重机关枪连，派出两挺重机关枪，由山头上转移到山脚，做好射击准备，俟敌坦克驶近约三百米处，奋起猛射。日军坦克并不害怕我在山顶上的重机关枪射击，因为子弹和坦克成锐角形，发生跳弹，对坦克危害不大，所以敌坦克一直隆隆迫近我阵地。但经我预伏在山脚下的重机关枪射击，子弹和坦克成直角，初速大，穿透力强，能够贯穿坦克的下部和履带薄弱部分。其先头一辆，被命中后趴地不动，后面的坦克即利用地形，停止不进，跟在坦克后面的敌步兵约百人，也退回到公路那边去了。双方互相轰击，都不能前进。我第五五四团此时也把阵地移至公路北侧，相持至夜，第五五三团副团长罗绍昌中弹阵亡，以下伤亡官兵数十人。第一八五师师长方天、副师长石祖黄、参谋长李仲辛，随第五五三团行动，袁樾人第五五五团则控置在后面没有参加战斗。战斗打得正激烈时，方天、石祖黄等就在阵地后面百多米处小山头上。在情况缓和时，杨抽空到那里报告战况，他们忙于写电稿向军部报告请示。到晚上九点，杨在阵地瞭望，但见日军由宜昌方面来的汽车一辆辆衔尾向东急驰，车上灯光忽明忽暗闪动，煞像一条蜿蜒翻滚的长蛇。杨伯涛叫迫击炮轰击，因没有在白天测地，夜间匆忙开炮，距离不准确，收效不大。正在调整射程之际，奉到师长命令，部队即刻撤退，杨赶快把部队编成行军纵队，开始向北后撤时，已是午夜十二点多钟了。夜色黑暗，凭指北针和北斗星判断方位，摸索前进，队伍刚掉过头，走不到五里，听到前面左侧人语马嘶，仔细一听，是日军口音。杨处在这种情况下颇感踌躇，要是开枪射击，不知敌人确实位置，打不着敌人，反把自己队伍搞乱了。于是杨横了一条心，命令队伍若无其事地照样前进，我们和日军几乎肩擦肩地走了几十米路程，然后各自分开。日军也如此老实，没有动作。杨想，可能日军也和我们有同样心理："奔路要紧。"第九十四军第一八五师这一攻势就这样结束。此后只是一些小战斗，杨团在伏击日军侦察兵时俘日兵二人，其他无足叙述。以后始知，十四日我军占领鸦雀岭公路时，日军一度从宜昌撤退，可惜我军不能坚持顽强的攻势，十五日日军又返回占领宜昌。

六月十三日起向占领宜昌镇境山日军攻击的第十八军第十一师，师长方靖于十四日接到军长彭善的电话："宜昌城之敌已纷纷向后撤退，你师立即组织追击队，准备追击。"第十一师正准备就绪，其后又接到通报："敌人于十五日又转回宜昌"，大家空欢喜一场。其他各军的具体战况，我们不甚了解，只听说进攻当阳日军的李延年第二军所属张世希新编第三十三师，作战不力，张被撤职，师长以杨宝毂继任。

我全盘攻势没有取得进展，而日军则因忙于巩固宜昌的占领和对汉宜公路的维护，积极构筑工事，为长久之计，亦未向我军发动攻势。两军形成相持态势。至六月二十三日，历时两月的宜昌会战，至此终局。

战后的一次功过检查会议

宜昌会战结束后，重庆统帅部为了拱卫战时首都，特成立第六战区，以陈诚为司令长官驻节恩施。陈诚在三斗坪召开全体将领会议，对这次作战经验作了总结。对作战人员，凭照功过进行赏罚。第七十五军军长周喦作战有功，升任第二十六集团军总司令；长江上游江防司令郭忏，失守宜昌有责，将其撤职，交军法审讯；第二十六军军长肖之楚，作战不力，免去军长职，遗缺以该军第四十一师师长丁治磐继任。

记枣宜会战

宋瑞珂[※]

襄河东岸战斗

战前概况

一九三九年九月，日本成立所谓"支那派遣军总司令部"，以西尾寿造任总司令，板垣征四郎任总参谋长。自我军在豫南、鄂北冬季攻势对敌打击以来，侵占武汉之敌日益感到大洪山、桐柏山一带我军之威胁；江汉平原之谷仓，亦无法利用，于一九四〇年四月中旬，将鄂东之麻城，赣北之奉新、靖安等据点放弃，并抽调湘北之第六师团及赣北之第四十师团各一部，连同原驻湘北之第三、十三、三十九等师团及骑兵第四旅团，分别集结于钟祥、随县、信阳各地区，企图进犯襄樊。

敌第一期作战，以枣阳为前进目标，采取分进合击战术，企图由两翼包围，歼灭我军于枣阳附近地区。其右翼信阳方面，攻略明港后，即转向西进；其左翼方面，则由钟祥北进，企图以左右两翼构成包围态势之两钳；其中路则由随县沿襄花公路前进，企图吸引我军于枣阳地区，以便其左右两翼对该地区之我军实施包围。

当时，我军的部署是：

一、江防军（郭忏）、肖之楚第二十六军（辖第三十二师、四十一师、四十四师）、李及兰第九十四军（辖第五十五师、一二一师、一八五师）、周喦的第七十五军（辖第六师、预备第四师），以及临时拨归指挥

※ 作者当时系第五战区长江上游江防军第十八军第一九九师师长。

的第十八军第十一师（方靖）①，担任江陵、沙市、沙洋、宜昌一带之防守。

二、以张自忠第三十三集团军（辖第五十九军、七十七军），并指挥第五十五军（曹福林）担任襄河守备。

三、中央地区以孙震第二十二集团军第四十五军（陈鼎勋）任洛阳店、随县以西之守备；以黄琪翔第十一集团军第三十九军（刘和鼎）、第八十四军（覃连芳）任随县以北高城以南地区之守备，该军辖第一七三、一七四、一七五师；第二十二集团军（孙震）的第四十一军控置于襄阳附近，为战区预备队。

四、以王缵绪第二十九集团军（由许绍宗代）第四十四军（廖震）控置于大洪山地区，第六十七军（许绍宗）任东桥镇、三阳店之守备。

五、豫南方面以孙连仲第二集团军第三十军（池峰城）任桐柏以东，第六十八军（刘汝明）任平昌关以北及明港一带之守备。

六、以汤恩伯第三十一集团军第十三军（石觉）、八十五军（李楚瀛），并指挥第九十二军（李仙洲）位置于确山、叶县间为机动兵团，相机打击进犯之敌。

作战经过

一九四〇年五月一日，日军开始进犯。我军除中央地区之随枣公路（襄花公路西段）方面，一面抵抗，一面逐次转进唐河流域，并另以一部固守大洪山、桐柏山外，大部兵力则早已向敌军左右两侧外翼移动，争取外线主动地位。日军第三十师团及第四十师团之一部，由信阳向西北进犯，先陷明港、狮子桥、小林店，五日又陷泌阳、桐柏。此时，我第三十一集团军协同刘汝明第六十八军、李仙洲第九十二军由泌阳分两路向敌侧后尾击，而在桐柏的第三十军主力也向敌进行侧击；但日军终以优势兵力由泌阳西进，于八日攻占唐河，随即倾全力南攻枣阳。我第三十一集团军奋力反攻，于九日克复唐河、新野，并尾跟敌后迅速追击。

与此同时，日军第十三师团附战车三十余辆、飞机四十余架并骑、炮兵各一部，由钟祥向北进犯，自襄河东岸进攻我第六十七军许绍宗部，许部败退大洪山区。自是，敌军长驱直入，在双沟与其北路进攻之敌会师，企图分袭枣阳、襄阳。此时，我第三十三集团军正面阻击；第二十九集团军则攻敌之侧背，第四十一军也奋勇堵击。但敌军疯狂猛攻，进

---

① 方靖自己说当时是第十三师师长，属于第七十五军建制。

325

到襄阳东北张湾，威胁襄阳，而敌骑兵一部于八日进至河南新野。

日军第三十九师团、第六师团之一旅团于五月四日向我第十一集团军进攻，五日高城、安居阵地被敌攻占；我军则以第一七五师在唐县镇附近阻击，使我军主力得以转移到枣阳阵地固守。但此时在唐县镇正面进犯之敌，向我军两翼包抄，我军苦战不支，于八日弃守枣阳。日军随即连续进攻，我军第一七三师掩护主力后撤，在与日军激战中，弱不敌强，以致该师自师长钟毅以下大半于新野境内殉国，而我军主力却赖以自敌军包围圈中撤出。日军各路在枣阳附近形成的包围圈，终于落空。

在襄东战斗中，我军第三十三集团军总司令张自忠，亲率总部特务营和第七十四师两个团，由宜城渡过襄河东岸，于南瓜店附近对南逃日军进行截击，适大量日军增援部队赶到，敌众我寡，难以抵御。随行参谋人员百般劝他脱离战场，而张自忠将军亟欲拖住日军，以便友军反攻，直至坚持到所部伤亡殆尽，张自忠将军不幸于十六日壮烈殉国。

宜昌争夺战斗

战前概况

宜昌位于三峡东口之北岸，号称"川鄂咽喉"，为长江航运的一个转运站，战略地位重要。西去十余里之南津关，扼西陵峡的入口处，自此以西，南北两岸均为崎岖绵延的山岭，江面狭窄，易守难攻；但宜昌郊区是绵亘的丘陵地带，易攻难守。自武汉沦陷后，水路经宜昌去长沙，以达东南各省；陆路北去襄樊，以达豫、陕。

当时宜昌是第一、五、三、九各战区后勤补给的交通枢纽。但军委会对宜昌防守不够重视，没有构筑完备的防御工事，当襄东战况紧张时，又把江防部队抽调一空。当发现日军下一步作战有侵犯宜昌的企图时，第九十四军、七十五军却在襄河东西地区，只以第二十六军防守江陵、沙市和沙洋一线，宜昌已无防守部队。江防司令郭忏向重庆告急，军委会才派政治部部长陈诚为右翼兵团长（左翼兵团长由第五战区司令长官李宗仁兼任），并急调李延年第二军由湘黔边区赶往当阳，调第十八军由重庆、万县赶往宜昌（其第十一师已在当阳归第七十五军指挥）；陈诚仅带参谋人员刘云瀚等，匆匆到宜昌南津关。此时，敌已逼近。不数日，宜昌失守。陈诚遂偕湖北省代主席严重（立三）退至太平溪设指挥所，指挥反击宜昌。

作战经过

一九四〇年五月中旬，襄河东岸战事一度沉寂。实际上日军正积极准备进攻宜昌。五月三十一日晚，日军第三、第三十九两个师团，从宜城以北之欧家庙突过襄河，向西岸猛进。我军不支，于六月一日弃守襄阳。日军主力陆续过河，继于三日攻占宜城、南漳。我第四十一军（孙震部）向敌猛攻，三日收复襄阳，主力与敌激战于南漳附近，同时第七十七军（冯治安部）亦向敌猛力攻击，至四日，我克复南漳，敌大部南犯。敌六日陷荆门，十日陷远安，向宜昌进袭。在汉宜路线上之敌第十三师团及第六师团一部，于六月五日由旧口、沙洋附近强渡襄河，与由襄阳南下之敌会合，向我宜昌进攻。

此时，右翼兵团之战斗序列是：

第二军李延年辖第九师张琼、第七十六师王凌云、新编第三十三师张世希；第九十四军李及兰，辖第五十五师杨勃、第一二一师牟廷芳、第一八五师方天；第七十五军周喦，辖第六师张琪、预备第四师傅正模及暂归其指挥的第十三师方靖；第三十二军宋肯堂，辖第一三九师孙定超、一四一师唐永良；第八军郑洞国，辖第五师刘采廷、第一〇三师何绍周、荣誉第一师李弥；第二十六军肖之楚（军部驻沙市），辖第三十二师王修身（驻沙市、江陵）、第四十一师丁治磐（担任多宝湾到襄河西岸防守），第四十四师陈永（驻后港拾回桥、十里铺一带）；第十八军彭善，辖第十三师方靖、第十八师罗广文、第一九九师（原师长罗树甲已调副军长，由我接任）。

我第二十六军第四十一师，六月五日被迫放弃沙洋，第四十四师防守拾回桥、十里铺，六日先后被敌攻占，于是我军放弃沙市、江陵，转移至沮漳河西岸江口、问安寺、马家店（今枝江县）、董市，拒敌西犯。第九十四军、第二军、第七十五军、第三十二军在河溶、慈化、当阳、百宝寨之线、沮水沿岸与敌激战。九日晨，敌陆空联合向我董市、当阳、远安之线猛攻，至午后，我右翼阵地被敌突破，乃于夜间暗中转移至古老背、双莲寺、当阳沿沮水以西亘远安之线；十日，古老背、当阳各地又为敌攻陷。我乃转守宜昌外围玉泉寺等地，敌仍跟踪猛攻，激战数日。

第十八军（欠第十三师）奉命分由重庆、万县驰援宜昌防守，第十八师、第一九九师船运东下。六月八日深夜，罗广文率领第十八师先头部队到达宜昌，决定以唐启琨第五十二团和张涤瑕第五十三团防守郊区，以皮宣猷第五十四团防守城区（师指挥所设在镇境山）。部队随到随即进入阵地。其第五十四团最后一个营，十日深夜才到达，并做巷战和固守准备。军部直属部队和第一九九师已先后到达，军指挥所设在南津关以东镇境山西北之前坪，第一九九师控制分乡场西南小溪塔（今宜昌县）以西之桃坪一带。这时，日军第十三师团先头部队已到土门垭、龙泉寺附近。

六月十日拂晓，日军乘夜迫近第十八师阵地。十一日拂晓，日军开始以飞机、炮兵轮番轰炸、炮击，我军因阵地工事没有构筑好，部队颇有伤亡。敌从东山寺南北和镇境山以东三个方面猛烈进攻。到中午前后，第五十二团正面被敌突破，日军乘势直扑飞机场，致使防守城区和郊区的部队被分割，且使第一线部队腹背受敌，造成混乱。第五十二团一部撤入市区，影响守城部队亦陷于混乱。第五十四团守城官兵大部过江，逃往西岸（长江出西陵峡到南津关改向南流，宜昌城区在江东岸），找到船的幸免于难，泅渡的不少淹死江中；该团团长皮宣猷畏罪潜逃。第五十四团虽未经过什么战斗，但战后收容仅剩四五百人。第五十二团除伤亡外，大部越过黄柏河向南津关方向溃退。在此情况紧急时，军长彭善急调第一九九师的一个团到前坪背后占领310高地，掩护第十八师侧背，同时彭善本人（我和其参谋长梅春华随行）亲自走到前坪小高地上指挥观察当前情况。到黄昏时，他命令第十八师师长罗广文到后坪收容部队，以其副师长李钦若和参谋长赵秀昆指挥第五十三团守镇境山，以做准备收复宜昌的支撑点。罗再三在电话中请求说李副师长不熟悉情况，愿自己留在那里，让他们下来收容，彭遂以赵参谋长和参谋主任汤国城留在山上指挥。在六月十一日入暮前，敌集中火力向镇境山猛攻，赵等所在的掩蔽部，因敌炮火硝烟浓密冲入，使人感觉呼吸困难，汤国城素来胆小，喊了一声"是毒瓦斯"，赵当时将计就计伪装中毒，就自动率第五十三团放弃镇境山，撤过黄柏河。至此，仅经一天的战斗，宜昌就于六月十二日完全陷于日军手中。

这时，右翼兵团陈诚的指挥所和湖北省代主席严重尚在南津关、三游洞。第十八师只有第五十三团被压缩在镇境山上，第十八军指挥所前坪与镇境山仅隔黄柏河的小桥溪。宜昌城区、飞机场均为敌占。彭善和我都在前坪东端三十余米的小高地上，敌人的弹着点不断地落在我们的前后左右。第十八军军医处处长王文明，一再建议移动指挥所位置，彭善坚定沉着，泰然处之，不顾个人安危，聚精会神指挥战斗。其参谋长梅春华目睹第十八师官兵溃退时狼狈情况，内心焦灼，但外表沉静，乃从图囊中取出少将领章，从容戴上，率领卫士二人，走到通镇境山的路口，一面阻拦第十八师溃兵，一面不断地说："军长还在这里，你们往哪里跑？"截住的连、排长，就叫他们收容部队，在小桥溪北岸防守。梅春华之所以要这样装扮，是由于第十八师拨归第十八军建制不久，该师官兵多不认识他是参谋长，戴上领章使溃兵见之是高级军官，不敢乱逃。到晚间，赵秀昆被用担架抬下来说是中了毒气，彭善立即叫军医处处长王文明赶快抢救，王诊断后，悄悄地对我说（六年前他跟我当过卫生队长）："并未中毒。"我嘱咐他不要说出去。这时，第一九九师第五九五团已在310高地附近占领阵地，掩护第十八师收容部队。十时左右，罗广文已到前坪，彭善命他将收容起来的部队，在南津关前、后坪布置防守阵地。军指挥所于下半夜移驻三游洞以北之冰厂附近。陈诚的指挥所于夜间移往太平溪。临行前，严重代主席写一名片给彭善，大意说："余现偕辞修移往太平溪，除派员收容宜昌逃出之难民外，希望你们也代为收容安抚，我以后在桃坪一带派员送米、发钱救济。"

　　宜昌的迅速陷落，主要是重庆军委会事先不重视，缺乏一切准备，临时又将江防军抽调一空去参加襄东战斗，到情况危急时，才调第十八军（欠第十三师）仓促应战，立足未稳，且兵力不足。第十八师一个师防守宜昌郊区十七八里的正面，阵地既无坚固工事，又无纵深配备，以致一触即破。第十八师原是谭延闿、鲁涤平的湖南部队，在上海大场抗战被打残，师长朱耀华自戕；在武汉外围的富池口半壁山再次被打残，拨归第十八军建制。新兵多，素质差，部分干部如皮宣猷、汤国城平时爱讲表面，又缺乏作战经验，战斗意志不强，也是另一个重要原因。

　　日军侵占宜昌之后，立即派一部渡江，侵占宜昌西岸的磨鸡山（是这带山地的制高点）。此山与宜昌东面的东山对峙，在山头上可以俯瞰宜昌城区，占领磨鸡山和赵家岭，就可以保证他们在宜昌城区活动的安全。六月十二日，江防军命第九十四军补充团（团长叶某）攻击两天，也未奏效。

　　数日来，日军第十三师团主力和第六师团一部，仍在当阳、鸦雀岭一带与我第二军、第九十四军和第七十五军激战中。我第八军第五师和荣誉第一师由枝江百里洲渡过长江，向问安寺、半月山攻击前进。

　　我于六月十四日至黄家沟第一九九师指挥所到职，前任师长罗树甲已先离开部队去万县，只有参谋长刘爱山在。我趁战斗间隙至黄家大包召集团、营长及直属部队长见面，激励他们应做好准备，去收复宜昌。我首先指出，宜昌在抗战中处于重要的战略地位。它是我大后方通往湘、鄂到东南地区以及经襄樊到第一、第五两战区的补给要道。宜昌的得失，

329

不仅对本战区，而且对抗战局势亦大有影响。其次，本人只身临阵到差，务望大家安心工作，发扬我军奋勇抗战的牺牲精神，千辛万苦而不辞，枪林弹雨而不顾，把日军赶出中国，收复我国锦绣河山，完成复兴中华民族的光荣使命。

第一九九师是在抗战初期由湖南保安团改编的，其第五九五团（章紫云）和第五九七团（唐立石）是由保安一、七两团改编的，其第五九六团（罗国良）是由第十八军补充团改编的。罗国良和其副团长朱葆生是我任团、旅长时的排、连长，其他团长章紫云、唐立石和补充团长王杰人（在后方接新兵）都不认识，对于各团的战斗力和各级干部的指挥能力，都没有摸清，只有在战斗中进行考察。

当天下午，接到军部命令电话说："窜驻宜昌之敌，有向东撤回土门垭之模样，命第一九九师迅速占领宜昌，以防敌人回窜。"我命三个团迅速徒涉黄柏河，到小溪塔附近集结，并命第五九七团先到将军岩、南明山占领阵地，掩护全师开进。留参谋长刘爱山仍在黄家沟处理后方补给事宜。我率领团长章紫云、唐立石、罗国良及中校作战参谋黄缉明先到南明山观察宜昌方面敌情，用望远镜看到镇境山、东山之敌并未撤走，正在加强工事。我与各团长商量，认为或许是敌之掩护部队，应不失时机，予以截击，勿使逃窜。遂下口头命令，要旨如下：一、窜据宜昌之敌，孤军深入，恐被我包围，有向土门垭撤退模样。二、本师应不失时机收复宜昌，以东山寺、招商码头为攻击到达目标，务将宜昌之敌包围歼灭之。三、第五九六团为左纵队，由小溪塔出发，沿川汉路基向大娘子岗、东山寺攻击前进，占领东山寺后，由一部据守东山，主力进击招商码头，截断敌东窜归路。第五九七团为右纵队，以一部佯攻镇境山，牵制山上之敌，主力经该山南端凹部，直捣飞机场，而后攻占北门和东门，务使城内之敌不得逃窜。四、第五九五团为师预备队，随战斗情况进展，而后经金家堤、大娘子岗向东山寺推进。五、我现在南明山，而后随第五九五团先头前进。

到下午四时，正在攻击前进途中，通信连连长陈光复报告，已与军部架通电话，军长彭善找我讲话。彭说："宜昌之敌原派一个大队向鸦雀岭方向增援，现又中途窜回宜昌，并未撤走。"我也将所观察的情况和攻击部署向彭报告。他说："现奉长官部电令，暂缓攻击，就地停止待命。"情况既有变化，我当即命传达兵送手令给各团长，命第五九六团在金家堤停止待命；第五九七团主力在南明山，一部主力在将军岩附近停止待命，一部占领馒头嘴，监视镇境山之敌；第五九五团在南明山东麓停止待命。我率参谋人员在南明山脚独立家屋，师直属部队在南明山北停止待命。

日军自侵占宜昌后，除在长江西岸山地上构筑堡垒工事外，还在宜昌城郊东山、大娘子岗、镇境山等处，利用原有工事加强，并构筑地堡，外沿敷设铁丝网，以利防守。六月十五日，我师又奉命攻击宜昌，遂以第五九六团为右纵队，由金家堤出发沿川汉路基直趋飞机场，包围镇境山之敌；第五九五团为左纵队，在川汉路基东侧，向大娘子岗、东山之敌攻击前进；第五九七团以一部占领馒头嘴及其附近低线高地，佯攻镇镜山，吸引山上之敌，该团主力为预备队，控置于南明山南麓待命行动；我在将军岩（南明山西部之最高点）指挥所。

六月十五日上午十时，第五九六团将金家堤西南的几个村庄之敌驱逐，经过激战，该团前锋已接近镇境山南端与大娘子岗之间的坳部，镇境山之敌处于半包围态势；第五九五团已进展到大娘子岗高地线上。这时，第五九六团团长罗国良打电话向我报告说："镇境山之敌已被我团和第五九七团一部完全包围。"我在将军岩山顶地势最高处，瞭望颇便，我一再问他，他总是说确将敌人包围，镇境山之敌逃不脱了。我问他现在的村庄是镇境山哪个方向，他说西南方。我才弄清他把东南方当作西南方了。军部参谋处处长王晏清直接打电话问他，他仍说是完全包围。王高兴地向长官部参谋处处长刘云瀚透露了消息。军长彭善也很兴奋地打电话问我，可否向长官部报捷？我说，我在将军岩看得很清楚，并没有完全包围，即使已经包围，在没有歼灭之前，不能称为报捷。不久，发现飞机场尘土飞扬，敌用卡车载运部队增援，疾驰而来。我打电话告知罗国良，该团是在镇境山的东南方，敌将增援反扑，要做好准备，转饬所部严密注意。下午三时，敌机一架不断在上空盘旋，敌炮也向罗团占领的村庄轰击。果不出所料，敌已开始向罗团反扑，镇境山之敌则用火力侧射，掩护其反攻部队，该团官兵坚决抵抗，始将敌阻止于镇境山、大娘子岗的中间地区。我见罗团受到夹击，无法进展，为避免伤亡过大，到黄昏后，令第五九五团先撤到金家堤占领阵地，掩护第五九六团转移到金家堤以东之高地线上占领阵地。由于罗国良方向辨别不清，以致军部和长官部空欢喜一场。

从我在将军岩观察当面地形和敌情来看，反攻宜昌必先占领镇境山作为支撑点，以利于而后的进展。但山上筑有半永久性工事，在没有炮兵协同作战的情况下，白天硬攻，伤亡必大，乃采取夜袭，由第五九五团和第五九七团各挑选一百人组成奋勇队，每队分成五个组，以有作战经验的连、排长任组长，多带手榴弹。第五九五团以罗映斗营长任队长，由镇境山东麓摸上去；第五九七团由胡强营长任队长，由镇境山东北角摸上去。到十六日凌晨三时，两个奋勇队都已摸到山上，肉搏敌阵，勇猛冲杀，与敌鏖战激烈。天将拂晓，敌增援反扑，奋勇队被迫撤回。

十六日下午，罗、胡两奋勇队总结经验，补充人员和弹药，准备夜间再举。并命第五九五团林振球营和第五九七团余文会营，随奋勇队后，到镇境山山麓潜伏，俟奋勇队摸上山，即一拥而上，确实占领，并归胡强营长统一指挥。当时规定，占领后即发红色信号弹三枚。到十七日零时三十分，镇境山上的手榴弹爆炸声与机枪紧密射击声交织在一起。两个奋勇队相继发出信号弹。这时，彭善军长在桃坪山上，我在将军岩制高点，离镇境山水平距离只有八百米，望见红色信号弹连续升入夜空，大家连声喝彩，鼓掌称快。彭善打电话问我，镇境山已为我军占领，可以打电话上报吧？我说镇境山东北角及其以南几个山头似已占领，但地堡内之敌仍在顽抗，双方正在激烈搏斗中，等将敌人消灭，确实占领再报。旋得在馒头嘴构筑工事的工兵营打电话说，胡、林两个营都已推进到镇境山上，正在与敌激战中。我在将军岩也听到喊杀声和手榴弹爆炸声，非常紧密。镇境山核心工事之敌，虽被我包围，但仍拼死顽抗。激战到拂晓，敌从该山两侧增援反扑，敌我伤亡都很大，我军被迫后撤。

我军后撤时，建制已乱，敌人跟追到馒头嘴前，被我金家堤、馒头嘴阵地上的步、机枪火力猛烈狙击。有一股敌军窜到金家堤西川汉路基某号桥附近，章紫云团长立即派部队迎头痛击，敌回窜镇境山，留一部于山脚下。敌为支援其回窜镇境山，防我军跟踪追击，在大娘子岗、东山之山炮、野炮齐向我军金家堤、馒头嘴、将军岩和南明山等处猛烈轰击。第五九七团在馒头嘴北面收容起来的夜袭部队被敌炮击，伤亡数十人。该团团长唐立石，历来担任参谋工作，这次初临火线，从未见过这样惨烈的战斗，到我面前伏地痛哭。我心情沉重地对他说："伤亡这么大，我心里也很难过，但我们是为中华民族争生存而战斗，敌强我弱，牺牲是不可避免的。"接着，我严肃地说："我们要吸取教训，讲求指挥方法，检讨得失，以利再战。你要坚强些，现在不是哭的时候，以免影响士气，赶快收容队伍，防敌反攻。"到上午九时，潜伏在镇境山山脚之敌，经整顿后，在敌炮掩护下，开始向我军进犯；山上之敌，亦用火力支援，敌机一架也在上空盘旋，日军企图抢占我馒头嘴阵地，防我夜间再去袭击。这时，第五九七团田镇球营在将军岩附近作预备队，应命该营前往出击。但我将田找来，见他面色灰暗，神气沮丧，恐难完成任务。

胡强营刚撤下来，正在吃早饭，我便对胡营长说："这两夜你对敌人的脾气摸熟了，前进路线也熟悉，还是你再辛苦一趟，吃过早饭就去，再揍他们一顿。"胡立即放下饭碗说："打鬼子是我们的天职，再辛苦也是应该的，打了仗回来再吃。"他马上率领全营冲下山去。敌见我军来势凶猛，便回窜镇境山东侧几个小村庄。

六月十八日，大娘子岗之敌，向我军金家堤阵地进犯，企图绕出我军将军岩侧背。我令第五九六团由金家堤以东向敌出击，结果演成延翼竞争，激战两天，仍在金家堤亘其以东之高地线上，形成拉锯战，处于对峙中。

第五九六团指导员朱某（四川巫山人），白天在该团卫生队绷带所附近烧开水，煮稀饭，供应伤员，夜间到火线上慰问官兵，征求意见，准备向师部反映，得到该团官兵的好评。我到该团阵地上视察发觉后，对他加以慰勉，并发给特支费，要他尽量供应，不管哪个部队伤员，只要过境，都可供应，可实报实销。并传令全师，给予嘉奖，以励士气。可是，师特别党部（当时师未设政治部）书记长（湖北沔阳人，忘其姓名）却躲在后方大行李处，吃饭，睡觉，甚至聚赌，不做任何工作。过了几天，我发给一笔难民救济费，要他负责赈济由宜昌逃出的难民，他也不认真去做。对这样的"党棍子"，我很气愤，打电话给军委会政治部转国民党中央，将其撤职了。

步兵在没有炮兵支援的情况下，浴血奋战，其艰难困苦是可想见的。十八、十九两日，敌炮肆其淫威，不断向我军阵地轰击。我在将军岩指挥所，以为已被敌人发现，每天炮击三四百发，并间有燃烧弹。指挥所的电话设在一个机枪掩体内，前后左右都中有炮弹。东麓的树木草皮上落有燃烧弹，电话线被烧断数次，硝烟弥漫。通信连有抢修班，随断随修。在将军岩的山顶上，我和参谋、卫士、传达兵数人，不论白天夜晚，分散在掩体外面，轮流监视敌情，连续三昼夜没有下山。每天黎明前和黄昏后，炊事员送两餐饭到山上吃。卫士黄正贵、参谋洪毅烈总是不离我左右，瞭望第一线情况。在敌炮击最厉害时，要他们到掩蔽部内躲避，也坚不离开，幸无伤亡。到下山那天，他们开玩笑说："将军岩，托将军之福，日本鬼子的炮弹总是打偏了。"

六月二十一日，第十三师归还第十八军建制。第一九九师防守的将军岩、馒头嘴、金家堤阵地，交给第二十六军第四十四师接替。第十八军除第十八师在南津关、三游洞收容整理外，奉命向土门垭、龙泉铺之敌攻击。军部命令要旨如下：

一、敌第十三师团和第六师团一部，主力在当阳、玉泉寺、鸦雀岭、龙泉铺，一部窜踞宜昌、土门垭。二、第三十一集团军已经襄樊南下，反攻荆门、观音寺，颇为得手。（汤恩伯虚报战况，实际上连荆门以北云南桥镇也未攻下。）三、第二十六集团军周嵒辖第七十五军、第三十二军（宋肯堂）进攻当阳、百宝寨之敌而占领之，左与进攻荆门的汤集团军联系。四、第二军、第九十四军（欠第五十五师）、第十八军（欠第十八师）统归第二军军长李延年指挥，进攻土门垭、龙泉铺、鸦雀岭、玉泉铺之敌，切断汉宜公路之交通。五、第八军由百里洲渡江，派一部对江陵十里铺警戒，主力经问安寺、半月山向王家店、鸦雀岭攻击前进，与李延年指挥的各军，夹击汉宜路上之敌。六、第二十六军附第九十四军第五十五师及第九十四军补充团，分由宜昌西岸及南津关、小溪塔攻击窜踞宜昌之敌，收复宜昌。

六月二十一日入暮后，我师将小溪塔以南的将军岩、馒头嘴之阵地交第四十四师接替，将金家堤及其以东阵地交第五十五师接替。我于午夜开到宜昌以东约五十里之茶店子附近，下达给各部队的任务如下：

一、第五九五团开到茶店子东南山地，以陈俊生营围攻土门垭而占领之；以林振球营占领土门垭东北侧高地，破坏附近之公路桥；刘炳圭营（罗映斗营长在镇境山战斗负重伤，已送万县重伤医院治疗）占领土门垭以北山地线构筑工事，并掩护陈、林两营之行动。二、第五九六团占领茶店子西南山地，并附工兵营构筑工事，限二十二日上午七时前完成野战工事，准备阻击宜昌东窜之敌。俟工事完成后，以李国齐营为师预备队，位置于茶店子。三、第五九七团开到龙泉铺以西地区，归第十三师师长方靖指挥，进攻龙泉铺之敌。限六月二十二日凌晨一时向第十三师报到，接受任务。已着通信连齐同林排随往架设电话，届时向我通话，报告情况。四、我师直属部队停止于茶店子附近待命，师指挥所设在茶店子、塘坊之间的山上草屋。（塘坊在军用地图上是很显眼的大地名，实际上只有茅屋一幢。）

到六月二十二日晨，敌骑四五百，从龙泉铺以西窜到第五九七团侧后，第十三师派部队截击，敌骑向南回窜。

土门垭之敌，有一个加强中队，利用村沿围墙防守。二十二日上午九时，已被第五九五团陈营完全包围，激战至午，敌仍负隅顽抗，林振球营已将土门垭以东之公路桥破坏。这时，敌从鸦雀岭方向开来坦克十四辆，跟随满载武装敌人的卡车约百辆，到土门垭东之公路桥以东地区下车，用坦克掩护向第五九五团林营冲击。该营采取纵深配备，逐次抵抗，撤到该团山上的阵地。同时，陈营放弃围攻土门垭，撤到塘坊以东山上作团预备队。这时，被第十三师攻击的龙泉铺之敌，已被打得岌岌可危，但日军增援反扑，始未被消灭。

我第五九五团章紫云团长已令所部在阵地前的要路口做好阻塞工事，日军坦克冲到半山坡，为我军预先设置的集束手榴弹轰击，敌未得逞。敌步兵在坦克掩护下，一再向我山上阵地冲来，均被击退。到黄昏时，敌坦克向鸦雀岭方向窜去。

第八军荣誉第一师渡过长江后，进展到半月山附近，部队一度被敌冲散，其师长舒适存也与部队失去联系，后在宜昌西北山区与部队会合。

六月二十三日，第十八军第十三师和第一九九师撤回到宜昌东北地区。第十一师主力在小溪塔以北，其黄华国团占领小溪塔东南一带高地。第一九九师接替第四十四师和第五十五师防地。师以第五九六团接替南津关、前坪、310高地；以第五九五团附第五九七团谢营，接替将军岩、馒头嘴、金家堤阵地，左与第十三师黄华国团取得联系。这时，第五十五师已打得残破，只有陈仲明团尚有战斗力，防守在金家堤。白天敌机和炮兵不断扰乱射击，不便撤下。两个师的指挥所均设在将军岩西侧的彭家湾。第五十五师师长杨勃原是我的老同事，抗战前我在第十八军第十四师任第四十二旅旅长时，他是该旅第八十四团团长，我们是军校同期同学。既驻在一起，杨说第五十五师也归我指挥，我说两人共同商量指挥。

六月二十四日中午，敌似已发现我军换防，向金家堤阵地猛扑。陈团阵地被突破一处，我命章紫云团反攻，章亲率刘营出击，又将阵地夺回，其他全线也有战斗。下午二时以后，敌向我军彭家湾炮击达三小时之久，村落附近落弹两百余枚。当敌开始炮击时，杨勃用探询口吻说："我们有无必要到外面防空掩壕去躲躲？"我判断敌人炮击一时不会停止，恐同第一线联络中断，便说你同参谋人员先去，我待搞清情况再来。杨勃把参谋、卫士疏散出去，见我不去，他不好意思走。过一会炮击更烈，他又提出说还是出去躲躲好。我说你先去吧，并叫参谋、传达兵等都出去暂避，以减少不必要的牺牲，他才走了。我叫卫士黄正贵，留在这里守电话。随后前线战斗也趋激烈，川汉路基某号桥和金家堤阵地线上，双方争夺越演越烈，反复冲杀、肉搏；幸赖章、陈两团长指挥有方，两团官兵奋勇冲杀。到下午五时许，敌被击退。

卫士黄正贵，当敌炮击时，他正襟危坐，处变不惊，镇静地捧着一本《战斗纲要》认真阅读。我告诉他："如果敌人炮弹在屋顶上爆炸，你就在桌子底下或门框下躲避，以免被瓦片砸伤。"他始终神色自若，沉着坚定，陪着我守电话三个多小时，到敌炮击停止。参谋黄缉明从掩壕里回来开玩笑说："我们以前在第八十七军时，在鄂东抗战，师指挥所离火线很远，有时炮声也难得听到，现在天天挨敌炮击，出入枪林弹雨之中，饱尝战火的滋味，真是别具一格。"他的意思是说第十八军的作战指挥与众不同，高级将领都亲临火线。我说，这种风格，不是我们新创的，而是严重（立三）先生在北伐战争中就留传给我们的。

六月二十五日，长官部见各军反攻宜昌、当阳、荆门都没有得手，而伤亡很大，部队需要整理补充，乃调整部署如下：一、第三十三集团军（冯治安升任总司令）接替荆门以北双河、仙居守防，仍归第五战区战斗序列；第三十一集团军开往河南第一战区。二、第二十六集团军辖第七十五军第六师、预四师在远安、两河口、雾渡河一带向荆门、当阳派出警戒部队。三、第二十六军第四十一师、第三十二师担任穆家垱、谭家台子、赵家店、范家湖亘穆家店、紫阳、巷子口之线守备。其第四十四师位置于曾家畈附近。四、第八军第五师、第一○三师、荣誉第一师担任枝江、宜都、红花套沿江防务。五、第七十三军第十五师、第七十七师、暂编第五师担任公安、松滋地区防务。六、第八十七军第四十三师、第一一八师、新编第二十三师担任石首、华容地区防务。七、第二军第九师、第七十六师、新三十三师开巴东、建始整训。八、第九十四军第五十五师、一二一师、一八五师以一部担任平善坝、石牌预备阵地构筑工事，主力开三斗坪、黄陵庙、罗佃溪整训。

六月二十四日夜间，第五十五师撤走。二十五、二十六两日，宜昌之敌，向金家堤第一九九师第五九五团及小溪塔东南第十三师第三十三团（黄华国）猛烈进攻，均被击退。二十六日晨，敌一小股利用大雾，窜到第五九五团和黄华国团接合部的间隙北犯，企图侵占小溪塔，威胁我军侧背。适新任步兵指挥官曹金轮到前线视察，当即命其指挥的第五九七团谢营还击，激战两小时，敌狼狈南窜。自二十六日起，黄团阵地被敌压迫逐步后移，第一九九师左翼颇感威胁。我命第五九五团于黄昏后转移到将军岩亘南明山之线占领阵地，第五九七团主力占领小溪塔南川汉路基以东高地线，一部扼守小溪塔村向东警戒。二十七日，敌对将军岩、南明山猛扑多次，我居高临下，予以阻击，敌未得逞。这天晚上，倾盆大雨，彭善军长在覃家庙打电话给我说，彭家湾离将军岩太近（四百米），师指挥所在这里太不安全，要我移到黄柏河西岸。我命曹金轮先去黄家沟口崖上独立庙宇设预备指挥所，饬通信连架设电话，等他们架好已近半夜。我们从肖家岩北面的渡口过黄柏河，这里原有三只小船，已被洪水冲走两只，我们几个人连渡三次，因为流急冲力大，无法靠岸，后来还是送饭来的炊事员，跳到水里把渡船拖住，拉到东岸上游，让船向对岸悬崖冲去，才靠拢西岸。于是我攀登悬崖爬上去，到新指挥所时天将黎明。

六月二十八日上午，将军岩制高点，反复争夺，终被敌占。南明山战斗也非常激烈，敌一再猛扑，我军反复出击，伤亡惨重，敌被阻于南明山南麓。二十九日，我打电话给章紫云团长，要他留一个加强营，由肖副团长指挥，掩护该团主力经小溪塔附近渡河，到黄柏河西岸占领阵地。留置之一营，俟第五九五团转移完毕，再行撤到河西岸。但章紫云团长坚请他自己留在南明山指挥掩护部队较有把握，他叫肖正邦副团长和少校团附梁汉，率领该团主力先撤到河西岸。黄昏后开始行动，我一再叮嘱，南明山背后水深流急，不便徒涉，最后掩护部队一定要绕道小溪塔，这里河宽水浅，渡河比较安全。章说他今天上午派人测量过，水深齐胸，可以徒涉。他最后带着一个排，一直抵抗到身负重伤，才下令转移。谁知到渡河时，因黄柏河上游连日大雨，山洪暴发。他由两人扶持过河，洪水汹涌，将他冲走。一周后，在枝江县百里洲河汊上找到他的遗体。英勇坚强的章紫云团长为争取中华民族的生存而光荣殉职了。他秉性朴实，英勇果断，在抗日战场上，能殚精竭虑，完成战斗任务。每当战况激烈时，他总是坚定沉着指挥战斗；即使在最危急的时刻，问他有什么困难，他总是说有办法克服，从容不迫，从不叫苦。他经常控制着必要的预备队，每到关键时刻，就机动出击。在他身上确实具有中国军人应有的智勇，令人敬佩。为此，我曾写下四首小诗，以寄哀思。最后一首是：

小溪塔役令人嗟，殉国英雄落日斜。
南明山上忠魂在，黄柏河边吐血花。

六月二十九日，敌一部由将军岩经彭家湾西犯，逼近黄柏河岸，有从肖家岩以北渡河企图。我命少校团附陈梁指挥特务连和骑兵连（没有马匹）在董家大包占领阵地猛烈阻击；并命少校参谋洪毅烈指挥工兵营（因其营长不在）两个连，在黄家沟口附近侧击西犯之敌，致敌被阻于黄柏河东岸，其渡河企图迄未得逞。

二十九日中午，敌似已发现黄家沟口独立庙有我师指挥所（在将军

337

岩、镇境山都能望见），连续炮击，庙的前后左右落弹数十枚，曹金轮建议移到黄家沟内独立家屋。我们走出大门外，庙顶即中一炮弹。我们安全到达黄家沟指挥所后，得知张涤瑕团长在附近阵地上左臂负伤，我叫他到指挥所来休息，部队由其副团长指挥。但张涤瑕不肯休息，叫卫生员包扎一下，又回到火线带伤战斗。

到六月二十九日晚上，战况比较稳定，我们移到桃坪与刘参谋长率领的师部会合在一起。半个多月以来，我们指挥所人员，都是吃后方送来的冷饭，直到这天晚上，才吃到一顿热饭。

窜踞宜昌之敌，为保障其飞机在飞机场降落的安全，企图侵占南津关、310 高地、肖家岩之线。于六月三十日，集结兵力，趁中午烈日当空，利用高粱地荫蔽接近前坪，突然袭击第五九六团二营阵地，激战两小时，该营营长韦正甫组织反攻负重伤（以后死于万县重伤医院），阵地终被敌占。该团主力在南津关、310 高地猛烈阻击，敌才停止于前坪。彭善军长直接打电话给第五九六团团长罗国良说，如果不马上收复前坪，即提头来见。我命第五九七团接替 310 高地到肖家岩之线的阵地，命第五九六团集中全力反攻，激战两天，也没有恢复前坪阵地。

罗国良失守前坪，彭善非常生气，一再说要撤职查办。我一再请求，姑念他抗战以来，从未离开战场，应给他戴罪图功的机会。最后决定撤职，调充附员，以伤愈归队的军部上校附员叶迪接任第五九六团团长。

从七月初起，敌人没有大规模进犯，只有小的战斗。第十八师已先开回重庆整补。张涤瑕团也开往重庆，归还建制。

这次战役进行二十多天，第一九九师伤亡颇大，章紫云团长牺牲了，拨归指挥的张涤瑕团长负伤，唐立石团长在进攻龙泉铺时患急性肺炎送后方医院治疗，营长罗映斗负重伤，韦正甫伤重殒命，田镇球负伤，连、排长伤亡百余人，士兵伤亡三千多人。为了守住阵地，将第五九五团和第五九七团各编成一个营，以胡强升中校营长指挥这两个营。以第五九六团编成两个营，守备南津关、310 高地、肖家岩亘黄家大包之线，配备成两线，两周轮换一次。敌机每天出动十几或二十几架次，不断飞到我军阵地上空盘旋扫射，敌炮也时常轰击。白天，敌人在飞机掩护下，派小部队向我阵地骚扰；夜间，我派小部队向敌袭击。敌我两军对峙，直到八月下旬，才由第一补训处改编的第五十一师接防。

在宜昌战役中，有一事值得一提。当日军在襄东发动攻势时，重庆军委会未能识破敌人下一步的动向，没有早做准备，及敌陷襄阳，攻南漳，荆门、江陵危急，才急忙调运在重庆、万县整训的第十八军（欠第十三师）东下防守宜昌。迨该军到达，敌已迫近。军长彭善亲临火线，甘冒锋镝，官兵共睹，论战绩不在其他军长之下；论败罪，第二十六军放弃沙洋、沙市，使鄂中人民和大片肥沃土地沦陷敌手，没有任何处分；而第十八军的第十八师失守宜昌，师长罗广文也并无处分，而英勇的军长彭善却被撤职。功过不分，罚不当罪，何以激励士气！彭善为人正派，秉性刚直，不会吹牛拍马，不善交际应酬，是一个矢志抗日的将领。他在第十一师师长任内，在一九三七年八一三上海抗战中，一九三八年武汉外围的保卫战中，打得都很出色。他的被撤职，不是因为他带兵打仗不行，而是有人借以打击陈诚，压制第十八军，以致彭善受此不当之罚。

随县烽火山截击战

罗泽桓※

一九四〇年五月，日军调集鄂中一带兵力佯攻襄樊，转袭宜昌，窥视重庆。我军以宜昌兵力不足，布防薄弱，长江两岸及宜都、秭归两县，均无兵驻守，呈现空虚。如要争取调动部队设防的时间，我转战于襄河东岸之第九十四军第一二一师于钟祥奉命渡过襄河，对敌截击，阻止自襄樊、随枣一带日军兵力的转运。我师渡河后，在应城、钟祥之间，及应城徐店一带，与敌发生过几次战斗。

我所在的第一二一师第三六三团于某日进驻随县安居镇，侦知日军将以五百余辆军车，于翌日由随县县城出发，转运其襄樊的部队至应城。团部命我第三营于当夜至随县城北烽火山山麓一带，选择阵地，伏击敌军车队。我和营长霍世才率部到达目的地时，已是深夜两点多钟，在朦胧夜色下，迅速沿公路北侧高地，占领阵地，以待敌人。天色拂晓，部队刚刚布置完毕，只见长蛇般的日军车队，由烽火山下十数里远的公路上鱼贯而来。十多分钟后，当第一辆敌军车距我阵地只有十多米时，营指挥所发出信号弹，各连的轻重机枪即向敌猛烈开火。先头被我军击毁的敌车停下了，后面的敌车紧急向前靠拢。约二十分钟后，从车上下来的日军已集结了一千多人，向我阵地猛扑，于是战斗开始，激战了个把小时，飞来敌机三架轮番助战，不断向我阵地扫射投弹；同时，日军又调来四门野炮，猛烈轰击，掩护日军多次向我阵地进攻。因我军所占阵

※ 作者当时系第五战区长江上游江防军第九十四军第一二一师第三六三团第三营副营长兼机枪连连长。

地漫山都是栎树丛林，我们每个官兵背上都插上很多栎树枝，一蹲下就像一棵栎树，伪装逼真，敌机、敌炮都不易发现，虽整日狂轰滥炸，但我军却很少伤亡。敌人每发动一次冲锋，因其行动目标很大，又是仰攻，每次都被我军各种武器的交织火力击退。因我军据守的一个较高阵地对敌威胁很大，下午二时许，敌即集中部分兵力猛攻我军这个制高点，遂发生激烈的争夺战。阵地曾一度被敌占领。此一制高点对我军的部分前沿阵地的巩固，极为重要，我即命预备队第九连的两个排增援反攻，始将此制高点夺回。

激战到下午四时许，接到机枪连第二排廖排长报告，该排有一挺重机枪，配备的十二人伤亡殆尽，因而这挺机枪已无人掌握，空置在阵地上面。由于机枪占领的阵地较高，枪位暴露，目标太大，几次都未能抢下来。我当时还兼任着机枪连连长，心想：重机枪是我营的重要火力，而且全营只有六挺，这挺机枪如果损失，当时难以补充，必须即时抢回。当即对来向我报告的传令兵和我身边的传令兵、号兵说："这挺机枪是国家的财产，也是我们的生命，无论如何要把它拖下来。现在排里抽不出人了，你们几个能不能把它拖下来？"他们互相看了一下，说："我们去！"我高兴地嘱咐说："去，要好生掩护身体，多想办法。"他们答复说："我们晓得！"于是各把身上衣服看了看，摸了摸，把背的步枪、军号交给了我，随即一个跃进，通过了前面一段开阔地。前进时，敌弹打在他们前后左右，尘土飞扬，却没有一个人被打倒，终于爬到一个土埂后面卧下了。前面是一段面向敌人的斜坡，他们观察片刻，爬过土埂，一个一个地滚进，再匍匐前进，终于到了机枪的后面。机枪是架在一个土坎上的，此时战斗正在激烈进行，流弹梭飞，机枪左右时见弹着尘土。我远远望见他们在土坎后面蠕动，约十分钟后，他们终于把枪机拉下来了。据他们回来说：到达机枪位置后，敌枪打得很凶，弹着很猛，简直不能站起身来。在坎下，手够不着枪；上去，又危险太大。他们急中生智，解下绑腿，一端系上小石，向枪架空隙扔过去，再找一根小树枝把绑腿系石的那端扒过来，这样绑腿缠着了机枪后脚架，才把它拉下土坎，很快拆开枪身、枪鞍、枪架，各带一件，几次跃进，才安全返回。看到这些勇敢机智的战士，我心里感到十分高兴。

下午五时许，发现日军约一个连由东面山谷绕向我军阵地北面，似欲将我军包围，切断归路，我即向营长建议：以预备队第九连的一个排，阻击前进之敌，使我军阵地不致受到包围的威胁。因已激战竟日，考虑到官兵均甚疲乏，且我们的截击任务已经完成，乃决定撤退。命机枪连先撤至后面半山上，占领阵地，掩护全营，其他各连继续按七、八、九连次序，相互掩护，向后山转进。七时许，脱离火线，到达半山，天已渐黑，敌军也不敢前进了。我全营即在山上垭口休息露宿，次晨返回团部，胜利结束了这次截击战。

此次战斗，全营伤士兵三十二人、排长三人，阵亡士兵三十六人、排长一人；但未曾丢失一件武器。

次晨，师部派侦察兵去随县城侦察，据师部发下战报云：被我军打坏的敌军车，拖回随县县城的已有三十多辆，敌军还拖回随县县城两车死尸，抬下了死尸六十八具、伤兵一百八十多名。

日军受此重创后，由枣阳调来一个联队护路，当其行至澴潭镇附近，又与我营（处在敌人的侧翼）和我第三六二团遭遇，激战半日。据师部战报：是役消灭了日军一个大队兵力。

第四章

鄂西会战

鄂西会战经过

宋瑞珂[※]

日军侵占宜昌后，北面受我汉水上游之截击，南面亦受我沔（阳）监（利）地区之牵制，尤其经我进攻宜昌之役，使敌深感长江不足以为固，于一九四三年二月间，先行"扫荡"我沔监地区，以图减少而后渡江之困难。旋即于三月间渡江进犯，经我反击，将敌击退于华容、石首、藕池口、弥陀寺亘宜昌、天宝山、盐池庙、转斗湾之线，成犬牙交错形势，我即停止攻击。

四月下旬，敌企图击破我鄂西野战军，打通长江上游航线，攫取我洞庭谷仓，并摧破我重庆门户计，抽集其精锐部队七个师团，总兵力约十万人，分别集中于华容、藕池口、弥陀寺、宜昌附近地区。同时，于汉口、当阳集结飞机百余架，由其十一军军长横山勇指挥，向我疯狂进犯。

此时，我第六战区司令长官陈诚已于三月间调往云南任中国远征军总司令（其第六战区司令长官职务由孙连仲代理）。陈在滇获悉日军西犯，乃于五月又飞回恩施指挥作战：以王缵绪第二十九集团军固守安乡亘公安之线既设阵地；以王敬久第十集团军固守公安亘枝江之线既设阵地；以吴奇伟江防军固守宜都亘石牌要塞之阵地；以周喦第二十六集团军之七十五军和冯治安三十三集团军之七十七军、五十九军固守三游洞（西陵峡东口）亘转斗湾间既设阵地，令各部队以坚强之抵抗，不断消耗敌人，并将敌诱至渔洋关亘石牌要塞间，然后转为攻势，压迫敌人于大

※ 作者当时系第六战区第二十六集团军第六十六军副军长。

江西岸而聚歼之。

五月五日，果然不出我方所料，日军主力由华容、藕池口向我洞庭湖北岸进攻。我第七十三军依照预定计划，逐次打击敌人。至七日晚，敌进抵南县、安乡附近，我军与敌血战一昼夜，只因地形不良，防守困难，向后转移。八日南县、安乡沦于敌手。九日，我军在三仙湖、红庙予敌以打击后，逐次向洞庭湖南岸撤退。至此，敌求我主力决战企图完全扑空。向津市进犯之敌，迭次对我进行试探性攻击，我军未动。旋敌以第四十师团及第三十四师团各一部留置洞庭湖北岸，其第三师团主力及独立第十七旅团西移，十二日，集结于津市东北地区的独立第十七旅团向大堰垱、新安攻击，被我阻止。第六十八师团向暖水街攻击。同时弥陀寺敌第十三师团一部三千余，亦向斑竹垱、新江口攻击。十三日一时许，敌第十三师团主力，复由洋溪、枝江间强渡长江，我防守公安之第八十七军四面受敌，势将陷于孤立，乃放弃公安西移，逸出敌之包围圈。从洋溪、枝江间渡江之敌第十三师团，被我第九十四军主力及第八十六军之六十七师阻击于茶园寺附近；迄十五日，敌我在大堰垱、暖水街、刘家场、茶园寺亘枝江西侧之线激战。

五月十六、十七两日，敌第五十八师团约五千人向西猛扑，我第十集团军连日与敌激战，双方伤亡均重。敌又不断增援猛攻，我被迫向西转进。此时，澧县以北之敌第三师团向西北方移动，宜昌西岸及古老背附近之敌，亦逐渐增加，似有向我江防军攻击之企图。我第七十九、第七十四等军于石门以北地区，第十集团军在清江以南地区对敌展开持久战，江防军则确保石牌要塞。二十一日晨，茶园寺方面之敌第十三师团攻陷王家畈后，以约三千人北向，与枝江之敌第五十八师团之一部，夹击我第八十六军之六十七师，是晚由聂家河、庙滩附近强渡洋溪河（即汉阳河），同时敌第三十九师团主力在宜都北红花套附近强渡，经我第八十六军第十三师猛击阻止。二十二日，我第八十七军一部在渔洋关附近，与敌第十三师团竟日激战，卒以众寡悬殊，渔洋关失守，我军退守川心店、龙潭坪之线。敌第三十九师团在强烈炮火及飞机掩护下，四千余人由红花套附近渡江，向我第十三师之大小宋山及长岭岗阵地进攻，经我反击予以重创。迄晚，第八十六军守枇杷树、磨市、鄢家沱、仙人桥之线，翌日与敌在该线激战后，转移至马鞍山（长阳南）、板桥铺之线，左翼仍在乌龟山未动。二十四日，敌集中第三十九、第三师团主力，向长阳第八十六军猛攻，激战至午后，阵地被敌突破。我第八十六军右翼即调整态势，扼守长阳西北、清江北岸亘凤凰山之线。此时第三十二军之

第一三九师一部已抵津洋口、都镇湾间，适敌由聂家河西犯与由渔洋关方面向清江南岸之敌会合后，在沿市口、都镇湾间强渡，被我击退。

日军第三、第三十九两师团主力，于五月二十四日在宜昌西岸继续向我第十八军第十八师阵地猛攻，经予痛击阻止。至二十五日，敌以空军掩护，全线向我猛攻，一部突入偏岩、津洋口间，经我南北夹击，敌军伤亡甚大。当时，敌于清江两岸及攻击石牌之部队，总兵力约六万人，敌十一军军长横山勇亲至宜昌指挥，似有一举攻占我第一线要塞，威胁恩施、巴东之企图。在此关键时刻，我重庆统帅部当即严令江防守备部队诸将领，明确指出：石牌要塞乃我国之斯大林格勒，为聚歼日军之唯一良机。我军各级指挥官奉令后，均抱定与要塞共存亡之决心，依地形之有利，与敌决战。如守备石牌第一线之十一师师长胡琏，当战斗激烈时，陈诚司令长官打电话问他："守住要塞有无把握？"胡琏斩钉截铁地回答："成功虽无把握，成仁确有决心！"英勇气概，可见一斑。

当敌开始向我要塞外围进攻时，我守备部队沉着应战，当敌进入我之圈内，以炽烈火网将其聚歼。因此，八斗方、大小朱家坪、永安寺及北平山等地屡次进犯之敌，多无生还。

二十六、二十七两日，江防军方面激战最烈，第十一师的团长尹宗岳、张涤瑕等亲至前线指挥战斗；第五师在馒头嘴，十八师、十三师在轿顶山、石门垭、笔尖峰阵地正面与敌激战，全体官兵斗志奋发，先后毙敌三四千人。二十七日晚，江防军防守稻草坪、高家堰、易家坝、石牌之线。第十集团军之九十四军主力亦转移于资丘附近，掩护江防军之右翼。由偏岩窜木桥溪之敌，被我消灭甚多。迄二十八日晚，正面之敌，经我猛攻，加以我空军不断轰炸，敌增援困难。此时，我出击部队第一一八师和第一八五师由五峰、资丘攻克渔洋关；敌第三、第十三师团之后方被我截断，陷入我包围之中。于是我正面各军，于三十日起，乘机出击，全面反攻。此时，江防军正面之敌乃集中其步、炮、空之全力，分向曹家畈及石牌要塞进攻，并由天柱山向木桥溪方面迂回。

石牌方面，我第十一师官兵十分沉着，每待敌军接近，辄以火力与逆袭加以阻击，歼敌极多。攻击我三官岩、四方湾之敌千余，几全遭歼灭。唯曹家畈阵地，因我第十八师连日苦战，伤亡过大，右翼被敌突破；经第十三师协助夹击，阻敌于落步墥以东地区。迂回于木桥溪之敌，亦被第五师迎头痛击所阻止。迄五月三十一日，敌伤亡惨重，全线动摇，我军随即猛烈追击，敌因久战疲惫，且鉴于我军过去追击发起之迟缓，以致退却之初，警戒疏忽；嗣悉我军紧迫直追，行动果敢，敌即恐慌万状，狼狈东窜，沿途伤兵、骡马、辎重、武器随地遗弃。而敌之掩护部队先后于栗树垴、聂家河、花桥、长阳、鄢家沱、大桥边等地为我追及，甫经接触，即仓皇溃退。同时，敌第十三师团三千余人，被我第八十七军的新编二十三师、第九十四军的第五十五师、一二一师及第七十九军的九十八师、第六十六军的第一八五师各一部超越追击，在磨市附近、栗树垴、聂家河等地被我包围歼灭，无法东逃。敌第十三师团主力及独立第十七旅团之一部，亦为我第一二一师主力、第一一八师、第一九四师及九十八师主力围困于宜都城郊之狭小地区。我空军则于此时协同美国空军，抓住战机，以大编队机群，协力战斗，收效极大，尤以六月二日，对败退东渡宜昌之敌第三、第三十九师团及第五十八师团之一部所施之炸弹，使敌军大量葬身鱼腹。其人员、物资损失之大，不可数计。

迄六月三日，江防军正面进展顺利，已完全恢复战前态势。而我第七十四军及第二十九集团军亦先后克复安乡、新安、王家厂、暖水街，进迫公安及磨盘洲之线。敌第四十师团千余及伪军第十一师三千余人，分向石首、藕池口、公安逃窜。宜都及磨市被围之敌，几经激战，伤亡奇重，磨市之敌大部被歼。五日，我克磨市，残敌据磨市东南陶家坡附近高地顽抗。此时宜都城郊之敌，因我追击部队已迫近城郊及其渡河材料被炸，须另觅渡河点，复因磨市之敌求援，乃行反噬，遂于六日冒险向我第七十九军第一九四师及第九十八师正面突围，第一九四师因后续部队未到，独当敌之主攻，众寡不敌，遂被突破。待暂编第六师驰至，敌已窜至肖石岩、聂家河附近。同时松滋之敌亦向洋溪、枝江回窜，攻我第一一八师之侧背，该师兵力仅四营，被迫退至余家桥附近。七日，磨市东南地区残敌，借飞机掩护并施放毒气，乃突出重围，与聂家河之敌会合，仓皇东窜。是晚，我暂编第六师夜袭敌第十三师团司令部，其师团长赤鹿理失踪。又六日至八日间，敌为策应宜都之敌突围，先后增至三千余，借空军之掩护，在街河市、西斋、宝塔寺附近地区，与我第七十四军激战三昼夜，敌我伤亡均重，我并击落敌机一架。

八日，我第一二一师克复宜都，我第六十六军第一八五师于六月九日克复枝江城，残敌向东逃窜。十一日，第六十六军第一八九师克刘家场；暂编第六师克洋溪，入夜占松滋。十二日，第七十九军第一九四师先后克磨盘洲、新江口。十七日，第七十四军克车家嘴、申津渡等地，第一九四师占斑竹垱、米积台。而后我军继续挺进江岸，收复陡湖堤，对困守华容、石首、藕池口、弥陀寺之敌包围攻击。战斗至此，我军已完全恢复五月五日以前之原态势。鄂西会战，至此结束。

第七十九军驰援鄂西会战经过

徐光宇※

战前敌我活动情况

一九四三年夏，侵华日军发动了鄂西会战，由湖北荆沙、宜昌地区集结，分三路向鄂西进攻，右路由宜昌溯江而上；中路经枝江、宜都、长阳西进；左路由宜都、聂家河向渔洋关方向前进；其目的似在先夺取巴东及恩施地区，窒息川、湘、鄂由三斗坪至湖南以及鄂北迄河南的主要交通线，进而窥取四川。

我军方面，指挥鄂西会战的是第六战区司令长官陈诚和长江上游江防总司令吴奇伟。我当时担任第七十九军（军长王甲本）第一九四师（师长龚传文）副师长；第七十九军还辖第九十八师（师长向敏思）、暂编第六师（师长赵季平）计三个师，经重庆军事委员会指定为机动部队，常驰骋于赣、湘、鄂三省之间，哪里有会战，就到哪里作战。

鄂西会战开始，军委会命令我军："着该军克日兼程驰援鄂西会战，限六日之内到达湖北五峰县以东地区，堵击由宜都向渔洋关进犯之敌。"军部奉令后，即令第一九四师由湖南汉寿驻地、军部及第九十八师由湖南益阳、暂编第六师由湖南宁乡各驻地同时出发；以第一九四师为先头部队，经常德、石门向湖北五峰前进，军行六日到达渔洋关以西地区（距渔洋关二十华里）集结待命。

※ 作者当时系第六战区第三十三集团军第七十九军第一九四师副师长。

鄂西兵要地理及防御设施

鄂西兵要地理及防御设施，对这次会战起了相当大的作用。宜昌西岸至三斗坪、茅坪一带，山路崎岖，大多是羊肠小道，人马不易通行，更不利于大部队进军，若利用地势险要处，设防固守，可以说是"一夫当关，万夫莫敌"。由长阳至三斗坪一带，在抗战时期，虽是川、鄂、湘唯一的主要通道，人马可通行，但其中险要重重，利于设防固守，而不利于进军。有一条道路，由下坡到上坡须经五百米左右的深谷，坡两边的山峰壁立，相隔只有四米，可以此呼彼应。行军至谷底，如置身井中一样。又有一处道路在山谷之中，长达十余里，两边都是悬崖绝壁，上有许多天然小洞，可称为夹道，其险峻可知。由宜都至渔洋关一段，地势虽然崎岖，但险地较少；而长阳至野山关一段，地势尤为险峻。这是当时战地的地形、地势的一般情况。

至于防御设施方面：宜昌西岸至茅坪一带，筑有永久和半永久性工事；渔洋关至野山关一带只有临时简单工事，而长阳至三斗坪一带除永久工事外，最突出的是利用悬崖绝壁上的天然山洞，作为机枪掩体。每个山洞置二至三人和机枪一挺，待到人枪、粮食和饮水运上洞后，即将梯子除去，并将洞口堵成小孔，形成很坚固的机枪掩体。这是当时防御设施的概略情况。

重创敌军的经过概述

右路由宜昌溯江而上之敌，因受地势的限制及我军的奋力抵抗，受阻于宜昌以西地区；左路之敌至渔洋关，因地势险要及补给困难，乃停止前进；中路敌主力由长阳进至长达十余里、两边都是悬崖绝壁的山谷夹道中，即遭我军飞机轰炸，加以我军机枪从绝壁上天然小洞中对敌齐发，敌无处藏身，死伤近千人，随即仓皇向原路撤逃。而渔洋关及进犯野山关之敌，得知中路之敌已受重创，并探知我第七十九军开到五峰以东地区后，也相继向东撤退。

当敌军纷纷败退之际，第七十九军奉到"急向宜都溃退之敌追击"的命令，立即跟踪追击。当我军进至宜都肖家岩后，得知敌八千余人已于前一日退向枝江；而在宜都县城附近之敌约万人，正在利用船只日夜不停陆续由宜都渡江向白洋撤退。于是我军决心向宜都之敌采取攻击，迫敌于江边而歼灭之。当时以第一九四师为攻击右翼队，向宜都江边亘白塔山、三里店一带之敌，攻击前进；以第九十八师为攻击左翼队，向宜都三里店以西亘五里店至长阳河右岸之敌攻击前进。两师之战斗地境线为宜都城北门江边、三里店、滥泥冲之线；后续部队暂编第六师到达后，为军预备队，位置于肖家岩附近；军部位置于狮子山南麓。

某日拂晓，右翼队第一九四师展开于宜都以东江边某高地，亘白塔山以南至三里店南端之线，向敌攻击前进；左翼队第九十八师展开于三里店南端亘五里店以南至长阳河右岸之线，向敌攻击前进。激战半日，敌军顽强抵抗，反复冲杀已达三次，其中白塔山之争夺战更为惨烈。我第一九四师第五八二团第三营少校营长林玉豪在第三次反击白塔山时壮烈牺牲，全营伤亡惨重，全线进展很慢。

至午时左右，已退过白洋之敌，又回头过江增援，战斗更形激烈，战到第二天早晨，已形成拉锯状态。这时，退向枝城方向之敌独立第十七旅团也赶来增援，在肖家岩、滥泥冲、狮子山之线展开，对我军采取包围态势。我军部遭敌袭击，向后撤退。宜都之敌为达到内外夹攻的目的，也大举反攻，并有敌机五架飞到我阵地上空滥施轰炸。我第一线部队和军部此时又失去联系，无人统一指挥，情况甚为危急。幸我第九十八师与第一九四师两师长用电话商定：第一线各留一半兵力，暂行死守原阵地；其余兵力集中先击溃滥泥冲、肖家岩救援之敌，打开一个缺口，然后分向反援之敌相机进攻。正当奋战之时，适我后续部队暂编第六师赶到，向肖家岩之敌攻击前进，不到三小时，突破了缺口，三个师随即取得联络，情况趋于缓和。这时军部也回到肖家岩，指挥三个师向敌采取包围，奋战至午夜，敌独立第十七旅团被我击溃，仍向枝江原路撤退。在宜都之敌，见援兵撤退，也乘机利用船只载一部分敌军退过白洋；主力由宜都江边向枝江方向撤退，至次日四时左右，战事遂告结束。

鄂西清江战斗片段

饶启尧※

　　进攻宜昌失败后，江防军部队与人事有些调动。荣誉师调属第八军，第一八五师调恩施任警备，另以第三十五师劳冠英部归入第九十四军建制，原第九十四军军长李及兰升任江防副总司令，牟廷芳升任第九十四军军长，以戴之奇任第一二一师师长，第五十五师师长杨勃升任第九十四军副军长，以吴光朝补任第五十五师师长。

　　一九四三年春，第九十四军全部调驻松滋县刘家场至长阳右岸一带，以第五十五师担任江防。我于是年夏初，辗转调充第一二一师第三六三团团长，刚到团半日，敌人即发动了渡江战斗。日军分三路渡江，攻势甚猛，一举即突破第五十五师江防阵地，有两路敌兵围攻了第五十五师第一六四团，该团团长谢世钦仅率残破一个营突出包围。另一路敌军指向我团驻地，先后在刘家场至松滋地区与敌激战竟日。驻守南津关及宜昌西岸一带的第十八军，亦被敌人佯攻所扰。第九十四军战斗一日后，不支后撤，退入渔洋关一带崎岖山地，敌人衔尾追击。

　　两日之后，第一二一师见渔洋关地形有利，重新布阵，勉力应战。日军追到渔洋关下，见形势险要，仰攻不易，便将主力改向，溯清江而上，终因清江两岸隘路重重而止。敌人急欲夺取资丘，割断第九十四军与野山关方面赶来增援部队的联络，但因我军第一二一师部队取大道先行占领资丘而未得逞。敌又改道横越天柱山，意在指向野山关，直叩恩施大门。而天柱山海拔两千余米，峻岭绵延，蜿蜒上下，六十里行程，

　　※　作者当时系第六战区第十集团军第九十四军第一二一师第三六三团团长。

概属沙石地小道，山顶部分，倾斜陡峭，步兵行走上下不易，敌军脚穿皮靴，连爬行也极困难；敌之军马、辎重经此山而跌死者，沿途可见。敌军装备虽然优良，但进至此处确也无法解决重武器的运输和后勤补给。轻率冒进，终以失败告终，只得转向长阳撤退。

第九十四军撤离渔洋关时，敌军曾分两路追踪，恩施告警，长官部极为震惊，除抽调部队赶往建始、野山关间布防外，陈诚的长官部和湖北省政府，已有迁向来凤或咸丰的拟议，情况颇为紧张。但在第九十四军发现敌人回撤后，即令第一二一师以第三六二、三六三两个团分组部队，由牟廷芳军长直接指挥，衔尾敌后，而保持接触。第三六二团主力沿清江两岸前进，我派副团长霍世才率一个加强营在清江北岸配合右岸部队前进。在此情况下，我们的草鞋兵比穿大皮鞋的日军行动迅速，从沿途发现敌人丢弃大量装备中，判知敌军撤退的狼狈状况。第三六二团在南岸鸡头山附近与日军后卫部队发生战斗，第三六三团于北岸越出敌侧后，在仅隔二三百米的清江江面，猛击敌之侧背。两团合力挺进，逐步将敌军压迫至清江三角平原，敌军纷纷抢上停在岸头的轮船。我追击部队更加猛烈急袭，打得敌军狼狈不堪，只见大量敌尸带着血水冲出江口向东漂流。日本侵略者在这次夏季攻势中受到了应得的惩罚。

防守三游洞小记

张京师[※]

三游洞，地处宜昌西郊，是长江三峡的门户，也是水陆两路东西交通的咽喉之地。一九四三至一九四四年间，我担任第三十二军第一三九师司令部直属部队——搜索连连长。由于三游洞在战略上和地形上的重要，又由于我连是加强连的编制，所以师部在对敌防御中，直接派我连防守三游洞。我连在三游洞顶端高地上布置了阵地，与对面日军防守的高地相望，大约不过一千米，敌我前哨阵地只隔一条沟，两方都有铁丝网作障碍物，哨兵之间可以喊话。

当我连进入敌前阵地的第一夜，我带着排长和主要班长侦察阵地时（因原守备部队另有紧急任务，不及交接），为了摸清敌人的主要火力点，我们使用了火力侦察，殊不知引来的不是敌人机、步枪的射击，而是敌人的炮弹频频落入我军阵地，震动了我师整个正面前沿阵地。由于事出意外，我连第二排杨东哲排长负伤，另一班长阵亡。从而使我们看出了敌人的狡猾——不用机枪和步枪发射来暴露火力，而代之大炮的猛轰。

我连自防守三游洞以来，经常与敌发生前哨战，双方时有伤亡；因为敌军所占山势较高，有居高临下的优势，我军处境非常被动。为了扭转这种局面，我派第一排的一名班长带一个搜索组绕到日军左翼进行袭击，同时正面出击配合。因为夜间作战对我军有利，经常这样搞一下，是可以改变被动局面的。但该班长临阵不前，擅自撤回，没有收到预期效果。第二天又派另一班长前去，果然凯旋而归。我们就将前一班长执

※　作者当时系第六战区长江上游江防军第三十二军第一三九师搜索连连长。

行枪决，以正军纪。我军经常如此夜袭敌阵，每次采取的迂回的方法不同，因而屡有斩获，前哨战也大大减少了，初步把被动变成了主动。

有一次，不知是敌人麻痹，还是不把我军放在眼里，敌军竟在夜幕降临前，在其高地顶点处做起游戏来了。我们抓住这个时机，立即把全连的枪榴弹集中，并调来了两门迫击炮，同时对敌发射，顿时打得敌军慌作一团，莫知所措。敌人伤亡情况如何虽不可知，但从以后的情况看来，敌人的嚣张气焰大大收敛，再也不敢轻易向我挑衅了。三游洞一直掌握在我们手中。

石牌要塞保卫战

邱行湘※

石牌要塞保卫战，是一九四三年五月，鄂西会战关键性的一个战役。兹就个人亲历，着重记述陆军第五师保卫石牌要塞的经过。

一九四三年三月，我奉调兼任中国远征军长官部副官处长。我原任陆军第五师少将副师长兼政治部主任。是年五月，日军近十万之众向我鄂西进犯，我奉第六战区司令长官兼中国远征军司令长官陈诚之命，调回第五师，参加这次会战。

当时，第五师属第三十二军建制，未久，即调宜昌之罗佃溪、三斗坪附近集结。五月上旬，归江防军总司令吴奇伟指挥，参加了江防军保卫石牌要塞的艰苦战斗。第五师官兵浴血奋战，打退了日军近一万人向我第五师正面的进攻，终于保住了石牌要塞。鄂西会战胜利后，第五师改隶第九十四军建制。

会战前敌我态势

敌军兵力分布及其动态

南县、安乡、藕池口一带之敌，于滨湖战役后，以其第三师团及第十七独立旅团主力、第四十师团独立第十四旅团之一部，先后集结于津市东北白羊堤、青石碑间地区。五月十七日后，复增第五十八师团五六千人。

※ 作者当时系第六战区长江上游江防军第三十二军第五师副师长兼政治部主任。

盘踞荆州之敌第十三师团以六十五联队三千余人开弥陀寺，其余及陆战队四四联队等主力，并伪军第二十九师之一部，共约两万人，先后移集董市、白洋间地区，其师团部移驻张家店。敌第三师团六八联队及敌第六十八师团之一部共六千余，集结于云池、古老背地区。敌第三十四师团之二一六、二一七两联队及工兵联队并三十九师团主力，共两万余，集结宜昌西岸附近。敌军第十一军指挥所设宜昌，其直属部队三千余人，集结当阳、宜昌间地区。第三十九师团师团部移驻高家店，显有西犯企图。

我军部署及作战指导

自滨湖战役后，第六战区仍本拱卫陪都——重庆、待机收复失地之任务，先变更部署：第二十九集团军之一六二师，仍集结于鳌山附近地区。第一五〇师，主力扼守新洲亘澧县之线，其一部位置于夹堤、白羊堤附近；第一六一师由羌口附近开始向鳌山转进。第十集团军，以第八十七军之一一八师于白羊堤亘汪家嘴之线；第四十三师于汪家以北亘中浪湖线，均采取攻势；以新二十三师守备孟家溪、公安、申津渡亘白溪桥之线。以第九十四军之第五十五师守备沙道观、松滋、枝江亘宜都之线；第一二一师第三六二团集结肖家岩附近，其余正由西斋向茶园寺附近地区集结；暂编第三十五师第三团集结于西斋以北亘茶园寺附近地区；第六十七师（欠第二〇〇团）位于肖家岩、余家桥附近地区。江防军以第六十七师之第二〇〇团守备安春垴；第八十六军之第十三师守备茶店子亘乌龟山之线。以第十八军第十八师一部附暂编第三十四师之第一〇一团守备长岭岗、墩子桥之线，主力控置于曹家畈附近；第十一师扼守石牌要塞。第二十六集团军以第七十五军预备第四师之第十二团向龙泉铺之敌攻击，其余任三游洞、龙王洞亘黑湾垴之线守备；第六师之第十七团向双莲寺之敌攻击，其余任长岭岗、大金山、破石垴之守备。第三十三集团军以第七十七军第三十七师第一一〇团于七孔岩附近，向当阳之敌挺进攻击，其余任大木岭、黄茅岭、龙家山之线守备；第一三二师已由重阳坪开始向远安附近推进，保持机动；第一七九师之第五三六团，于观音寺、三义路各附近向黄家集之敌攻击，其余扼守九里岗、板仓、新集之线。第五十九军第三十八师第一一二团向南桥铺、荆门各附近之敌攻击，其余任和尚桥、松林坡、莲花庵之守备；暂编第五十三师一部挺进敌后，断荆钟、荆沙敌之交通，其余任峰子山、转头湾之守备；原驻李家土城之第一八〇师，开始向东巩附近推进，保持机动；原集结于

357

南漳垭附近之第五师调太平溪、罗佃溪一带集结；窑湾溪附近之第一三九师调榔树店附近地区集结。原在河南新野附近之第三十军，正向秭归窑湾溪一带开拔，预定常（德）桃（源）附近之第七十四军，在湖南衡山附近训练。第七十九军之第九十八师及暂编第六师在益阳附近，第一九四师在汉寿附近。

战区基于当时情况判断，敌人似将由澧县以北地区，向暖水街，同时由枝江附近渡口，包围攻击我公安附近之第十集团军部队后，再转攻常澧，或自枝江西南地区向长阳进犯。宜昌西岸之敌向石牌要塞攻击，以击退我江防军部队、占领石牌要塞、打通宜昌以下之长江水运，再准备西犯重庆。根据上述敌情判断，乃策定如下计划，电呈军事委员会委员长并令各总司令执行：

一、敌犯津、澧再攻常德时，以第四十四军主力守备津、澧，一部在渡口以北对（洞庭）湖警戒。第七十三军余部控置于桃源以北地区，对窜入常德以北地区之敌，以控制部队求敌侧背而攻击之。不得已时占领常（德）临（澧）或桃（源）慈（利）线既设阵地，以利而后之作战。第十集团军右翼部队，适时出击，以行策应。

二、敌由津、澧附近向暖水街，同时由枝江、宜都附近渡江，企图包围攻击我第十集团军部队时，公安方面部队，只留最小限兵力守备公安，尽量抽集部队控置于张家厂及其以西地区，对枝江附近渡犯之敌，以该方面守备部队逐次抵抗。第一二一师控置于刘家场。第六十七师控置于聂家河，求敌侧背而攻击之。如敌于宜都渡江，向渔洋关方向进犯时，以一部于汉洋河逐次抵抗。依情况，以第十集团军左翼及江防军右翼控置部队夹击而击破敌人。不得已时，第十集团军部队占领新安、暖水街至聂家河之既设阵地，再策后图。

三、第二十六集团军派队向龙泉铺、双莲寺，第三十三集团军以三个师向当阳攻击，以行策应。

江防军战斗经过

五月十三日晨，敌皮艇三艘由洪家林子（宜都北）附近偷渡，被第十三师击退。

五月十五日，军事委员会委员长十三日九时电："江防军守备现阵地，确保石牌。"

五月十六日，第六战区长官部的处置：江防军确保石牌要塞，并确与第十集团军密切联系。

五月十七日，第六战区长官部的处置：战区基于当时情况，决以石牌为轴，先确保主决战线，待第二十七师到达，协同第三十二军及常德方面部队全线转移攻势，并指示第十集团军与江防军决战线，概为渔洋关、津洋口、石牌要塞之线。

江防军以第十八军固守石牌要塞为主，第八十六军守备聂家河、安春垴、红花地、长岭岗线作持久战，以保卫石牌为决战线。长阳、磨市各附近，分别控置有力预备队。第三十二军以第五师主力，位置于三斗坪、陈家坝之间。

江防军正面与汉洋河东西两岸之敌三千余人，炮十余门，于十七日晨分两路向我第六十七师黄家铺、响水洞、麒麟山阵地进攻，激战三小时，该阵地被敌突破。该师主力向磨市附近、一部向峰山附近转进；午刻，麒麟山之敌，续向西进迫我宝山坪亘磨市阵地，经第六十七师猛力阻击，激战至下午五、七时，磨市被敌突破。同时转进到峰山之第二〇一团，复与步骑联合之敌千余遭遇，反复肉搏，团长以下，伤亡颇重。不得已该师大部逐次转移到马鞍山、刘家棚、沙子岭之线重新部署，一部于翌日晓已移至白庙子（沿市口东南）附近。

同日夜晚十一时，宜昌附近之敌三千余、炮十余门渡江西犯。我第十三师守兵奋力痛击，激战至次日十一时，敌我伤亡均重。我右翼转至天燕坡、廖氏祠之线；敌继续猛犯。我长岭岗守兵全部殉职。晚九时许，我转移至浪子口、南流溪之线与敌对战。

同日，经红花套渡江之敌，约五百，在其炮火掩护下向我沙套子要塞猛扑。我要塞守兵奋勇抵抗，迄黄昏敌无进展，但我伤亡已重；至晚十一时，奉命向西转移。

五月二十二日，军事委员会委员长二十二日中午一时电示：

一、江防军应以第一线现有约二师兵力守备现阵地，被敌突破时，可增加一师在长阳、平善坝之线，持久抵抗。最后应死守资丘、木桥溪、曹家畈、石牌要塞之线，拒止敌人。

二、第十集团军应在清江以南续行持久战，如敌续向渔洋关以西突进时，除以一部守备五峰外，主力在渔洋关一带山地游击扰袭。

三、石牌要塞，应指定一师死守。

第六战区与江防军的作战方针（五月二十二日）：

一、第三十二军（欠第一四一师）及第二十七师各部，为战区准备决战之兵力，不可轻予使用。

359

二、第一八五师（欠第五五三团）到五峰后，即暂归第十集团军王（敬久）总司令指挥。

三、第十集团军归江防军总司令直接指挥。

根据以上部署，石牌外围的作战指导，已告一段落。当面敌情是，宜昌附近之敌第三十九师团、六十八师团、三师团各部势必倾巢来犯，抢占其战略目标石牌。下一步就是江防军与敌军"石牌要塞"争夺战的开始。

这时，江防总部不失时机地将其控制在三斗坪的预备队第五师由江北调集长江南岸之落步埫；接着命该师推进到高昌堰、峡当口附近地区待命。

五月二十三日，江防军当时情况是：

瀚墨池、渔洋关陷落，长阳以东激战。第一三九师各以一部驻津洋口、资丘、龙潭坪，主力到都镇湾。

五月二十三日晨，刘家棚方面之敌，续向花桥、罗家坪、纱帽山阵地进犯，经我第六十七师守军阻击，官兵伤亡已过半，不得已转移于歇马台、罗家湾、龙门之线，上午九时许敌增兵千余人、炮八门向我续犯，我敌反复争夺，激战甚烈。下午三时许敌复分窜龙门东岳庙各地。我第六十七师余部与敌冲杀，敌势稍挫。

五月二十三日晨，敌数千人，炮五六门，便衣队三四百人，在敌炮火、飞机掩护下，分向我天坑坪、大弹子垭第十三师阵地猛犯，经我守军沉着应战，激战竟日，敌未得逞，迄黄昏仍在原地对战中。

二十三日江防军的部署是：

一、第三十二军第一三九师，以主力守备资丘、马连、都镇湾沿清江北岸地区，以一部守备都镇湾、津洋口（含）地区，阻敌北犯，并派小部队向龙潭坪、松杨坪各地严密警戒，与第九十四、八十六军密切联系。

二、第八十六军之第六十七师，以一部原地阻敌，主力迅速脱离敌人向都镇湾以南地区集结，而后开王家棚整顿。第十三师右翼务与津洋口第一三九师密切联系，并控制长阳，阻敌渡江。左翼确保现阵地与第十八军联系。

三、第十八军仍固守长岭岗、小平善坝之线

五月二十四日，敌占长阳。同日，宜昌西岸敌第三十四师团及第三十九师团向我进犯。渔洋关、聂家河敌大部北犯。清江南岸、宜昌西岸敌第三十四师团及第三十九师团向我进犯。渔洋关、聂家河敌大部北犯。

清江南岸、宜昌西岸敌主力部队集中进犯战略要点——偏岩。

五月二十四日，江防军得知战况：

一、本日上午七时许，敌步、骑兵千余人，由徐家台子、松杨坪及沿市口、土地岭向我第一三九师古潭、大岭头阵地东西两面攻击。下午我转守大岭头、都镇湾之线与敌对战。迄夜我撤至清江北岸。清江南岸之敌步、骑兵千名，于拂晓其一部在盘踞津洋口至长阳对岸各渡口，积极准备强渡，并占领各制高点，向我北岸炮击。另一部续向我第六十七师攻击。迄午，迫近平洛河口与我第六十七师之后卫部队发生战斗，其主力即由都镇湾北渡。下午三时许，该师后卫部队亦逐次由都镇湾附近，渡江北移。

二、天坑坪附近之敌，于本日上午七时在敌机掩护下，沿清江北岸向我第十三师右地区攻击，激战八小时后，天坑坪、永和坪陷于敌手。敌继续西窜，中午十一时又陷我长阳，遂激战于向家河、凤凰山一带，此时，清江河南岸之敌，复以炮火集中射击。该师守兵，腹背受敌，一时陷于苦战。下午三时敌一部乘隙窜三汊河，当经我围歼。下午五时敌攻势顿挫。

大弹子垭附近之敌千余，炮数门，本日亦向第十三师牌坡、刘家坳阵地进犯，激战竟日，被我阻击。

三、五龙口、石榴河一带之敌第三十四、三十九两师团之所部约一千名，于本日上午七时许，在其空军及炮兵掩护下向我第十八师冬青树、枣子树坳阵地进犯。中午敌已增至三四千，该师右翼冬青树阵地因受梯岩、红岩冲方面敌之侧击，守兵伤亡殆尽，不得已转移至冬青树西端与敌对峙。

进入石牌要塞争夺战阶段

我第五师受江防军总司令吴奇伟的直接指挥，于五月中旬，由三斗坪渡江南进，经落步埫出峡当口，集中于峡当口、高昌堰附近一带地区。

原在宜昌对岸之我军第十三师，与敌激战多日，二十五日上午全部向偏岩撤退，建制混乱，第十三师师长曹金轮失去掌握部队能力，我第五师十四团已占领阵地掩护第十三师转进。在此关键时刻，蒋介石电话通知江防总司令吴奇伟转令第十三师死守偏岩。上面不知下情，我接到吴奇伟总司令电话，当即转告退到偏岩的曹金轮师长，曹惊魂未定，根本听不进我向他转达的蒋介石命该师死守偏岩的命令。我与曹金轮原为旧交，满以为可以在第五师的掩护下，将第十三师收容起来，结果曹金轮二话没说，随着溃兵西去。

五月二十五日第十三师西走以后，敌人尾追；第五师即与敌人激战，敌在空军的掩护下，疯狂进攻，第五师偏岩、左翼雨台山、月亮岩暂编第三十四师第二团阵地被敌突破。并有大部友军由津洋口、都镇湾向高昌堰西撤。

二十六日，江防总部命令，调整部署：以第五师、十八师、十一师守备馒头嘴、峡当口、石牌之线。我第五师占领馒头嘴、峡当口的口袋阵地，当敌人在空军掩护下出偏岩向馒头嘴、峡当口突进时，我师第十三团在馒头嘴占领了侧面阵地，第十四团在峡当口与第十八军第十八师并肩作战，拒敌西犯。在小河两岸的宽广的开阔地里，敌以密集纵队向我阵地扑来，我军沉着应战，待敌接近到我阵地前缘，出敌不意发起攻击，打得敌人死伤枕藉。敌机整日轰炸，施放毒气，其空降部队降落后，也随即被我第十四团消灭。就在偏岩到馒头嘴这个开阔的山冲里，毙伤敌人千余人。

到此，我第六战区长官部又作了新的部署，其要旨是：

基于当时敌情判断，渔洋关方面向西北窜犯之敌，似有配合长阳方面敌军迂回资丘包围我江防军之企图。第十集团军之各部队，尚待收容整理，无法与敌决战，遂决心遵照一九四〇年预定待敌深入到山岳地带后，再行断其归路之腹案，乃拟定作战指导如下：

一、战区决心确保石牌要塞，俟第三十军及第七十四军到达后，即以第三十军、三十二军、七十四军各主力及七十九军全部，在清江两岸地区对向我江防军攻击之敌，南北夹击而歼灭之。

二、决战时期预定为五月三十一日至六月二日。

五月二十六日至二十七日间，我江防军全线连日激战，扼守天柱山、馒头嘴、柳林子、小平善坝之线阻击敌人。

二十六日晨，敌便衣百余人与我石板沟第八十六军搜索营激战。未顷，敌步骑约千人续至，我因众寡悬殊，遂向西移，敌续西犯，遂激战于香火岭、四方岩、娃娃岩之线。该地先后复为敌占，我军向五龙观方向转移。同时，鸭子口对岸之敌，陆续增兵，一再强渡清江，经我第一三九师守军猛击，毙敌甚多。中午鸭子口、长岭岗均告失守。二十七日，敌千余人由津洋口窜两河口。而峡当口敌千余人、炮八门，亦于二十六日向白道岩、月亮垭第五师阵地猛攻，经我第五师迎头痛击，迄二十七日，敌增至三四千人。五时许敌分向长儿坪、杨花子坡猛攻；同时敌千余人，配合便衣二三百人向土地垭、刘家坝攻我第五师侧背，血战竟日。

二十七日晚，敌分由鸡冠岩、赵家莲向沙坦丘、胡家店、鲁家坝、柳林子第十八军各阵地进犯，短兵相交，敌伤亡甚众，不支回窜。

二十八日，我第五师第十五、十四两团据守高昌堰两侧高地。敌以二十余架飞机，掩护步兵四五千人向我猛扑，激战竟日，我军士气旺盛，并以有力之一部占领高昌堰通向津洋口的峡口，掩护我友军安全西撤。高昌堰是三斗坪、宜昌、津洋口、渔洋关、贺家坪进出的咙喉要道，拱卫着石牌要塞，是一个狭隘的通道，易守难攻，中有东西向通达清江的溪河，两翼没有依托。我师官兵认为这是埋葬敌人的好战场。

二十九日江防总司令的部署是：

一、第三十二军第五师占领下元溪、木桥溪、石头垭之线；第六十七师归第三十二军指挥，位置于贺家坪；第三十二军主力位置于三叉河、下元溪之线；

二、第十八军占领易家坝、曹家畈、新安寺、石牌之线，第十一师固守石牌要塞。

五月二十八日江防部战报的情况是：

水昌寺方面之敌千余人，界岭、杨春岭方面之敌两三千人，炮五六门，先后在敌空军掩护下向我第五师两翼攻击。我第五师之第十五团、十四团激战于高昌堰附近，血战至下午九时许，敌我仍胶着于香花岭以东钱子溪南北高地杨春岭之线。

沿曹家畈、宜昌大道西进之敌，向曹家畈附近第十八师全面进犯，其一部曾侵入彭家坡山腹，经我派队驱逐。同时大桥边之敌三千余人，分三股向我石牌要塞外围闵家冲、井长坡各阵地窜犯，敌机连续轰炸达四小时，我第十一师凭工事阻敌，战斗至烈，迄黄昏仍固守中。

二十九日，香花岭附近之敌，晚十一时开始与我第五师第十四团、十五团争夺沿河阵地，且两侧山地险要，敌大兵猬集于隘路无法展开。我军越战越强。激战竟日，我师毙敌三四百人。

同日，我十八军第十八师八斗冲阵地陷于敌手。

当晚，我第五师奉江防总部命令调整部署，师主力由高昌堰、墨坪转移至木桥溪，阻敌西犯。

三十日，敌占香花溪、三岔口、小朱坪及四方塘各地，拂晓前后，向墨坪第五师阵地猛攻。上午九时许敌四千余人，在飞机掩护下，攻我第五师防守的墨坪、木桥溪附近高地，反复争夺，奋战竟日，沿溪之墨坪、木桥溪两镇入晚被敌占领。我第五师主力之第十四、十五两团及师直属营连队退守太史桥与木桥溪北高地之第十三团阵地连成一片，太史桥为战略要地，这座大石桥早经破坏，桥底可以渡涉，但石桥两头陡峭绝壁，通过十分困难。

三十日晚，我和刘云瀚师长得机会在太史桥半山阵地研究下一步敌情和作战指导，并乘夜暗观察各方情况，特别是敌人动态，见到长江沿江山坡灯火绵延不绝。这时我们与江防军总部、第十八军和第十一师通信网已断。午夜十二时，第十三团前哨步队和师侦察队忽报我当面之敌有撤退模样，我和刘师长立即命令第十三团准备出击，并令侦察部队一分钟也不能脱离与敌接触。拂晓前敌人发起佯攻。我们判断，敌人是在掩护退却。少顷，我搜索部队报告，敌主力已狼狈回窜。师立命第十三团跟踪追击。至此，敌人妄图占领木桥溪以后，西犯贺家坪、东窜三斗坪、席卷我石牌要塞的迷梦已彻底破灭。

我们祝捷的同时，江防军的通信网恢复了，首先是第十一师师长胡琏打电话给我，向第五师官兵殷切慰问，并祝贺我们的胜利。

自五月二十四日开始到三十一日，我第五师为保卫石牌要塞，血战一周，我师阵亡营长以下官兵五〇八人，伤官兵三百余人。

战后，将我阵亡官兵集中掩埋于英雄的馒头嘴山上，并建立了一座巍峨的烈士纪念塔。

鄂西石牌柳林战斗

马千毅[※]

一九四三年二月十六日，占领湖北境内长江北岸之日军，由枝江西董市、白马、古老背（均在长江北岸），趁长江江面晨雾，渡江侵犯百里洲、宜都与红花套各地。我各江防部队，严阵以待，趁其半渡，以猛烈炮火奇袭其渡江船艇，仅上述这三个守地，即毙伤敌三百多人，击沉敌炮艇汽船数艘。

我于一九四一年八月，部队出川回防鄂西时，即由师参谋处调第十八师第五十三团任第三营营长。我师担任由宜昌西岸大桥边至长阳、宜都的防守任务，我营防守红花套。

一九四三年三月六日，敌人又开始活动，沿江分五路同时抢渡，重点在江陵与提头寺。在枝城对岸郎溪之敌约一个联队在河道弯曲突出部，先后抢渡过江，于七日向西北分股突破汉洋河，侵占聂家河、潘家湾后，越过清江，直趋长阳我宜都守军，第十八师第五十二团，除留一个营继续防守江防外，全团（欠一营）迅速回师，向长阳渡河之敌截击尾追我团（欠一营）由石牌向长阳前进，扼守清江。我营将红花套江防任务，移交友军后，迅速转移至吴家坪。三月八日，敌绕过长阳，在长阳西十华里津洋口，渡过清江，分两路，一路向石牌进犯，在沈家嘴与我团第一营接触。这一带，地形险要，悬岩山谷较多，我团扼守要隘，凭险与敌作战，敌前进困难，战斗呈胶着状。一路进犯资丘之敌，被我从野山

※ 作者当时系第六战区长江上游江防军第十八军第十八师第五十三团第三营营长。

关赶来之友军第十一师一个营，在资丘附近截击，被我军毙伤敌十余人，击溃敌四百余人。九日，我营由吴家坪向柳林前进，拟增援石牌我团主力作战，适与敌在柳林峡谷遭遇，情况突然紧急。我命令前卫连（第七连）迅速前进，抢占谷地左侧高地，阻敌前进；命令第八连进至谷口处正面堵击敌人；第九连由小路上山，占领制高点，火力封锁谷口，阻击后续之敌；机枪连及迫炮排迅速进入阵地，向阵地前沿猛烈射击。因敌我双方均在山谷内，只有前进，不容后退，敌顽强战斗，战况激烈，多次向第七连阵地冲突，抢夺高地，均被我第七连击退。战斗至傍晚，才稍沉寂。深夜敌一股窜至我侧面，被我警戒驱逐。由于我抢先占领谷中左侧高地，取得优势地形，瞰制敌之进出，敌多次争夺未得逞，我估计明（十）日必有更激烈之争夺战，为加强第七连高地火力，配属重机枪一个排（两挺）；从第九连抽一个排，绕至柳林西北，挠袭敌侧后。因为我营是脱离团主力独立作战，无补给，必须注意节约弹药，并派通信班班长间道前往石牌与团联系，各连、排在天亮前即部署完毕。

十日晨七时许，敌机飞临石牌、长阳及我阵地上空侦察。十时许，敌机数架飞临我阵地上空投弹轰炸，并低飞扫射，我营受到一定伤亡。近中午敌人集中力量，向我第七连阵前多次冲锋，均被我打退，在我阵地前横尸十余具。我为增强战斗，稳住军心，派副营长带一个排增援第七连作战。下午战斗更为激烈，敌集中小炮轰击，飞机不断低飞轰炸扫射，副营长受重伤，第七连排长一死一伤，情势更紧。此时副团长易智（军校七期）带来一个迫炮排、一个步话班、一个弹药班。我和副团长会商后，由他指挥全营战斗。我带迫炮排亲自去第七连协助指挥，用迫炮轰击阵前凹地潜伏之敌。敌人溃退，情势好转。但此时谷地正面第八连阵地，被敌突破后退，连长受伤。我向第七连连长交代后，带着原支援第七连的一个步兵排前去支援。在途中，敌机在离我三四十米处投弹爆炸，我头部前额被破片擦伤，门牙碰掉一颗，我感到第八连情况紧急，必须亲去，乃裹伤继续前进。第八连连长欧阳伦，他下颚被弹片击伤，但他仍在继续指挥战斗。我要他下去，他看见我也受伤，坚持不下去。欧阳伦，广东人，军校十四期，平时寡言少语，关心士兵如子弟，执行命令很认真，训练要求严格，多次被评为优秀连长。敌人疯狂向他连阵地冲击，他身先士卒，几次带领士兵冲出阵前，与敌展开白刃战，他受伤对士气有影响，阵地被突破。他包扎后复返第一线，士气又大振，夺回阵地，毙敌十余人，副团长闻听第八连阵地被突破，连长又受伤，也赶来了。我们商议后，以第九连连长率两个排，向敌侧翼冲击，以解第八连之危。敌不支后退，第八连乘势冲杀至下午六时，战斗转弱。我和副团长向第八连连长交代后，沿阵地至第七连视察，嘱他们加强工事，补充弹药、干粮，充足饮水，轮流就地休息，准备明日再战。我们回营指挥所时，接团部通报：石牌当面之敌，在我团阻击下，逐渐向沈家嘴后退，有向西北溃逃渡江之势，要我营捕捉战机，乘势歼灭残敌。我通知各连准备夜间战斗。晚十时许，敌突向我阵地发起夜袭，知敌将利用夜暗佯攻，以图脱离接触逃跑。我营乘机全线出击，分小股尾追，至大桥边与团主力会合。调整部署后，继续追击至江岸三华里处，敌布阵抵抗。同时宜昌敌炮兵，向我后方盲目发射，以助敌渡江，天亮我军追至江边收复原阵地。

此役，我营从三月七日起至十日，历经四天的战斗。前三天与敌一个大队独立作战，全营官兵以同仇敌忾、奋勇杀敌的气概，与顽敌展开搏斗，在整个战斗过程中，无一临阵逃跑、不听命令者。最后一天，敌机疯狂轰炸，拼死冲突，但我营官兵，仍沉着英勇奋战，裹创再战，越战越勇。此役我营共负伤二十八人，阵亡十三人，毙伤敌七八十人。十三日，我团开长阳鱼坪整休。

石牌天险敌胆寒

高德埠※

　　位于长江三峡口右岸的石牌要塞，是抗战时期捍卫陪都重庆的第一
道门户。一九四三年夏，敌军从长江南岸分两路绕袭石牌外围，并由长
江北岸以重炮向我石牌守军猛烈轰击，加之敌空军助战，步、炮、空配
合进攻，来势极为凶猛。经我石牌防守部队奋勇迎战，不仅确保了我石
牌要塞屹然不动，并且将来犯之敌打得大败，赢得了辉煌的胜利。

　　石牌要塞属于宜（昌）巴（东）要塞区第一总台管辖。我从一九四
二年四月起，直到一九四五年日本投降，一直在石牌要塞即第一总台部
所辖之第一台二分台当兵，由二等兵逐渐提升到中士副炮长。

　　第一总台部设在石牌西北的柳林沱，第一炮台设防于石牌，第二炮
台设防于庙河。设在石牌的，除第一炮台外，还有一个烟幕队、一个鱼
雷队、一个观察所和一部无线电台，官兵约一百人。总台长方荣，副总
台长江叔安，参谋长姓郎（名字已记不清）。部队设防石牌后，为了有效
地阻击日军的进攻，做了两项大的准备：第一，构筑了较坚固的炮台工
事；第二，集中了一段时间进行大炮实地操练。

　　要塞防御设施的部署是：第一台配备六门炮（其中四门47生的炮，
面对长江航道）；正面左前方的长江北岸是烟幕队，右前方长江南岸是鱼
雷队；长江南岸太公沱突出部有瞭望哨，炮台后方设有观察站；一分台
配有75生的炮二门，设在二分台右侧小溪南岸。整个设防的特点是：通
信联络灵便，炮台工事坚固；进出方便，视线良好，射界开阔，较为荫

　　※　作者当时系第六战区长江上游江防军石牌要塞副炮长。

蔽；轻重武器构成交叉火网，既能封锁整个江面，又能对来犯之敌给以毁灭性的炮击。

我们二分台的任务是：在总台部的直接指挥下，如遇敌军进犯至太公沱江心时，在烟幕队的配合下，利用鱼雷攻击，对来犯之敌实施突然炮袭，既能击沉敌舰，又能打垮敌之进攻，达到阻击日军进攻鄂西的企图。

一九四三年夏鄂西会战展开前不久，海军部部长陈绍宽海军上将曾乘"永绥"军舰亲至石牌要塞视察，并召集全体官兵训话："希望我全体将士站在抗日第一线，要团结一致，同生共死，坚定不移地抵抗日本帝国主义，争取最后胜利。"总台长方荣也在每周的周会上告诫我们"严守纪律，随时警惕，严阵以待来犯之敌"。同时我们还经常抓紧时机加强训练，提高杀敌本领。所以鄂西会战的重要关头，尽管敌军飞机、大炮不断轰击，我们全体官兵临危不惧，沉着应战，石牌要塞和主阵地，始终安然无恙。此后，一九四四年的朱家坪战役，日军由南津关向我太公沱鱼雷队轰击，在方荣总台长倡议"死守阵地，与炮台共存亡"的口号下，我阵地仍然十分稳定。正如石牌村江边大石崖上摹刻的七个大字那样："石牌天险敌胆寒"，石牌虽然历经烽火袭击，却一直在我们自己手里。

第六战区挺进军进攻沙市之战

凌兆尧[※]

一九四一年冬，我在第二十集团军总司令部任总参议，由总司令霍揆彰向第六战区司令长官陈诚保荐，调任第六战区挺进军总指挥，兼湖北省第四区行政专员，参加了进攻宜（昌）沙（市）之战；我属霍揆彰指挥，担任围攻沙市的任务。

挺进军总指挥部，原为第六战区游击总指挥部（总称鄂中游击总指挥部），下辖两个纵队（后扩充为三个纵队）、四个支队。纵队编制相当于师，但人枪只有两千多；支队编制相当于团，人枪只有五六百。这些部队原来都是所谓土匪队伍，军纪废弛，经我收编整顿之后，才有所改变，不敢公然作恶。全军官兵都是湖北人，熟悉当地情况，能深入敌后活动，有一定战斗力。

第一纵队司令先是刘景容，我接任不久，改由何大熙任司令。这个部队原系鄂西地方部队，是何大熙一手组编起来的。第二纵队司令金亦吾，曾自称"黄军总司令"，流窜鄂中一带，因被国民党第一二八师师长王劲哉打败，我乘机晓以利害，才愿意由我收编。其副司令管子芳想挤掉金亦吾，曾暗中向第六战区长官部控告金亦吾，陈诚密令我将金扣押送审，我为金向陈诚解释，免管子芳之职，仍任金为第二纵队司令。因此，这两个纵队司令，对我表示忠诚。其余四个支队，也是收编的当地武装力量。第一支队队长郑家良（以后升任第二纵队司令）、第二支队队长唐玉麟、第三支队队长杨春芳、第四支队队长邹赞庭。这些部队，不

※ 作者当时系第六战区挺进军总指挥兼湖北省第四区行政专员。

属正规部队供应范围，粮饷等都由第四专区筹措，主要依靠藕池、新厂、郝穴几个小城镇渡口的税收支拨。

第四专区辖鄂中江陵（包括沙市）、荆门等十余个县，这些县城多被日军占据，专员公署设在公安南岸申津渡。第一纵队驻防郝穴一带地区，第二纵队驻防普济观一带地区，第一支队（第三纵队）在荆门到沙市之间活动，第二支队控置在公署所在地，第三支队在后港一带地区活动，第四支队在后港西北地区活动。这支队伍对维护长江渡口交通，及正规部队的安全，起一定作用。

当时，第六战区长官部设在鄂西恩施，所辖部队主要兵力都在长江南岸及宜昌以西地区设防，与驻防常德一带的第九战区部队互相联系支援。一九四一年八月间，盘踞湖北境内的日本侵略军，留一部分守城市要点，抽出大部兵力向第九战区正面进攻，企图占领长沙。这时，蒋介石即令第六战区司令长官陈诚，派大部队渡江进攻宜昌、沙市，以策应第九战区部队的作战。担任攻沙市任务的是霍揆彰的第二十集团军，我率领的挺进军，也归霍揆彰指挥，协力围攻沙市。

霍揆彰奉到进攻沙市命令后，即命令我派一部向荆门、潜江一带地区突击，截断汉宜公路，断敌后援；以主力掩护各部队由郝穴、新厂、藕池三个渡口渡江。随后，霍又命令第五十四军军长阙汉骞除留一个师在集团军所在地外，率其余一个师及郑洞国部的荣誉师由郝穴渡江，向沙市以西进攻；第十三军的陈维韩师由新厂渡江，向沙市以南进攻；第五十三军周福成率所部两个师由藕池渡江，向沙市以东进攻。第二十集团军总司令部设在公安樟村，一直在长江南岸。

由于挺进军的掩护，上述部队皆安全渡江，如期到达指定地点，向沙市构成围攻态势。当时留守沙市的日军不多，只有一个联队约两千人，重炮二门；汉宜公路各据点，只有伪军几个团，并无日军，其他县城内日军也很少。我军发动攻击后，沙市郊区及城区日军凭既设工事顽强抵抗，我军荣誉师战斗力较强，向沙市西面日军猛攻，战斗颇为激烈，双方伤亡较大。我军各方面围攻甚猛，三四天后，日军被迫放弃沙市郊区工事，缩到城区固守。

我率领的挺进军，士气也较旺盛，第二纵队司令金亦吾，与汉宜公路上的伪军素有联系，伪军听说我军大部队来攻，不战即退。金亦吾率部直扑潜江县城，城内约一连日军，略加抵抗，即弃城向东逃走。第一纵队司令何大熙与第十三军的陈维韩师长配合，进攻沙市东南面，夺取了日军外围阵地，迫使日军退入城区据点。四个支队除第二支队唐玉麟由我控制外，其余三个支队都深入沙市东北地区，袭击日伪军。

围攻沙市约一周之后，情况日益对我军有利，汉水及汉宜公路完全被我军截断，荆门、潜江一带地区及县城，均被我军占领。沙市日军已断绝了粮弹补给，城区工事据点虽未被我军占领，但据谍报及战斗情况判断，日军粮弹奇缺，恐慌万状，我官兵对攻下沙市都具有充分信心。

由于我军进攻宜（昌）沙（市）获得进展，使得突入长沙的日军不得不由长沙向湖北境内撤退，于是九战区各部队乘胜向日军开始反攻。

围攻沙市约两个星期，我军突然奉到第六战区长官部命令，大意是：进攻长沙的日军，已撤回湖北境内，向鄂西地区移动，企图渡江西犯。我进攻宜昌、沙市各部队，迅速撤过长江以南，扼守原阵地。前线官兵突然接到这一命令，一方面感到沙市城指日可下，弃之可惜；一方面感到日军要渡江西犯，引起思想混乱，特别是老百姓很恐慌。

霍揆彰集团军各部撤退时，仍由挺进军在后担任掩护，第五十四军及荣誉师仍由郝穴南撤，第五十三师仍由藕池南撤。这时霍揆彰转来陈诚电令，要我部即刻炸毁万城大堤，利用江水淹没鄂中各县，使日军进出困难，以利我军扼江为守。我奉到这一命令之后，大为震惊。长江北岸由宜昌到汉阳，有一道长堤，万城正是这道长堤的险要处。如万城决口，江水可以淹到湖北孝感，人民遭到的灾害，不堪设想。我如执行这一命令，将成为万世唾骂的罪人。再想到我是鄂中十六县的地方行政专员，我率领的挺进军必须依靠这一带地区生存下去，如果我决了大堤，除了把湖北大部分地方及人民淹没之外，也把我与这些挺进军的初愿都付诸东流。因此，我害怕执行这道炸堤命令，仗着曾当过霍揆彰的参谋长、关系较深，即向霍陈述万城大堤不能炸毁的道理，并着重提到，如果炸了万城大堤，将对霍揆彰及陈诚的民望造成无可补救的影响。霍揆彰认为我言之有理，但又害怕日军渡江西犯，没有适当对策。我就建议：万城大堤暂时可以不炸，我率领的挺进军，仍然留在长江以北地区，担任阻截日军渡江的任务。霍揆彰听了，感到挺进军的力量太小，恐难胜任。我又乘机建议，把第十三军的陈维韩师也留在江北，归我指挥。霍揆彰同意了，即转报陈诚，得到了陈诚的同意。这样，万城大堤总算未被炸毁。

在霍揆彰集团军正面，主要有郝穴、新厂、藕池三个渡口，这是荆江航道弯曲的一段。陈诚、霍揆彰总是担心日军会在这一段江面渡江西犯，万城大堤虽经允许不炸，但认为郝穴是江北岸近万户的大镇市，便于大部队进出，不能留下这一大镇市资敌。因此，决定将郝穴烧毁，并由霍揆彰转令我督部执行。我知道这个命令再不能违抗，当即告知当时在郝穴的江陵县长朱志清，并下令第二支队队长唐玉麟率部前往郝穴执行。朱县长与唐玉麟在放火之前，向老百姓宣传：这是上级的命令，因为日军就会打来，为了军事上的需要，不得不这样做。当时郝穴居民大部分早已逃散，留在郝穴的只有十分之一二，他们知道这是抗拒不了的事，也没有反对，于是一部分渡江向东南逃走，一部分西迁，带不动的财物及房产都烧毁一空，损失巨大，为状至惨。

第六战区发动进攻沙市之战，就以烧毁郝穴而结束。而后日军小部队确实到了郝穴，但未久停，即行北撤。从各方面情况分析，日军从湖南掉头而向西移动，不过是为了解宜（昌）沙（市）之围，并无真正西犯的企图。

霍揆彰第二十集团军各部撤退时，都是星夜行军，争先渡江，酿成许多事故。各渡口更是拥塞不堪，幸无日军追来，尚未造成重大伤亡。我率领的挺进军是从沙市东北地区后撤，由于地形熟悉，未遭到日军阻击。仅第十三军的陈维韩师与何大熙纵队，在沙市以南地区的观音寺、资福寺之线与日军遭遇，经过激烈战斗，阻止了日军向江岸接近，掩护了友军安全渡过长江。

这次作战，因无重大牺牲，受到了蒋介石的嘉奖。据实而言，这次进攻宜（昌）沙（市）之战，在战略上说是有利的，对于策应第九战区作战，逼使敌军从长沙回撤，起到了战略上配合的作用。但从作战情况上说，充分表现了一部分将领指挥无能，军队战斗力薄弱。沙市守敌不过一个联队，而我军有五个正规师，外加挺进军，围攻了两个星期，仍然没有把沙市攻下。当获知沙市守敌只有一个联队，鄂中各地敌伪军兵力均很单薄时，陈诚及霍揆彰等高级将领，仍使用大部队围攻沙市，而不知运用部队到其他地区扩大战果。但当日军由长沙回撤而向鄂西移动时，就误认日军将倾力西犯，慌忙命各军迅速撤回，烧毁郝穴，甚至要把万城大堤炸毁；只考虑保全部队，而不考虑人民的灾难，更未考虑到十万大军一进一退，徒然造成的损失该有多大，岂能不说是极大的失策。

进攻沙市战斗纪实

陈其谁[※]

一九四〇年六月，侵华日军攻入宜昌，有乘胜渗入鄂西山区之势。当时第六战区司令长官兼湖北省政府主席陈诚，便命湖北第六专区（今宜昌地区，专员公署驻三斗坪）行政专员吴良琛，就地组织游击纵队，以便在日军渡江入侵山区时好作应付。

长阳人何大熙，黄埔三期生，吴良琛任第十三师师长时，何当过吴的参谋长。此时何正赋闲在家，经吴良琛派他充任第一纵队第一支队长，何便在长阳家乡组织队伍，奉命开到宜都聂家河对面的白田整训。

当时，我在宜都县江北工作委员会任突击队长。因为我几次要求渡江到敌后作战，不愿待在江南山里受人耻笑，因此引起县长的反感、怀疑和歧视。这年农历十一月，县的直属部队"国民兵团"都发了棉衣，我们突击队却还是一身夏装，突击队当时所处的地位可以想见。在进退无路之际，经人介绍我和何大熙见了一面。当我倾诉了我的心情之后，何即表示欢迎我率队参加他的部队共同抗日。

我回部队后立即做了准备，晚点名时一破常例，把弟兄们——四十九人带有五十七条枪，请到我的房里，挤在一起谈心似的说了我的计划。他们听后一致宣称："队长到哪里，我们跟到哪里，要死死在一块。"我当即决定，深夜三点钟吃饭，四点钟出发。对房东说是明天换防，把带不动的东西都送给了他。

我们的驻地与何大熙的支队司令部距离有十多里山路，我选择的小

※ 作者当时系第六战区挺进军第一纵队第一支队加强营第一连连长。

路也不过二十里，估计天亮前可以到达。以战斗急行军的速度前进，到达汉阳河（渔洋河）边渡口，何派的手枪班已准备好渡船在等待着。到达白田时，部队正吹起床号。

第一支队此时已有六个连的兵力，只是支队司令部警卫排尚空着，便将我带的兵编为警卫排。何说我的兵都是江北的子弟兵，我是学生出身的青年，他劝我屈就此职。从此我就是第六战区游击第一纵队的一员，佩着一个布质蓝色的"献"字臂章——因为吴良琛号"献之"。

支队部的官佐基本上都是从第十三师来的旧部，所以全是老家在武汉周围的湖北人。其下属官兵则是收容随枣会战溃散下来的零星部队，以及鄂西的"袍哥"、土匪，还有许多自愿来当兵以逃避征兵的农民。因为这支部队是在草创之时，对入伍新兵，没有当时兵役部队那样虐待壮丁的情况。

何大熙性情好大喜功，刚愎嗜杀。他常说，对这种复杂的队伍不杀不足以树威。有天下午通知我明天要枪决一名逃兵，我看那人是个老实健壮的青年农民，在吃饭时我向何提出是否可以不枪决，打一顿关起来再说，何不耐烦地训我说："你不懂得带兵之道！"接着又以"恩威并济"的大道理把我教训了一番。

部队在白田驻到一九四一年春节后东下，进入阵地，是为组编整训阶段，因为驻地集中，治军严峻，军风纪尚好。

春节后，部队建制有所改变：成立第六战区游击总指挥部，后改称"第六战区挺进军总指挥部"。第一纵队也随之改称"第六战区挺进军第一纵队"。第一纵队的臂章代号：一九四一年是"义胜"，一九四二年是"伐房"，一九四三年是"铁戈"。挺进军由凌兆尧任总指挥兼湖北第四区行政专员（凌调走后，由何绍南继任）。指挥部设在石首县的新厂。下辖何大熙、金亦吾的一、二两个纵队，后又成立郑家良的第三纵队。隶属于第二十集团军霍揆彰的战斗序列。此时吴良琛已不能兼第一纵队司令，由第六战区长官部派任刘景容为第一纵队司令，何大熙升为副司令仍兼第一支队队长。划定第一纵队防区在沙市以下郝穴地区观音寺迄资福寺一线，当时此线以北即为日军的沙市外围据点岑河口，两者之间有一大片称为"游击地区"的缓冲地带。

春初，第一支队由白田出发，途经江南的枝江、松滋、公安三县，因沿途收容、扩编，到达郝穴归入第一纵队建制时，已是春末。部队渡江到达郝穴后，未经休息即进入阵地接防。纵队司令部驻郝穴，第一支队为总预备队，即驻在郝穴地区。此时处在江北的部队还有金亦吾的第二纵队和不属于总指挥部的王劲哉的第一二八师。

进入郝穴不久，刘景容他调，何大熙升任第一纵队司令。下属三个支队，实额人枪不到三千。但因老兵较多，前线与敌人接触多次，尚能应付，没有吃过大亏。当时上级见第一纵队尚能作战，针对何大熙好大喜功的特点，许诺将来可以改编为师，作为诱饵。故在郝穴的一年多时间里，除作战外，何大熙对部队的整训和军纪都抓得很紧。纵队司令部办有军官队、军士队、学兵队，轮训官兵。每周都要集合部队，当场枪决违犯军纪的官兵。如政治处主任的妻弟因走私，军械处处长因贩卖枪支，都被枪决。

一九四一年八月间，为了配合正规军反攻沙（市）宜（昌），总指挥部命第一纵队派兵主动出击。何大熙认为立功的时机已到，不顾敌人早有准备，临时以军士队为基础编成一个加强营，我任第一连连长打左翼，王长江任第二连连长打右翼，营长姓程，他自带一个连在后接应，去进攻沙市外围岑河口地区敌人的一个据点。出发时天色阴沉，半路上突降大雨，我们冒雨接近敌人，敌人虽以探照灯不时照射，也未发现我们。我连越过堑壕开始破坏敌人电网时，敌人才发现我们，一时双方用手榴弹、掷弹筒互射了一阵，我部伤亡十余人，只得撤入堑壕等右翼打响后再冲锋。但右翼有零星枪声外，不见程营长的接应队伍，他距我只有半里路，我派传令兵去找他，却没有找着。接着右翼的枪声也听不见了。此时已四点钟，我怕天亮撤不下去，只得连续投掷了一大批手榴弹，在弥漫的硝烟中把队伍转移，脱离战斗。敌人因天黑雨大不敢出来追击。我们走了七八里路，才追上营部的队伍，右翼连也与营部一起退了下来。我问程营长为什么不接应左翼，他说在敌人的探照灯下见左翼没有人动，以为我们牺牲太大已经撤退。我说："你没有听见我们的手榴弹和枪声吗？"他没有回答。

回到资福寺附近的司令部，程营长和王长江连长被扣押起来了。第二天王长江被枪决，程却因全体官兵求情免死——因为他是第十三师的旧部。

当时第一纵队在官兵素质上，要比第二、三纵队强些，但在何大熙的凶残统治下，政治思想工作差，多数官兵认为当兵为饱暖，打仗是职业，所以有次竟然发生兵变。事情的经过是：一九四二年端午节前后，司令部特务营警卫连，因受汉奸勾引，于一个午夜叛变投敌，临走前冲到何大熙寝室门外，向何的床前投了一枚手榴弹，弹片被厚床板挡住，何幸免受伤。他的卫士奋起抵抗，却被打死了十几个人。叛兵不敢恋战，才匆匆投敌去了。这个连原是收编豫西的土匪，被收编后，官长表面对何表示忠顺，何也很宠爱他们。进入防地后，经常搞些杀人越货的勾当，何有所闻而不信。当这次事件发生后，何大为震怒，连日活埋了几个有通敌嫌疑的营、连长。

一九四二年夏末，第二十集团军总司令霍揆彰在常德召集会议，会上，霍宣布将何大熙撤职，并关押起来，由第六战区长官部派王道接任纵队司令。

一九四二年下半年，敌酝酿渡长江打洞庭（湖）的战役，前线似乎平静了一阵。

这年秋天，第一纵队活捉到了一个日本兵。驻沙市的日军里有一支很凶的骑兵队，号称"黑虎队"。第六战区长官部曾严令我们抓俘虏上交，这个俘虏就是从"黑虎队"里抓来的。原来我们为了防御敌人的坦克和骑兵，曾发动群众挖了许多一丈深一丈宽的堑壕，战马进入堑壕内很难跳出来。我们乘"黑虎队"到游击区"扫荡"的时候，把他们引诱到堑壕区内，埋伏强火力压迫他们进入壕中，再设法杀马抓人。谁知日军受武士道的毒害甚深，临死还要回击，此役我们虽打死了一些敌人，自己也付出了很大的伤亡，只抓到一个俘虏。当时我任警卫连长，俘虏押在我的连部，因为没有翻译，也没得到什么口供，两天后便把他解送上交了。

一九四三年初，敌华中地区部队调动频繁，有南渡长江入侵滨湖地区之势。春节后，敌以数倍的兵力，采取包围的形式，从北、东、南三面向我们江北这块桥头堡地区进攻。因装备优劣悬殊，没多久，敌军就席卷了整个鄂中长江以北地区，排除了他入侵滨湖地区的后顾之忧。

农历正月初十光景，战斗打响，江北全军处于三面临敌，一面背江的不利形势之下；又因部队的政治素质差，不可能化整为零地在敌后内线作战。指挥部命令第一纵队边打边向南撤，相机渡江。

时正大雪漫天，我们部队从熊家河、郝穴之线向南转进，当我们到达普济观时，发现东北面的敌人已超过沙岗，和我们并头南进。我们侧卫部队派兵骚扰，他们也不理睬。他们想以快速度超进合围，把我们包围消灭。在天亮前我们进入了一个干枯了的芦苇湖中，当时雪很大，天亮后积雪掩盖了我们部队的行军足踪。但敌人的搜索骑兵还是发现了可疑的痕迹，却不敢贸然进入湖区，只是向芦苇湖中发射了一阵掷榴弹而去。我们采取的对策是：你进湖就拼，不进来就不理睬。敌人过后，我们就在湖中芦苇丛里卧雪休息。

377

隐蔽湖中不能举火做饭，当时我们这个部队没有带干粮的习惯，下午便派人分途到湖边堤上找老百姓做饭。天黑以后，热喷喷的饭便一筐一桶地从四面八方挑送来了，有些饭里还拌有切碎的腊肉丁，热气中散发一种肉的香味，这在当时当地真可说是天下第一美餐了。

我们部队在江陵、石首、监利三县之间一带湖区里和敌人进行捉迷藏。我们是夜行昼伏，他们是昼行夜宿，两天来双方没有接触。第三天黄昏时，我们在一个干湖里被敌人发现了，于是对我们用迫击炮轰击了一番，直到天黑之后才停。因湖大，部队疏散休息，敌军炮火虽烈，我们伤亡不大。经派人侦察，敌人已集结部队把我们包围，估计天亮就要进湖搜索。同时发现湖的一边有条小沟，浅水淤泥约一丈宽，可以抢涉突围。当即决定午夜行动，规定每人带一捆芦柴作填沟之用。

当时雪落得正大，雪地的能见度很低。突围部队分三路，在一里宽的地带同时填沟抢涉。一个前卫连刚过，敌人被惊动，即用机枪将这道沟封锁。在我们掩护部队和前卫部队的夹击下，阻击之敌未敢逼近。不到一小时，两千多人马冲出了敌人的包围。这次突围成功的原因，是湖边都有堤，堤是大路，敌军只能在大路上运动；我们则是在突围过堤之后，又下到另一个干湖里，又是深夜，敌人不敢下湖穷追。我们向南急进，因为东、北、西三个方向的平原上，火光此起彼落，敌人在焚烧居民的房屋，作为他占领村庄的信号。真是风雪怒吼，烽烟遍野，一片祖国的锦绣河山被敌人蹂躏得惨不忍睹。

看地图，我们已走进了被长江三面围绕的洲头上了。这天正是农历正月十五元宵节，早晨突然雪霁放晴，敌飞机几番临空侦察扫射，因我们人马早已隐蔽，未被发现，无有损失。同时据侦察，敌人误认我们是突围向东而去，不会走向这个口袋似的洲上来，故遥向监利方向追击去了。

从地形上看，我们已走了绝路，便决定夜间到洲头南渡长江，对面便是石首县的调关镇。两天来，总指挥部和友邻部队都呼叫不应，电台已成了废物。当晚，找到一只渔划子，我带了一班士兵乘月色渡江，找到驻调关的江防军海军鱼雷大队，因为长江的船只都被他们控制，必须他们放船，我们部队才能南渡。鱼雷大队长一再说南渡要命令，否则不放船。经我一再说明部队与上级失掉联络，请他看在几千弟兄的分上，为抗战保留一点儿力量。但他们仍不答允。磨了个把小时，他听我说到"两三千人不死在日寇手里，难道要扼死在自己人手里吗？"他看着我的手在发抖，这才下令给了我十几条小船，条件是天亮以前必须抢渡完毕。

渡长江时，月色中，看着这些爱国船工，真有说不尽的敬佩心情。

船小人多，只得把战马和笨重的辎重都放弃了。最后一只船靠拢调关码头时，部队结束了江北抗战两年多的生活。到调关后，我因伤到湖南住院治疗，我也结束了在第一纵队两年多的戎马生活。

事后得知，此次战役中金亦吾的第二纵队及王劲哉的第一二八师都被消灭，第一纵队南撤。敌人达到了占领鄂中江北桥头堡的目的，创造了它渡江南侵的条件。

鄂西空战

肖锡纯[※]

　　一九四三年秋，我空军奉命配合陆军参加鄂西会战。我空军的前进机场在四川梁山和湖北恩施，由第六战区司令长官孙连仲指挥。孙连仲将军抗战中曾在平汉路、娘子关及台儿庄等地浴血奋战，他是西北军冯玉祥将军的旧部，治军保持着西北军的传统。这次空地协同配合作战，使陆军得到了空军的掩护，前线陆军士兵扬眉吐气，制空权掌握在我军手里，这是抗战以来陆空配合作战最好的一次战斗。

　　这次会战约三个月，空军每天出动 P－40 战斗机十二架，由四川梁山机场出发，到前线配合陆军作战，使陆军在空军掩护下主动攻击，节节取得胜利。但是，在这次会战快结束时，日空军掌握了我空军每天出动的规律，当我空军作战后返航的时候，敌军派十二架轰炸机衔尾我机之后，高空又以十二架战斗机作掩护，当我机返航甫及降落，敌机机群进入机场上空，将我停在机场上的飞机和由前方返航的战斗机共二十多架全部炸毁。

　　这次的失败，主要是空军第一路司令部司令官杨鹤宥情况判断错误造成的。当我机返航时，地面防空哨（这时地面防空监视哨组织已健全）第一次报告我机十二架，随后第二次又报告不明标志飞机十二架飞临上空。司令官杨鹤宥粗心大意，认为不明标志的十二架飞机，就是由前方返航的十二架战斗机，未采取措施，造成了我军覆没的严重错误。

　　我第四大队第二十一中队中队长周志开，满族人，身躯高大，生得

※　作者当时系第六战区空军第一路司令部政治督导员及空军第四大队政训主任。

眉清目秀，皮肤白嫩红润，讲话时面孔发红怕羞，谦和有礼，外貌不像军人，仍同青年学生一样，作战沉着勇敢。当天他领队到前线配合陆军作战，甫及回防降落，飞机已由跑道滑行到停机坪，他离开座舱时，突然地面发出紧急警报，敌机已然进入机场上空。他迅即登机，飞机的风挡尚未拉好，耳机及保险伞也未穿好，就紧急起飞，低空飞行，然后爬高。这样的紧急起飞是非常危险，偶一不慎，人就会被摔出机外。他在四川云阳上空击落敌机一架以后，才将风挡拉好，穿好保险伞，戴好耳机。又连续击落敌机两架。这时，他四处搜索，已无敌踪，遂向重庆西之白市驿机场飞去。此时，梁山机场已被敌毁，他在白市驿机场安全降落，保存了第四大队唯一的一架战斗机。

因这件事，杨鹤宵司令官被撤职查办，由张廷孟接任空军第一路司令部司令官的职务。蒋介石亲自到白市驿机场给周志开授国民党最高一级的青天白日勋章，发奖金三千元，晋升为空军少校。

由于梁山事件，第四大队所有飞行人员到印度接收新飞机，重新装备起来。一九四四年春又配合陆军参加第二次鄂西会战。在这次会战中，由于司令官张廷孟指挥错误，空军英雄周志开中队长不幸在战斗中牺牲，壮烈报国。周志开阵亡后，由我将这个不幸的消息通知烈士家属，周志开家只有一位老母亲，当我将周志开报国的噩耗告诉周老太太时，她坚强地默默沉思，泪水在眼眶里流转，一句话也说不出来。后来在重庆市重大的集会上，多次发言，重庆各报都刊登了她被誉为"空军之母"的消息。

在这次会战中，军事委员会总政治部送来数百万张"告沦陷区同胞书"和对敌宣传品，由我将这批宣传品分配给各大队向前线和沦陷区投送，沦陷区的同胞见到我国空军投下的传单后，无不欢欣鼓舞，争先恐后地抢着观看，欢庆盼望的我军反攻即将到来的好消息。抗战胜利后，为此事我立了功，被授予胜利勋章一枚。是年秋，我军又发动了第三次鄂西会战，会战开始不久，我奉令调到陆军步兵学校西北分校任政治部副主任。从此，我离开了空军。

附录一

武汉会战大事记

（一九三八年六月—十月）

日本帝国主义于一九三七年冬先后侵占上海、南京后，复于一九三八年春夏之际，纠集第三、六、九、十、十三、十五、十六、十七、十八、二十二、二十七、一〇一、一〇六、一一六等师团，及波田支队和特种部队配合海空军共三十五万余人，由华中派遣军司令官畑俊六指挥，继续向武汉大举进犯。

一九三八年

六月十一日

△　敌军二千余人在敌舰二十余艘掩护下至安庆下游登陆，向我第二十七集团军扼守大关阵地的杨森部进攻。

十二日

△　花园黄河堤决口后，豫东尽成水泽。

十三日

△　大关失守。

十五日

△　安庆沦陷。

△　潜山战斗异常激烈，我军撤离。

十八日

△　我军退守小池驿、太湖一线，阻敌西进。

二十三日

△　敌海军舰艇开始进攻马垱要塞并使用毒气，正面强攻数次，均被我炮兵击退。敌陆战队乘隙偷袭登陆得手，从滩头阵地向纵深发展。

二十六日

△　马垱要塞失守。

二十九日

△　日军在彭泽县将军庙登陆，攻陷彭泽。

△　白崇禧到广济县城（梅川镇）召集皖西、鄂东守军将领会议。

七月二日

△ 敌波田支队进犯湖口，我军与敌鏖战甚烈。

五日

△ 湖口陷落。

十日

△ 敌军进入鄱阳湖一带扫雷，企图攻占南昌。

二十一日

△ 我军在湖口以东太平关与敌鏖战获胜，缴获战车数十辆。

二十三日

△ 敌军在姑塘（九江东南）登陆。

△ 我军在广济地区与敌激战月余，毙敌甚众，并击落敌机一架。

二十五日

△ 九江陷落。

△ 敌军狂轰小池口。并由太湖、宿松、黄梅方向进袭，遭我军坚决抗击，战况激烈。

二十七日

△ 我军一度克复小池口。

八月一日

△ 宿松沦陷。

二日

△ 二郎河失守，我军转西北山区。敌军直攻黄梅。

三日

△ 武汉上空发生激烈空战，敌机被我击落十一架，我亦损失七架战机。

四日

△ 我驻武汉中央各机关迁重庆。

△ 黄梅沦陷。

八日

△ 敌在瑞昌北港口登陆，进扰瑞昌，与我军激战。

十一日

△ 敌机七十余架轰炸武昌、汉阳，许多建筑物被炸毁，群众伤亡数百人。

十七日

△ 永济陷落。

二十三日

△ 敌军在星子登陆。

二十四日

△ 瑞昌失守。

二十七日

△ 我军一度克复太湖、潜山。

二十八日

△ 我军克复宿松。

二十九日

△ 霍山失守。

三十日

△ 敌占六安。

九月二日

△ 南浔路之马回岭失陷。

四日

△ 我军在潢川东十五里铺与敌激战十日，阻敌前进。

六日

△ 广济失守。

七日

△ 固始沦陷。

十日

△ 敌军占领息县，向罗山进犯。

十三日

△ 广济外围战争剧烈，我军在梅川西阻击敌军，战争坚持到九月二十二日，八进八出，英勇悲壮。

十九日

△ 我军放弃商城、潢川，敌沿商麻公路南犯。

△ 蒋介石令十三师驰赴柳林歼击西犯之敌。

二十一日

△ 罗山沦陷，敌向信阳推进。

△ 江西方面敌军由瑞昌向武宁推进，遭我守军逐次抗击。

二十二日

△ 广济方面，我军在四望山与敌拼死战斗，牺牲官兵二千余人。同时，在龙顶寨与敌军作殊死战，我官兵牺牲三千余人；敌军亦伤亡惨

重，进展受阻。

二十三日

△ 富池口陷落。

二十五日

△ 敌向半壁山、阳新东北网湖一带我守军进攻，双方死伤枕藉。

二十七日

△ 敌占武宁。

二十九日

△ 田家镇要塞失守。

十月六日

△ 敌一部由武宁窜至阳新之龙港。

八日

△ 敌人沿龙港公路到达富水之辛潭铺。

△ 李宗仁到夏店，指挥前线战事。

十日

△ 德（安）星（子）、瑞（昌）武（宁）公路之敌，自一日起分途向我进攻，经我军奋力激战，歼敌四个联队，即为"万家岭大捷"。

十二日

△ 信阳失守，胡宗南部西撤。

十四日

△ 阳新沦陷。北线敌军攻占浠水。

十六日

△ 商城沦陷。

十九日

△ 石龙失守。

△ 大冶沦陷。

二十四日

△ 黄陂失守。

二十五日

△ 汉口沦陷。

二十六日

△ 武昌弃守。

二十七日

△ 汉阳失守。

随枣会战大事记

（一九三九年四月—五月）

一九三九年四月下旬，日军抽调第三、十三、十六等师团及第六师团一部，并骑兵第四旅团分别集结于鄂西北地区的钟祥、洋梓、东桥以及安陆、应山、随县、汉宜公路和襄花公路等处，准备向我进犯，以巩固其武汉外围。此时，国民党重庆统帅部根据敌军动向，一面令第三战区加强沿江攻势，牵制敌人；一面令第九战区继续攻略南昌，并加强湖北通山方面的兵力，向赣北扩大战果；同时进攻岳阳、全面部署随枣之战。

四月二十五日—二十九日

△　我第五战区针对敌情，对战区兵力重新调整部署，命江防军任沙洋、荆门、沙市、宜昌一带之守备；右集团任钟祥以北襄河两岸的守备；左集团任大洪山、厉山、塔儿湾一带地区的守备；第三十一集团军之第十三军集结唐王店、高城、天河口间地区；第八十五军集结吴山镇、鹿头镇等地；第二十二集团军集结长岗店、茅茨畈、枣阳间地区，机动使用；第二十一集团军担任鄂豫皖边区之游击，攻略敌后。

三十日

△　敌军第三师团向我驻郝家店、徐家店之第八十四军开始攻击竟日，我军退守塔儿湾阵地。

五月一日

△　敌第十三、十六师团及骑兵第四旅团向我张公庙、楼子庙之第五十九军第一八〇师及第七十七军第三十七师阵地猛攻，激战四日，敌钻隙渗入流水沟与我第三十八师一部接触，相持七日，敌突破我阵地，向枣阳县城推进。

二日

△　敌继续向我高城第十三军攻击，被我军阻止；同时，敌向塔儿湾我第八十四军阵地进攻，激战四日，敌滥用化学武器，我军伤亡惨重，遂放弃塔儿湾及高城，退守溳水阵地。

四日

△ 我军在溧水西岸设防，阻敌西进。

五日

△ 敌进攻我随县北之天河口，被我第三十一集团军阻击，未能前进。

六日

△ 敌我于随县偏北之厉山、江家河之线激战。

七日

△ 随县、枣阳沦陷。

九日

△ 第五战区长官部退驻谷城石花街。

十日

△ 敌军一部从豫南窜至枣阳北侧；另一部敌军已至新野，直指襄樊。

十二日

△ 信阳之敌陷我桐柏、唐河，枣阳以东之我军即向北撤；留置第三十九军于大洪山；第十三军于桐柏山；第五战区长官部另令襄河南岸之我军截击敌之后方；并调第二集团军从保安砦、西兴集向南阳、唐河县大举反攻，夹击敌人。

十三日

△ 敌军经我夹击，开始向平汉线及鄂中地区撤退。

十四日一十九日

△ 我军次第克复新野、南阳、唐河、桐柏等地。

十六日

△ 我军克复枣阳。除随县仍为敌军占领外，我军各部相继恢复原态势；随枣会战结束。

枣宜会战大事记

（一九四〇年五月—六月）

　　盘踞武汉之日军于一九四〇年四月中旬，从湘北、赣北抽调第六师团及第四十师团各一部，连同原驻湖北省境之第三、十三、十六、三十九等师团，另附特种部队，分别集结于钟祥、随县、信阳各地，向我第五战区襄东方面主力部队发动进攻。其作战意图：第一期以枣阳为前进目标；第二期则为侵占宜昌。此役历时一个半月以上，称为"枣宜会战"。

　　此时，我军兵力部署，以江防军第二十六军、第七十五军、第九十四军，后又增加第十八军担任荆门、江陵、沙市、宜昌一带守备；第三十三集团军之第五十五、第五十九、第七十七军担任襄河守备；第二十二集团军之第四十一、第四十五军，第十一集团军之第三十九、第八十四军防守随县以北地区；第二十九集团军之第四十四军控置于大洪山区，第六十七军担任东桥镇地区守备；第二集团军之第三十、第六十八军担任桐柏以东、平昌关、明港一带守备；第三十一集团军之第十三、第八十五、第九十二军置于河南确山、叶县之间，为战区机动兵团。

一九四〇年

五月一日
　　△　日军由信阳、随县、钟祥三个地区分五路向我侵犯：一路由长台关经明港转向泌阳、唐河；一路由信阳至桐柏；一路由随县至枣阳；一路由随县至吴家店；一路由钟祥至双沟。随枣会战开始。当日敌攻占明港。

三日
　　△　钟祥北进之敌攻占长寿店、田家集。

四日
　　△　日军第三十九师团及第六师团之一旅团，向我第十一集团军防

区进攻。

五日

△ 随县高城、安居陷落。我军转守随县西北之唐镇、澴潭西、高城北地区。

△ 占领明港之敌陷泌阳、桐柏。我第三十一集团军协同第六十八、第九十二军分路侧击日军。日军在流水沟一带迭放毒气。

六日

△ 钟祥北进之日军复陷丰乐、张家集；我第三十三集团军对敌阻击；第二十九集团军则向张家集、汪家埚之敌侧击；第四十一军亦协同对该敌堵击。

七日

△ 日军窜至枣阳之张家店和襄阳之双沟。

△ 唐河之日军向枣阳方面转进；枣阳南路之日军已抵吴家店、随阳店。

△ 我军克复新野。

△ 日骑兵又陷新野。

八日

△ 枣阳陷落。我第一七三师奋勇突围，师长钟毅殉国，官兵多壮烈牺牲。

△ 我军五度收复新野。

十日

△ 我军尾追敌军，克复唐河。

△ 日军主力在襄阳东、唐白河一线会合，对我形成包围态势，我军已转移外线，致敌扑空，并以第二军、第三十一集团军及第九十二军由北向南；第三十三、第二十九两集团军由南向北；以第九十四军进出汉宜公路深入京山、皂市、应城、云梦等地攻击敌之后方联络；将敌约四个师团包围于襄东平原，予以痛击。

十一日

△ 日军伤亡甚重，陆续东逃，我军跟踪追击，毙敌数千。

十六日

△ 我军克复枣阳。

△ 我第三十三集团军总司令张自忠将军亲率特务营至宜昌南瓜店附近，截击由北南窜日军；因敌反援，众寡悬殊，弹尽援绝，张自忠将军壮烈殉国。敌左侧减少压力，遂向枣阳县城进犯。

十七日

△ 枣阳又陷敌手。

十八日—三十日

△ 襄河东岸战事沉寂；我军转进到新野、唐河地区，待机反攻。敌军积极准备进攻宜昌。

三十一日

△ 日军由宜城经襄阳之欧家庙突过襄河西岸，继续向襄樊进犯。

六月一日

△ 襄阳陷落。

二日

△ 我空军飞至宜城北明正店与襄阳、欧家庙一带助战。

三日

△ 我军克枣阳。

△ 敌陷宜城、南漳。我军光复襄阳；主力仍在南漳附近与敌鏖战。

四日

△ 敌放弃南漳，大举南窜，由钟祥旧口、荆门沙洋强渡襄河，与襄阳南下之敌会合，向我江防军进击。我第二集团军与第三十一集团军则分途尾追南下之日军。

五日

△ 我军放弃沙洋。统帅部派军委会政治部部长陈诚到达宜昌担任右翼兵团长，负责指挥宜昌战事。

六日

△ 荆门陷落。我军与敌苦战于荆门、十里铺附近。

七日

△ 江陵失守。

九日

△ 沙市陷落。

△ 敌陆空联合向我枝江之董市及当阳、远安一线猛攻。

十日

△ 远安失陷。

△ 沿长江迤北的宜都古老背、当阳等地陷落，宜昌已受日军围攻。

十一日

△ 我军克复远安。

△ 葛洲坝失守。

十二日

△ 宜昌沦陷。

△ 陈诚指挥所移驻宜昌太平溪。

十三日

△ 敌我在当阳、鸦雀岭一带激战。

十五日

△ 我军向宜昌外围要地攻击。

十六日

△ 我军在镇境山与敌争夺激烈，双方伤亡均重。

十八日

△ 我军已将当阳、荆门交通截断，并猛攻荆门。敌主力仍麇集于当阳亘襄河附近地区固守。我军则采取外线作战，于江陵、当阳、钟祥、随县以迄信阳之线，对敌形成包围。会战遂告结束。

鄂西会战大事记

（一九四三年五月—六月）

枣宜会战结束后，敌军进占宜昌后不久，我江防军建制调整，长江上游江防司令部扩建为长江上游江防总司令部，以吴奇伟任总司令，驻宜昌三斗坪，所辖第二十六军任江防守备；第四十一师为右翼守备；第三十二师为左翼守备；第四十四师为总预备队，位置于曹家畈附近。

一九四一年秋，第六战区长官部为策应第九战区作战，曾派强力部队分从长江两岸进攻宜昌、沙市，迫使突入长沙之敌终于后撤。一九四三年二三月间，敌军从岳阳、沙市、宜昌地区向洞庭湖西岸和长江南岸滨湖我军防地发动攻势，经我守军奋力抵抗，激战兼旬，将敌击退。

鄂西会战是一九四三年五月敌军调集七个师团于白螺矶、华容、藕池口、弥陀寺、枝江、宜昌等地；同时在汉口、当阳集结飞机百余架，在敌第十一军司令官横山勇指挥下，进犯鄂西，叩击重庆门户；同时欲攫取我两湖粮仓，资其后勤。

此时，我第六战区分别以第二十九集团军置于安乡亘公安之线；第十集团军固守公安亘枝江既设阵地；以江防军防守宜都亘石牌要塞；以第七十五军、七十七军、五十九军守备三游洞亘转斗湾长江以北阵地区。

一九四三年

五月五日
△ 敌军第三师团主力，并独立第七十旅团及第四十师团各一部由白螺矶、华容、藕池口向洞庭湖北岸进攻，我第七十三军依预定计划，逐次抵抗。

八日
△ 滨湖之湖南南县、安乡沦入敌手。

九日
△ 敌向洞庭湖南岸进扰。其向津市前进之敌，经我军阻击，未能

前进。

十二日

△ 另一路敌军向枝江县属之弥陀市进抵松滋属之新江口。

十三日

△ 凌晨一时许，敌第十三师团主力由宜都之洋溪、枝江间渡过长江，对我第八十七军激战，形成包围，该军放弃公安西移。我第九十四军主力和第八十六军之第六十七师继将该敌阻击于宜都茶园寺附近。

十五日

△ 敌我在松滋西、宜都东一带激战。

十六日

△ 宜昌西岸及江北宜都之古老背附近敌军逐渐增加，有向江防军攻击之势。石牌要塞我军准备迎战；我第七十九军、第七十四军正从湖南石门向鄂西急进；第十集团军在清江以南与敌周旋。

二十一日

△ 茶园寺方面敌军攻陷宜都南之王家畈。

△ 在宜都红花套附近强渡之敌第三十九师团主力与我阻击部队第十三师发生激战。

二十二日

△ 我第八十七军一部分在五峰县渔洋关附近与敌激战竟日，以众寡悬殊，渔洋关失守。敌第三十九师团继红花套增援四千余人渡江，向我第十三师阵地进攻。

二十三日

△ 我第八十六军与敌在仙人桥之线激战后，转移至长阳南之马鞍山、板桥一线坚守。

二十四日

△ 敌集中第三、第三十九师团主力向长阳县附近猛攻，我第八十六军右翼被敌突破，转守长阳西北的清江北岸亘凤凰山之线。此时我第三十二军之第一三九师一部已进抵津洋口、都镇湾间。此时由宜都聂家河西犯五峰渔洋关之敌与清江南岸之敌会合，正在长阳沿市口、都镇湾强渡清江，被我军击退。

△ 宜昌西岸之敌向我第十八军第十八师阵地猛扑，给予痛击阻止。

二十五日

△ 敌借空军掩护，全线向我猛袭，一部分突入偏岩、津洋口间，经我南北夹击，伤亡甚重。

二十六、二十七日

△ 我江防军方面与敌发生激战；尤以第五师、第十八师阵地战斗最烈，敌军受创亦最重。

二十八日

△ 晚，宜昌西南正面之敌，经我猛攻，其势顿挫；加以我空军协同，对敌不断轰炸，敌增援困难。同时，我第一一八师攻克渔洋关，敌第三、第十三师团后方被截断，敌已陷我包围之中。

三十日

△ 本日起我军全面反攻；江防军正面之敌亦于此时集中步、炮、空全力向我石牌要塞强攻，并以一部向木桥溪迂回。我防守石牌之第十一师沉着应战，待敌接近，加以逆袭，歼敌极多。迂回至木桥溪之敌亦被我第三十二军阻止。

三十一日

△ 各路敌军伤亡均重，全线动摇。我军开始进击。

六月二日

△ 我空军协同美国空军以大编队机群，对败退东渡宜昌之敌第三、第三十九等师团及五十八师团之一部猛施轰炸，敌军大部葬身鱼腹。

三日

△ 我江防军正面进展顺利，已完全恢复战前态势。同时我第七十四军及第二十九集团军先后克复安乡、新安、王家厂、暖水街等地。敌第四十师团千余人及伪军三千余人分向石首、藕池口、公安县逃窜。

五日

△ 我军克磨市。

六日

△ 磨市残敌与宜都敌会合，冒险向我第一九四师及九十八师正面突围，我一九四师因后续部队未到，众寡不敌，遂被突破；我援军暂编第六师驰至，敌已窜至聂家河附近；同时松滋之敌亦向洋溪、枝江回窜，攻我第一一八师侧背，该师被迫退至余家桥附近。

七日

△ 磨市东南地区残敌借飞机掩护，并施放毒气突出重围，与聂家河之敌会合东逃。当晚，我暂编第六师夜袭敌第十三师团司令部，敌师团长赤鹿理失踪。

六至八日

△ 敌军三千余人策应宜都之敌突围，借空军掩护，在松滋之街河

市、西斋、宝塔寺地区与我第七十四军激战三昼夜，双方伤亡均重。我曾击落敌机一架。八日，我第一二一师克复宜都。

九日

△　我第一二一师与一八五师收复枝江城。

十一日

△　我暂编第六师克宜都洋溪镇。入夜，继续收复松滋县城。

十二日

△　我第一九四师先后克复松滋之磨盘洲、新江口等地。

十七日

△　我第七十四军克复车家嘴、申津渡等地；我第一九四师进占米积台，并继续挺进，收复陡湖堤，对困守华容、石首、藕池口、弥陀市之敌包围攻击。战斗至此，已恢复五月五日以前之原有态势。

鄂西会战，至此结束。